伏羲大傳

李亞東　著

昌明文化

目　錄

自　序

　　中國是世界四大文明古國之一，我們偉大的中華民族是世界上最古老的民族之一。因而像古印度、古巴比倫、古埃及三個文明古國一樣，中國古代也有著豐富的神話。

　　神話是什麼？馬克思說它是「在人民幻想中經過不自覺的藝術方式所加工過的自然和社會形態」。拉法格說它「既不是騙子的謊言，也不是無謂的想像的產物，而是人類思想的朴素的和自發的形式之一。只有當我們猜中了這些神話對於原始人和它們在許多世紀以來，喪失掉了的那種意義的時候，我們才能理解人類的童年」。這就是說，神話是基於社會生活的藝術誇張與渲染，並夾雜著空想與幻想，但也或多或少地反映著歷史的影像，然而它不太可能轉化為歷史。

　　但令人遺憾的是，我國古代豐富的神話到了後來大部分散失了，只保留下來一些零星的片斷，東一處西一處地分散在古人的著作裡。不僅毫無系統條理，而且充滿矛盾之處，因而不能與相當完整地保存下來的古希臘和印度神話相比美。對此，我國近代大學者沈雁冰早在其〈中國神話研究〉一文中，就深有感觸地說過：「中國神話不但一向沒有集成專書，並且散於古書的，亦復非常零碎，所以我們若想整理出一部中國神話來，是極難的。」正是由於這難作梗，直到今日我

1

國古代神話仍然沒有一部系統的史詩性的作品問世。

　　對於我國古代神話沒有系統的史詩性作品問世，我認為主要是由兩個原因造成的。一是由於歷史學家從古代神話中探求史前傳說時代的歷史，從其矛盾不一中推出結論說，傳說時代我們中華民族存在著數個部族集團，我國古代本來就零碎不一的神話個個歸屬於不同的部族集團。從而使得我國古代本來就零碎不一的神話更加零碎不一，形成不了系統。二是或許因為我國古代神話大部分散失造成了斷代，加之流傳中在不同的地域之上和不同時代的人群中造成了錯舛；也或許是我國傳說時代的歷史恰被歷史學家們的結論言中，在那時的華夏大地上確實存在著數個部族集團，各個部族集團傳說著不同的自己的神話，造成了我國古代神話的無法系統，無以條理，合則矛盾百出，分則支離破碎。因此，造詣精深的學者深諳此點，不去系統；學力不足的凡夫雖苦破碎，卻不敢系統。由此，使得我國古代神話一直沒有系統的史詩性作品問世。

　　作者不量學識淺薄，斗膽試圖將中國古代神話進行系統，寫出一部試探性的系統的史詩性中國古代神話系列小說的預謀，最初萌生於在北京大學做學生之時。那時，作者在學習中對中國古代神話產生了濃厚的興趣，便想搜求一些系統的神話作品閱讀。但正如沈雁冰先生所說，無奈遍求無有系統之書，有的僅是隻言片語的傳說記載，而且個個不一，懸殊甚巨；自相矛盾，支離破碎；互不聯貫，不成體系。於是，作者便斗膽不量學力，「初生牛犢不怕虎」地萌生了寫作一部系統的古代神話作品，以補我國缺乏史前這一史詩性作品的天真稚幼的奇想。但由於寫作此書工程浩大，學識不足，力不勝任，末了只有望而卻步。

　　一晃擱置數載，1984 年至 1985 年作者在寫作《少林寺演義》一

書時，寫作系統神話作品的奇想又像心藏玉兔，在懷中不時咚咚撞動起來。與此同時，進一步萌生了這樣的想法：把《少》稿寫成現實主義的，把《神》稿寫成浪漫主義的；雙雙結構相因，篇幅相似，手法迥異，並蒂出書。後來仔細閱讀上海文化出版社 1955 年版《中國上古史演義》，與浙江文藝出版社 1985 年版《上古神話演義》，看到前書注重用辯證唯物主義講神話，後書篇幅浩大內容豐富；但覺得前書沒有了神話色彩，後書不適合今人閱讀口味。為此，決計取前人之長，開闢新的路徑，寫出一部系統的適合今人閱讀口味的浪漫主義的古代神話作品來。但具體行動起來，究竟如何系統神話，怎樣落筆，寫成什麼樣子等一系列難題，便一齊擋在了作者面前。加之日常工作繁忙，出版界不景氣和黃潮的氾濫衝擊，給作者在對上述難題躊躇不決之外又加上了信心動搖，因而再次把寫作此書擱置下來。

克服寫作困難需要來自作者內心或者外部的巨大壓力，今天正是這樣的巨大壓力使作者重新構劃出了書的整體構架：變原來設想的一體結構為系列結構，但分為系列合則仍為一體。即系列中的每一部都可單獨成為有機的整體，又可合起來成為一個有機統一的大整體。並通過長期地認真探索和艱苦地寫作努力，終於先後陸續寫出了這個系列的八卷書稿。今天這個系列的八卷中的首卷《盤古開天地》，已經呈現在了讀者面前；隨後，這個系列的後七卷書稿也將陸續與讀者見面。《盤》書的問世，可以說是初步實現了作者藏之于心十餘載的殷殷夙願；但至於它的成敗得失，作者卻不敢妄議，只有請最具權威的作者的「上帝」廣大的讀者，去評說裁決了。

一個人有高興的時候，也有愁苦的時候。當其高興之時對於一件困難的事情可以奮起去做好；當其愁苦之時，對於一件困難的事情不僅會同樣而且可能會更加奮起去做好。這「高興」就是「起升」，這

「愁苦」就是「跌落」；其起升與跌落的差距即落差越大，就越有可能建樹起大功大德。即所謂只有身經波濤跌宕、大起大落、大難不死之人，方可建樹起卓著千古的大功大德。如果一個人一生中沒有大高興或大愁苦，一直處於風平浪靜不起不落的中間狀態，那麼他就必然只能成為平平庸庸的俗流之輩，絕對建樹不起大功大德。

正因為這樣，我們可以概括地說，一部人類社會發展的歷史，便是歷朝歷代身經大起大落之人的歷史。功是他們的功，德是他們的德。對此，我國漢代大學者司馬遷，早就在其著名的〈報任安書〉中做出了深刻精闢的論述。他寫道；「古者富貴而名磨滅，不可勝記，唯倜儻非常之人稱焉。蓋文王拘，而演《周易》；仲尼厄，而作《春秋》；屈原放逐，乃賦《離騷》；左丘失明，厥有《國語》；孫子臏腳，兵法修列；不韋遷蜀，世傳《呂覽》；韓非囚秦，《說難》《孤憤》；《詩》三百篇，大底賢聖發憤之所為作也」。至於司馬遷自己，則在他四十七歲之年因替名將李陵戰敗被俘投降匈奴辯解，獲罪下獄受到宮刑的嚴處。司馬遷受此酷刑後心情敗落，心中充滿了無盡的悲苦和怨恨，一日日在世忍辱苟活，「是以腸一日而九回，居則忽忽若有所亡，出則不知其所往。每念斯恥，汗未嘗不發背沾衣也」。為此他發憤著述，終經十餘載辛苦耕耘，寫成了被魯迅先生譽之為「史家之絕唱，無韻之《離騷》」的千古名著《史記》。作者的這部中國古代神話系列小說，對於全社會來說當然不是什麼「大功大德」，亦無所謂功、德可言；更不敢與古代先賢並列，以掠其美；也決無與先賢並列之意，只是為了說明問題。但它對於作者自己來說，卻無疑是樹在自己人生之途上的一通「功德之碑」。至於是「起」是「落」給作者樹立自己的這通小小「功德之碑」帶來的動力，只有作者自己知曉。

做文人不易，出作品更難。記得我對人說過：「出一本書比生養

一個孩子還難。若與生養孩子同時起步開始醞釀寫作一本書，往往孩子養到可讀小學的年齡了，你寫的那本書還沒有問世。」那作品的醞釀構思階段，恰如生養孩子的「十月懷胎」期；那作者書寫作品階段，恰如母親生產時的劇疼和失血；那出版成書期，則恰如數載哺養幼兒期。但是末了，「孩子則是自己的好」，只要自己認可就行；作家的作品則要公之於世，得到全社會公眾的認可方成。因此，寫作品出作品都是殊為不易、艱辛難為的事情。

然而面對此難，作者又大都往往偏偏為殊為不易、艱辛難為而為之！這當然不可排除少數作者「十年不鳴，一鳴驚人；十年不飛，一飛沖天」的名利之舉，但大多數作者則仍如司馬遷在〈報任安書〉中所說：「此人皆意有所鬱結，不得通其道，故述往事，思來者。乃如左丘無目，孫子斷足，終不可用，退而論書策以舒其憤，思垂空文以自見。」他們皆都深知「失去的珍貴」：一時失之交臂，終生必難再求！故而感懷著文，迎難書之。譬如，我國清代大作家曹雪芹就正是為此迎難而寫的。

眾所周知，曹公出生於貴族世家，他的前半生曾在南京和北京歡度過一段「錦衣紈綺」、「飲甘饜肥」的宮廷貴族生活，但到晚年則一下子跌落到了「蓬牖茅椽，繩床瓦灶」、「舉家食粥」的困苦境地。正是在晚年這段跌至社會底層的艱難困苦歲月中，曹公滿懷對自己一生遭際的悲憤，不顧創作過程中的千般艱辛萬盅勞苦，有感而發，隱「味」書中，「滴淚為墨、研血成字」，於「悼紅軒中，披閱十載，增刪五次」，終於寫成了「字字看來都是血，十年辛苦不尋常」的不朽巨著《紅樓夢》。

曹公寫作《紅樓夢》「滴淚為墨，研血成字」，「字字看來都是血」，作者雖不敢把自己的這部拙作與《紅樓夢》相比，同時也絕無相比之

5

意，而且也根本就無可比性，但作者寫作此書的苦處和艱辛卻都不亞于曹公。這除了有某些因素與曹公之苦相似之外，還因為作者水準低下，因此寫作中比曹公更苦更難。苦也罷，難也罷，作者都要把這部作品寫下去，以讓眾人品評，以給祖國文壇添磚，以拋磚引玉，以望傑構於來朝，以慰作者胸中那顆「滴血成字」的殷殷苦心。

1990 年 5 月 1 日下午於周口

人物簡介

華胥姑娘　伏羲生母。在雷澤岸邊腳踏巨跡，孕生伏羲兄妹。

白龜老神　原雷澤澤神。老耄白龜，生得人首龜身，渾身白亮如雪。其頭部銀髮覆頂，鬚眉若霜，面容善靜，慈目祥藹，可親可敬。從其身形可以看出，少說也有千千年的道行，萬萬載的功力。他心地朴誠，慈善正義，愛救凡間急難，好施扶弱義舉。

伏羲　中華人文始祖。他生得人頭蛇身，膚色金黃，身覆金鱗。其臉方中見長，色呈金黃，眼若丹鳳，眉似臥蠶，鼻梁如削，棱角分明，嘴唇堅毅，雙耳奇長。其頭頂濃髮中，左右對稱地凸突著一對與常人有異的短粗牛角，長得虎背熊腰，身材偉岸，一身勇武過人之氣，頭腦機智。

伏羲妹　中華人文始母。她生相與伏羲相同，長得長身若柳，細腰豐臀，臉面嬌美脫俗，頭腦聰敏。伏羲胞妹。

1

雷神 上天司雷興雨之神，生性邪惡殘暴。其因在天界調戲托塔天王之女，被貶下界十年作為懲罰，到下界搶佔白龜老神雷澤宮殿，居住其中多行邪惡。

他雖生人首，但卻紅顏朱髮，赤眼紫唇，面如赤棗，朱髮及臀。長眉斜豎，鼻隆如牛。嘴生獠牙，似魔非人。身為龍體，長逾十丈，背覆朱鱗。他生相凶煞，怕人萬分。

宓妃 伏羲之女，咸鳥胞妹。她長得體態輕盈，身軀光豔，肌膚白膩，肩膀如削。頭上長髮烏黑，雙眉彎如柳葉。眼睛明亮，嘴唇紅馥。其深深的小酒窩兒，銷魂奪魄。

咸鳥 伏羲之子，宓妃胞兄。他生得人身人面，身材偉岸，勇猛無匹。只是臉面陰譎，雙目充滿詭譎的光。並且渾身長滿鳥毛，頭部後腦勺上生有一支長長的鳥尾。其生性不善，倒也聰明勇武。

句芒 句氏族人青年。身材頎長苗條，面目端莊敦厚，一身文質彬彬。他原為天界司掌春天和生命之神。玉皇大帝知道伏羲在凡界需人輔佐，遣其脫生在了凡間句氏族人之中。他懷有掌管春天和生命之能，不僅走到哪裡都可以把春天播布到哪裡，並且能讓那裡春天停輟。同時還能給死人增壽讓其復活，也可以給活人減壽讓其即死。

朱雀 朱氏族人青年。原為天界南方七宿星官朱雀大神，被貶

下凡脫生在了朱氏族人之中。其在天界即生性狡惡，心機刁鑽，到凡界模樣盡改。其身如鳥雀顯得佝僂，四肢長得很不條順，襯得乾癟的頭顱長得不是地方。只是在其乾癟的臉上，鑲嵌著一雙鷹樣犀利的鳥眼，閃射著狡黠陰晦的光。其乾瘦的身子儘管乏力，卻仍懷有在天界的驟生嚴寒和吹氣為風之功。

一、勇赴雷澤

造人補天的女媧娘娘歿後，時間轉瞬過去數千百載。這期間，凡人雖然遇到了千般苦難萬種艱辛，但由於女媧娘娘除盡了惡神，補牢了高天，留下了自強不息力排萬難的寶貴精神，眾凡人學著女媧娘娘的榜樣戰苦難鬥艱辛，硬是歷盡千般苦磨過萬種難，頑強地生息，艱難地繁衍開來，成了凡間世界的主宰。實現了女媧娘娘生前，為寂寥凡界增添熱鬧的美好夙願。

數千百載過後，凡人的生活雖然依舊原始至極，但比起災難頻繁的女媧時代來，卻可謂靜謐幸福十分。他們以母為氏結成氏族，氏族中人共同生活在一起。老幼相幫，危難互扶，隨著食物的豐欠和氣候的冷暖結伍遷徙。

饑餓時，為充饑腹他們或獵獸捕魚，或采果擷粟；食飽後，他們閒暇無事或摘花戲蝶，或攀援涉水，或散游觀景。大家有福同享，有難同當，有苦同受。男女老幼皆為大夥，人人不生私有之心。

在這眾多的幸福氏族之中，有一個稱為華胥氏的氏族。該氏族男女老幼參差，人逾千口之數。他們以曾經滄海的老族母為首領，與周圍百餘里內數十個大小氏族中人和睦相處，長期游居在氣候四季如春，食物豐富充盈的雷澤東岸。

雷澤是當時有名的陸上大海，位處凡間大地腹心西部，廣袤無際。澤中綠水湛藍，碧如錦緞；遠接高天，水天合一。水中生活著魚鱉蝦蟹眾水族兄弟，為澤畔凡人提供著豐富的魚類食糧。水面遨游著鴨鵝雁鶴眾鳥族姐妹，為澤畔凡人提供著豐富的肉類和蛋食。更有千種水草如蓮藕香菱，不僅用綠葉紅花裝點著廣闊的水面，而且向澤畔凡人奉獻著鮮美的果食。

雷澤是白龜老神的居地。白龜老神心地朴誠，慈善正義，愛救凡間急難，好施扶弱義舉。游居在雷澤周圍的凡人都十分崇敬他，視浩瀚雷澤為游居賞玩樂園，華胥氏族人因而長期游居在此不願離去。

華胥氏族人擇居的雷澤東岸那片土地更是美好，它是從澤岸向東延伸四五十里之遙的一片開闊平川，平川盡處是一道道連綿起伏的不大山巒。平川之上，樹林茂密，野草葳蕤；川平地闊，臨澤靠山。連綿山巒，不高不低，姿態各異；樹木覆蓋，俯視平川，遙見澤面。真個是有山有水有川，四季花團錦簇，終年果粟溢香。

華胥氏族人游居在此，外無別個侵擾，內無因私爭鬥。饑時食物充盈，沒有冷熱之虞。飽食後無所事事，便遊山巒，越平川，戲雷澤。日子過得平靜安然，人人幸福無限。

華胥氏族人就這樣一代一代接下來，老族母換過一個又一個，也不知道度過了幾個百年，全都這樣平靜幸福地生活著。因此在其一代代族人的記憶中，有的只是平靜幸福的日子，無的則是苦難險惡的歲月。

為此他們全都認為，美妙的凡界永遠都應該這樣美好，凡人的日子永遠都應該這樣幸福。也就是說，無垠的高天，永遠都應該這樣碧藍如洗。紅豔的太陽，永遠都應該這樣明媚溫暖。澄淨的天氣，永遠都應該這樣風和日麗。

東面的群山，永遠都應該那樣美妙可人。澤畔的平川，永遠都應該這樣萬花鬥豔果粟盈原。雷澤之水，永遠都應該平如鏡藍如天。澤中的白龜老神，永遠都是他們的不倒靠山。他們凡人，就應該永遠過這樣幸福安然的日子。一代接一代，永遠享受大自然的美好奉獻。

不料就在這時，華胥氏族人記憶中沒有，也想不到會有的苦難險惡日子，卻驟然降臨到了人間。這日，本來天碧氣暖，陽光明豔，華胥氏千數族人飽食後正在澤邊盡情地耍玩。突然，高藍的天空先是變得渾濁昏黃，隨著尖嘯的寒風便像狂突的蓋地野馬一般奔竄過來，土沙伴風陡升，頓時遮天避日，撕扯得痛苦萬狀的失態烏雲接著翻卷四起，雲朵間突現一道鴻溝般闊大無比的閃電，白花花地閃炫了人們的雙眼。

華胥氏眾族人即被弄得眼難睜物難見，為抵禦狂風一個個本能地雙手抱頭，只有倉皇地蹲下身子。隨著「轟隆」一聲萬鈞霹靂，從頭頂直刷刷地劈落下來。人們正在驚怕，傾江倒海般的暴雨，如千軍萬馬的隊伍一般颯然撲來，傾瀉到了人們頭頂。

這雨下得邪惡！東邊的山巒上，立刻咆哮著流淌下來了滾石拔樹的湍急山洪。山洪裏挾著滾動的巨石和拔掉的樹木，高聲嘯叫著向澤中奔湧而去。狂風颳得更加邪惡，它頓然在浩瀚的澤中揚起滔天的巨浪，呼嘯著向岸上飛撞而來。

巨浪一下子便把岸邊被大雨澆懵了頭的華胥氏族人，全都拋上了半空浪尖，然後隨著浪尖又從半空中摔下，分別被摔向澤中和岸上平川。摔入澤中的人們立刻溺水身死，摔上平川者撞上巨石立刻亡斃，碰上樹木則不傷即殘。老弱病殘者更是經受不住這般折騰，眨眼間斃命過半。

華胥氏族人就這樣轉瞬間被弄得你東我西，五分四散，死的死

了，活著的全都驚怕得在風雨中驚叫哭喊。但是狂風則越颳越邪，暴雨也越下越惡。越聚越多的澤水眨眼便溢上了平川，並迅疾淹到了平川東邊的小山腳下。

僥倖存活下來的數百華胥氏族人，驚怕中不敢稍息，急忙奮力拼搏著聚集到老族母身邊，護住老族母頂風鬥雨，逃上了一座山巒。老族母奔到山上立刻跪求白龜老神快來救援，白龜老神卻一反常態隱而不現。

狂風仍是一個勁地猛颳，暴雨仍是一口氣地傾瀉，直瀉得澤中之水就要淹沒華胥氏族人腳下站立的山巒。如此整整六十個日夜過去，華胥氏族人正怕惡雨再瀉洪水再漲他們無處躲身，惡風邪雨方才停止了颳瀉，消散了漫天的陰雲，露出了藍天的臉面。

這時，華胥氏族人雖然暫時脫離了喪身水中之險，心中卻沒有絲毫的輕鬆。因為，在此之前他們已經斷食五十餘日了。風颳雨下澤水漫溢，山上先前成熟的果粟，盡被狂風颳落雨水沖去。隨後樹上花開不成，果結不出，他們哪裡還有吃食？沒有果粟可吃，他們便挖草根維繫生命。但疾病等災禍，這時也隨著襲上了他們中的弱者，使他們難有一絲的輕鬆。

更苦的是太陽露臉之後，仿佛與過去變換了模樣，其光熱如同烈火一般在大地上燃燒。燒烤得無垠的淫水如同沸騰，升騰起了漫天的熱氣；燒烤得華胥氏族人腳下的山石熱燙得無法立腳，身上像著了火一樣難以忍受。

只是隨著太陽的狂熱燒烤，淹沒平川小山的洪水迅速下降，不久便露出了山腳和平川。但這時的山則全都成了荒山，川也全都成了荒川。就這樣華胥氏族人除了忍受無奈的酷熱煎熬依然沒有吃食，先前幸福安然的日子再也不見了蹤影。

　　困苦中，作為氏族首領的老族母焦急萬分。她先後派出數批近百名強壯族人前去雷澤尋找白龜老神，以問明根由求他救助。但派出之人去了一批又一批，全都有去無回音訊杳然。眾族人在不解中更加驚怕，紛紛猜測雷澤中定是出了大事，白龜老神失去了除災神力。

　　猜測議論之中，一族人回憶先前所見，說他在天氣驟變之初逃難之時，曾隨著那道炫目的閃電望向天空。見到烏雲之上，似有一個人頭龍身的巨大怪物，怒目圓睜咧嘴暴嘯，狂躁地一手舉槌怒擊雷鼓，一手揮鞭狂甩閃電，嚇得他立即閉目低頭，不敢再看下去了。

　　眾族人聽聞其言，有的說其所見是當時眼花生幻所致，有的說其言為真，一時間全都更加驚怕，猜測紛紜。

　　「老族母，」就在這時，老族母最後派出那批族人中的一個，從遙遠處疾急地奔跑回來，驚怕地邊跑邊喊道，「雷澤的緣由我找到了！」

　　「噢！」正在驚怕猜測的眾族人與老族母眼見此景耳聽其言，急忙高興地一起迎了過去。不等那族人奔到面前，老族母即開口急問道，「孩兒，你尋到白龜老神了？」

　　「沒，」那族人上氣不接下氣地跑到老族母面前道，「沒有。」

　　「噢！」老族母失望得臉色陡沉道，「那你狂奔瞎喊個什麼？」

　　「老族母，」那族人見老族母錯解其意，忙喘一口氣道，「孩兒此去雖然沒有找見白龜老神，卻遇上了白龜老神派出的信使小神。」

　　「噢！」老族母與眾族人全都驚出聲來道，「快講，他說什麼？」

　　「那信使小神講說，兩個多月前，天上的雷神色膽包天調戲托塔天王之女，」那族人依舊氣喘吁吁道，「玉皇大帝聞知龍顏震怒，即貶邪惡的雷神下凡十年作為懲罰。雷神貶至凡間尋到雷澤，搶佔白龜老神的宮殿作為雷府。白龜老神不允，他把白龜老神囚禁在了雷府之中。」

「噢！」老族母與眾族人這才心明道，「怪不得不見白龜老神出面救助。」

「雷神身懷司風興雨之能，生性邪惡，喜怒無常。」那族人繼續道，「喜時無所事事，怒起作惡萬端。前時那一連六十天的狂風惡雨和今日如火的炎陽，都是其逞惡所為。」

「難怪如此。」老族母聽到這裡，思忖片刻道，「這樣，今後就不知道雷神還會施出何種邪惡，給凡人帶來多少災難了！」

「老族母先前派出探尋雷澤根由的族人，」那族人接著道，「男的都被雷神打殺……」

「啊！」老族母這時急問道，「那女人呢？」

「全被雷神掠去了。」那族人立即回答道。

「太可惡了！」老族母頓生萬分氣惱道。

「所以他們全都有去無回。」那族人沉痛道，「同時，雷神還打殺了其他氏族的眾多男人，掠去眾多女人囚禁在澤底雷府之中，供他肆意淫樂。」

「可惡至極！」老族母氣惱倍甚道。

「剛才孩兒聽完白龜老神派出信使傳言，還沒有來得及再問別的，雷神派出的惡魔便追了過來。」那族人道。

「隨去族人全都被殺了？」老族母一驚道。

「是的。」那族人繼續道，「孩兒眼見惡魔追來唯恐身死不能傳信，誤了我族人與澤畔眾凡人性命，拔腿就跑方才逃了回來。可惜與孩兒同去男族人全被惡魔襲殺，女族人全被掠進了雷府。」

「殺進雷府，打殺雷神！」眾族人全被震怒，同仇敵愾道，「營救白龜老神，營救被掠女族人！」

「可那神通廣大的白龜老神，還不是邪惡雷神的對手，」老族母

當然惱怒萬分，但她城府甚深心有熟慮道，「何況我等這些肉體凡人啊？」

「是呀！為此白龜老神身陷雷府心中不忘澤畔凡人，在囚禁中偷遣小神前來送信，」那族人道，「要我們快離雷澤遠走高飛，以離雷神免遭更大災難！」

「若是那樣，白龜老神我們就不管了嗎？」眾族人仍是同仇敵愾道，「掠去的女族人我們就不救了嗎？被殺男族人之仇我們就不報了嗎？」

「白龜老神我們當然要管，掠去的女族人我們當然要救，」面目剛毅處事幹練的老族母，這時鏗鏘表白道，「被殺男族人之仇當然也要報！」

「對！我們這就前去雷澤！」眾族人義憤填膺吼叫起來。

「但是，那樣我們不是前去送死嗎？人都死盡，仇又怎能得報？」老族母這時話鋒一轉說愣了眾人，接著道，「為此，如今我們只有快遵白龜老神的吩咐，遠走高飛離此險境，保我華胥氏族人不絕，方有殺進雷澤報仇營救人神之機！」

「對，老族母說得對！留得青山在，不怕沒柴燒。」族中年長者紛紛附和道，「老族母，你就下命令吧！」

「好吧，也只有這樣了！」老族母末了無奈決定道，「我們先走。」

「慢！」老族母說著正要引領眾族人離開雷澤險地，人群中卻突然傳出一個少女銀鈴般的叫聲阻止道，「女兒覺得老族母所言欠妥！我等豈能只顧自身安危遠走高飛，留下被囚白龜老神和女族人于不顧？」

「你！」老族母聞聽，僅張口說出一字便望著那少女愣住了。眾族人也像老族母一樣，全用異樣的目光望著那女子發起愣來。

「老族母，請您與眾族人稍待兩日，等女兒前去鬥伏邪惡的雷神，救出被囚白龜老神和女族人，」這時那少女則繼續道，「並使邪惡的雷神不再施惡凡間。如果女兒此去不歸便是未能獲勝，老族母再領眾族人離去怎樣？」

「啊！」老族母與眾族人更被驚得一個個瞪大了眼睛。老族母之言對於眾族人來說，平時都是金科玉律神聖不可侵犯，不管誰個也不敢這樣當眾直言老族母言辭欠妥。

特別是值此關係眾族人生死的節骨眼上，一個在族人心目中稚幼天真的少女，竟然這般不知深淺，直言老族母言辭欠妥。並要前去鬥伏雷神，解救白龜老神和女族人。老族人與眾族人怎能不驚奇萬分？為此，眾族人全用驚異的目光直視著那少女，心中雖知其言在理，眼中卻都在譏諷其不知天高地厚，狂妄至極！

因而老族母與眾族人猛然之間，仿佛都不認識了這位站在他們中間的小姑娘，就如同她驟然間脫胎換骨，變換了個人兒一般。先前，這位名叫華胥的姑娘，雖然早已是族人中的一顆耀眼明珠，但使她成為明珠的原因，卻不是她身懷頂天立地的神功奇能可以除惡伏魔。相反則是身材俏麗俊美，頭腦聰穎機敏，口齒伶俐動人。

為此眾族人個個對她鍾愛，特別是老族母更把她捧為掌上明珠，倍施寵愛，方使她成為了眾族人的寶貝。華胥姑娘這時妙齡剛及十六，雖已出落成一位人見人疼嬌美可愛的大姑娘，但在眾族人心目中，卻仍不過是一位稚幼天真的小女孩。

因而眾族人都認為，她只是一位會耍玩和接受保護的小女孩。她只有可看的嬌柔，甜美的言辭，絕無真正的心思見地，更沒有制伏邪惡雷神的本領。為此眾族人望著她一陣驚疑過後，又都轉為輕鬆，覺得這是玩笑，由老族母哂怪兩句也就完事。

「我知道老族母與眾族人不相信我，」但是，表面稚嫩胸有溝壑的華胥姑娘卻沒有等老族母哂怪，而大出眾族人預料地一掃平時天真爛漫的容顏，堅毅地開口甩出一陣鐵打銅鑄般鏗鏘話語道，「因為我在你們心目中只是一個僅知戲耍的小女孩，一朵嬌豔的可觀可賞的鮮花。可是今天我要隻身前去鬥伏雷神，救出白龜老神和女族人，改變我的形象展示我的本質！」

「啊！」心情剛轉輕鬆的老族母與眾族人又被華胥姑娘說愣了。大家都想不到她來真的了！

「老族母，」華胥姑娘堅定地即要前去道，「女兒去了！」

「慢。老娘對你有話要說！」老族母這才被華胥姑娘的堅定舉動驚醒，急忙勸阻道，「女兒，邪惡的雷神是天上貶下的惡神，神通廣大的白龜老神都不是他的對手。族中前去之人皆為強壯男女，且男人盡被殺害，女人盡被掠去。你一個嬌弱女子，前去豈有鬥伏雷神之理，不是白白前去陷身雷府嗎？」

「老族母，」止步的華胥姑娘正要辯說，剛叫一聲，清醒過來的眾族人忙七嘴八舌道：「姑娘精神可嘉，可老族母言說有理，姑娘還是收回這份心思吧！」

「姑娘實在前去不得！」剛才歸來傳信族人更是苦勸再三道，「剛才那小魔殺我男人如同猛虎撲食小雞，數十人眨眼即死，何況那身軀巨大邪惡無比的雷神呀？」

「老族母與眾族人之言我懂，」華胥姑娘這時已是鐵心不再聽勸，堅定前去道，「你們還是看我嬌弱無用，可我就是要做到白龜老神和男族人做不到的事情，讓你們瞧瞧。老族母你們儘管放心，女兒前去定了！」

「女兒，你這樣一意孤行，看來是老娘把你嬌慣壞了！」剛毅的

老族母被華胥姑娘的任性激怒起來，渾身顫抖道，「白龜老神讓我們快快離去以保族人性命，你在這耽擱什麼？凡體鬥不過惡神，女子鬥不過男人。你一個手無縛雞之力的嬌弱女子，還是死了這份心思吧！」

「女子怎麼了？老族母，您老不也是女兒身嗎？不就做了我們華胥氏族人的首領嗎？」華胥姑娘毫不退讓道，「老族母，你不要再長惡神的志氣，滅我族人和女兒的威風了！」

「那好。」老族母這時對華胥姑娘真是又惱又疼，無奈道，「老娘問你，老娘現在不滅女兒的威風，女兒能打過雷神嗎？如果打不過，女兒有何能耐鬥伏雷神？」

「女兒是打不過雷神，」華胥姑娘早有思想準備道，「可我不用打的辦法，而用伶牙俐齒去說服他！」

「瞧你美的！你以為就像你在老娘面前一樣，撒一通嬌耍一陣嘴就全依了你，到雷神面前也會這般輕易？」老族母更氣惱道，「俗話說，軟語難動惡腸，善心難動邪魔。你那辦法對雷神絲毫沒有用處，還是先自己掃掃威風吧！」

「老族母儘管放心，女兒並沒有把事情想的那般輕易。」華胥姑娘一笑道，「女兒想用智言慧話說服於他。我想打既不行，軟的未必不勝。雖然俗語說軟語難動惡腸，善心難動邪魔，但也有道是柔能克剛呀！」

「你！」老族母氣得重又顫抖了。

「老族母，」華胥姑娘不顧老族母顫抖，重又欲去道，「女兒去了！」

「慢！」顫抖的老族母即又攔阻道。

「老族母，您不要把女兒仍看作你翅膀下的雛雞，女兒已經長大了呀！」華胥姑娘再次被攔心中焦急，不等老族母開口道，「您就叫

女兒做那騰飛九天的雄鷹，到高天惡風中去磨煉自己吧！那是女兒的心願，雖死無憾呀！」

「你，」老族母這時心中矛盾極了，她最知道華胥姑娘的聰慧過人，因而心中倏地閃過一絲不快──其此去，或許能有獲勝的微微希望，她知道那真是天大的好事！但她更知道居多的則是難勝，那樣她心愛的華胥姑娘就是自投虎口了。

為此她當然不想讓華胥姑娘前去，可其又執拗至此非去不可。這時她又必須帶領剩餘族人趕快離此險地，不可在此糾纏耽擱時間。於是她心中的天平傾斜了，讓有決心的華胥姑娘前去或許能勝，這一線的希望豈可喪失？再說讓其去了，她也好帶領族人立刻離去。心想至此，老族母無奈道，「看來，你是初生牛犢不怕虎，不見惡虎不回頭了！」

「老族母，」聰敏的華胥姑娘聽出了老祖母的話語鬆動，立刻大喜過望道，「您應允了？」

「女兒，老娘這不是應允了，是把你捨棄了！」老族母沉痛萬分道，「老娘嬌慣壞了你，今天你實在是執拗得太過分了！若是改換別人，老娘非捆起來不可……」

「老族母，女兒知道，」華胥姑娘重又嬌嗔道，「女兒謝過老族母了！」

「可是，是你，老娘有什麼法子呢？」老族母這時已是眼中湧出了熱淚，「你執拗前去，老娘勸說不住，老娘不能拿眾族人的性命與你在此耽擱，老娘又不想將你捆起來帶走，那就只有眼睜睜地將你捨進虎口了。」

「老族母，女兒去了！」華胥姑娘終見老祖母應允，即轉凝重地說著，「扑通」一跪就要離去。

「慢！」老族母突又止住道。

「啊！」華胥姑娘陡又一驚，害怕老族母變卦道，「老族母，您說叫女兒走了呀！」

「是的，老娘心思未變。」老族母心痛萬分道，「但女兒此去凶多吉少，老娘實在放心不下！」

「老族母儘管一萬個放心，」華胥姑娘急言寬慰道，「以女兒的智慧，老族母應該相信是一定可以鬥勝雷神的！」

「事情可以朝好處努力，但要往壞處去想。」老族母心有城府道，「為此老娘決定選派一隊強悍族人，伴隨女兒前去，對女兒也好有個照應。」

「不！女兒一個孤身前往，不要一個族人伴隨！」

「隨去一些族人，女兒遇事也好有個商量呀！」

「不。」華胥姑娘當然不想多帶一個族人，她心中已經做好了死的準備。決計要死就死她一個，絕不能因為她再多搭上一個族人。為此堅拒老族母的好意道，「女兒已經想好，老族母就放心好了。」

「雷神邪惡險詐，」老族母無奈嗚咽道，「女兒前去要多加小心啊！」

「老族母，」場面這時已經十分悲壯，因為老族母與眾族人心中都知道這是一場生離死別。華胥姑娘當然感受到了氣氛的凝重，不敢草率，立刻莊重地「扑通」再次跪倒在老族母面前，鏗鏘道，「女兒絕對不會同等對待惡狼和羔羊的！女兒去了。」

「我的好女兒，你去後，」老族母這時更是難抑沉痛，禁不住俯下身子，蹲到跪在地上的華胥姑娘面前囑咐道，「老娘就領族人向東奔去兩天的路程，你歸來後，就往前一路去尋找老娘吧。」

「老族母，」華胥姑娘這時也是心中沉痛至極，但卻用力壓抑不

敢流露絲毫，唯恐傷情動了老族母之心，壞了其前去的大事，為此故作輕鬆悲壯道，「老族母領眾族人離去在理，女兒奪勝後即去尋找你們。但是女兒也對老族母說清，如果女兒三日內沒有尋去，老族母就速領眾族人遠去，不要再等女兒了。」

「老族母，把她捆起來！」凝重的空氣終於壓得眾族人再也抑制不住心中的沉痛，他們捨不得華胥姑娘離去，吼叫起來道，「對，捆起來帶著她走！」

「不，」華胥姑娘一驚，害怕前功盡棄，卻見老族母輕輕站起揮手攔阻眾族人道，「讓她去吧，她或許能勝。她執意要去，若能奪勝就為天下凡人造下大福了。若不能勝，為了天下凡人，就當老娘沒有這個女兒吧！」

「老族母，」華胥姑娘不敢再怠，急忙猛地一個額頭叩地告辭道：「女兒去了！」

「我們期待女兒的好消息！」老族母眼見華胥姑娘言畢起身即去，最後甩出一語道。這時華胥姑娘已是「嗖」地躥出一箭之遙，她不快走害怕此行難成。老族母與眾族人見之，禁不住齊急步向前追去。華胥姑娘這時回頭看見，猛地向眾族人揮一下手，此後再也沒有回頭，直到蹤影消失在眾族人的視線之外。

華胥姑娘不是不想回頭，她怕再回頭眾族人之情觸動了其心，動搖了她前去的磐石般的決心。為此她閉上眼睛猛地沖到了老族母與眾族人視線之外，方才稍稍放慢了繼續前去的腳步。

「我的女兒！」幹練剛毅的老族母看到心愛的華胥姑娘身影消逝，終於經不住如此打擊，口中高叫一聲陡地癱坐在了地上。

二、凡女妊娠

　　華胥姑娘一口氣奔到雷澤岸邊巡視不見雷神的蹤影，遂沿著澤岸一路向北疾急尋找起來。在尋見雷神上，她確實沒有先前逃回的族人那般「幸運」，那族人半途便遇上了白龜老神派出的信使和追來惡魔。而她心懷奪勝雷神的壯志，腳踏鍋底般灼熱的大地，頭頂泄火的炎陽，迎著流火的熱浪，一股勁尋出十里之遙，眼見著來時半晌的斜陽已經偏過了頭頂，不僅仍是不見雷神的蹤影，並且連一個蝦魔蟹將也沒有碰到。邪惡的雷神哪裡去了呢？

　　天氣酷熱，奔尋疲累。對於華胥姑娘來說，這些都已是小事，久尋不見雷神卻就是大事了。因為尋不見雷神，她心中描畫的制伏雷神的宏圖，就難以實現。離開族人前說下的話語，就會成為被人恥笑的狂言。其形象不僅不能在老族母和眾族人心目中改變，而且還會再添不光彩的污點。

　　可是雷澤浩大，雷神不在澤岸出現，她這樣到哪裡至何時才能尋見呢？同時，雷神又搶佔白龜老神的水底宮殿住在其中，他若久居不出，她又到哪裡去尋找那水底宮殿，怎樣才能進入其中尋見雷神呢？

　　華胥姑娘這時心中沒有對雷神的絲毫驚怕，有的只是尋見無緣的萬分急切！眼見尋見無望，一絲愁雲不由得襲上了其疾急的心頭，陡

地泛出了一絲悔意。

她後悔先前不該那樣不知天高地厚，在眾族人面前誇下那般難以實現的海口。進而又埋怨老族母與眾族人嬌慣成了她的任性性格，使其這時嘗到了任性的巨大苦頭。但隨著她又反悔過來，看到若不是老族母與眾族人嬌慣成了其任性的性格，老族母引領眾族人避難而去，白龜老神與女族人無人營救，就將難有出頭之日。

恰恰是她有了這般任性的性格，方才敢於前來做別個不敢做之事，使白龜老神和女族人有了出頭的希望！為此她盡掃剛才的後悔退縮情緒，決計任性下去，就是吃盡千般苦歷盡萬種難，也要實現自己的不知天高地厚之想。

決心至此，華胥姑娘疲累頓消，抖擻精神繼續沿著澤岸一路向北尋去。她堅信，雷澤雖然浩大，雷神固然難尋，既然先前探尋災難根由的族人會被雷神捕殺或者掠去，就說明只要尋到一定地點，就一定可以尋到難以尋見的雷神。

為此她尋啊找呀，驀地，雷神出現的怕人場景仿佛驟現在了她的面前。其面前澤面陡地陰雲四起，狂風嘯叫，惡浪翻飛，一陣悚人心膽的「嘯嘯」怕人怪笑不知從何處傳來。隨著一聲山崩地裂般巨響，怪物般的巨大雷神「嗖」地躍出水面，站立雲頭焦躁地身搖頭擺，一手狂揮碩大的雷棰，一手猛甩如蟒的電鞭，口中「呀呀」嘯叫，聲驚萬里，令人喪膽！

華胥姑娘心中猛地掠過巨大的驚怕。她一位嬌弱女子，哪裡見到過這樣可怕的場景！但是她姿態鎮定，眼見雷神出現場景為虛。為了早些找到雷神實現宏願，她又求不得那怕人的場景早些出現。

華胥姑娘就這樣心懷可怕，與期盼可怕到來的不一念頭，拖著疲憊的身子繼續向北尋去。一尋又尋出數里之遙，來到了一帶平緩的黃

金沙灘跟前。

這沙灘沙粒金黃，熠熠閃光。一望數里，只見金黃，不見瑕點。一邊接水，一邊靠川。灘面平坦寬闊，一眼望去在陽光照耀下，就如同上帝鋪在澤邊的巨幅金色錦緞。

華胥姑娘行進中一腳踏上沙灘，頓覺黃沙綿軟如毯。她即被這沙灘奇景吸引，驀然間就仿佛飲下了忘情水，頭腦被清洗了一般。既忘記了身肩的尋找雷神重任，也忘記了可怕的雷神就可能驟現在面前。渾身也陡地騰起了精神，拔腿在沙灘上一陣奔跑起來。

「啊！哪來這行碩大的腳印？」突然，前方平淨的沙灘上深深陷印的一行巨大腳印，驚奇得華胥姑娘叫出聲來。她奔到近前看到，這行腳印雖與常人腳印模樣無異，但卻巨大得使常人的腳印無法比擬，而且在平淨的沙灘上印得極深，顯得格外清晰。

這是誰留下的腳印？華胥姑娘按照腳印之大和印下的深度推想，一定是在凡界還存在有一種大過常人數倍的巨人。不然，是不會有這般巨大的沉重腳印，留在這裡的。心想至此，華胥姑娘的好玩天性陡地又占上風，好奇地跨出一雙嬌美小腳，就要踏上那巨大的腳印進行比量。

華胥姑娘跨出的雙腳剛要踩上那巨大腳印，其赤光小腳的腳底板上，猛地如同觸上了電流。頓覺一股強勁的激流，倏地從其腳底板上通透到了全身。不僅使其渾身熱血驟然沸騰起來，而且覺得四肢脈絡頓然通泰萬般。

其不曾經歷過的巨大快感，強烈得使其身心盡酥，神迷目眩。口中失禁「啊呀」浪叫著，身子舒泰萬般地猛地癱坐在了那巨大腳印之上。隨著一股股狂烈奔突的陰精，從其下部汨汨湧流出來。華胥姑娘就這樣沉迷其中，久久不願清醒。

　　缺少人生經歷的妙齡華胥姑娘，當然不會知道這是感巨跡而懷孕，其腹中已經種上了神靈的種子。只是興奮之餘頓感身子疲憊萬般，在她欲要挪動一下疲憊的身子時，驚得她花容失色的是，其站在那巨大腳印上的雙腳，卻如同被那腳印膠著住了似的，欲要挪動一下也不能起來。為此她「啊呀」一聲驚叫，陡地明白過來。

　　她想到，這行巨大的腳印這般奇異，一定不是凡界巨人遺留，而是邪惡的雷神為施邪惡故意所為。先前，其氏族中有人說過，雷神生的人頭龍身，四肢如人。身子碩大無比，其雙腳便就應該奇大，這樣便正可留下這行巨大的腳印。更何況這行巨大的腳印又正在雷澤岸邊，雷神居地之旁其經常出沒之地！

　　但是她卻沒有聽說過，別處有腳印能吸定行人的先例。雷神肯定在別處也留有眾多的腳印，為什麼別處的都不吸人，這裡的腳印獨獨吸人不放呢？終於，她明白過來，留在這裡的腳印獨獨吸人，或許是雷神故意施惡所為。這裡或許就是進入雷府的必經之途，雷神故意這樣封鎖路口。

　　想到這裡，華胥姑娘真個是又驚又喜。驚的是其害怕的場景說不定立刻就會出現，因為邪惡的雷神或許已經感知了其到來，甚或躲在近處已經看到了自己。喜的是一旦那場景出現，她就可以找到雷神一展宏願了。

　　驚喜之中，華胥姑娘想到，她決不能在腳不能動的狀態下見到雷神。遂使出渾身氣力，欲要掙脫吸定其雙腳的大腳印。但無奈她拼力再三，都絲毫挪動不得。

　　「何來大膽女子，竟敢來闖雷神府第？」就在這時，澤面上突然襲來一陣陰風迷霧，隨著「轟隆」一聲響動，從澤面驟起的一團黑霧中傳出了厲喝之聲。

　　華胥姑娘先是渾身被那股徹骨的陰氣襲得一顫，隨著雙眼被那陣迷霧迷得緊閉，心中又被那聲響動驚得一愣。但雙耳聞喝，卻頓將剛才飲下的忘情水傾倒淨盡，頭腦迅即恢復了常態。雖覺驚怕，心頭卻又立刻溢上了歡喜。

　　她以為自己終於找見了雷神，便急忙睜開雙眼循聲看去，卻見魚鱉蝦蟹四魔惡煞煞地躍出黑霧，怒睜環眼，手揮兵刃，齊向她圍殺過來。華胥姑娘睹此心中大驚，但雙腳被大腳印吸定無法動身躲避不成，眼見著四魔殺來其就將身死無法實現宏願。但她不願就此身死，她要見到雷神，急忙大叫道：「四位大魔慢來，小女有話講說！」

　　「呵呵，還要講說！沒誰跟你講說，」為首蟹魔口中叫著，引領三魔從澤面更疾地飛殺過來道，「大神有令取你性命，你就給我等死吧！」

　　「小女萬求四位大魔，」華胥姑娘這時更驚萬分，急又開口道，「小女代表華胥氏族人前來求見雷神，怎能未見先死？」

　　「你不死誰死？」蟹魔這時又言道，「這裡就是你的死地。」

　　「小女想你四位大魔在此扼守雷府通道，定為雷神麾下魔將。」華胥姑娘即又急言道，「因而敬乞諸位大魔引領小女前往雷府，小女得見雷神一面死而無憾！」

　　「想得倒美，你！」魯莽的魚魔聞聽譏褻，揮刀已經殺到華胥姑娘面前道，「你就到那陰曹地府，等著去見雷神吧！」

　　「且慢！」華胥姑娘頓感絕望，無奈只有瞪大眼睛，看著魚魔手中之刀就要將其殺死。不料就在這時，為首蟹魔突然一聲屬喝，止住其他三魔道，「諸位瞧，這等嬌美女子豈可殺傷！瞧她這模樣，不令仙女遜色魔女生愁嗎！」

　　「啊呀！還是大哥賊眼犀利，」魚等三魔住手舉目，頓被華胥姑

娘的嬌美俘獲了。一個個眼溢貪光，口垂饞涎喃言道，「我等殺之，實在心疼哩！」

「諸位大魔，」華胥姑娘剛才只顧絕望等死，沒能顧及眼前發生的一切，這時不知四魔為何住手生愣，還以為他四魔先前皆為白龜老神所使，今日雖被雷神驅使仍然善心不改呢！為此眼見有了說話時機，急又央求道，「小女再求諸位大魔了！」

「不，」華胥姑娘之言，頓把身心全都墜入欲洋情海的四魔喚醒過來，為首蟹魔否定道，「我等不能應你所求。」

「為什麼不能？」華胥姑娘雖然剛才想到或許是蟹等四魔善心不改，但她也不敢全信自己所想，只是這時有了對話時機抓住不放，以期通過對話說動四魔領其去見雷神道，「應又怎樣？」

「哎！姑娘，不是我等不應你的請求，」華胥姑娘想不到為首蟹魔聽罷其言，竟然長歎一聲道，「而是姑娘有所不知啊！」

「小女有何不知？」華胥姑娘仍然不知蟹等四魔包藏禍心，對其歎言又覺充滿善意呢。但聰敏的她當然心懷戒備，依然不敢全信他四魔真的為善，但也不敢斷定他四魔全都為惡。就這樣華胥姑娘在對蟹等四魔是惡是善的猜測不解中，心中懷著對他們惡的戒備善的希望，即又急問道，「乞大魔快對小女講說。」

「小女不知，那雷神邪惡至極！」面對嬌美過人的華胥姑娘，欲行邪惡的蟹等四魔也一時不敢立刻下手。這是美的威力，美一時震懾住了邪惡。為此包藏施惡于華胥姑娘邪惡禍心的蟹魔，本該講說我們應了你的央求，將你領給了雷神，我們又怎得施惡於你呢？可他卻嘴上一時不敢言講，而是吞吞吐吐地繞了個大彎子，欲蓋彌彰地講說起了雷澤實情道。

「那又怎麼樣？」華胥姑娘仍對蟹魔之言不解道，「若不是那雷

神邪惡至極，小女豈會前來找他？」

「噢，小女可真膽大呀！你知道他遭貶到雷澤囚禁白龜老神之後，強行驅使我等殺戮男人，為他虜掠女人供他淫樂。」蟹魔也是不解華胥姑娘之意，聽了其言先是一愣，接著繼續實言道，「如今雷府中雖已關有數百名女子，可他仍不滿足，責令我等多多虜掠。」

「噢，這與大魔不應小女所求沒有關係呀！」華胥姑娘仍然不知蟹等四魔包藏的禍心，不解道。

「是的。」蟹魔這時禍心難藏，尾巴漸露道，「像姑娘這樣的女子，雷神見到就會愛不釋手，因為你是我等見到過的凡間最為嬌美的女子了！」

「那你們不是恰好可以把我帶進雷府，去見雷神嗎？」華胥姑娘立即順水推舟，以期實現目的道。

「可是，不知為何，」蟹魔突講實情道，「雷神卻命我等，前來取姑娘性命！」

「啊！」華胥姑娘一驚道，「這是為何？」

「我等也不知道這為什麼。」蟹魔頓陷迷惑不解道，「過去雷神都令我等多掠女人，從來沒有叫我等殺過女人，可今天卻令我等取你性命！」

「這是真的？」華胥姑娘更驚，急問道。

「真的。」蟹魔言說認真，隨著心有所悟道，「是雷神見過姑娘？」

「沒有。」華胥姑娘大為不解，既不解雷神為何遣魔誅殺自己，也不解蟹等四魔為何又違背雷神之令，遲遲不殺自己。隨之反問道，「那麼，諸位大魔為何又違背雷神之令呢？」

「我，我們……」蟹魔這時竟被問得唯唯諾諾，突覺無言以對。

「小女知道你等都是善魔，不愧昔日白龜老神的麾下。」華胥姑

娘這時仍是不知蟹等四魔的邪惡禍心，而且聰敏的她為防其惡，以給蟹等四魔戴高帽子的方式，依照心想推動事態向有利於自己的方向發展道，「你們還是快快把小女領到雷神面前，好讓小女向雷神講說，赦免你等為小女施行善舉，違拗雷神命令之過！」

「不，」蟹魔頓然禍心顯露道，「那樣我等四魔能得到什麼？」

「小女知道你等的善意，是怕小女進了雷府受罪！你等保護小女不進雷府，是為小女施下的善舉。」華胥姑娘畢竟年輕未諳世事，聰敏的她竟然未能聽出蟹魔話中惡意，仍對蟹等四魔寄託善的希望，懇切道，「可是你們帶領小女進入雷府，讓小女鬥伏了雷神，則是你們對天下凡人施下的更大善舉啊！」

「大哥，什麼善呀惡的，少跟她囉嗦。」性急的魚魔這時焦急難耐起來道，「再囉嗦也是那麼回事，我等現在得不到她，就將永遠得不到她了！」

「是的，大哥。我們先得到她再殺死她，這正符合雷神之命呀！」鱉魔這時也耐不住性子道，「誰讓我等見到了嬌美的她呢？見到了而得不到，不使我等終生為之心旌搖盪，永世活不安寧嗎？」

「不能再猶豫了，大哥！」蝦魔在旁也淫欲難抑道，「切切不可中了這女子的奸計，若是將其引見給了雷神，我等不僅得不到這女子，違背雷神之命還將盡被斬殺啊！大哥，兩相權衡還是快快行動，就讓小弟先來吧！」說著，竟棄械向華胥姑娘扑了過來。

「啊！」華胥姑娘終於明白了一切，眼見邪惡的蝦魔就要扑來施惡，自己躲避不得，不由得一聲尖叫，心中對面前四魔生出了萬分仇恨！她仇恨蟹等四魔將使她此來無功受辱，身子受辱然後去死對她來說也無所謂，可惜的是她鬥伏雷神的宏願化為泡影，白龜老神和女族人無人營救。雷神無人鬥伏，偌大雷澤就將繼續被邪惡充斥，天下凡

人就要繼續身受雷神之害呀！

「走開！活個痛快第一個也輪不到你，我先來！」華胥姑娘惱恨至此正欲開口怒斥四魔，卻見鱉魔上前擋開了蝦魔道。

鱉魔擋開蝦魔正要撲向華胥姑娘，又見魚魔上前一把將其推開道：「滾開。先來，也輪不到你！」

「諸位兄弟這樣太不知羞恥了！」蟹魔這時上前攔住魚魔道，「如此就像只有一個桃子，由我四魔來吃，總得有先有後難以同時。」

「噢！」魚等三魔被攔，心中正在不滿道，「有先有後，兄長快說誰個為先！」

「為兄以為，先後不能同時，我兄弟就不能同時得到滿足，」蟹魔繼續道，「就不如都死了這份淫心！」

「啊！」魚等三魔不解蟹魔之意，一乍驚問道，「那怎麼辦？」

「我等殺了這女子！」蟹魔決絕地道，「以免我兄弟相爭傷了和氣，也恰好可復雷神之命！」

「啊！兄長說的不成。」鱉魔否定道，「那太虧了我等兄弟了！」

「對，玩過再殺，」蝦魔在旁幫言道，「也是恰好可復雷神之命！」

「別說了！再爭，雷神來了我等就沒命了。」蟹魔說著，即出手中利劍「嗖」地砍向了華胥姑娘。

眼見蟹魔手中利劍倏然就要砍到，華胥姑娘動身躲避不得只有引頸等死。在這倏忽之間，她心思飛轉想了很多。她先是後悔實在不該這樣任性，白白前來身遭欺凌直至無獲送死。還是老族母和眾族人閱歷深廣見地正確，阻止其前來毫無錯處。為此她再次怪罪眾族人特別是老族母，嬌慣成了她任性的性格，造成了其如此任性前來送死！

然而她又感到欣慰，欣慰其雖然無功受死，卻是為了族人和天下凡人而死的，因而死的值得！但她當然還是想活，她的生命還太短

暫。老族母和眾族人把她捧為掌上明珠，她還沒有對他們做出絲毫報答，怎能就去死呢？可是她就要死去了，為此心中頓然充滿了無盡的遺恨，怒睜雙眼咬牙等待死的到來。

「住手！」就在這時，隨著一聲地動山搖般的厲喝之聲驟然響起，澤面上一道熾烈十分的白光倏然劃過，閃得華胥姑娘怒睜的雙眼不由猛地一眨。伴著「轟隆」一聲驚天動地的巨響，一個巨大的水柱從澤面上沖天而起。一個人頭龍身的巨大怪物，乘著水柱，升騰出了澤面。

「小魔不知大神來到，有失遠迎，」正殺華胥姑娘的蟹等四魔先是一愣，急忙棄械匍匐在地齊叫道，「乞大神恕罪！」

「啊！」正在等死的華胥姑娘的雙眼，被剛才那道白光閃得半天沒有睜開，因而遲遲沒有看到出水怪物為哪個。這時突在死前遇到救星，心想救她者必是慈善的白龜老神。如若不然在此雷澤之中，還有哪個會揚善懲惡？想到慈善的白龜老神救她而來，華胥姑娘心中立刻高興萬分。為此她急忙猛睜緊閉的雙眼，尋看白龜老神身在何處。然而，大大出其預料，不是白龜老神，而是她見之害怕又期盼見到的兇神惡煞的邪惡雷神，她不禁一聲尖叫倒吸起了涼氣。

雷神的生相著實凶煞無比，怕人萬分。他如人所言雖生人首，但卻紅顏朱髮，赤眼紫唇。面如赤棗，朱髮及臀。赤眼凸突若銅鈴，紫唇齜咧到耳門。長眉斜豎，鼻隆如牛，嘴生獠牙，似魔非人。身為龍體，長逾十丈，背覆朱鱗。腹生四肢，前如人手，後若人足。

華胥姑娘眼見雷神凶煞至此，知其果如眾人所言邪惡萬分，心中驚怕倍甚。但也禁不住高興萬分，隨著這驚怕的降臨，她見到了急要找見的雷神。

驚喜之中，華胥姑娘怎麼也揣摩不透，雷神為什麼先前曾對蟹等四魔下令誅殺自己，這時卻又突攔施惡的四魔營救於她，是雷神變善

了呢？還是包藏更大的禍心？不解之中，華胥姑娘只有瞪大眼睛看著雷神的下步舉動，是嚴懲跪地求饒的四魔，還是趕走四魔後立即對她施惡？

若是趕走四魔又不對她施惡，那真是雷神改惡從善了，她求之不得的好事！但她知道那不可能，因為蟹魔講過雷神下令他們殺死男人多掠女人，以供他關進雷府肆行淫樂。這時雷神救她不死，是否正是為了留下她供其淫樂呢？

想到這裡，華胥姑娘真是後悔剛才蟹魔沒有手起劍落殺死自己，使她質本潔來還潔去，不再落入雷神之手慘遭蹂躪。但是她沒有死，悔也無用，必須火速拿出對付雷神的方法，做到既保護自己又鬥伏雷神，實現前來的宏願。為此她不敢稍怠，急忙一邊驚怕地看視雷神的舉動，一邊心思急轉思謀怎樣依據眼前的情形，採取對策。

「你等要我恕罪，」華胥姑娘看到，凶煞的雷神來到蟹等四魔面前並未發火，而是輕聲柔語道，「是恕死罪還是活罪？」

「我等……我等是……是遵大神之命，」為首蟹魔深知雷神之惡，這時既不敢說是死罪也不敢說是活罪，支支吾吾以圖蒙混過關道，「斬殺這女子，可……」

「胡說！」蟹魔不知其言恰正戳穿雷神惡計，突見雷神勃然大怒道，「誰個命你等前來斬殺這女子，叫你等來殺，我攔阻做何？」

「我等錯了，小的胡說！」蟹魔不解雷神突然變卦玄機，只是見其大怒，連忙自責以期免罪道，「小的有罪！」

「你等何罪？」雷神頓把蟹等四魔逼進了死胡同中，這時進一步威逼道，「死罪還是活罪？」

「我等死罪。」蟹等四魔更加不解雷神為何一反剛才之令，猜不透其葫蘆裡究竟裝的是什麼藥。這時被逼無奈，只有自認罪重以求免

死。不敢說活，齊說死罪道，「我等該死，該死！」

「知道該死就好。」不料雷神來了個順水推舟，話鋒一轉平靜道，「你等既然知道欲圖施惡該女該死，我就成全了你們。」

「啊！」蟹等四魔嚇得齊聲大叫道，「大神饒命！」

「颯——」雷神臉上不動聲色，手中不等四魔話語落言，已揮動電鞭將四魔一齊攔腰揮為兩段。旋即，臉上掛起怕人的微笑，來到華胥姑娘面前，大嘴一齜一合故作柔聲軟語道：「雷神來遲一步，讓姑娘受驚了！別怕，有我在，凡間就沒有誰敢欺負你！」

這真是怪了！華胥姑娘剛才眼見雷神並不像眾人所說那般邪惡，相反卻揚善懲惡誅除了蟹等四魔，已是心中大為不解，不知雷神究竟要做什麼。這時又聽雷神此言，心中真個是更加大為懷疑起來。自從雷神在其面前出現，沒有顯露一絲一毫行惡抑善之態啊！

雖然他的臉長得怕人十分，可他身為神體，天生相貌也是沒法兒改變的。這樣，出現在她面前的雷神與她頭腦中眾人講說的邪惡雷神之間，就形成了天壤之別的巨大反差。當然她也想到這可能是雷神故作假像，可他一個威力無比的惡神，又何必對她這樣一個柔弱女子作此假像呢？為此她心中奇疑萬分。

「怎麼，還不相信我雷神嗎？」雷神看出了心思急劇翻騰的華胥姑娘的驚疑，接言道，「我把施惡於你的魚鱉蝦蟹四魔全都除去，難道還不足憑證嗎？」

「噢……噢，」聰敏的華胥姑娘突然明白過來，想到雷神做此假像，一定是為了更加邪惡地施惡於她。先前他一定是先見到了她，然後命令蟹等四魔前來誅殺她，隨後前來營救她彰顯善意，演出了自己面前的一幕。

明白至此，華胥姑娘當然後怕。但她想到這樣也好，她恰好可以

贏得時機將計就計，見機行事制伏雷神實現宏願。為此她急忙扼腕鞠成一禮，順水推舟道，「小女有難，大神相救，小女這廂相謝了！」

「姑娘這就錯了。」事情果如華胥姑娘所料，雷神聽其言，赤眼一轉，笑言道，「雷神救助姑娘也是救助自己，姑娘豈有相謝之說。」

「噢，」華胥姑娘心中已經有數，聽出了門道，知道雷神果然施善是假，行惡是真，但她為探究竟故作不解道，「大神這是何意？」

「我愛你。姑娘，你讓我愛死了！」邪惡的雷神終於忍抑不住心中的貪欲，撕破假像赤裸裸道，「我救你，是因為早把你看成了我的嬌妻！」

「好一個邪惡的雷神！」華胥姑娘頓知雷神的根底，聰敏的她看到與雷神周旋的時刻已經來到。即自己不論怎樣，邪惡的雷神除了施惡也不會殺害她。為此，她勃然大怒喝道，「方才小女還以為你是善神受汙方得惡名，現在你我首次見面，你連我的名字都不知道，卻說我是你的嬌妻……」

「怎麼，不知道名字就不能愛了嗎？」雷神認真道，「姑娘太美了！你罵吧，怎麼罵我也不會氣惱。」

「你，果然是一個十足的惡神！」

「惡神？」雷神突然放懷「嘯嘯」大笑起來，其笑聲如雷驟鳴。驚得澤中洪波湧起，空中陡起颶風，使得華胥姑娘禁不住心中一顫。在這風起波湧情勢陡變的場景之中，雷神齜牙咧嘴道，「善又怎麼著，惡又怎麼著，不就是一字之差嗎？可姑娘你算計過沒有，善要失去多少，惡會得到多少嗎？我要的是得到不是失去，我要得到一切。」

「你要得到一切，你恰會得不到一切。」華胥姑娘抓住時機，以圖周旋奪勝道，「惡神知道，還會為此丟掉性命的道理嗎！」

「那是遙遠的事情，眼下我就是要得到姑娘。」雷神說著又是一

陣雷鳴般的「嘯嘯」怪笑，隨後便向華胥姑娘扑了過來道，「不管你答應不答應，你都已經成了我的。」

「你！」華胥姑娘依舊動身躲避不得，眼見自己就要成為雷神手中的玩物，不由得驚出聲來。為此她心中大急，焦急中又後悔自己的任性，就要鑄成失貞于雷神的苦果。但她悔也無用，因為這時她已作為一碟小菜擺上了雷神的餐桌，雷神是不會陡改邪惡之性，不食這碟佳餚，頓成善神的。

三、智伏雷神

　　雷神剛才演出的邪惡救美的庸俗鬧劇，並非偶然的機緣巧合。而是恰如華胥姑娘所想，是先前其尋找雷神行至半途時，雷神發現之後轉動邪念導演的醜惡一幕。

　　先前，雷神在澤中居住日久，渾身龍鱗不見陽光騷癢難耐起來。為此，他浮上水面暴曬其身。一陣暴曬奇癢稍消，突見一道迷人的光亮從東方澤岸邊閃射而來，使其赤眼為之一亮。雷神心中奇異，舉目循光看到在距其不遠的東邊澤岸上，肌似雪、膚若玉的嬌美華胥姑娘，正在澤中碧水的映襯下，疾急地沿著澤岸由南向北奔走。

　　雷神頓覺心搖意蕩，淫邪的他覺得別說在凡界見到過的女人，就連在天界見到過的仙女在內，也不曾有一個貌若岸邊這位姑娘嬌美。他不知道這位姑娘是天女下凡還是魔女轉世，但認定凡人中絕不會有長相這般嬌美的姑娘。

　　因為這時他從稍遠處看華胥姑娘，朦朧中見其體如剪影，行動中婀娜多姿如風擺柳。白嫩若藕的雙腿筆挺修長，後突的玉臀曲線迷人。乳峰前聳，懾神心魄。秀髮接腰，飄若飛瀑。整個胴體搭配得萬分恰當，玉潤珠圓得竟然在燦爛的陽光下閃射出迷神的光亮。

　　眼見至此，邪惡的雷神淫心陡升，決計不論是仙女還是魔怪，他

都要弄到手中。為此他疾急地向岸邊奔走的華胥姑娘近處游來，以細看其美並準備施惡。

雷神這時雖然游走疾急，但卻沒有弄出絲毫聲響。他怕弄出響動驚嚇住了嬌美的華胥姑娘，破壞了其嬌美的自然形態，近前見不到其隨意揮灑的自然嬌美。

同時華胥姑娘朦朧中的仙姿妙態也已懾走了雷神的心魄，使他由醉生情愛，由愛生私心，把嬌美的華胥姑娘視為其必得的私有之物，進而生出了愛憐與保護之意。正是懷著這樣的私心邪欲，雷神一陣游到華胥姑娘近處一看，華胥姑娘的嬌美更是將其魂魄懾奪淨盡，使其貪饞得呆怔在那裡。

他看到，華胥姑娘的燎人胴體白嫩無比，纖細的腰際僅用一張綴滿精美斑點的金錢豹皮，似遮似露地半遮半掩著。上身只有數串樹葉，半遮半露著高聳的乳峰，其他部位全都裸露無遺。實在是生得肌膚玉潤圓渾渾，長得周身膩又嫩。借出水芙蓉比喻遜色，用仙姿妙態形容有距。剛才在遠處看朦朧的臉蛋，近看更令凡間女子失容，天上仙女現醜。

真個是形如瓜子嘴朝下，腦瓜齊整上頭生。細眉彎彎如月牙，兩眼既大又水靈。眼珠白的白似雪，黑的黑如漆。一轉一動話千言，一閃一顰傳柔情。水靈雙眼溢睿智，眼珠似潭藏深情。鼻梁高聳如雕塑，恰到好處生正中。兩腮不胖不瘦鼓鼓圓，色若蟠桃白透紅。嘴唇生的若櫻桃，嘴口嬌小令神疼。兩排玉牙齊如削，齒齒光潔瓷丁丁。脖頸修長著神憐，膚色細嫩難形容。實在是鳥見不飛人見不走，神魔見了生癡情。

華胥姑娘太美了，美得比朦朧中倍增十分。因而她未費吹灰之力，就改變了雷神的初衷，使淫邪的他停止了欲行之惡。他知道，施

惡雖然可以得到華胥姑娘，但那樣得到的只能是其胴體，而不能得到其愛。

沒有靈魂的肉體無疑是行屍走肉，行屍走肉會令其索然無味，那樣華胥姑娘的嬌美就會喪失在其手中。為此他止住了欲行之惡，決計以虛假的善舉贏得姑娘之心，得到她的愛，真正佔有其完善之美。

決計至此雷神十分犯難，他想到自己生相凶煞不論怎樣施善，華胥姑娘見到也會視為邪惡驚怕不已，但其生相卻無法改變。怎麼辦呢？末了狡惡的他心思急轉，終於思謀並導演出了剛才那邪惡的庸俗一幕。

然而他雖然把那幕鬧劇導演得充足，對其間流露的點滴破綻及時進行了修補，使得華胥姑娘雖然心中有疑，可從她未被其凶煞形象嚇昏看，其苦心導演的鬧劇還是贏得了華胥姑娘信其為善之心。

但不料其後他把事情弄壞，猴急地赤裸裸求愛一語，鬧了個前功盡棄。使其以後難在華胥姑娘心中樹起善的形象，便也無法真正獲得華胥姑娘之心了。為此，淫邪的他淫邪難耐，便要先期佔有不能放過的華胥姑娘的肉體，一陣「嘯嘯」邪笑，淫邪畢露地撲向了動身不得的華胥姑娘。

「大神且慢！」華胥姑娘眼見自己就像一隻無法脫逃的小雞，眨眼就要被雷神這只兇殘的老鷹撲住，心中頓然焦灼萬分。但她沒有陷入無奈，因為雷神的舉動雖然唐突，卻也在其預料之中。剛才只是想不到他眨眼間就要施惡於自己，為此在此情急之中心思飛轉，倒海翻江般思謀出了對策。

「噢！」雷神一怔，停下撲來的腳步道，「你要做甚？」

「大神剛才不是講說……」

「講說什麼？」

「講說你愛我……」

「愛有何用！」雷神氣惱不消道。

「怎能沒用！」華胥姑娘這時已是完全嬌聲道。

「又有何用？」雷神之心這時已被華胥姑娘的嬌聲初步打動，氣惱稍消道，「那不只能是貓咬尿泡，瞎喜歡嘛！」

「大神真傻！」

「我咋傻了？」

「還咋傻呢！大神方才不是揚言愛死本姑娘了嗎？」華胥姑娘這時不僅話語充滿了嬌聲嗲氣，而且形體也溢滿了嬌氣忸態道，「揚言本姑娘是你的嬌妻，任憑本姑娘去罵也不會惱嘛！」

「啊！」生怒的雷神再次被華胥姑娘的形態語言懾服了，心中一明生愣道，「你……」

「我愛你！」

「啊……這是真的嗎？」雷神高興了，高興得不敢相信道，「這太好了！」

「好什麼好？瞧你都快把人家嚇死了！」華胥姑娘即又抓住時機，嬌聲嗲氣嗔怪道，「還好呢！」

「對不起了，姑娘！可我就這副長相，」雷神頓陷兒女情長說著，伸手就要擁撫華胥姑娘，「姑娘莫怕，叫我抱抱！」

「瞧你，猴急什麼！」華胥姑娘故作羞澀，躲避雷神道，「愛也不能就動手動腳，就不知道人家女兒家會害羞嗎？」

「噢，對。」雷神在天界畢竟也遵行著與凡間一樣的道德規範，這時即遵華胥姑娘之言，住手轉為規矩道，「姑娘就盡情地斥罵我雷神吧，都怪我愛得太狂烈了！」

「你這不是愛的狂烈，這是惡性發作！」華胥姑娘這時眼見高大

的雷神真的已為情愛所迷，漸漸地已像一個知錯的大孩子一般低下頭來，便繼續嗔怪周旋道，「你見過哪個鍾情的男人，初次見到心愛的人兒就施邪惡的？」

「姑娘數說得對，」雷神這時已轉乖乖道，「我知道錯了。」

「知道錯了就好。」華胥姑娘靈機轉動，話鋒一轉以期說動雷神道，「你能耐下心來，聽小女子對你講說嗎？」

「講說什麼？」

「講說什麼？」華胥姑娘見雷神不想聽其講說，臉色一沉反問道，「噢，那你就是不想聽我講說了？」

「不，不。」雷神急忙真心誠意道，「別說姑娘這般講說聲如天籟悅耳，就是罵我的聲音在我聽來也像那天界的醍醐灌頂般美妙，我怎能不願意聽呢？」

「說的倒比唱得還美。」華胥姑娘又作嗔怪道，「那本姑娘就說了。」

華胥姑娘這時所以如此，是她在剛才情急中想定的無奈言愛之策。她當然不願意對雷神言愛，心中也當然對邪惡的雷神不會有絲毫愛意，相反有的則是對雷神的不共戴天的仇恨。

但是值此境地，邪惡的雷神得不到其愛就要對她施惡，那樣她既會受到傷害又喪失說動雷神之機。為此兩相權衡，她無奈只有選定了言愛之策。再說，這時對於華胥姑娘來說，除了言愛也別無它策可施。

對於言愛，華胥姑娘心中當然也進行了激烈鬥爭。她本不願意對雷神言愛，但這時卻又非要言愛不可。她知道，言愛雖可保得自己一時不失身於雷神，但終究的結局，是一定會比一時失身於雷神更慘的。

可她又必須對其言愛，末了華胥姑娘無奈下了決心，言愛就言愛。別說自己違心地與雷神言愛，就是與雷神糾纏一生，即便為此獻出生命。只要能為族人和天下凡人，以及白龜老神和被掠女凡人換來

幸福，那無疑都是值得的。

為此她的心雖然已經疼碎，表面上卻裝出對雷神溢滿情愛之態。一番充滿苦疼的怩態嗲聲言愛舉動，果然折服得真愛于她的雷神馴服起來。華胥姑娘眼見雷神的鼻子被自己牽住，便不忘來志急忙話鋒陡轉，欲借此機一展說服雷神的宏願。

雷神之所以一陣即被華胥姑娘言愛說服，是因為他真心愛著嬌美無比的華胥姑娘。剛才他之所以欲要施暴于華胥姑娘，是因為感到了不可能得到完美華胥姑娘的絕望。特別是他想到，其雷府中雖然關囚著數百名掠來凡女，但她們都僅僅是可供他施惡泄欲的行屍走肉般對象。既沒有一個有華胥姑娘的無比嬌美令其著迷，也沒有一個對其有愛！

雷神固然生性邪惡，但作為天神在天界時，也曾經希望過普通天神的安定日子，有心尋找一位自己喜愛又有情意的仙女，與其廝守終生。但不料還沒有找到，便被貶到了凡間。到凡間後，他仍然有心尋找一位自己喜愛又有情意的凡女與之相伴，但又苦於一直沒有找到令其一見入迷的姑娘。

現在終於找見了一見便令自己入迷的華胥姑娘，而且突然間峰迴路轉，絕望中的他看到了嬌美的華胥姑娘真的愛上了自己，他怎能不高興得邪火頓消，馴順地答應華胥姑娘之言呢？可是他心中充滿了對華胥姑娘之愛，他怕華胥姑娘講說別的耽擱了其邪事，遂急忙接言道：「姑娘稍待。」

「噢！」華胥姑娘一愣道，「怎麼？又變卦了？」

「沒變。」雷神急言道，「我是央求姑娘耽擱片刻……」

「做什麼？」華胥姑娘不滿地打斷雷神之言，她怕雷神又要對她施惡，急問道。

「我是央求姑娘答應，」雷神改為嬉皮笑臉道，「賜愛於我，永住雷澤，做我的嬌妻。」

「這個可以。」華胥姑娘早知對雷神言愛必有這一結局，只是沒有想到其一個條件竟然包含三層意思，實在太苛刻了。可她畢竟心中早有所想，「不過，我也有兩個條件。」

「只要姑娘答應我的條件，」雷神高興道，「姑娘提一百個條件我也答應。」

「那好。不過本姑娘不提一百只提兩條。」

「我答應，全答應！」

「一言為定。」華胥姑娘為展說服雷神的宏願，先穩其心道，「具體過會再說不遲，大神先聽我說如何？」

「姑娘既已答應可以嫁我為妻，」雷神這時去掉了剛才的擔心，放下心來又轉馴順道，「本神就聽你說。」

「大神，」華胥姑娘這時立刻收起忸態嗲腔面轉凝重，為說服雷神之心話語綿中藏剛道，「你應該是偉大而受到尊崇的大神！」

「嗯，」雷神連連點頭，「是的，是的。」

「你司掌天上的風雨，手握電鞭驚雷，便手握著凡人的生死。為此俺凡人敬你求你，祈求你賜福於凡間。」華胥姑娘一口氣道，「可你來到凡間兩個多月裡，卻不賜福而降禍於凡人，任意行惡於凡間。」

華胥姑娘這番言辭實在字字如槍似劍，入骨三分地刺疼著雷神之心。雷神生性邪惡殘暴，要說還真是任憑誰個，也沒敢這樣在其面前數說過他。為此馴順的雷神靜聽至此，也不由得心中難以平靜。

華胥姑娘看得出其臉色已經生變，平靜的身子也禁不住抖動起來。但她不敢放棄這一已經開始的說服雷神之心的機會，更不願意改換已經開頭的話題，因而沒有就此打住，為了實現其制伏雷神的宏願

繼續道：「眾多勇武男兒前來勸你，你格殺勿論。幾多女兒柔如雞，你全掠去肆意蹂躪……」

「你，」雷神終於忍抑不住心中的翻騰，聽不下去了，頓生氣惱，大嘴一咧屬道，「你好大的膽子！你愛本神是假，前來遊說本神欲救凡界是真！」

「我是膽大。」華胥姑娘無私無懼，這時轉換話題道，「你殺得凡界沒有男人敢再前來，掠得凡界女人聞而後退。可是我來了，而且單身一人……」

「你，」雷神由於心中之愛，這時強抑氣惱道，「你這是找死！」

「找死我不需要來找你，在居地就可以被你施惡餓死。可是我來了，」華胥姑娘寸步不讓，繼續道，「我來做什麼？不假，是為了說服你雷神拯救凡人……」

「說穿了吧！」雷神氣惱不消道，「愛我是假！」

「傻子！愛你是假，別人為啥不來！」

「啊，你！」

「正因為本姑娘愛你，所以冒死為愛而來。」

「你不怕我殺你？」

「你不會殺我。」

「為什麼？」

「我有別個比不上的嬌美……」

「你……」

「本姑娘人見人愛，你也下不了手！」

「你——」

「所以我敢於為愛而來。也可以說我愛死了你，所以敢於為愛冒死前來。」華胥姑娘故作此說，以安雷神之心好再勸說道，「當然我

也想說服你拯救凡人，但那也全是為了大神你著想，當然也為了本姑娘和天下凡人。」

「此話怎講？」雷神這時被說的一愣，氣惱盡消道。

「大神想過沒有，」華胥姑娘繼續周旋道，「你如此肆虐凡間，凡人死盡，誰來供奉你尊崇你？你不降福只知害人，你怎能為神？」

「哎！」雷神聽到這裡不禁一聲長歎，其心終於被華胥姑娘說動起來。剛才他聽華胥姑娘刺耳之言心中氣惱，以為華胥姑娘愛他是假遊說是真。但被華胥姑娘如此一番入情講說，癡情的他心中的質疑頓被釋去，重又相信起了華胥姑娘對他之愛。

為此他聽了華胥姑娘末了之言雖然仍覺刺耳，但又深知其言句句如實入理，字字為他設身處地往好處著想。便從其中感受出了華胥姑娘對他隱含的萬分真誠，並且癡情地進而以為，這「真誠」就是華胥姑娘在用另一種語言，向他表達的誠摯之愛。

淫邪的雷神這時就這樣被情愛所蔽，中了聰敏的華胥姑娘的愛情之計。用其癡愛去度華胥姑娘之情，把華胥姑娘看成了其在凡界的知己。面對自以為的「知己」，他一反平時的淫邪之態，隨之歎言道，「姑娘所言雖然入理，但姑娘怎知我心中的恨疼呀！」

「噢！」華胥姑娘看到雷神之心已被說動，其宏願實現已經初現端倪，禁不住心喜過望。但表面她卻沒有絲毫流露，而是故作驚奇不解之態道，「大神心中也有別個不知的愁苦恨疼？」

「是的。」雷神頓陷愁恨氣惱道，「滿腹的愁苦恨疼啊！」

「那大神今個就對小女子好好說說，」華胥姑娘欲把雷神的心思套問清楚，好再對症下藥道，「如有可能，小女也可為大神解解愁苦呀！」

「我原本是天上的天神，雖然生性邪惡，可也並非邪惡至極。」

雷神心中的愁苦恨疼這時已被華胥姑娘攪起，又見華胥姑娘這般親近溫存，便認為找到了傾訴對象，立刻傾訴起來，「但因神神皆有的愛欲，玉皇老兒把我貶到了凡間。」

「嗯，嗯⋯⋯」華胥姑娘做出恭聽情態道。

「我惱恨懲罰我的玉皇老兒，我要以怨報怨！」

「噢，」華胥姑娘詢問道，「怎麼報法？」

「我雖然不能直接報怨於玉皇老兒，但你們凡人是他老兒的外孫子，我報怨於你們。」

「喔，」華胥姑娘心中一亮本想打斷其言，但止住了，轉為自語道，「原來是這樣。」

「他施惡於我，我施惡於你們，你們是他的親人，我就報了怨恨！」雷神繼續傾訴道，「所以，這不是我行惡於你們凡人，而是玉皇老兒行惡于凡人。」

「這，這也是⋯⋯」華胥姑娘本想插話說「這也是一理」，但怕打斷其言止住了。

「為此我只要在凡界一天，就要加倍肆虐一天。在凡間一時，就要盡情施惡一時！」雷神這時氣惱起來道，「我當然也不想這樣去做，但又只有這樣去做。這樣懲罰我的玉皇老兒心疼起了你們，才有可能收回貶我之今，讓我早日返回天界。」

「若是這樣講說，」華胥姑娘這時明白了雷神施惡的根底，心機轉動便有了勸服之法。於是她率先「咯咯咯」一陣暢笑道，「可敬的大神你就完全錯了！」

「一點也不錯。玉皇老兒錯待了我，我就這樣以仇對他。」雷神傾訴心中之痛，本是為了贏得其視為知己的華胥姑娘的同情，言畢正想聽到對他親近十分的華胥姑娘的同情話語，不料卻聽到了否定之

言，不禁心中大惱赤眼一瞪大聲道，「這樣恰正應該，我錯在了哪裡？」

「大神莫急。」華胥姑娘為了按下雷神的氣惱，又是輕鬆地「咯咯」一笑道，「常言冤冤相報沒有竟時。大神這樣以怨報怨繼續下去，何時是個了期呢？」

「我剛才已經說過，」雷神堅持其想道，「我對凡人施惡越狠，玉皇老兒心中越疼。他為了你們凡人的幸福就會讓我早回天界。」

「大神正是錯在這裡。」

「啊，這有什麼錯？」

「大神想過沒有，你在這樣一個怪圈中施惡凡人，報雪玉皇大帝對你之怨，」華胥姑娘道，「不僅凡人會對你的怨恨加重，無奈時也會一齊起來報怨於你。同時玉皇大帝知道後，也一定會加重對你的懲罰。你又會加倍向凡人施惡以報其怨。」

「噢，」雷神聽到這裡心中轉過彎來，「姑娘是說這樣沒有了日？」

「是沒有了日。」華胥姑娘肯定道，「沒有了日你豈能返回天界，那樣又怎會有你早日返回天界的實現之期呢？」

「這樣姑娘是說，」雷神仿佛陷入沉思，口中喃喃自語道，「讓我改惡從善！」

「是的。」華胥姑娘肯定道，「只有這樣，大神才能早日返回天界。」

「嗯，姑娘說的有理。」雷神心中驟明道，「姑娘不愧嬌美勇敢，又聰敏無雙！」

「大神過獎了。」華胥姑娘看到雷神同意其言心轉高興稍覺輕鬆，但仍不敢高興得太早，唯恐雷神之言是假道，「你我之間何需虛言？」

「不。從你的話語中，本神已經聽出，你是為救凡人前來遊說的。」雷神如陷深思，表情平靜道，「你來前已經知道我的邪惡，可

你不畏邪惡以柔弱之身前來尋我遊說於我。你不顧自身一心為了凡人，你是凡人中的英雄，女凡人中的強者。」

「不，不。」華胥姑娘仍是不敢相信雷神之心，急言道，「大神太過褒獎了！」

「僅此，不再說你的嬌美可愛，」雷神繼續不動聲色道，「我雷神也應該一切依你……」

「啊！」華胥姑娘這時簡直不敢相信自己的耳朵，驚喜過望道，「大神依我什麼？」

「從此改惡從善，」雷神突然提高聲音表態道，「賜福於凡人！」

「大神可敬！若真如此，」華胥姑娘真是驚喜得再也抑制不住，急欲一語將雷神之言肯定下來，「實在是凡界之幸，凡人之福呀！」

「可是這樣，」正如華胥姑娘預料，雷神卻又突出歎言道，「我這口惡氣，就要永遠憋在心中了！」

「不，大神想通了就好了。」華胥姑娘害怕雷神真的有變，急又勸言道，「而且還會以德報怨，使大神真正聰明起來。」

「怎麼？你說我不聰明，要我以德報怨！」邪惡無常的雷神仿佛頓又露出了其性格中無常的一面，立刻嘯叫起來道，「沒那好事！」

「啊——」華胥姑娘頓被雷神的突變驚得一愣，怔住了。

「你這小女子也實在太聰明過分了，竟敢如此巧言令辭，騙說起本神來了。」雷神仍然嘯叫不止，並且狂躁生怒道，「告訴你，你騙不轉！」

「尊敬的大神，說我騙說于你，」華胥姑娘聞聽驚醒，她哪敢稍怠致使前功盡棄呀！為此清醒後心思急轉，即又「咯咯」故作輕鬆笑言道，「你又全錯了。」

「不，我沒有錯。」雷神不被說動，堅持道，「我不會錯，我不

會受你欺騙的。」

「有錯沒錯不在於大神自己堅持，」華胥姑娘這時看到，果有軟語難動雷神惡腸之勢。便不再讓，轉為針鋒相對道，「大神聽我說完，再做決斷好嗎？」

「嗯，」心中的狂熱癡愛，使雷神本來就難以對華胥姑娘真正生氣。這時見其脾性陡變，弄得嬌美的華胥姑娘亦驚亦惱，頓覺心中不忍抑止狂躁道，「我聽你說。」

「我不是不讓你以怨報怨，而非要以德報怨不可，」聰敏的華胥姑娘眼見無常的雷神收起了無常又歸平靜，即又勸言道，「我是說應該以怨報怨的時候則以怨報怨，應該以德報怨的時候就必須以德報怨。」

「你這樣說，」雷神又表贊同道，「還有些道理。」

「不僅有些道理，那怨也有不怨的時候。」華胥姑娘抓住時機不放，曉之以理道，「比如，大神現在施惡於凡人，就是無緣無故地施惡於我們。我們以怨報大神之怨，就是該報！」

「什麼，你們以怨報我應該，」雷神又陷不滿道，「我報你們不該？好……好，都是你們的理，你說吧。」

「玉皇大帝為此懲罰你，他也就應該以怨報你對凡人之怨！」

「瞧瞧，我說對了吧！」雷神這時不以為然了，並不生氣道，「該死的都是我。」

「大神請聽我說，」華胥姑娘借機動之以情道，「小女聽說，玉皇大帝先前貶你下凡十年，是因為你施惡天女犯下了該貶之罪……

「你……」雷神突被擊中麻骨，急問道，「你怎麼什麼都知道！」

「所以大神遭貶是罪有應得，根本無怨可言……」

「姑娘嫌棄我了嗎？」癡情的雷神擔心華胥姑娘知道了其過，心

生醋意失去了對他之愛，急作辯白道，「我跟天女可沒做什麼呀！」

「若是嫌棄大神，我就不說了。」華胥姑娘避開雷神的擔心，繼續其話題道，「大神無怨可言便無怨可報，怎麼可以再來施惡於凡人以怨報怨呢？」

「我……」雷神無言以對了，唯諾道，「我……」

「大神不僅不能去以怨報怨，而且以德報怨也談不上，因為你仍是無怨可言。」

「那我……」

「你要做的必須是正視自己之罪，痛改前非，」華胥姑娘這時聲情並茂，語重心長道，「早日改邪歸正，然後多行善舉。這樣玉皇大帝知道了，才會讓你早日返回天界。大神你想，小女說的不全在情理之中嗎？」

「嗯，姑娘說得對！」雷神重又聽出華胥姑娘在為他設身處地著想，說得完全符合情理，方才最終氣惱盡消完全贊同道，「事情就是這個理！」

「那麼大神怎麼辦？」華胥姑娘見雷神認可，急言催促道。

「姑娘是我雷神尋覓不到的知音，」雷神真誠表態道，「從此以後，我全聽你的。」

「全聽我的？是真的嗎？」華胥姑娘立刻高興萬分，她歷盡艱險費盡心機終於就要實現宏願了呀！為此她怕雷神再有反悔，急忙心機轉動對雷神重錘敲定道，「那麼，我要你立即停止對凡界施惡，你聽嗎？」

「聽。」雷神仍是癡迷於情，急於得到華胥姑娘之愛道，「可我那條件，姑娘答應嗎？」

「可以答應。」華胥姑娘這時寸步不讓道，「但大神對我的兩個

要求呢？」

「答應，全答應！」雷神焦急起來道，「只要姑娘答應了我的條件。」

「好，那我就說了。」華胥姑娘又是「咯咯」一笑道，「大神可別反悔呀！」

「反悔什麼？絕不反悔！」雷神催促起來道，「姑娘快說。」

「一是，大神要立刻放出白龜老神和被掠女凡人，永遠不再施惡於凡間，」華胥姑娘胸有成竹道，「使凡界恢復先前的平靜、安然。」

「可以，我答應。」雷神先是朗利地答應下來，但接著心中卻又犯愁道，「只是白龜老神……」

「怎麼？」華胥姑娘見雷神猶豫，急忙嚴肅追問道，「你不答應了不是？」

「不，我暫且答應下來」雷神犯難地思忖片刻道，「因為一澤難容二主，放出白龜老神我住何處？」

「那怎麼辦？」華胥姑娘急問道。

「姑娘先說第二個條件，」雷神仍覺犯難道，「我再想想辦法。」

「第二個要求，」華胥姑娘不想過於苛求雷神，使已成的信諾盡毀，退讓一步道，「是我不能現在就去雷府做你的妻子……」

「啊！」雷神驚得霍地一挺身子，急言道，「怎麼？你變卦了？」

「沒有。瞧你嚇的！」華胥姑娘心思轉動，又撒嬌態故作嗔怪道，「你要給我三十天觀察思考時間……」

「噢！」雷神這才松一口氣道，「要這麼長時間？」

「是的。」華胥姑娘當然嫌三十天時間太短，她恨不得說三十年甚至永遠是其觀察思考時間。但她知道那不可能，故而只要三十天，好讓雷神應允下來。這時她堅定不移道，「我要看看你是否真聽我的

話，從此誠心改惡從善。」

「誠心呢？」雷神焦急道。

「若你誠心改惡從善了，我就前赴雷府做你的妻子。否則，就莫怪我不踐信諾了！」

「這，這……只是三十天時間太長了。本神愛的太深等待不及，再短一點行不行？」猴急的雷神當然忍受不了三十天時間的煎熬，這時不願意答應道。但他細想華胥姑娘說的也有道理，自己先前只顧作惡毀壞了形象，只用幾句言辭，她怎能相信自己會改惡從善呢？為此她要觀察，這是她的高明之處，也正是她的可愛之處。

所以他雷神無論從哪裡去說，都沒有理由僅僅因為忍受不住對華胥姑娘之愛，便不答應這一要求。更不要說他還想把華胥姑娘，作為在凡界尋到的有情有意的嬌妻對待，待到貶期完結將其一起帶回天界呢！為了這赤誠的摯愛，他還有什麼不能答應她的呢？但他還是難忍焦急，央求縮短時間道：「只要能夠得到姑娘，我真要改惡從善呀！」

「不行。大神先前的作為太不讓人相信了！」華胥姑娘仍是寸步不讓道，「再說，大神如果真的愛我，又豈在朝朝暮暮，我們今後有的是在一起的日子。」

「那我天天前去看你？」

「那怎麼行？」華胥姑娘不贊同道，「你天天前去看我，說明你是對我有求，方才停止施惡。誰敢保證你得到我以後，不再施惡於凡界？」

「那我只有忍耐著，」雷神無奈只有答應這一條件道，「不去見你！」

「好！」華胥姑娘讚揚道，「這就對了。」

「但有一點，姑娘讓我一步。」

「哪一點？」

「就是為了本神不被趕出雷澤，我不能把白龜老神放出雷府……」

「噢，那怎麼辦？」

「我讓他在府中隨意行走，好生款待，而不許他出府怎樣？」

「白龜老神是俺凡人的靠山，」華胥姑娘不敢為此強拗，只有退讓一步道，「大神必須好生款待！」

「一定。」雷神見華胥姑娘讓步，高興道。

「這樣，我們就一言為定！」華胥姑娘終於走到了得勝之時，但她仍然不敢相信已經取勝，急言催促道，「大神就快快恢復凡間昔日模樣，放我離去，然後即去放開女凡人和白龜老神。」

「謹遵嬌妻之命！」隨著雷神頑皮的話語落音，華胥姑娘看到酷熱的炎陽，果然收起了灼人的烈焰，變換成了融融的春日。身邊酷熱難耐的天氣，也隨著變換成了宜人的明媚春光。習習的春風，從澤面上輕吹過來，其頓覺渾身酷熱盡消，心曠神怡。

「怎樣，相信我了嗎？」

「信了。」華胥姑娘故作怩態道。

「可是，我實在捨不得讓姑娘離去！」

「時間很快，」華胥姑娘繼續嗲聲道，「再說，到那時再見，會更蜜甜的。」

「好吧，我只有苦等了。」

「那就讓我走吧。」

「好，我送你走。」

「可我哪走得成呀？」華胥姑娘這時故意作出腿腳挪動不得的樣子道。

「噢，」雷神見之「嘎嘎」笑了起來，隨著收起施在大腳印上的

定身邪術，自我責怪道，「瞧我，只顧著愛，忘記還束縛著姑娘呢！」

「我等你放出的女族人，與我一起回去。」華胥姑娘這才獲得了自由道。

「別等了。你放心，她們隨後就會回去的。」雷神道，「我送你，你們一起我就送不成了。」

「好吧！」華胥姑娘無奈，只有答應雷神送她，一路向華胥氏族人居地返回。

這時，天上的太陽已經變成了落在地平線上的夕陽，燒紅了漫天的晚霞。澤中碧水泛紅，川上大地掛金，一切都恢復了先前的嬌好模樣。華胥姑娘看著這一切，心中充滿了智伏雷神宏願實現的巨大欣喜，因而迎著可人的扑面春風，身披溢彩的霞光越走心中越高興。

雷神走在華胥姑娘身旁，送過一程又一程，直送到黑夜由淺入深，仍是戀戀不捨。他怎能捨得離去呢？他為之饞涎欲滴的華胥姑娘，白嫩得如出水蓮藕般渾圓的胴體，就半遮半露地展現在他的眼前，那是美呀！

他多看一眼就多一分得到，多一分滿足，多一分幸福啊！因而一路上他一雙死魚般的赤眼，盯著華胥姑娘的胴體一眨不眨，唯恐少看一眼多一分失去，少一分滿足，少一分幸福。

但是，送別末了終有散。華胥姑娘眼見雷神送其已過去半宵時光，心想讓其送到眾族人居地近處有百害而無一利，便說什麼也不讓雷神再送，說是就要到了。雷神無奈只有停下送行的腳步，但那雙赤眼仍是死魚般地盯著華胥姑娘不放，木然地聽著華胥姑娘向他告別，然後向前奔去。

「姑娘叫什麼名字？」華胥姑娘越走越遠，木然癡迷的雷神驀地想起，他還不知道華胥姑娘叫什麼名字，其族人游居何地，急忙喊問

道，「您族人游居何地？」

「我叫華胥姑娘，族人就游居在雷澤東岸。」已經奔到遠處的華胥姑娘扭頭回答說，「大神快去履行諾言吧！」

「華胥姑娘，華胥姑娘，多好的名字呀！」雷神口中念叨著，雖見華胥姑娘早已消失在視界之外黑夜之中，卻依舊站在那裡透過夜幕向前看，而不願立刻離去。就仿佛華胥姑娘，還會突然返回來似的。

四、怪胎驚人

「孩子們，我們走！」華胥氏族人日前送走華胥姑娘，慌亂整整半個上午，方才扶起緩過氣來癱坐在地上的老族母。老族母站起身後為眾族人生存著想，即向華胥姑娘離去的方向看了又看，一聲喝令就要引領眾族人向東奔走。

「走哇！」然而，老族母言畢邁出兩步，卻見眾族人站在原地沒有一人跟隨，就像他們一個個全被釘在了原地似的。老族母重又催促道，「你們都愣著幹啥？」

「老族母，我們還是就在這裡等著華胥姑娘吧。」一位年長老族人這時答道。眾族人聞聽，也都隨著懇求道：「老族母，華胥姑娘一個小姑娘就敢前去鬥伏雷神，我們這麼多人還怕什麼！我們先別離去，等待華胥姑娘歸來吧。」

「你們，」老族母眼見自己引領不動眾族人，無奈了。她剛才經受不住打擊昏厥過去癱坐在地，不知道從那之後至其緩過氣來被人扶起，眾族人站在原地等待華胥姑娘的消息，整整半個上午都沒有人口出一言。大家全都心如鉛墜，氣氛沉悶到了極點。

因為他們都知道雷神邪惡，華胥姑娘年幼天真，此去必然凶多吉少，有去難回。特別是華胥姑娘又生得那樣嬌美，淫邪的雷神更不會

放她回來。為此眾族人全都想著華胥姑娘前去便等於去死，心中無望到了極點，口中哪裡還有言語。

但他們心中也都像老族母先前一樣，認為華胥姑娘聰敏過人，此去或許有一線取勝的希望。再說她又是為眾族人前去的，所以他們誰也不願離去，苦盼華胥姑娘的消息傳來。

老族母的心情，當然比眾族人更加沉重萬分。華胥姑娘是她的掌上明珠，華胥姑娘去了，就是把她的心肝摘走了呀！為此她頓然氣厥神昏，陡地癱坐在了地上。被眾族人叫醒扶起之後，她當然也像眾族人一樣不願離去，不管是華胥姑娘好的消息還是壞的消息，她都想早一刻得知。

而東去遠走兩日，消息就會得到的更遲。但她身上肩負著眾族人生死存亡的命運，她不得不令眾族人隨她東去。現在眾族人堅持不去，她心中雖急無奈也只有與眾族人一起靜待下來。

中天的太陽在眾族人的苦苦等待中墜到了西半天上，眾族人應該餓了，但誰也沒有心思尋吃找喝。老族母見此情狀，擔心傷了眾族人的身子事情會更麻煩，便強抑沉痛打破沉悶道：「孩子們，我們應該相信華胥姑娘既然敢去尋雷神，就一定會有辦法鬥伏雷神⋯⋯」

「老族母別只想好事！」不等老族母把話說完，眾族人便像炸了窩的鳥兒一般嘰嘰喳喳議論起來。其中一族人高叫道，「先前我們不叫華胥姑娘前去，你攔住我們非讓她去不可。這又只往好處去想，不往壞處考慮，雷神那樣邪惡好事有可能嗎？」

「老娘心有預感，華胥姑娘一定會回來的。」老族母為讓大家吃飯，用違心之言釋解眾族人的擔心道，「為此諸位孩兒儘管放心，弄些吃的喝的，吃飽喝足我們再好好等她回來！」

「老族母有心吃喝，你就只管去吃去喝，」那族人話露不滿道，「我

們吃不下喝不進。」

「好吧，既然大家無心吃喝，」老族母眼見勸說不動眾族人，無奈只有繼續與眾族人一起等待道，「就讓我們再等一陣吧。」

這時，正值雷神游到澤面曬鱗看見華胥姑娘之時。為此，華胥氏眾族人在沉悶的煎熬中等啊等，轉眼又過去半個時辰，仍是不得任何消息，不見華胥姑娘歸來。這時，眾族人見西斜的太陽越墜越低，實在等不下去了，於是一人開口議論眾人隨著議論，眾族人又像炸了窩般地再次議論起來。

他們全都往壞處去想，責怪老族母先前不該讓華胥姑娘前去。老族母更是後悔莫及，眾族人的責怪如劍般刺在心裡。

責怪過後，大多數族人都說華胥姑娘不可能回來了。為此他們提議為保族人不被雷神滅絕，還是聽信白龜老神傳來的資訊，快些遠走避開為好。老族母身肩重任當然贊同，但她剛一開口又遭到了捨棄不掉華胥姑娘的族人的反對。一時間眾族人意見相左，相持不下。

就在這時，華胥姑娘在澤畔智伏了雷神，雷神收起邪術使天氣驟然恢復了先前的模樣。僵持不下的華胥氏族人立即感受到了天氣的驟變，渾身酷熱盡消心曠神怡。他們心中大異，立即停止了爭執。

因為他們覺得，天氣如此驟變是個好兆頭。應該把這兆頭與華胥姑娘鬥伏雷神聯繫在一起。但又不敢相信華胥姑娘一個柔弱女子，真能鬥伏雷神。為此他們竟然懷疑起了已經感受到的天氣驟變，認真察看起天氣。

他們舉目看天，見天真的變了。先前天空呈現的熾白灼熱光色全部褪去，換上了一碧如洗的蔚藍色彩。太陽也變了，它收起了萬箭齊射般的灼人光焰，藏起了刺人目炫的白熾，換上了嬌柔明媚之色。他們低頭看地，大地收起了灼熱的烈焰，颳起了宜人的春風。一切都在

驟然間真的變換了模樣，恢復了先前終年宜人的春日景色。

「這一定是我們的華胥姑娘鬥伏了雷神！」一族人看著天氣，率先從奇異中清醒過來，高興得大叫道，「不然，怎麼會有這樣的春日景色驟然出現！」

「是的！」另一族人立即接言道，「一定是這樣，老族母讓她前去真是看准了。」

「一個柔弱女子怎能鬥伏雷神！」一族人則不贊同道，「這天氣驟變一定另有原因！」

「我覺得一定是華胥姑娘為了凡人的幸福，」又一族人突然心有所悟道，「把自己嫁給雷神，換來的天氣驟變。」

「是呀，在這之外也難有原因了。」前一個族人無奈道，「只是華胥姑娘如果真的嫁給了雷神，她為我們換來了幸福，自己就要永居雷澤遭受蹂躪了。」

「你們說的不對！」率先清醒的族人不贊同道，「一定是聰明的華胥姑娘設法鬥伏了雷神，不信大家再等半宿，她一定會回來的！」

「怎能會回來呀！」前一個族人又不贊同道，「嫁給了雷神就出不了雷府，回不來了呀！」

「是呀！若說華胥姑娘捨棄自己贏得凡人幸福也是值得，其行為可歌可泣！」又一族人歎言道，「可我族人就等於從此失去了她，她對我族人來說，雖然活著卻等於死了！」

華胥氏眾族人如此爭論不休，天卻越來越黑夜愈來愈深了。只是爭論雙方雖然看法迥異，心中卻都在焦急地等待著華胥姑娘快快歸來。然而華胥姑娘卻遲遲沒有回來，他們心中便依舊沉重難減，氣氛重又陷入了沉悶。

他們在沉悶的氣氛中就這樣等啊等，等過一刻又一刻。經過度時

如年般的苦苦煎熬，一直等到黎明前時分，暗夜進入了黎明前的最黑暗時刻，華胥姑娘還是沒有回來。眾族人沉重至極的心徹底涼了，他們對華胥姑娘回來都感到絕望了。

從昨晚天氣驟變起，一個夜晚就要過去。按前去的時間推算，華胥姑娘若要返回，應該回來了。可她沒有回來，就說明她回不來了。絕望之時，他們對身邊的可人天氣也都無心體驗了。

儘管春夜美好，春風和煦，但由於心中涼了，也覺得暗夜如冰窟般寒涼，暖風似刀子般刺人，整個夜空就像死去了般冰冷。他們不發一語，全都心情沉重得如同死去了一般，呆怔在了那裡。

「老族母，您在哪兒？」突然，華胥姑娘的脆亮喊聲穿過凝重的夜幕，從遠處隨風隱約傳了過來，驀地敲響了心涼至極的華胥氏眾族人的耳鼓。

「啊！」呆怔的華胥氏眾族人全都驚怕得電擊般瞪大了眼睛，屏緊呼吸靜待那微弱喊聲再次傳來，以辨別它是否真正出自華胥姑娘之口。他們亟盼著華胥姑娘歸來，驟聞華胥姑娘如此微弱的喊聲，都覺得是自己心中期盼過急，聽出了幻音不敢相信。

同時他們又都知道華胥姑娘難以回來，害怕這喊聲或為邪惡的雷神假扮華胥姑娘，前來誘殺男族人虜掠女族人。為此，全都驚怕地屏息再聽以辨真偽。

「老族母，」片刻，華胥姑娘的喊聲比剛才稍稍清晰地再次傳了過來道，「您在哪裡？」

「啊，是她，是我們的華胥姑娘回來了！」這一次眾族人都聽清楚了，齊聲驚喜地叫著，不待老族母發令，便「颯」地起身向喊聲傳來方向迎了過去。

「慢！」老族母一聲厲喝，阻止眾族人道，「不可輕信那喊聲。

如果其為雷神假扮，我族人滅絕豈不就在眼前！」

「老族母，我是你的女兒華胥姑娘啊！」眾族人聞喝一怔，止步剛過片刻，華胥姑娘的喊聲再次更清楚地傳了過來。

「是她，是咱們的華胥姑娘！」眾族人這時忘掉了一切，心中只想快快見到華胥姑娘，便齊向喊聲傳來方向飛跑過去。年輕力壯者跑在前頭，年邁體弱者跑在中間，攔阻大家的老族母被一人甩在了原地。但是她也等待不住，這時也邁開少有的疾快步子，在後邊疾追。

華胥姑娘回來了，她在告別雷神之後，不顧長途奔波並經巨大驚嚇造成的渾身疲勞，不敢稍做一刻停歇一路奔跑不息。她知道老族母與眾族人都在掛心著她，晚回來一刻他們就會為她多掛心一刻。

她要早些奔到眾族人面前，把鬥伏雷神的消息告訴他們，讓他們早去掛心早添歡笑。為此眼見將要奔到她白天告別族人之地，猜定老族母與眾族人一定不會按照其說東去兩日路程，而留在原地等她，便疾急地喊叫起來。

「姑娘，我們在這裡！」華胥姑娘的喊聲喊來了邊回應邊向她奔來的眾族人，她聞聲立即心喜若狂地向眾族人處跑來。華胥姑娘很快與迎來的眾族人跑了個迎面，但眾族人黑暗中仍存疑怕。對其端看再三辨音再三，見到真是華胥姑娘，又聽其說是鬥勝雷神後安然歸來，方才心中疑怕盡消，全都高興得發瘋般狂呼亂跳起來。

他們的明珠回來了，他們的英雄回來了，而且是奪勝之後安然無恙地回來了！但是，他們沒有在此久留只顧沉溺於狂歡，因為更掛心華胥姑娘的老族母還單獨一個落在遠處，他們遂簇擁著華胥姑娘，歡叫著向老族母奔來方向迎了過去。

「老族母，女兒知道你不會引領眾族人離開的！」轉瞬迎到老族母近處，華胥姑娘深情地向老族母懷中撲去。

「老娘與眾族人捨不得走，我的女兒！」老族母說著，即張開雙臂迎向了撲來的華胥姑娘。華胥姑娘猛地撲進老族母的懷抱，卻猝然躺倒在老族母懷中，失去知覺般睡了過去。

「啊！」在前的族人一驚，全都叫出了聲。

「別喊她，這孩子太累了！」老族母摟抱著華胥姑娘，疼愛萬般地攔阻眾族人道。

華胥姑娘確實太累了，她還受到了巨大的驚嚇呀！現在她終於回到了可以安歇的安全之舟，疲憊地睡著了。老族母此後沒有再發一言，一手摟抱著躺倒在懷中的華胥姑娘，一手親切地撫摸著她的頭，看著其睡得那般香甜，不由得一雙昏花的老眼中流下了縱橫的熱淚。

眾族人見之，也都狂喜頓消，眼中流出了熱淚。這是他們歷經生離死別和巨大的絕望之後，獲得的恍若隔世般的親人重逢啊！他們哭，是歷經大悲大喜之後高興的哭；他們的淚，也是歷經大悲大喜之後高興的淚啊！

「老族母，你們怎麼哭了！」沉睡中的華胥姑娘感覺臉上落下了一串串雨滴，她被老族母流下的熱淚滴醒了。

「噢……女兒醒過來了。」老族母急忙沾了沾眼淚道，「我們這是高興的哭呀！」

「是呀，我們這是高興的哭。」眾族人急忙接言道，「淌的是高興的淚呀！」

「瞧我，這一回來，」華胥姑娘這才清醒過來站起身子，連連嗔怪自己道，「就睡著在老族母懷裡了。」

「女兒，你是怎麼鬥勝雷神的？」老族母不說別的，隨著便問起了族人最關切的問題道，「快給大夥兒說說。」

「好。」華胥姑娘把經過一五一十講說一遍，聽得眾族人隨著其

初見雷神時的驚怕而驚怕，隨著其智伏雷神心喜而心喜。末了禁不住齊聲讚歎道：「姑娘真是嬌美無雙，勇敢無匹，聰慧過人呀！」

「可是，姑娘僅與雷神商定三十天觀察時間，」城府甚深的老族母聽出了要害，心中驚怕難消道，「三十天過後怎麼辦啊？」

「啊！老族母擔心的對！」正在讚歎的眾族人驟驚，齊聲驚怕道。三十天，對於凡人來說是一段短暫的時間啊！三十天過後，要麼華胥姑娘嫁給雷神，使他們失去掌上明珠；要麼不嫁給雷神，雷神重又施惡凡間。這兩者都是他們不願意看到，也最害怕的呀！

「不必驚怕！」眾族人的驚怕早在華胥姑娘預料之中，這時她輕鬆地「咯咯」笑言道，「我雖與雷神僅約有三十天時間，但你們怎麼忘了，神間一日凡界一年的道理！」

「噢，好聰明的姑娘！」驚怕的老族母豁然心明讚歎道，「你是說你讓雷神等待三十日，凡界可以平安三十年？」

「可是三十年也有期限，」眾族人雖然這時心中驟明驚怕頓消，但一年長族人還是放心不下道，「玉皇大帝罰貶雷神在凡間十年，神界的十年該是我們凡間多少年啊！」

「是呀，」又一族人歎言道，「三十年過後，姑娘不是照樣難辦嗎？」

「竹子沒有節節通，甘蔗沒有節節甜。」老族母與眾族人的擔心有理，華胥姑娘當然也想過這個問題，但是不設期限雷神怎會答應呢？因而對這個問題她也只有這樣，可她又不願意讓眾族人特別是老族母再去發愁，為此圓場道，「一切都在變易之中，誰知道三十年過後，是個什麼模樣呢？」

「好吧，」老族母無奈贊同道，「我們也只有先通一節是一節了。」

「三十年過後若真無門，別說我華胥姑娘捨身嫁給雷神，」華胥

姑娘這時為了讓眾族人放心，進一步明確表態道，「即使我身死能夠換取凡界幸福，也是值得的！」

「三十年中，我們或許可以想出別的辦法再伏雷神。」老族母胸有成竹道，「三十年後，華胥姑娘也不一定非要嫁給雷神不可。孩兒們，就別再為三十年後擔憂了！」

「老族母，你在哪兒？」就在這時，一群女族人的紛亂喊叫聲，透過晨曦傳了過來。眾族人急舉目透過熹微的晨光循聲看去，見是他們被雷神掠去的女族人回來了。他們頓時高興萬分，向歸來的女族人迎了過去。轉瞬迎到一處，歸來女族人齊讚華胥姑娘救助大功。眾族人高興不已，歡呼雀躍著慶祝華胥姑娘為他們奪回了好日子。

華胥氏族人就這樣高興地叫啊跳呀，一日接著一日。因為在隨後的數日裡，都有附近氏族之人趕來慶賀華胥姑娘鬥伏雷神大功，感謝華胥姑娘為凡界贏來了幸福，並救回了他們被雷神掠去的女族人。華胥氏族因而成了附近氏族中聲望最高的氏族，華胥姑娘則成了華胥氏族人驕傲的資本。

華胥姑娘實現了在眾氏族族人心目中重塑形象的宏願，人們又齊讚老族母先前力排眾議，讓華胥姑娘前去鬥伏雷神實在眼力過人。華胥氏族人就這樣在高興中過起了先前模樣的好日子，幸福安然地度過一日又一日。

「哇──哇──」不料，就在時間剛剛過去半年時的一天，華胥姑娘正在跟隨眾族人一起歡跳，天空突然滾過一片烏雲，隨著雲中一道電鞭劃過，「轟隆」響起一聲驚雷，她覺得肚子中驀地一陣悸動，心口一陣惡心。

但她心中想吐口中卻吐不出，「哇哇」乾嘔。眾族人心奇，急忙把她扶到了老族母面前。老族母心疼地急忙為她輕捶後背，可是華胥

姑娘仍是乾嘔。

「女兒，」老族母猛然解頤開來，遣散圍在近處的眾族人，獨自悄聲詢問道，「你這是身上有喜了吧？」

「什麼喜不喜的，」恰在這時天空那片烏雲灑過一陣小雨，滾到天邊消逝了蹤影，華胥姑娘也正好止住了噁心和嘔吐。其心中正在奇疑剛才怎麼回事，突聞老族母此問，作為妙齡女兒家不解其話中之意道，「女兒剛才厭惡都厭惡不夠，身上還有什麼喜呀？」

「不，」老族母見華胥姑娘未解其話中含意，接下來明言道，「老娘是說，女兒身上有孕了吧？」

「瞧老族母說的，叫女兒怎麼抬頭呀！」華胥姑娘平時雖然在老族母面前任性至極，這時卻羞紅了雙頰，在老族母面前抬不起頭來。半天方才囁嚅道，「沒有的事兒。女兒小小年紀從沒有過那事，怎麼會有這樣的事兒。」

老族母當然不相信華胥姑娘此言，剛才其表現完全是妊娠反應的徵兆。作為過來人，老族母知道華胥姑娘即使真是妊娠反應，也必然這樣回答。因為女兒家首次懷孕，誰好意思開口承認呢，那多羞人啊！

所以老族母還是相信自己的判斷，特別是她想到華胥姑娘那任性而又無所顧忌的性格，加之她已值情竇初開的妙齡之期。而且又長得那麼嬌美，怎能禁住那樣的事情不會發生！為此她重又說道：「女兒，老娘說的是正經事。害羞歸害羞，可是沒有什麼不好意思不敢承認的！」

「老族母，不是女兒害羞不好意思承認，而是女兒實在沒有那樣的事兒。」老族母越是這樣講說，華胥姑娘越是矢口否認道，「怎麼會有這樣的事兒呢？這不就是天大的奇事了嗎？」

「還哄騙老娘呀，瞧你的肚皮，」不管華胥姑娘怎麼否認，老族母當然不信。這時她低頭瞧著華胥姑娘裹腹的獸皮下映起的肚皮道，「都離生產快不遠了。」

「這就奇了！老族母，」華胥姑娘這才驚奇地低頭看自己的肚皮，見到原先繃緊的肚皮，這時果真鼓成了一個大包。前些日子她當然也看到過自己的肚皮日漸鼓脹，但她心地無邪毫無怕意，僅認為是吃胖了，所以並沒有去在乎它。這時老族母一說，心中頓然害怕道，「女兒實在沒有過那事，怎麼會有這事兒呢？」

「女兒快說實話吧。」

「女兒上敢起誓於天，下敢言誓于地，」華胥姑娘急了，果真立即起誓道，「如果女兒騙說老族母半句，甘受天誅地滅之懲罰！」

「女兒言重了。」老族母胸有城府，心中陡地一沉道，「既然你沒有那事也就罷了，何必這樣重言呢？可是若說沒有那事，你這肚子怎麼解釋呢？不會是有病了呀！」

「沒有病。」華胥姑娘陷入不解道。她說的全是實話，雖然她到了情竇初開之期，但由於老族母和眾族人的嬌慣，捧得她自視極高，形成了看不上氏族中任何男性的個性，使得她不接近氏族中任何男人。

氏族中男人雖見她出落得如花似玉般嬌美，但由於其被老族母捧為掌上明珠，現在又成了智伏雷神的英雄，為此都把她看得可望而不可即，神秘不可攀援，便實在沒有男性敢於接近她。所以絕對沒有那樣的事情在她身上發生，也就不該有這樣的事情出現。

「那麼，你說實話，」老族母沉吟片刻，接著道，「是雷神欺辱了你嗎？」

「他敢！沒有。」華胥姑娘先是覺得可笑地一笑，隨著卻心中驀地一明道，「噢，難道會是那樣？」

「哪樣？」老族母正在為華胥姑娘腆起的肚皮找不到原因起疑，這時聞聽其自問之言，急忙詢問道。

「那是在女兒尋見雷神之前……」華胥姑娘在老族母啟示下，隨著將她在雷澤岸畔金沙灘上，腳踏巨跡時的奇異感受，向老族母詳細講說了一遍，以讓老族母為其定奪。

「啊！」老族母聽完不僅沒有為華胥姑娘做出定奪，相反卻心中大驚起來！只是她沒有把驚怕溢上面容絲毫，而是陷入了驚怕的沉思。

老族母當然驚怕，過去她雖然聽到過嬌美姑娘中邪之說，卻還沒有見到過。現在華胥姑娘無事而孕，若說有事就是踏上了那巨跡感而生孕，那巨跡大過人足數倍，不是怪跡又是什麼呢？並且踩一下那腳印身就生孕，不是中邪又是什麼呢？

常言嬌近于妖，華胥姑娘長得這樣嬌美，難道本來就是一位妖女不成？不然，她怎敢前去鬥那雷神？又怎麼會這樣中邪妊娠？為此她不僅驚怕起了華胥姑娘身子中邪，同時也害怕起了她捧為掌上明珠的華胥姑娘，害怕她是妖女啊！

若是那樣，華胥姑娘就不僅會毀了自己，也會毀了族人呀！在其氏族中出了妖女，這是天大的不幸啊！為此她心中沉重到了極點，也驚怕到了極點。

華胥姑娘說完見老族母口中不言，心緒生變陷入沉思，年少不識愁滋味的她仿佛受到感染，心中一沉也想了很多。她想到自己如果真是有了身孕，就只能是腳踏巨跡感而生孕了，其他實在沒有那事呀！

想到這裡她心中也怕了，她怕真是那樣感而生孕，就可以說她中邪了呀！因為那巨大的腳印天知道是誰的呢！它不是人的這一點可以肯定，剩下就只能是別個天神魔怪或者雷神的了。

雷神身軀高大，四肢如人，其大腳正好可以印下那樣的大腳印。

何況那巨跡又恰在雷澤岸邊，雷神又在其耍玩腳印之時出現呢！再者，那腳印在雷神出現之前吸定的她，後來又在雷神送其歸來時雷神方才施法釋去呀！

想到這裡，華胥姑娘肯定自己中了雷神之邪。為此她驚怕中恨起來也後悔起來。她怕自己果真中了雷神之邪，腹中就是種上了雷神的邪種。她恨雷神之惡，言而無信欺辱了她。

為此她既後悔自己不該那樣貪玩，用自己的腳去比踏那巨跡。也後悔自己見到雷神之後，開始只顧驚怕後來只顧高興，沒有顧及去看一眼雷神的腳。也沒有顧及詢問雷神一句，以問清那巨跡是否由他留下。

但她悔恨也無用，心中的驚怕更大了。為此她驚問久思不語的老族母道：「老族母，女兒難道真是中了雷神的邪嗎？你說話呀！」

「不，不會的。」老族母這才被華胥姑娘喚醒，但她心中依舊疼愛著華胥姑娘，害怕把自己的想法講說出來，即肯定了華胥姑娘之想，嚇住了華胥姑娘。為此不吐真言，用否定之言搪塞道，「老娘想，不會有那樣的事兒的。」

老族母雖然口中這樣說著，心中卻依舊懷疑萬端。她想到，常言女兒醜了無人問，女兒美了是非多，難道這話成真了嗎？她一方面害怕華胥姑娘身為妖女，一方面又捨不得傷害，哪怕是嚇住了嬌美的華胥姑娘。

她寄希望於其想為假，一切盡如先前。所以她沒有直言，而要等待下去。等到華胥姑娘生出腹中的孩子，就一切都知道了。到那時如果她生的真是怪物，就捨棄她直至打死她，決不能在她手中毀掉華胥氏族，使族人絕沒後代。

老族母心中就這樣翻江倒海般地想著，眼見華胥姑娘聽罷其言

心結未解驚怕未消，接著遂又安慰道：「不會，不會是那樣的。沒有事兒，等一陣再說。女兒既然沒有事了，就先去與大夥一塊耍玩吧。」

華胥姑娘無奈，只有懷著驚怕迷惘的心情，離開老族母到別處去。但她再也無心耍玩，聰敏的她從老族母的凝重表情中看出，不僅剛才自己生出了自己中邪之想，老族母也定然生出了與她相同的想法，所以才口中不言心情沉重萬般。為此她更覺蹊蹺，哪有心思再去玩耍。

眾族人不知內情，齊圍上來詢長問短。華胥姑娘一反平時快人快語的歡快常態，面露驚怕與迷惘的表情聞而不答。眾族人心奇，問詢得更加殷切。然而眾族人越問，華胥姑娘越是不答，弄得眾族人更加奇異起來。

不過在此之前，也有明眼的族人看出了華胥姑娘的身子之變，前時又見其欲吐不止，已經猜知其懷上了身孕。這時見她聞問不語，想到說不定是老族母為此訓斥了她，便知趣地不再詢問了。只有那些死眼皮的族人，還在一個勁地追問，華胥姑娘仍是聞而不答。

從此以後，華胥姑娘見老族母一直心事不解，便也心事難解變得沉默寡語了。眾族人通過暗中議論也都知道其有了身孕，只是不像老族母那樣深知根底心中害怕。老族母則怕嚇住了眾族人，把根底全部埋在心中沒有告訴大家。

然而時間過去一個月後的一天，天空又突然飄來了烏雲，炸響了驚雷。華胥姑娘肚子裡隨著一陣悸動，口中又欲吐吐不出來。留心的老族母這時見了更加驚怕了，細心的她上次聽完華胥姑娘腳踏巨跡心有所感的講說，即聯想到其嘔吐恰與天上的雲雷相對應，或許可以證實其中了上神或者雷神之邪懷上了身孕。

　　雷神司掌天上的雲雷，雲雨生出邪種悸動，這不恰是雷神所為嗎？但由於僅見華胥姑娘欲嘔一次不好認定，便把想法深深埋在了心裡，決計以後再作驗證。這次欲嘔又與天上的雲雷對應，雲來嘔起，雲去吐止，老族母覺得其第一感覺對了。華胥姑娘看來真是中了上神或者雷神之邪懷上了身孕，不然怎會如此巧妙對應呢？但她這次仍然沒有講說，她要驗證三次再做定奪，以把事情弄個確切。

　　時間轉眼又是一個多月過去，天空又是烏雲翻滾驚雷炸響，華胥姑娘果然又在這時欲嘔起來。老族母這次認定華胥姑娘中邪懷孕確鑿無疑，她為族中出現此怪事傷痛不已，說不定這是毀滅族人的徵兆啊！為此她恨不得立刻命人打死中邪的妖女華胥姑娘，以解族人之厄。

　　但她除了不忍心看著嬌美的華胥姑娘被人打死之外，還害怕打死華胥姑娘，引來使其中邪的上神或者雷神，給族人帶來更大的災難。無奈老族母思量再三，只好暫時選派幾名精明族人對其嚴加看管，推算起來距其生產的日期也已不遠，待其生後視其生下何物再作定奪。

　　數月轉眼過去，按照時間推算華胥姑娘早該生產了，可她卻遲遲沒有生產。老族母心中更加驚怕了，她進一步認定華胥姑娘懷上了怪物。她的情緒當然也感染了貼近的族人，那消息便悄悄傳進了眾族人的耳朵，人們也都震驚了。

　　從那以後，眾族人都用驚怕的眼光看華胥姑娘，仿佛她變成了一個邪惡吃人的魔怪。人人都不敢接近她，遠遠地避開她，怕她給族人帶來災難。都想打死她，逼死她，盡情折磨她。

　　華胥姑娘就這樣一下子從天堂跌進了地獄，這人生境遇的驟然巨變使她想了很多很多。但她思來想去都想不出自己有惡，也想不出為

何就這樣中了邪魔，生出此事受到這樣巨大的冤屈。

她的精神徹底崩潰了。於是未曾經受過人生磨難的她，隨著便想到了死。她想一死了卻不解之事，了卻眾族人的歧視，了卻眾族人因其而受到的巨大驚怕，使眾族人過上幸福安然的好日子。

五、伏羲得名

　　想到了死，華胥姑娘便想了很多。首先，她回顧了其短暫而又明晰的一生。在她此生的十六個年頭裡，生活對她只有溫馨、疼愛、鮮花、美好、幸福和歡樂。老族母對她疼愛備至，視若心頭肉，捧為掌上珠。眾族人對她更是人人愛不夠，個個疼在心。大家把吃喝美好先給她，艱難困苦自己留下。眾族人就這樣一天天、一年年捧養大了她。

　　如今她剛過十六歲，對眾族人的捧養深恩尚未報答，難道就去死嗎？眾族人辛苦捧養她，絕不是為了把她捧養到十六歲就讓她去死，而是為了讓她長大為他們做點什麼。可現在她什麼也沒有做出，怎能就去死呢？去死，怎麼對得起他們的辛苦捧養！為此她要活下去，要對眾族人的捧養做出報答，不能辜負眾族人對她的辛苦捧養。

　　她又想到，她完全可以心理平衡地去死。因為她鬥伏了雷神，為眾族人和凡界贏來了三十年幸福生活，已經對眾族人的捧養做出了報答。同時她一死，不僅了卻了自己的冤屈和苦難，也了卻了眾族人對她的驚怕和對凡界未來的擔心，這也是她對眾族人的捧養，做出的又一種形式的報答！為此，她又否定了剛才萌生的活下去的念頭，覺得還是死去好，進一步堅定了死的信念。

　　真正要死了，華胥姑娘這時則倍加仇恨起了邪惡的雷神。在使她

中邪生孕的原因中，她細細想來除了巨跡便沒有別的了。她踏上巨跡時身上生出的強烈快感，如今仔細體味還會使她春心蕩漾啊！再說，自己的身子也是從那時開始發生的變化。

後來天上雲雷一生，肚子中就生出悸動催其陣陣欲嘔，不還是雷神的邪種感應天上的雲雷，才生出的悸動嗎？雷神司掌天上的雲雷，二者相互感應正合乎情理呀！為此，她認為是雷神施惡使其中邪有了身孕，使她蒙受了巨大的不白之冤，今日終要害死自己了。

仇恨至此，華胥姑娘死志彌堅，她害怕自己真如族人所言中了邪魔，也就真的應被斥為妖女，不死會給族人和凡界帶來毀滅性的災難！退一步說即使她可以保證不施邪惡，但將來其腹中雷神的邪種生出來，又怎能保證不會生出邪惡，給族人和凡界帶來毀滅之災呢？為此她決計去死以免除這一切。雖然她是蒙冤而死，但族人既然給了她生命和軀體，她為族人和凡界的美好未來去死，又有什麼不值得呢？

她便尋找起了死的方法，卻驀地從去死的悲苦中，感受到了世態的炎涼，人情的淡薄。當她鬥伏雷神歸來時，眾族人視她為英雄，世態人情對她是那樣炎熱。可當她仍是因為赴鬥雷神身罹劫難時，眾族人卻轉眼變成了詛咒她，欲要殺死她的仇者。把她推進了必死的深淵，這世態人情對她又是多麼寒涼啊！

而且她無論是英雄時也好，變妖女時也罷，都不是為了自己而是為了族人和凡界啊！眾族人為什麼只從自身利益出發，來定對她的好惡呢？為此她不能忍受眾族人對她的這種寒涼了，她決計自己不能再去死，她要活下去，要對這種寒涼進行抗爭！

她知道眾族人現在雖然皆視其為妖女，可她除了身上有孕，別的與過去並無任何變化，怎麼就變成了妖女呢？所以她不能死，她要讓時間來證明自己不是妖女。眾族人眼前不明白，時間會讓他們明白

的。如果她現在死去，將來又怎能證明，又有誰會去洗雪她妖女的惡名呢？那樣她雖然不是妖女，不也要永負妖女之名了嗎？

再說，她腹中的東西也難說就一定是雷神的孽種，因為雷神雖惡卻並沒有欺辱她。若說一踏腳印就懷上了身孕，那樣凡間的女子，不就沒有不懷身孕的片刻休歇時光了嗎？

同時那腳印究竟是別個的還是雷神的，她既沒有看清也沒有問清。雖有跡象可以說是雷神遺留，但又豈可就此斷定呢？萬一其腹中不是雷神的邪種，而是聖物呢？為此，其腹中究竟是什麼東西，她也要等待生養出來，讓時間向眾族人做出交待。

華胥姑娘於是堅定地活了下來，眾族人還是那樣對待她，處境也還是那樣困苦險惡。但由於她決定頑強地活下來，崩潰的精神被頑強活下來的意志所代替，使得她對待那處境的態度便驟然變了。

先前她對妖女的指責盡力辯駁，現在不辯駁了；先前她對自由受限處境孤立又哭又鬧，現在不哭不鬧了；先前缺食饑餓時她向眾族人講說，現在逆來順受了。她瘦得皮包骨頭，僅剩下了那個大肚子，她不言一聲。原先的紅顏換上了憔悴枯黃，盡被醜陋的蝴蝶斑覆蓋，她不一聲言。她頑強地活著，期待公允的時間老人為她澄清一切，洗雪一切。

但是，不知為何就連最公允的時間老人，竟然也對她不公平。她算計著自己的大肚子該卸下來了，卻沒有卸。該卸沒卸，她期待這幾日會卸，但時間過去一年沒卸，又過去一年還是沒有卸。如此一直待到第十三個年頭了，她的大肚子仍然沒有卸。時間老人就這樣落空了華胥姑娘的期待，使她為之存活下來的希望，一次次遭到了破滅。

華胥姑娘的精神雖然為此一次次受到打擊，但好在隨著時日的延長，她作為妖女與其不卸的大肚子，卻沒有給族人和凡界帶來任何災

難。眾族人雖然仍視其為妖女懼怕十分，更對其不卸的大肚子放心不下，可他們的岐視和驚怕卻比先前漸漸淡化了許多，對她也比開始時隨和了不少，使她受到了不少慰藉。

在這稍許寬鬆的環境中，華胥姑娘膄著不卸的大肚子活到了第十三年年末。就在這年末了的一天傍晚，正在苦難和岐視中飽受煎熬的華胥姑娘，其突起的大肚子中突然生出一陣劇疼。她知道自己處境險惡，開始頑強地咬牙忍受著不吭一聲，以免引起族人驚怕給她帶來不堪設想的後果。但忍受一陣嘴唇都咬出了血來，終於忍受不住口中失禁發出一聲尖嚎：「嗷——」

這時，濃重的夜幕恰好嚴嚴實實地罩住大地，碧藍的天空也恰被悄然滾來的濃重烏雲遮蔽，夜晚既漆黑得伸手不見五指，又悶沉沉的死寂般沒有一絲兒聲息。眾族人自從知道華胥姑娘中邪以後，十餘年來都害怕這個身旁的妖女突施邪惡傷害他們，一個個全變得格外膽小。

特別是一到夜晚，除留幾名膽大的男族人監視華胥姑娘外，其他族人都到遠處簇擁在老族母身旁，度過難熬的長夜唯恐突生災變。身置今宵這個漆黑沉悶而又死寂夜晚的眾族人，已經覺得這個夜晚漆黑沉悶寂靜得異常，全都正在心中驚怕。恰在這時華胥姑娘的尖嚎聲傳了過來，真個是嚇得眾族人齊生顫慄，「颯」地全都站起身來呆怔了。

華胥姑娘的尖嚎實在讓人驚怕，她是在忍抑許久後突發的失聲疼叫，它痛切淒屬，在暗夜中似鬼嚎非人腔啊！但是，更令眾族人驚怕的是隨著那尖嚎落音，漆黑的夜空中「颯」地閃過一道耀眼的電鞭，「轟隆」炸響一聲天搖地動的驚雷，隨著如瀉的大雨便「嘩」地一聲傾瀉下來。

驟然之間，夜空中雷聲風聲雨聲，伴著華胥姑娘忍抑不住連連發出的淒屬尖嚎聲，形成了風雨交加屬鬼夜嚎的恐怖場景。一位年輕姑

娘忍受不住面前的恐怖，打破人們因驚恐而造成的沉靜驚怕道：「老族母，是那妖女成魔了吧？」

「嗯，」老族母一愣，擔心眾族人害怕，急忙阻止道，「別胡說！」

「要不，怎麼剛才她一聲厲叫，就喚來了這暴風驟雨！」那姑娘一語打開了眾族人的話匣子，一族人在旁接言道，「她一定是成了能夠呼風喚雨的妖魔。」

「變了十三年，」又一族人道，「今夜終於變成妖魔開始施惡了！」

「你們……」老族母一怔，見眾族人講說不止，又欲阻攔道。

「天知道這妖女施惡，」又一族人不等老族母講說，打斷道，「會給我們帶來什麼劫難？」

「老族母，」最早開口那位姑娘這時驚怕至極道，「我們還能活下去嗎？」

「老族母，」沒等老族母開口，監護華胥姑娘的一族人前來稟報道，「華胥姑娘肚子劇疼，看來是要生產了。」

「啊！」眾族人更是驚怕萬分，他們全都知道華胥姑娘中邪而孕，因而早已預知其必生妖魔呀！如今她一孕十三載不生，現在要生了又風雨隨之驟至，不是果真要生妖魔了嗎？為此他們全又驚怔了。

「走，讓老娘前去瞧瞧。」老族母剛才正要派人前去看視華胥姑娘為何連聲夜嚎，並令其停止嚎叫莫讓眾族人驚怕。這時聽到族人來報思慮片刻，知道事已至此怕也無用，即讓二族人攙扶著她，向華胥姑娘處親自看視道，「快扶老娘走。」

「嗷——嗷——」華胥姑娘這時肚子疼得更加劇烈，覺得這疼痛非要奪去其性命不可。她實在無法忍抑，便在風雨中一邊狂嚎，一邊在泥濘中翻滾。一會兒便已滾得渾身是泥，人形不辨尖嚎道，「嗷——嗷——」

「女兒，是肚子疼得厲害吧！」黑暗中老族母來到近處，借著空中的閃電睹見此景，心中實在是又怕又生憐愛。她害怕這時已如魔鬼無異的華胥姑娘，再生出新的不知何等形狀的怪物施惡凡界。她憐愛昔日嬌美的華胥姑娘竟然受難至此。為此驚怕中她又甚不忍心，安慰道，「你大概是要生了吧，要生肚子就疼。」

「老族母，」十餘年來華胥姑娘由於受人監護，只是遠遠地望見過老族母的身影，不僅從來沒有這麼近距離地看見過老族母，更沒有聽到過老族母的聲音。這時聞聲見是老族母來到身邊，一股巨大的暖流「颯」地湧上了心頭。她再也忍抑不住心中的苦痛，「哇」地放聲大哭起來道，「女兒的命運為什麼這樣苦啊！」

「女兒就忍耐些吧，」老族母對華胥姑娘之言避而不答，繼續其言道，「別讓眾族人都陪你害怕了。」

「老族母，女兒從來沒有做過對不起族人和凡界的事呀！」華胥姑娘的心被老族母末了之言刺得更疼了，為此倍加悲苦難抑道，「您看在女兒受難不住的份上，就再疼愛女兒一次，讓族人快把女兒打死吧！」

「女兒怎麼淨說傻話。」老族母委婉道。

「打死女兒，一可解去女兒受難不住之苦，二可釋去眾族人的驚怕。」華胥姑娘哭著央求道，「老族母，你快叫人，快命人下手吧！」

老族母這時心中實在難受到了極點。為了解去眾族人的驚怕，也為了免去這妖女可能給族人和凡界帶來災難，她早就有心命人打死這妖女了，可她先前一直不忍心下此狠手。現在這妖女興風弄雨，施惡端倪已現，實在到了非下狠手不可的時候了！

為此她欲下狠手除去這妖女，卻又聽到其言辭不邪，悲淒動人不像妖女之狀，使她下不了狠手。老族母就這樣難以決斷一陣，末了還

是讓二族人扶她返了回去，邊走邊甩下一串話語道：「女兒，生孩子就是這樣疼。生下來就好了，你忍耐一下吧！不要再說傻話了。」

「老族母，你！」華胥姑娘當然挽留不住老族母。但她在老族母去後，也不知道是聽了其安慰的話語忍耐住了，還是身子嗓子都折騰疲憊了，隨著時間的推移身子滾動的次數越來越少，叫聲也越來越低，漸至只有低聲的呻吟，仿佛復歸了平靜。

眾族人漸漸聽不到了華胥姑娘的尖嚎聲，雖見天上的雷雨越下越大，沒有一絲兒停止的端倪，四處洪水湧入雷澤，澤水又湧起洪波向周圍的平川漫溢而來，卻不像先前那樣驚怕至極了。

但他們看著天上不止的雨和澤中漫溢的水，仍都認為這災難是華胥姑娘引至，為避此災難齊要求老族母下決心即除妖女道：「老族母，快打殺那妖女吧！不然，我們就難有活路了！」

老族母思慮再三，仍是不忍心除去華胥姑娘。這不僅是因為華胥姑娘是她昔日的掌上明珠，同情華胥姑娘十餘年來深重的苦難，更重要的是她預料不出，華胥姑娘究竟會生出妖魔還是聖物！她突然覺得，她或許會生出聖物。因為不僅妖物，聖物古來也總是孕法奇特，孕時奇長，生法怪異伴著苦難。

比如，她聽到的聖物孕法，就有流星入懷而孕，感夢而孕，食物而孕等。孕時有的長達數年，有的長達數十年。生法有背生，肋生，破腹生，羽化生等。華胥姑娘履巨跡而孕，孕時長達十三年之久，這奇特的孕法超長的孕時，都讓她琢磨不透呀！為此她難做決斷，無奈，安慰眾族人道：「再等一等吧。」

「等到何時呀！」一族人忍抑不住道，「再等，那妖女再生出作惡的妖魔，我們還能活命嗎？」

「孩子們，」老族母心想，「如果她是妖女，我們除掉她也除不

去災難。如果不是妖女，除掉她就更除不去災難。」

「啊？」眾族人愣住了，一族人接言道，「那我們就沒有辦法了嗎？」

「再等等吧。」老族母也講說不清，含混道，「現在她已臨產，誰知道她會生下魔怪還是聖物呢？若是聖物呢？」

「老族母淨想好事，哪有這樣的好事？」

「等等吧。」老族母就這樣安慰眾族人與她一起，等待起了華胥姑娘的生產。但是她們隨後等待一天，華胥姑娘沒有生。等待兩天仍然沒有生。等到第三天過去，還是沒有生。眾族人焦急難耐了，一族人等不下去道：「老族母，別再等了，好事不會出現的。」

「對！」眾族人紛紛叫嚷道，「快動手打死她吧，老族母。」

「三天都等過去了，」老族母依舊決心不移道，「再等一等吧。」

夜幕伴著風雨很快籠罩了大地，三天前華胥姑娘突發尖嚎的傍黑時刻到來了。華胥姑娘依舊躺倒在泥濘的地上，仿佛用盡了氣力不動也不呻吟了。突然，天空中伴著大雨「轟隆」炸響一聲動地的驚雷，無力的華胥姑娘隨著雷聲又驟發一聲怵人的尖嚎道：「嗷——」接著便傳出了一男一女兩個嬰孩的歡叫之聲道：「哇——哇——」

「啊！」一姑娘耳尖，大叫道，「老族母，生了，那妖女生了！」

「人聲！」一年長族人心地深沉，辨聽片刻道，「老族母，看來華胥姑娘生的不是怪物。」

「不是怪物好！」老族母松一口氣道，「是人聲，嬰兒的哭聲，這樣我們就可以放心了！」

「啊！」不料，就在眾族人心理壓力稍釋，心中驚怕稍消之時，天空倏地劃過一道電鞭，遠處傳來了監護華胥姑娘四族人同時發出的驚叫之聲，並聽到他們隨著叫聲驚怕地向眾族人在處奔逃而來。與此

同時，天空又「轟隆」滾過一聲動地的驚雷，比先前狂烈十分的驟雨又「颯」地鋪天蓋地的傾瀉下來。驟雨中，兩個嬰孩的叫聲更歡了：「哇──哇──」

老族母與眾族人不知道華胥姑娘在處發生了什麼事情，只能猜想或許是妖女華胥姑娘突施邪惡，或許是她真的生下了口出人言的怪物，方才嚇得監護她的四族人驚逃不止。為此，他們心中剛才稍消的驚怕重又生起，借著閃電已見逃來的四族人面目變色，顫驚不止道：「老族母，那妖女果真生下怪物了！」

「是何怪物？」老族母急問道，「不是口出人聲嗎？」

「人頭蛇身，模樣驚人！」一族人急答道，「兩個全是這樣。」

「噢！」老族母心中陡沉道。

「小怪物頭臉全呈金黃顏色，」又一族人講說所見道，「身上遍覆金鱗，金燦燦的。」

「你們看清楚了嗎？」老族母詢問道。

「剛才借著天上閃亮的電鞭，我看得十分清楚。」又一族人搶先回答道，「孩兒頓被嚇壞了！」

「孩兒們都不要害怕，既是怪物，他們剛生下來也翻不了天。」老族母當然驚怕，但她不敢流露唯恐驚嚇住了眾族人。而是壓住驚怕，做出沉靜情態道，「你們先等著，讓老娘前去看看再作定奪。」

老族母言畢壯起膽子，在數名強壯男族人的攙扶下來到華胥姑娘處，看到產後虛弱至極的華胥姑娘，躺臥在泥地上仿佛沒有了生息。只有一男一女兩個剛剛出生的小怪物，在一旁歡叫躁動不止，生相與剛才族人所言無異。首似人首，身子似蛇又並非蛇。老族母於是更加驚怕小怪物會給族人和凡界帶來滅頂之災，即下決心打死兩個生相怪異的小怪物。

　　「老族母，這次你打死女兒吧，女兒生下了兩個怪物。」華胥姑娘這時從極度的疲憊中睜開了雙眼，見是老族母無力地說道，「女兒雖然至死也不明白為何生出了怪物，但為了族人和凡界，你打死女兒，女兒也決無怨言！」

　　「老族母，你快下決心吧！」站在一旁的眾族人見老族母對華胥姑娘之言久不作答，知道她決心難下，齊聲催促道，「這是為了族人和凡界的大事，不可再耽擱了！」

　　「不，再給他們三天時間。」慈善的老族母心中經過激烈鬥爭，末了還是變了心思道，「如果三天內天上的淫雨止息，咱們就讓他們活……」

　　「如果三天內天上的淫雨不止呢？」眾族人急問道。

　　「咱們就只有下狠手了！」老族母肯定道，在族人的攙扶下返回了眾族人居地。

　　老族母對華胥姑娘母子的寬限，引來了眾族人對她的埋怨。特別是眾族人在風雨中艱難地熬到天明之後，看到天上的淫雨比前三天下的更大，澤水已經淹漫上了山下的平川。再這樣下去，雷神先前施惡給凡間造成的災難就會重演，那是他們最害怕的。只是老族母端坐雨中不動聲色，他們不好多說，只有硬著頭皮驚怕萬分地等待下去。

　　然而，第一天淫雨狂瀉不止，第二天淫雨比第一天下得更狂起來。第三天又要過去了，淫雨依然沒有一絲兒止息的端倪。眼看澤水吞沒山腳下的平川之後又要淹上山腳，老族母寬限的三日期限已到，眾族人為免老族母為難不待其開口，即推選六名強壯族人，前去打殺華胥姑娘母子三個。

　　老族母見之仍是心慈，不忍心下此狠手，止住族人讓再寬限一日。眾族人無奈，只有遵從老族母之命。待到了第四天早晨，眼見天

上的淫雨仍然不止，眾族人便讓推選族人打殺華胥姑娘三母子而來。老族母已經無奈，便沒有再作阻止。

推選的六族人來到華胥姑娘母子處也不言說，猛地舉起石塊就要把她母子三個砸死。但就在他六人齊把石頭舉過頭頂往下要砸時，天上陡地炸響一聲山搖地顫的驚雷，震得他六人膽戰心驚，手中的石塊全都落在背後怔在了那裡。

與此同時，更大的奇跡也在這一瞬間驟現出來，即滿天的烏雲頓然消失淨盡，火紅的朝日從碧藍的東天向上升騰，將其萬道金輝灑向了大地。大地上風停雨止，雷澤之水也倏然消退到了原先的位置。

更為奇異的是，雷澤上空又倏地架起了九架彩虹，成群的似蛇非蛇的金龍從朝日中騰出，在漫空中狂舞。火紅得像開屏孔雀的成群鳳凰，也從朝日中飛出，遮住了偌大的天幕。

「真是奇了！」驚怔的打殺華胥姑娘母子的六族人被這奇景驚醒，口中叫著齊低頭看著面前的華胥姑娘母子三人，竟見她們也全在此驟然之間變換了模樣。她們不僅渾身的泥濘消失淨盡，華胥姑娘還盡消先前的疲憊之態，端端正正地站在了那裡。兩個小怪物也盡失先前似蛇非蛇的龍樣身軀，變成了兩個與常人一樣身軀的小孩兒。小男孩端莊英武，小女孩嬌美聰慧。眾族人更加驚異不解，連叫不已道，「這真是奇了！」

「太奇異了，真是太神奇了！」驚奇的六族人隨後叫來了正為天象奇變不解的老族母和眾族人。她們看到兩個小怪物果真變成了一雙天真可愛的小兒女，禁不住更加奇異地叫了起來。

但她們在驚奇中很快想到，如此天象驟變需要的神力或者魔力實在太巨大了，而這驟變又生在華胥姑娘母子將死之時，怎能說不是她母子三個借用此變躲過了必死之災？如果是這樣，她母子三個不是魔

73

怪又該作何解釋？她母子三個如果真是身懷如此魔力的魔怪，她們對於凡界該是多麼可怕至極呀！

因此，老族母與眾族人看著她母子三個，又都膽戰心驚起來。驚怕中老族母抬頭看天，看天上狂舞的金龍和鳳凰欲作何舉。但她尋看一番，卻不知它們何時在她們不覺中全已離去。

老族母與眾族人從來沒有見過天上的金龍和鳳凰，這樣兩種地上沒有的動物。不知道它們是什麼動物，而把它們與華胥姑娘母子聯繫在一起認為全是怪物，心中更加驚怕不已。

至於把這兩種怪物稱做金龍和鳳凰，並作為祥瑞尊崇，則是在小男怪物即名伏羲者成為人祖之後，為報它們在他母子三個將死之時驟現空中，救他母子性命的大恩，方才將蛇般龍樣的怪物稱為金龍，並稱自己是金龍的子孫，以龍為紀。而把孔雀模樣的怪物稱為鳳凰，並把鳳凰作為祥鳥，敬為祥瑞。

老族母驚怕中為做決斷又想了很多，她想到華胥姑娘生下的子女或許是聖物，是上神的後裔，不然為什麼驟然出現這樣眾多的奇跡？不靠上神之力僅靠魔怪，是難有能力生出這般奇跡的。至於那金龍和鳳凰，又何嘗不可以作為聖物看待？

但她又不敢對此作出肯定，她只能往壞處去想去做，以防災厄降臨。因為與華胥姑娘母子相聯的變天斂雨退水之力，和她母子的變體之功，以及引來金龍鳳凰的神奇，都需要太大的法力了。

如果她母子三個實為魔怪，不為保護自己生命不死，而用此法力施惡於凡界，那將是凡人的末日呀！為此她還是決計趁早派人突然下手，不管她母子三個是魔怪還是聖物，為防後患都立刻除去，以徹底為凡界和族人免去災難。

「女兒，既然上天救你母子不死，已經證明你母子非我華胥氏族

中人。」但在老族母著手派人之時，猛地又想起前番打殺她母子時，她三個突施法力把凡界變為嬌好。為此她擔心此時再次打殺，怎敢保證她三個不會再施法力，把凡界重陷災難之中？無奈老族母突然改變主意，採用敬而遠之的方略以避事端，「故而我賜女兒名為伏羲，另立氏族為宜。」

「老族母，女兒這全是在夢中啊！」一直呆怔的華胥姑娘聽出了老族母將她母子驅出華胥氏族之意，心中大驚，急忙雙膝跪地道，「這一切究竟為何？女兒越來越糊塗了！」

「老娘更不清楚。」老族母冷冰冰道。

「老族母，女兒無話可說，只能怪自己命苦。」華胥姑娘哭聲乞求道，「但是女兒再求老族母開恩一次，把女兒母子留在氏族中吧！」

「記住，女兒的氏族名伏羲。」老族母當然被華胥姑娘說得怦然心動。但為了族人的安全，她怎敢答應其言，讓族人與她母子住在一起呢？為此她不敢心動，繼續冷冰冰道，「你們就住在這個山頭……」

「老族母，」華胥姑娘這時哭叫起來道，「您就再開一次大恩吧！」

「別說了！我們華胥氏族住在鄰近的山頭。為了你母子三個的安全，我留下四個族人守護你們，為你母子驅蟲趕獸。」老族母說完，留下四名強壯男族人。這實則是在監護華胥姑娘母子。老族母不顧華胥姑娘的痛哭央求，立刻帶領眾族人奔向了北面相鄰的山巒。

六、母子受難

　　華胥氏族人在老族母引領下來到相鄰山頭住下之後，由於隨後氣候盡如先前四季如春無災無難，直過得眾族人怡然自得，樂而忘記了憂愁。只是華胥姑娘母子三個被四族人監護著，孤寂寂地住在南山，雖然也像眾族人一樣生活在四季如春的氣候中，日子卻過得像在油鍋中煎熬一般，苦難深重，度日如年。

　　華胥姑娘在老族母引領眾族人去後，看到她母子被眾族人唾棄，並在四族人監護下被軟禁起來，心中再次灰冷到了極點。十三年來，她苦苦地希望著生出腹中的胎兒，期盼他們並非怪物而是正常孩子，或者就什麼也沒有，以此洗雪自己既非妖女也非中邪，更非身懷怪胎，證明自己不曾有那事也就不會有這事。讓眾族人看到他們整整冤屈了自己十三年，虧待了他們的好女兒，錯待了鬥伏雷神給他們贏來了好日子的救世英雄。

　　進而再讓他們看到，他們不該用這樣的行為，把世態弄得如此炎涼，把情感弄得那樣淡薄。但是她心懷希望在眾族人的詛咒和打殺聲中頑強地活了過來，結果卻如眾族人所怕生出了怪物。使其寄託了十三年的希望，化為了泡影。

　　她看到此後自己再也沒有了洗雪冤屈的希望，無奈只有再次想到

了死,以了結自己的冤屈和身邊的一切。雖然她是含著自己也不清楚的冤屈而死的,但這時她認為面前的路只有一條,那就是含冤去死。

決計去死了,雖然其死是眾族人威逼的,其遭受威逼也是自己一心為族人贏來好日子罹致的,但她對眾族人卻沒有絲毫的怨恨。相反,舍己為了凡界的她卻認為,自己生下了妖物,證實了自己實為妖女。天知道自己母子作為妖物,日後將給凡界帶來怎樣的災難!

為此眾族人威逼她母子欲圖打殺她母子都是對的,換了她也一定會為族人和凡界這樣去做。為此她不僅不怨恨眾族人對她母子的迫害,相反則依舊虔心誠意地為族人和凡界著想,為了族人和凡界毫不顧惜自己的生死。

臨死之前,舍己為了族人和凡界的華胥姑娘,重又擔心起了族人和凡界的禍福。她想到她生下的一雙小兒女既為怪物,長大後必然會施惡於凡界,給凡界和族人帶來難以預料的災難。如果自己不死,屆時還可以對他們進行規勸,避免他們施惡於凡界。

可她現在就要去死了,留下兩個小怪物長大後就無人能夠管教規勸了。為此她去死就不能留下兩個小怪物,而必須讓他兩個死在自己前面,以斷絕他們可能施惡的將來。想到這裡,華胥姑娘低頭看著兩個小怪物,立刻舉起一塊石頭,猛地就要砸向男怪物:「你們害苦了為娘,為娘不能讓你們再去苦害凡界了。我砸死你們!」

「啊,不能砸死他們!」但是未等石塊砸下,華胥姑娘心中一驚即把石塊扔到了一旁。這既不是因為她看著男怪物生得英俊可愛,女怪物長相嬌美動人,也不是因為她作為生母,不忍心下此狠手陷入兒女情長。而是她猛然想到,這雙小怪物作為雷神的孽種,剛才眾族人欲要打殺她母子時,天氣驟變災難盡消,不就是雷神施救的見證嗎?

現在她若打殺這雙小怪物,怎能保證邪惡的雷神不會再次施惡引

來天象奇變，使剛剛消失的災難重又顯現呢？如果那樣，她打殺這雙小怪物的舉動，豈不是恰好欲給凡界除害，反給凡界引來災難嗎？其因鬥雷神罹致妖女之冤和懷生二怪物的沉重代價，給族人和凡界換來的三十年尚未過完的好日子，不是就要付之東流了嗎？為此她改變了初衷，留下了一雙小怪物的生命。

不打殺小怪物了，華胥姑娘又決計自己去死。但她臨死前又驀地想到，其死後如果有人打殺小怪物，是會同樣引來凡界災變的。自己死了倒是可以落個清淨，但為了不使族人和凡界重蒙災難，她怎能為了自己清淨就自私地去死呢？

為此，一心為了凡界和族人幸福的華胥姑娘，又決計活下來。不論往後蒙受多大的冤屈承受多大的苦難，她都決計生存下去。以保護兩個小怪物不受傷害，並在他們長大後給予管束，不給族人和凡界帶來災難。

雖然她現在無法洗雪冤屈，將來也沒有洗雪冤屈的希望，但她堅信自己是清白無辜的，是誠心虔意不顧自己只為族人和凡界的。人們常說善有善報，惡有惡報。她這樣廣施善舉，就不信永遠得不到善報。雖然她不知道那善報怎樣到來何時才能到來，可她堅信終究是會到來的。

但是，華胥姑娘此後活得實在不易。首先，她在極度困苦的條件下，保護並養育一雙小怪物不受傷害存活下來，以保族人和凡界的幸福，則恰好招來了監護她母子的四族人的更大誤解和迫害。其次，十三年來的奇特經歷，已使她認定膝下的小兒女皆為妖物。而她則是無辜受冤的清白之人，所以她也害怕自己生下的兩個小妖物，恨不得避而遠之。

但她為了族人和凡界的幸福又不僅不能避開，相反還要在族人的

誤解和自己的違心中養護他們。無奈的華胥姑娘，就這樣日日夜夜在極端對立的情緒交織中，苦苦煎熬著。

她覺得她雖然活著，卻等於死了。可是為了族人和凡界的幸福，她又必須這樣死了般地活著。而這又正是族人不能理解之處。

除了精神上的萬般苦痛，物質的極度匱乏，更給她母子帶來了巨大的生活苦難。由於老族母害怕殺害她母子三個帶來災禍，安排監護她母子的四族人在軟禁中慢慢餓死她母子，以達到既除去邪惡又避開災難的目的。老族母的命令當然在她母子身上立見成效，同時監護她母子的四族人也想早日了結身肩之任，以快些避開妖物免得妖氣上身罹致災禍。為此，他們雖然皆為親近，卻一個個都對她母子苛刻使絕，不讓她母子好過一日，欲早置她母子於死地。

明媚的陽光，雖然也給她母子居住的小山送來了滿眼的翠綠，遍山的鮮花，豐碩的果實，漫山的飛禽走獸，本可以讓她母子過上豐衣足食幸福安然的好日子。但是監護她母子的四族人，不僅嚴格限制她母子的活動地域，而且把限定地域內可以食用的果實全部採去，飛禽走獸全部趕開。留下來可以給她母子食用的東西，只有樹皮草葉草根了。監護她母子的四族人就這樣還嫌對她母子寬容，怕不能儘早把他們餓死。

食物缺乏造成的生活艱難，作為大人的華胥姑娘還能忍受。因為在那茹毛飲血的時代，幸福的日子也不過是吃果粟食獸肉，衣有獸皮和樹葉。天當房，地當床。白天黑夜像野獸一樣，露宿在山麓和野地上。

更何況後來又經歷了雷神行惡，和其後十三年族人加害于她的苦難歲月！因而這時有樹皮草葉和草根充饑，已經比那困苦的時光好到了天上。所以她懷著頑強的生的信念，安然地忍受著。

　　但是，那雙小怪物卻忍受不住了。開始他們不會吃食樹皮草葉和草根，全靠華胥姑娘用奶水餵養。然而，歷經十三載精神和肉體的痛苦折磨，加之產後生活的苦難，華胥姑娘的奶水餵養一個小怪物也不夠，哪裡能夠同時餵養兩個小怪物！奶水不夠，兩個小怪物便被餓得整日「哇哇」大哭，拼命吮吸她乾癟的乳頭。

　　一年後稍大，他們只有跟隨華胥姑娘吃食樹皮草葉和草根。會說話了，他們便向華胥姑娘鬧著要吃樹上的果實，草地裡的種子，天上的飛禽，地上的獸肉。但他們只能眼望卻吃不到嘴裡，因為這些全都在四族人劃定的地界之外。因而對小怪物的哭鬧和詢問，華胥姑娘無言對之。

　　不僅如此，隨著時間的推移她母子穿的也成了難題。華胥姑娘身上先前用以遮羞和禦寒的獸皮爛掉了，無奈的她只有用樹皮和草莖穿上樹葉纏在身上，用以遮蓋羞處和禦寒。小怪物兄妹身上從小就沒有過獸皮，這時隨著年齡的增長需要遮羞，便只有學著娘親的樣子，用樹皮和草莖穿上樹葉纏在身上，用以遮蓋羞處和禦寒。

　　本該與眾族人一起，在四季輪替的氣候中，過著豐衣足食幸福日子的華胥姑娘母子三個，就這樣在受到族人的唾棄後，日子過得油煎般困苦。不過，衣食匱乏給她母子造成的困苦，華胥姑娘還可以忍受。精神上的長期折磨，卻使她實在忍受不了。為此日復一日，月復一月，年復一年，她坐在四族人限定的地界內苦苦地思索著。

　　但她無論怎樣思來想去，都對其經歷過的一切理不出頭緒，對其中的根底摸不透。她不解自己一身清白為何成了妖女生出了妖物；不解她捨己為了族人和凡界，族人為什麼對她不能理解絲毫；不理解她為什麼無辜受冤；更不理解她為什麼冤屈難雪並且對她越冤越重！

　　「高天啊，」不解中，華胥姑娘痛苦地詢問高天道，「這是為

什麼？」

然而，高天不語。

「大地呀，」華胥姑娘又問厚地道，「這是為什麼？」

厚地同樣不應。

於是她問星星，問月亮，問太陽，它們全不應聲。她又去問山，問水，問樹，它們更是沉默不語。她再去問風，問雨，問禽，問獸，問監護她母子的四族人。她問遍了凡間的一切，一切都對她沒有回應。無奈之中，華胥姑娘把族人的不理解，歸罪於世態炎涼、人情奸薄，她覺得這雖然有些道理，但卻仍是無法使她解開其中的答案。

為此，她又把這些歸罪於命運，怪罪自己命運不好，命該如此。但她又心中不服，詛咒製造命運的上帝善惡不分黑白不辨，使她清白受冤，冤孽日重。

她擔心日後凡界之上，會有更多的人像她一樣無辜受冤，清白難明，含冤身死。詛咒日後凡界之上，會有更多的像華胥氏族人一樣的人們，身受著被冤屈者帶來的恩惠，卻踐踏戕害著被冤屈者的清白心靈。進而她詛咒凡界的不平、昏惡、詭譎。她要改變這一切，但又回天無力，空懷壯志，欲做不能。

不平、昏惡、詭譎的凡界，就這樣使華胥姑娘進一步無奈至極，年復一年心中死了般活在這種境地之中。她活著心死了。可好在隨著歲月的推移，一雙小怪物在困苦中日漸長大。男怪物日顯出英武機智，女怪物日顯嬌美聰敏。兄妹倆在娘親面前整日像小鳥般嘰嘰喳喳說笑不停，只現常人之狀，不見怪異之態。這方給生活在絕望中的華胥姑娘，每每帶來一絲慰藉。

「娘親，你怎麼老是喊我們小怪物，」這日，那十多歲已經現出大姑娘之相的女怪物，天真地忽閃著一雙會說話般的大眼睛，詢問華

81

胥姑娘道，「我們都長大了，不能老這麼喊呀……」

「傻妹子，這是娘親疼愛我們，」已現男兒英武之相的男怪物對娘親體察入微，唯恐妹妹之言戳疼了娘心，忙言道，「對我們的昵稱呢？」

「不能昵稱到老呀，」女怪物沒有體察到哥哥話中的深意，繼續道，「我們也得有個名字呀！」

「要什麼名字，」華胥姑娘心藏苦痛，恨不得他兄妹立刻死去，哪裡還有心思去給他們起什麼名字，即不耐煩道，「小怪物就是小怪物，娘就叫你們小怪物。」

「娘親，孩兒覺得妹妹說得也對，」男怪物睿智過人，他從華胥姑娘的寥寥話語中體察出了其心藏的無盡隱疼，為此心中一震。為了避開小怪物的呼叫解去娘親心中的隱疼，靈機一動突隨女怪物之言道，「兒女都長大了，改掉昵稱也是應該的事呀！」

「好吧。」華胥姑娘被逼不過改變了主意，決意將老族母賜其另立氏族伏羲之名，隨意賜給他兄妹道，「娘從今日開始，就叫你們伏羲吧……」

「伏羲，」女怪物得名，率先高興起來道，「伏羲！」

「嗯，好，就叫伏羲。」男怪物心轉快疾，即又詢問道，「可是娘親，我們兄妹倆人，一個名字怎麼喊叫？」

「你叫伏羲哥，」華胥姑娘更不耐煩，隨意甩出一串話語道，「妹叫伏羲妹。」

「好，哥叫伏羲哥，」女怪物更為高興，天真地大叫起來道，「我叫伏羲妹。」

伏羲這個流傳千古振聾發聵的大名，就這樣降臨到了男怪物——伏羲頭上。後來由於伏羲功績巨大，人們對伏羲之名的來歷，做出了

各種各樣的解釋。並由於古文字的變遷，古書中對「伏羲」二字有著多種多樣的記載。但對於那些，我們這裡不能細述，只能繼續講說伏羲妹高興得一陣大叫過後，突然轉對伏羲哥喊叫道：「伏羲哥，你是我的伏羲哥！」

「唉，」伏羲哥得名也正高興，聞喊高興地答應一聲隨著喊叫道，「伏羲妹！」

「唉，」伏羲妹答應過後，高興地拉起伏羲哥的手，一陣奔跑起來道，「我們有了名字了！」

華胥姑娘望著他兄妹高興奔跑的背影，心中更是苦痛難言，臉上表情複雜萬端。木呆呆地站在那裡，不知道自己是對還是錯，就像一棵已經枯死的樹樁。

但是，時間並沒有因為華胥姑娘的苦難而停滯。她母子終於在艱難中熬過了十七個年頭，來到了伏羲兄妹降生後第十七年的年尾。這時伏羲兄妹已是一個出落成了小夥子，一個出落成了大姑娘。

徒具軀殼憔悴不堪的華胥姑娘這日看著他兄妹，見到苦難的歲月仿佛與他兄妹無緣，竟然在他兄妹身上沒有留下點滴的印痕。一個個乾乾淨淨整整齊齊，臉色豐潤，不見一點受難菜色。伏羲妹生得長身若柳，細腰豐臀，臉面嬌美脫俗，比過當年的自己。伏羲哥則生得虎背熊腰，身材偉岸，一身勇武過人之氣。其臉方中見長，色呈金黃。眼若丹鳳，眉似臥蠶。鼻梁如削，棱角分明。嘴唇堅毅，雙耳奇長。

「呀，竟然是這樣！」華胥姑娘禁不住叫出聲來道。過去，由於她心有芥蒂日子艱辛，不僅從來沒有這樣仔細端詳過這雙小怪物，並且也從來沒有發現過他們這般勇武嬌美。因而不禁高興得忘記了視他兄妹為妖物的芥蒂，拋去了對苦難日子的憂傷，三十年來從未有過的一絲淡淡苦笑，終於艱難地悄悄爬上了她憔悴不堪的面龐。

「啊！」但是，那苦笑竟像一星迸出一閃即逝的星光石火，在她臉上一閃即被無盡的苦痛之情取代了去，口中再次失禁地痛苦叫出聲來。

睿智的伏羲哥聽出了華胥姑娘叫聲中流露的苦痛，急忙詢問道，「娘親，您怎麼了？」

「嗯。」華胥姑娘僅是嗯了一聲，便不再言聲。因為她除了看到伏羲哥的生相嬌好，還看到了在其頭頂濃髮中，左右對仗地凸突著一對與常人有異的短粗牛角。由此她看出了伏羲哥的怪異，再次認定自己生出了妖物。隨著她便想了很多，更是不解伏羲哥若是雷神的孽種，頭上是不該長出牛角來的呀！可若說他不是雷神的孽種，自己又該作何解釋呢？

「娘親，我們都長大了，」歡快的伏羲妹這時接言道，「我們的好日子就要到來了。」

華胥姑娘仍是陷在沉思中，沒有吭聲。

「您該高興才是呀，」伏羲哥急忙幫言道，「娘親。」

華胥姑娘還是沒有吭聲，她對伏羲兄妹能說什麼呢？她什麼都無法講說啊！十七年來，她死了般地活了過來，並不是要撫育他兄妹長大呀！為此十七年來，她對他兄妹沒有講說過一句，關於她母子三個為何受難至此的一切。

可是，現在她卻違心地把他兄妹撫養大了，雖然伏羲哥頭上怪異地長出了牛角，但那並不影響他的漂亮壯偉，反倒更趁得其英武過人。二妖物一個個全長得相貌姣美過人，這又是為什麼呢？難道是要掩蓋他們惡怪的本相，更好地迷惑凡人保護自己嗎？若是那樣，她不是就更加罪孽深重了嗎？

「娘親，您說話呀，」活潑的伏羲妹忍受不住華胥姑娘的沉悶，

急又嘰喳詢問道，「您怎麼了？」

「娘親沒有什麼，你們到遠處耍玩去吧，」華胥姑娘正在擔心自己罪孽深重，一個在她心中整整糾結了三十年的巨大難題，又倏地泛上了她充滿苦痛的心頭。為此她對伏羲兄妹推諉道，「讓娘親靜一靜心。」

伏羲兄妹知道娘的辛苦，雖不願意卻還是聽話地向遠處走去。華胥姑娘一時身邊靜了下來，心中卻倒海翻江，更加平靜不得了。當年她鬥伏雷神時，要雷神給她的三十天察看時間，算來明天就到了最後一刻了。三十年來，除去雷神施惡於她懷怪胎生怪物不講，他還是真的履行了其許下的改惡從善諾言，沒有再給凡界製造災難。

她本來打算先爭得這三十年時間，到時候再作計議以設良法降伏雷神。可是這三十年她行善竟然得到惡報，清白無辜竟受不白之冤，日子似黃連。自己無心去計議，別個無法去商談。今日手中無良謀，明日諾期又來到，這該怎麼辦啊？

焦急中，華胥姑娘首先想到的是推出伏羲兄妹，以其子女打動其心，使雷神感念自己與凡界為他生養後裔之功，聽信自己勸說從此脫胎換骨永遠改惡從善。但隨著她便否定了此想，她想到伏羲兄妹是雷神種下的下一代惡怪，如果雷神見到他們長大把他們帶走，他父子三惡日後一起施起惡來，那便是凡人的末日了！

為此她看到自己不僅不能推出伏羲兄妹倆小惡怪，同時即使雷神問及此事也必須嚴辭回絕，決不能露出一絲一毫有伏羲兄妹存在的痕跡。但她又擔心回絕不了，她想到伏羲兄妹漂亮過人的相貌和有異于雷神的黃色皮膚，說不定就是邪惡的雷神為了保護二惡怪不死，故意施惡讓他們變相所為。若是那樣，雷神豈不就會前來尋要二小惡怪？為此，她心中除了焦急又添加了驚怕。

　　無奈中，華胥姑娘又寄希望于雷神忘掉時間忘掉自己，明天不來。但她知道雷神對她愛慕若渴，是絕對不會忘掉自己的。並且從雷神三十年來真的未行邪惡中，也可以看出他一直沒有忘掉時間、忘掉自己。

　　於是，她怪罪自己三十年來不該被苦難壓倒，應該為族人和凡界的幸福思得良謀。但她又想到自己身處此境即使思有良謀，眾族人也一定不會讓她前去實施。為此她怪罪並埋怨眾族人只顧樂而忘憂去過好日子，而忘掉了她講說過的自己與雷神定下的三十年期限！

　　怪罪埋怨之中，華胥姑娘有心不再為此焦愁，因為雷神即便行起惡來，她也不過苦難至此，對於她來說已經沒有苦甜之說。同時說不定雷神真的行起惡來，眾族人反會前來求助於她，使她得到尊敬和溫暖。

　　但是，這一心思稍縱即逝，因為她豈能等待雷神行惡之時到來，她寧肯苦自己冤自己，只要能為族人和凡界贏來幸福驅走苦難，她都要堅決去做。於是她又陷入了焦愁，苦苦地愁思起了明日怎麼打發前來履諾的雷神，平安度過明日的期限，讓族人和凡界幸福安然！

　　愁思之中，她想到諾言既由自己說出，便應該由自己踐行。可她又不願意落入雷神之手，永遠被關囚在雷府之中。為此她又想到了死，想以死解除與雷神之諾。可是她又擔心自己死後，雷神前來尋她不見，又不相信她已死去，就會重新施惡於凡界。

　　為此她又否定了死，決計捨身踐諾嫁給雷神，以了事端。但她隨著想到這樣也不行，因為如今三十年時間已經過去，她已經從一位嬌嬌玉女變成了一位人老珠黃的醜老婦人。就是再去嫁給雷神，雷神還會再要自己嗎？雷神為此不要自己，又氣惱自己欺騙了他，從而生出氣惱加倍施惡報復於凡界，凡界的苦難不是就又要到來了嗎？

　　華胥姑娘於是重又陷入了無奈，無奈中她拐回頭去想，把伏羲兄妹藏起來的方法是行不通的。因為雷神既然施惡在其腹中種下了邪惡的種子，又施用多種法術保護他二惡不死，其一定心中繫念著他二惡，前來非要尋見他二惡不可。那樣藏匿伏羲兄妹不住，就不如借其施惡於自己，使自己懷怪胎生怪物的事實，擊其毀棄前諾之惡，進而再次借機鬥伏雷神。心想至此華胥姑娘覺得此法可行，方才心中稍覺輕鬆。

七、族人斷腸

　　凡間三十年前，雷神送別華胥姑娘回到雷府，日思夜念嬌美的華胥姑娘，實在是寢食難安，度時如年，焦躁不已。如果是在先前，他這樣焦躁早該狂暴地施惡於凡界了。但是這時，他怕毀棄諾言失去華胥姑娘之心，極力忍耐著。此後硬是在苦苦的煎熬中，整整忍耐了神間三十日凡界三十年。

　　這日終於熬到了神間三十日末了，他想華胥姑娘見其依諾而行沒有行惡，一定會心中高興來到先前許諾的黃金沙灘，等待婚嫁於他。為此他再也忍耐不住，急出雷府徑向澤東岸邊昔日言諾的黃金沙灘，尋找華胥姑娘。

　　雷神邊行邊想華胥姑娘之美。雷神想到昔日華胥姑娘白嫩的胴體放出的光亮，想她嬌美的體形俊俏的臉蛋，想她在黃金沙灘上「叭嘰叭嘰」奔跑的款款倩影，想她站在自己面前的種種奇姿妙態。

　　這些他不知道回想過了千百次的一幅幅嬌美畫面，早像定格了般烙印在了他的腦海深處。使他一想起那畫面，就會像今日的電影一樣，一幕接一幕地展現在他的眼前。使他對華胥姑娘追思至極，倍加垂涎。雷神就這樣想著，轉瞬便來到他與華胥姑娘昔日言諾的黃金沙灘。

這時，凡間大地正值早晌時分。高天一碧萬里，朝日剛上半天。遠山近水沐浴在融融的朝暉裡，山顯得格外翠，水顯得分外藍。春風微微拂面颼過，竹樹在春風中輕舞，微波在澤面上蕩漾。鳥在林中歡唱，獸在川上徜徉，魚在水中遊戲。景是那般曼妙，意是那般安閒。

雷神本想一出澤面，就能看到嬌美的華胥姑娘，正在金沙灘上翹首等他，朝暉中嬌美的身段剪影般妙不可言！但是，眼前的現實卻使他大失所望！因為那裡沒有等他的嬌美華胥姑娘，有的只是微漾的澤水輕輕地拍打著澤岸，以及岸上平靜的金黃沙灘，和灘外寬闊的平川與川外起伏的山巒，伴著山巒上婆娑輕舞的繁樹茂林。

然而，雷神這時不見華胥姑娘心中雖然失望卻也並不絕望。他想可能是眼前時日尚早，華胥姑娘還沒有來到，她一定會來到的，為此便充滿希望地等待起來。可是他等啊等，等得平靜的心中冒出了急火，眼見朝日從半天快要爬到天頂了，華胥姑娘卻還是沒有來到。

雷神等不下去了，他心中等出了急火，他要尋找華胥姑娘去了。雖然他擔心與華胥姑娘走岔了路徑，會造成雙方撲空。可他還是急不可待地向華胥姑娘先前別去的方向，尋了過去。

雷神尋啊尋，一口氣尋到日過正午已向西斜時，方才尋到華胥氏族人居住的山巒。華胥氏眾族人正在幸福地耍玩，突見一個人頭龍身赤面凶邪的巨大怪物，作為不速之客驟然而至，全都大驚失色，「啊呀」一聲驚叫齊炸了窩般拔腿就逃。

「站住！」雷神大喝一聲驚止住眾人，作善相安慰道，「你們不必驚怕，我不傷害你們，我只是請問你們可是華胥氏族人？」

「你，大神……」老族母在雷神驟現時就認出了他來，因為其相貌盡如先前華胥姑娘所說，只是想不到其來的這麼突然，而且這樣風平浪靜。為此她見到雖然一驚，卻看到其這樣來到並非行惡，所以在

眾族人被嚇得四散奔逃時她巋然不動，這時反問道，「可是雷神？」

「正是。」雷神也不回避，仍舊作善相道，「你認識本神？」

「不。」老族母口中否定著，心思卻在急轉思謀著對付之策。她想邪惡的雷神既然已被華胥姑娘母子三怪引來，她引領眾族人逃避已無可能，只有先行問清此怪前來目的再作定奪。如果其欲施惡于她族人，自己就設法將他騙往別處，以保族人免受其害道，「你找華胥氏族人做甚？」

「我與華胥姑娘三十日前有約，」雷神當然精明，聞聽老族母此問已經猜知她們就是華胥氏族人，隨之道，「今日為履前諾而來。」

「啊！」老族母頓被說怔，她知道今日這場劫難是躲避不掉的了。為此她首先責怪自己只顧樂而忘憂，竟把華胥姑娘先前說過的智騙雷神三十年之言忘到了腦後，三十年中未去思謀對付之策，現在突置此境使自己束手無策。如果不忘記此事，自己引領眾族人遠去也是躲過此劫的一策呀！

可是現在走已不能，又無它謀，怎麼辦呢？面對履諾而來的邪惡雷神，城府很深的老族母這時也不禁心中生出了驚怕。她怕雷神去見華胥姑娘，這一是因為她害怕華胥姑娘昔日許諾，只是為了智騙雷神。如今人間三十年過去，華胥姑娘已經四十六歲。再加上三十年生活與精神的痛苦磨難，更使她面容憔悴不堪。若讓雷神見到已經變成醜老婦人的華胥姑娘，他必然生怒遷恨於凡界和華胥氏族人。或者立即施起惡來，給她眾族人帶來滅頂之災。

二是她害怕即使華胥姑娘懷怪胎生怪物已被證實為妖女，為此在這三十年中眾族人多方施害於她母子。這時如果讓雷神見到了她母子，她三怪把三十年的苦難講給了雷神，雷神豈不就要與她三怪一起施惡報復其族人？到那時，其族人豈有存活下去之理？

「大神找錯了地方，」害怕至此，老族母無奈決計暫先不讓雷神去見華胥姑娘，搪塞一時爭取時間再作定奪道，「這裡不是華胥氏族人，也沒有華胥姑娘！」

「那好，等本神弄清你們就是華胥氏族人，」邪惡的雷神眼見頭髮雪白的老族母思謀半天方才矢口否認，心中已經明白了一切，頓時大怒赤眼一瞪怒叫道，「我叫你們一個不留！」

「真是，」顫巍巍的老族母心中雖然更加驚怕，但卻仍作搪塞支吾道，「真是大神找錯了地方。」

「你敢再說一次，」暴怒的雷神厲言不讓道，「你們不是華胥氏族人？」

「大神莫怪。」老族母眼見邪惡的雷神已被其搪塞之語激怒至極，唯恐再行搪塞為族人罹禍道。隨著她思慮一番想到，事情既已至此，讓雷神去見華胥姑娘也行。反正華胥姑娘也是妖女，三十年來她派人害她不死也是幸運，如果害死了她，雷神此來豈不劫難上身。

現在讓雷神把她娶去，族人身邊恰好除去了妖怪，豈不正好！至於她母子三怪去後施惡族人的事兒，諒她華胥姑娘也不至於無情無義至此，因為眾族人畢竟是給了她軀體和生命的親人！為此她為了避免給族人罹禍，立即改口實言道：「剛才老婦搪塞大神，是因為害怕大神之故。」

「本神有什麼可怕的，」雷神這才怒氣稍消道，「我又不施惡于你族人。」

「既然大神不施惡於我等，」老族母繼續實言道，「老婦就實言對大神言講，我們就是華胥氏族人。」

「那麼華胥姑娘呢？」雷神這才轉為平靜，急問道，「她去雷澤赴約，婚嫁於本神了嗎？」

「沒有。」老族母道。

「噢！」雷神這時大急道，「那她可在族人之中？」

「也沒有。」老族母答道。

「那她在哪兒？」雷神尋見華胥姑娘之情更急萬分道。

「在那，」老族母用手一指南邊的山巒道，「她在南邊山上。」

「在那！」雷神這才大喜過望，忙命老族母道，「快帶本神前去。」

「嗯，好。」老族母本來只想給雷神指出方向讓他自己前去，隨後帶領眾族人離開此山以防災厄。不料雷神讓她帶路，她實在無可奈何。怎麼辦呢？不去不行，去又難防眾族人不遭劫難。同時當著雷神的面，她又無法安排眾族人甭管自己，快離此山。

無奈中她只有口中答應著雷神，眼睛連連示意眾族人快快離開此山。但驚怕至極的眾族人未能領會其意，在她引領雷神向南面的山頭去後，全都對她放心不下，隨後齊向南面的山頭行來。老族母真個是又急又怕，卻也無可奈何到了極點。

「華胥姑娘，您在哪兒？」兩山相距不遠，老族母轉瞬便領雷神與隨來眾族人，來到了華胥姑娘所在山巒腳下。這時，雷神再也忍抑不住壓在心中已久的急切之情，一邊放聲喊叫著，一邊向山上狂奔而去。

但只是任憑他喊叫不止，直到他喊叫著來到了坐在山石上的華胥姑娘面前，也聽不到山上有人應聲。但是他還在喊叫，他壓抑不住心中的急切之情道：「華胥姑娘，您在哪兒？」

雷神當然不認識面前坐著的華胥姑娘，凡間三十年的苦難歲月，已經徹底改變了其昔日的嬌美容顏，使她變成了一位人老珠黃的醜老婦人啊！雷神仍舊尋找心目中定格的昔日嬌美華胥姑娘，怎會把面前已經變成醜老婦人的華胥姑娘與之疊印，認出面前坐著的就是華胥姑

娘呢？

　　華胥姑娘不僅聽到了雷神的喊叫，並且早在老族母引領雷神沒有來到山上時，就看到了雷神的到來，但她一直坐在山上紋絲不動沒應一聲。雷神的到來是她預料中的事情，她也知道老族母攔阻不住雷神，其非要前來見到自己不可。

　　為此，她心中雖已決計使用雷神使她懷怪胎生怪物的毀諾施惡事實，攻擊制伏雷神，但這仍只是她從使其踏而生孕的巨跡為雷神施惡所留，做出的認定。而當時由於她沒有顧及把雷神之腳與巨跡對照，卻至今仍然不敢斷定那腳印就是雷神所留。為此她坐在這裡靜等雷神的到來，以察看雷神之腳好與記憶中的巨跡對照，印證自己的判斷是否正確，然後再依計一舉制伏雷神。

　　「怎麼，大神原來不認識華胥姑娘？」老族母這時眼見雷神來到華胥姑娘面前，一個不識一個不應，唯恐這樣下去激起禍變，即對雷神一指坐在面前的華胥姑娘道，「她就是你要尋找的華胥姑娘。」

　　「玩笑，天大的玩笑！」口中喊著欲急切見到華胥姑娘的雷神，這時聽了老族母此言，順其所指向面前坐著的華胥姑娘看去，隨著禁不住即對老族母「嘎」地笑出聲來道，「你老太婆老眼昏花了吧，她哪裡是華胥姑娘？」

　　華胥姑娘這時已經看清了雷神的雙腳，印證了自己先前所踏巨跡果為其留，心中已對下步制勝雷神有了把握。並且也從雷神準時前來，及其急切尋見自己和他焦急的喊叫聲中，看到了雷神對她之情不死，更進一步對自己實現制勝雷神之策充滿了希望。

　　為此她決計先把雷神之情激得更烈，然後再把罪過全部歸咎其身，使其成為毀諾的罪神。最後自己再好好教訓於他，以再次使其改惡從善。華胥姑娘想到這裡遂不等老族母開口，立刻冷冰冰故意刺激

雷神道：「對，我不是華胥姑娘。華胥姑娘早已死了！」

「啊！」正要急切見到華胥姑娘的雷神聽了此言，不禁心中一顫，失聲叫出口來愣住了。但他發愣只是一瞬，便即氣惱地一把抓住老族母胸口的獸皮，吼叫道，「你騙我，你當我不認識華胥姑娘？」

「大神，」年逾八十的老族母身子已經很輕，雷神一抓便把她掂離了地面。這時她唯恐雷神發怒生出惡變，急忙接言肯定道，「她真是華胥姑娘啊！」

「不，我認識華胥姑娘！」雷神依舊氣惱不消吼叫道，「快說她在哪兒？不然我叫你族人盡滅！」

「請大神放開她，」華胥姑娘眼見年邁的老族母被雷神抓得渾身顫抖似要散架，急忙開口冷言救助道，「聽我把話說完。」

「好吧，」雷神見掂著個老太婆子也不是事兒，遂放開手來道，「就聽你說！」

「我是說華胥姑娘雖然活著，」華胥姑娘開始支招鬥伏雷神道，「但卻早已死了。」

「啊！」雷神這才聽出了華胥姑娘話中深意，心中驟亮明白過來，驚詫萬分道，「難道你真的就是華胥姑娘？」

「你看呢？」華胥姑娘依舊坐在那裡冷冷道，「我不是誰是？」

「啊！」雷神隨之細看華胥姑娘衰老而又憔悴的面龐，並將腦海中定格的畫面與之相重疊，驚得再次口中失禁叫出聲來。他辨認出了面前的醜老婦人，真的就是昔日嬌美的華胥姑娘。

由此，他看到昔日一株鮮花的殘酷凋謝，心中驟然涼到了極點。但隨著他便想明白了一切，氣惱得欲要施惡怒吼起來道：「你這小小女子，竟敢施計騙本神，如此壞了本神的好事！本神叫你與眾凡人一塊滅絕！」

「啊！」華胥姑娘頓感驚急，因為雷神生怒這是預料中的事兒，但未料到其欲施邪惡來得這般快！為此她唯恐族人和凡界有失，心機陡轉使出釋去雷神憤怒之法道，「大神且慢，聽我華胥姑娘一言不遲！」

「快說！」雷神依舊怒不可遏，只是暫停施惡道，「講說不清，我叫你與凡界凡人這就完蛋！」

「呵呵，好威風的大神啊！」盛怒的雷神意想不到，華胥姑娘這時卻一陣「咯咯」輕鬆笑言起來道，「但你不該這樣對我耍橫，應該先問自己為什麼毀棄諾言，造成今日結局。」

「什麼？先問本神！」雷神聽了一愣，怒氣稍消，奇異不解道，「本神怎麼毀棄了諾言？」

「是呀，你說你沒有毀棄諾言，」華胥姑娘抓住時機，立即開始進攻道，「你還說我施計騙了你，虧你還說得出口！」

「我怎麼說不出口？」雷神這時更加不解，因為他踐行諾言一絲不苟，實在沒有毀棄諾言。所以他被華胥姑娘說愣了道，「我哪裡毀棄了諾言？」

「你聽我說。」華胥姑娘繼續道，「我在凡間過去三十日時，見到大神三十日中果然沒有施惡，就已決心前去嫁給大神為妻……」

「那你為什麼不去嫁給本神？」雷神急問道。

「你怎麼不想想，人家一個女兒家，怎麼會好意思自己前去？」華胥姑娘這時重又做出怩態道。雷神見之雖覺不美，但卻牽動了其美好的記憶神經，使他怩在那裡陷入回憶，繼續聆聽華胥姑娘講說道，「再說，也怕去了大神變心不要人家，那多丟人現眼呀！」

「那哪能呢！」

「並且人家也想，大神如果真愛小女，憑大神的神通一定會前來

尋我的。」華胥姑娘見到雷神聽得認真，繼續實施軟攻道，「可是人家早等晚盼，大神卻是一直不來呀！」

「喲，」美好的回憶加上如同先前華胥姑娘口出的溢蜜軟語，把邪惡雷神的心終於再次打動了，口中不禁後悔道，「是本神耽誤了好事！」

「正是。」華胥姑娘把責任推給了雷神，欲要奪勝施招繼續道，「大神不來，小女子只有死了那份心了。」

「姑娘，」雷神突然急叫道，「你，真愛我？」

「是的。」華胥姑娘違心地應著，隨又進攻道，「可是如今凡間三十年過去你才來找我，見我老了醜了又埋怨我。你忘了神間一日凡界一年的道理，又怪我對你施了計謀，都是你的理了！」

「瞧我這腦袋，」雷神這時大為後悔道，「怎麼就是石頭的呢？」

「我誠心待你，你假意對我。」華胥姑娘眼見自己一招，已把雷神逼進了旮旯裡，自己奪勝有望隨之道，「我踐行諾言，你毀棄信諾。今日大神又來倒打一耙，我一個凡間小女子，怎能承受得起啊？」

華胥姑娘這番話語句句在理無懈可擊，一時間說得邪惡的雷神張口結舌無言以對。依照此說，實在是怪他毀棄了諾言！他為什麼沒有想到神間一日凡間一年的道理，只顧蹲在雷府癡心傻等！結果一等過去了神間三十日凡間三十年。把個如花似玉的嬌美華胥姑娘，等成了醜陋不堪的醜老婦人。

如此反過來說是人家凡女子，計騙了自己，使人家怎能承受得起呢？他對華胥姑娘的氣惱隨之沒有了，反倒氣惱起了自己。華胥姑娘心中則暗暗笑了，驚怕的老族母與眾族人也方覺心中稍寬，全為華胥姑娘再伏雷神暗贊不已！

氣惱自己時，雷神更加氣惱凡界為什麼與神界這樣大相徑庭。神

界萬物全都永恆不變，日日如此，永遠如此。凡界為什麼就留不住一切，一切都要隨著時間的流逝而逝去，使得華胥姑娘昔日的嬌美消逝了去！他知道凡界逝去的東西不能復得，昔日嬌美的華胥姑娘便再也無法尋找回來了。

為此面前的華胥姑娘雖已變得老醜，但她畢竟昔日無限嬌美，因而仍應珍惜萬分。所以他在珍惜今天的同時，更悔當時沒有一把將嬌美的華胥姑娘攬進懷中，親她個夠愛她個飽！可是當時他沒有下手，失去了那珍貴的時機，落下了今日的遺恨！而這，他又不能怪罪面前的華胥姑娘，那時他肆行邪惡，為了凡界和族人的華胥姑娘，確實需要觀察自己是否真的改惡從善啊！

「嗚……嗚嗚……」逝去了，雷神企盼三十日的嬌美華胥姑娘逝去了，再也無法追尋回來了。因為他也沒有能力使凡間的時間倒流，便就無法追返回來昔日嬌美的華胥姑娘。就這樣，雷神心中倒海翻江般地想著這一切，再也抑制不住心中的痛惜情懷，禁不住突然捶胸頓足，悲天愴地失聲痛哭起來。他痛哭逝去的珍貴，痛哭逝去的不可復得！

「現在知道哭了！」老族母與眾族人都對雷神此哭大為不解，擔心其哭過之後施惡凡界。瞭解雷神的華胥姑娘則心中暗喜，知道她期盼的再伏雷神時機到來了，遂抓住此機一語砸向雷神道，「早知如此，何必當初呢？」

「當初又怎麼了？」正哭的雷神聽出了華胥姑娘話中有意，並且當時他對華胥姑娘與凡界並未施惡，所以頓被說得大惑不解，止住哭聲詢問道，「當初我一切都答應了你，也沒有一點違背諾言之處啊！」

「孽神，你太可惡了！」華胥姑娘不說當初還不氣惱，說起當初心中怒火陡騰萬丈，孱弱的老婦如同頓然變成了狂暴的雄獅，霍地站

97

起身子吼叫起來道，「當初，你口口聲聲說是愛我，踐行信諾。可你卻在言諾之前施惡於我，使我受了整整三十年的凡間之苦啊！」

「啊！」雷神聽了華胥姑娘此言，乍然一驚，大為不解道，「你說什麼？」

「現在你還假裝不知，」華胥姑娘聽了更惱道，「你太可惡了！」

「姑娘息怒。」老族母剛才被華胥姑娘的舉動驚呆，這時驚醒過來唯恐其舉動惹惱了雷神，再給凡界帶來禍害，急忙勸扶華胥姑娘坐下道，「有話慢慢對大神講。」

「老族母別管。」華胥姑娘怒氣不消，一把撥開老族母道，「你瞧他多損！還大神呢，當初你作惡就作了，有膽作惡就該有膽承當。不敢承當你作什麼惡呢？你太可惡了！」

「你別惱，快說我那時怎麼施惡於你了？」雷神沒有氣惱，依舊心中不解道，「你都把我說迷糊了，我那時對你怎麼捨得施惡呢？」

「你說捨不得！我問你，」華胥姑娘被雷神此言激得真惱起來，她把雷神的真言當作假言騙語，更加怒不可遏吼叫起來質問道，「當時澤岸上的大腳印，是不是你留下的？」

「什麼大腳印？」雷神更加不解道，「在哪裡？」

「在金沙灘上，」華胥姑娘繼續怒言道，「怎麼？你還裝做不知道？」

「我不是裝，」雷神不解得焦急起來道，「我真不知道那腳印。」

「不知道，那腳印為什麼與你的雙腳一般大小？」華胥姑娘更惱道，「又恰好留在你出現的澤岸邊上呢？」

「啊！」雷神更陷不解，奇詫道，「那腳印怎麼了，有啥怪異嗎？」

「別裝糊塗了！」華胥姑娘繼續氣惱道，「那腳印當然怪異，不然我為什麼一踏上就懷上了怪胎！這般大惡，除了你這孽神能為，我

實在想不出凡界還有誰個能夠做得出來！」

「啊！竟有此事？」雷神更覺奇異道，「這樣姑娘就冤枉我了！那會不會是別個妖魔施惡所為？」

「呵呵！還說別個施惡所為，推卸罪責！」華胥姑娘見雷神仍想耍賴，冷笑道，「我問你，你為什麼可以收起那腳印的吸人定力？這是為什麼？你說呀！」

雷神這時真的被華胥姑娘問懵了，因為那腳印實在不是他留下的。他知道，自己來回出入雷澤，除了三十日前遇見華胥姑娘一次之外，其餘都是騰雲行進不留腳印的。但那是誰留下的腳印，竟使華胥姑娘踏之而孕呢？他也感到奇異了！

「那地上吸你的定力，確實是本神為了得到你故意施下的，所以本神能夠收起。」他對那腳印何來回答不出，又怕華胥姑娘再問，只有如實回答華胥姑娘最末一問道，「至於那腳印使你踏而生孕之力，則就怪異了！」

「你只敢承認一條，過去的膽量哪裡去了？」華胥姑娘仍不相讓道，「承認一條也好，就證明了一切嘛！」

「這你就錯了！你想啊，在這凡人只知其母，不知其父的母系氏族年代裡，」雷神打斷華胥姑娘之言解釋道，「本神那樣施惡讓你孕生，又有什麼價值？即使你生下本神的孩子，他們也不會去找本神認做生父呀！」

「那麼，我再問你，」華胥姑娘見雷神言說誠實不像耍賴，也覺得那腳印來路奇異了，因為雷神末了言之成理呀！但她心惱至極仍不相信道，「你有興雲佈雷之功吧？」

「嗯，」雷神立即回答道，「有。」

「有就對了。」華胥姑娘道，「那腳印如果不是你的，可我踏而

生孕後為什麼天上雲雷一生，腹中的怪物就動⋯⋯」

「啊！」雷神大驚道，「竟有這等奇事？」

「正是這等奇事弄得我孕期中心翻欲嘔，並且又偏偏在你播布得滿天雲雨交加之時，他們恰好降生！」

「什麼？」雷神這時更是大為驚奇道，「這麼恰好！」

「是的，不僅這麼恰好，而且他們降生之後，除了面部膚色你赤他們二怪金黃有別外，其他身體部位與你全都一個模樣，這你咋說？」

「啊！」雷神更是大驚失色，不禁叫出聲來怔住了。

「你不說了吧！」華胥姑娘繼續數說道，「更奇的是他們降生三日時，眾族人欲用石頭砸死他們，可是石頭剛剛舉起，你就用雷霆擊落了人們手中舉起的石塊，保住了他們的性命！你太可惡了！」

雷神作為天神的一員，玉皇大帝雖然奪去了他預知凡界之事的能力，但他對神界的事情還是有一些未卜先知之能的。為此他在華胥姑娘說的腳踏巨跡身子生孕之時，恰好預知上天玉皇大帝給他派來了一雙死對頭，這對頭將來長大要制伏自己。所以他心中大惱，不甘心將來束手待斃，決心先下手尋找除掉這雙死對頭。

只是玉皇大帝早已預料到了這一點，特意讓他找尋不到這雙對頭身在何處。雷神因此無從施害，無奈只有決計在他們出生之前施計剪除之。於是他算計那雙對頭在母腹中欲要躁動時，便興雲佈雷造成巧合。以使人們在經歷數次這樣的奇異巧合後，懷疑那雙未生對頭之惡。在他們沒有出生之前，借用凡人之手，把他們連同生母一齊除去。

但是後來此計仍然未成，他便在他們出生前後大興雷雨，給人們造成妖物降世的假像。又施惡計欲使人們驚怕起來，動手把他們除掉。不料在其目的將要達到之時，玉皇大帝卻突施法力故用驚雷，又為那雙對頭除去了劫難。結果不僅使其惡計又告落空，而且還這樣把

罪過栽到了自己頭上。

雷神心中正為此事又氣又惱又覺無奈，這時突聞華胥姑娘所說，恰與自己所做對應，證實那雙小對頭就在華胥姑娘膝下，頓使他竊喜之餘大驚失色！他竊喜自己終於找尋到了，尋找多年而不得的小對頭，可立即下手將他們除去了卻心病。驚的則是玉皇大帝實在心機巧絕，竟然把事情編織得這般奇巧！若不是華胥姑娘這樣講說，那雙小對頭就是站在自己眼前，自己也是尋找不到！

驚喜至此，雷神心明那巨跡定為玉皇老兒布留。為使自己的死對頭將來的人祖受到磨難歷練意志，特意讓華胥姑娘苦難至此伴陪人祖。於是他決計立即下手先除去一雙對頭，然後再說華胥姑娘之事，並施惡凡界報雪自己失去昔日嬌美華胥姑娘之仇！於是他為了找見那雙對頭驗明正身即作剪除，心機陡轉故作驚詫道：「噢！竟有這等怪事？」

「實有其事，」華胥姑娘寸步不讓道，「你還想抵賴？」

「不，那妖物呢？」雷神心藏詭詐，不慍不怒道，「讓我看看來著。」

華胥姑娘雖然早已想到讓雷神父子三怪相見，會有促使邪惡聚首，共力施惡凡界的可怕結局。但也知道不讓他們相見絕不可能，那樣可能更會促成雷神立即施惡凡界的可怕結局。而且她這時又不知道雷神心藏詭詐，僅想證實雷神之惡，鬥伏他，便把站在自己身後雙拳緊握雙目怒視雷神，緊緊護定於她的伏羲兄妹，叫到了雷神面前道：「瞧吧，這就是二小孽怪！」

「嘯嘯，我可找到你們了！」雷神見之，高興得一陣怪笑起來道，「玉皇老兒，你不是把事情編織掩蓋得奇巧萬般嗎？今天我也要把你給我派來的這雙小對頭，未來的人祖除掉了！」

「啊！」華胥姑娘不解雷神此言之意，頓陷五里霧中驚問道，「你

說什麼？」

「啊呀！」未等華胥姑娘把話說完，雷神已經「颯」地揮起手中的雷樺，向伏羲兄妹打了過來。嚇得他兄妹齊聲大叫，就要受死。

「轟隆！」恰在這時，晴空中突又驚奇萬般地炸響一聲驚雷，隨著倏然劃來一道炫目的電鞭。雷神先是被炸雷驚得一悸，隨著其握雷樺打向伏羲兄妹的手已被電鞭擊中，痛得「啊呀」一聲驚嚎，急忙趨前一把拉起華胥姑娘，倏地騰上雲頭徑向雷澤逃去。

雷神落荒而逃，他知道這驟然炸響的驚雷，和突然劃過的電鞭不是自己所為。而是又像華胥氏族人在伏羲兄妹出生三日要砸死他兄妹時，天空炸響的驚雷劃過的電鞭一樣，是玉皇大帝拯救他兄妹施法所為。所以他受擊不敢怠慢，急忙落荒逃命而去。

但在飛逃之時，由於其心底摯愛著昔日嬌美的華胥姑娘，因而雖見面前老醜的華胥姑娘，會倒掉自己愛戀昔日嬌美華胥姑娘的胃口。可是想到這老醜的華胥姑娘，畢竟也是昔日嬌美華胥姑娘的演變。任憑誰個也都無法替代她，可以慰藉自己焦思之苦。來了個順手牽羊，抓起華胥姑娘就走。

也虧了玉皇大帝正要雷神把華胥姑娘掠去，使伏羲兄妹從此失去娘親，好再度磨礪他兄妹的心志，激起他兄妹對雷神的仇恨。方使得邪惡的雷神，能夠把華胥姑娘劫掠而去。

「老族母，女兒是清白的！」華胥姑娘被雷神驟然抓去，來不及與眾族人話別，末了無奈中僅僅回頭哀怨地叫喊一語道，「全是為了族人和凡界呀！」

華胥姑娘如此一語，把先是驚呆，後陷入不解的老族母和眾族人，全都說得驟然明白過來。他們望著被雷神抓走的華胥姑娘，全都肝腸寸斷地流下了熱淚。

八、計勝雷神

　　華胥氏族人當然流淚，他們這才明白了華胥姑娘的一切。明白眾族人錯待了清白、又為凡界和眾族人獻出了一切的華胥姑娘。這錯待不僅使華胥姑娘蒙受了不白之冤，而且受到了三十年生活和精神的痛苦折磨！

　　相反他們眾族人能夠過上三十年好日子，則全都是華胥姑娘受苦受難為他們換來的，他們全都有愧于華胥姑娘！為此華胥姑娘留在人間的最後一聲喊叫，不僅在山巒上空回蕩，而且在眾族人耳邊繚繞，深深地刺痛著三十年愧對她的眾族人的心。

　　「娘——親！」華胥姑娘留下的伏羲兄妹，突然看見娘親被邪惡的雷神掠去，急忙喊叫著追上前去搶奪。但他們身無騰雲駕霧之能，豈能追趕得上騰雲離去的雷神。無奈只有返回來哭求老族母與眾族人，幫助他兄妹救回娘親。伏羲兄妹的痛心喊叫，更加深深地刺痛著三十年愧對華胥姑娘的眾族人的心。

　　同樣他們剛剛也才知道，伏羲兄妹不僅不是妖物，相反正如老族母先前的猜測，是玉皇大帝差遣臨凡的聖物，給雷神遣來的對頭，他們無疑將是凡人的救星！他們孕生怪異，生相奇特，全是聖物與凡人的區別所致。他們蒙受苦難，全是玉皇大帝有意安排的對

他們的磨礪！

因而老族母與眾族人大為後悔，早該從雷神赤鱗赤面伏羲兄妹金鱗金面的區別上，以及伏羲哥頭生牛角與雷神的不同上，分辨出伏羲兄妹與邪惡的雷神無緣，而是救世的聖物。可是她們不僅沒有能夠辨出，相反還給他兄妹造成了十七年的無盡苦難啊！

想到這裡，他們更為華胥姑娘心苦萬分。華胥姑娘不僅為凡界建立了鬥伏雷神之功，還立下了降生聖物之勞，可她得到的卻是整整三十年的苦難折磨，今日又被雷神掠走遭受蹂躪去了啊！華胥姑娘太苦了，她不僅為凡界過去的美好受盡了苦難，還要為凡界未來的美好繼續蒙受苦難啊！難道貌美的姑娘真是這樣多與是非牽連，日子苦多嗎？

但是，老族母與眾族人儘管這樣為華胥姑娘心苦，無奈凡人鬥不過雷神，伏羲兄妹哭也無用。處此境地，老族母只有帶領眾族人跪求天地，祈告上神。但是任憑他們跪求祈告，天地如常，不與言說；上神不現，祈告無用。

祈告無用他們也只有繼續祈告，因為他們實在沒有別的營救華胥姑娘之法。就這樣他們一連跪求天地上神將近三日，本想以誠感動天地神靈，求得營救華胥姑娘之法。可是眼看三日就要過去，卻仍是不見天地應聲，上神臨凡賜教。

「嗚……嗚嗚……」老族母與眾族人急了，特別是想到華胥姑娘被雷神掠去三日必受磨難。從今往後如果營救不出，華胥姑娘再為眾族人和凡界幸福，飽受三十年錯待和苦難之後，就將永陷苦難的深淵。想到這裡，便全都為之心急得失聲痛哭起來。

一時間，但聽得華胥氏族人一人哭，數人哭，眾人哭。那哭聲如朔風嗚嗚哀嚎，似海嘯狂飆轟鳴。令天地昏暗，著鬼神震驚。但是，

任憑他們這樣哭過一夜哭到了第四日早上，仍是不得營救華胥姑娘之法。好在三日來，伏羲兄妹並沒有像眾族人那樣只顧跪求與悲哭。他們身為聖物畢竟與凡人不同。他們身歷的十七年痛苦磨難，既養成了他兄妹對苦難的巨大承受能力，也養成了他兄妹臨難毫不畏縮，而積極苦思對策的性格。

同時，十七年的磨難，也把他兄妹磨礪得早熟和聰明起來。再加上他們天生的神性特質，他們在哭求老族母並隨眾族人跪求天地一陣之後，眼見哭也無用求也無用，遂強抑悲痛苦苦思謀起了鬥勝雷神，救回娘親之策。

「哭，哭不出鬥勝雷神之法！」第四日早上，伏羲兄妹終於心中一亮，初步想出了鬥勝雷神救回娘親之法，高興地對正在悲哭的眾族人道，「請老族母與眾族人止住悲哭，聽我兄妹講說剛剛想出的鬥勝雷神之法。」

老族母與眾族人突聞伏羲兄妹此言，全都心中一亮仿佛見到了希望，頓止悲哭把眼光「颯」地投向了他兄妹。他們當然把伏羲兄妹看作希望所在，因為雷神說他兄妹是玉皇大帝遣下凡界的他的死對頭，他們是聖種神物不能按常人看待啊！

為此，老族母相信他兄妹之謀，定可鬥勝雷神，催促道：「雷神身披堅不可摧的赤鱗，身懷無窮神功。你兄妹雖為上神聖種，但身為凡體有何妙計能夠鬥勝雷神？快講。」

「我兄妹思謀，雷神身覆赤鱗身懷神功皆為優勢，但其身上也有劣勢。」伏羲哥即言道，「我們避其優勢攻其劣勢，不就可以奪勝了嗎？」

「雷神除了身覆赤鱗，其如人右手持雷槌左手握電鞭，」老族母雖覺伏羲哥此言有理，但卻找不出雷神的弱點，遂道，「哪有劣勢可

攻？」

「老族母怎麼忘了雷神首為人首，從脖頸往上都生著人樣的皮膚，」伏羲妹在旁忍抑不住，接言道，「我們專攻其頭部，不就恰好抓住了其弱點，攻向了其劣勢嗎？」

「孩兒所說雖是，只是我們攻擊其身尚且不得，」老族母雖覺伏羲妹此言有理，卻又拿不出攻擊之法，犯難道，「又有什麼方法，可以去攻擊雷神防守嚴密的頭部？」

「有法。」伏羲哥胸有成竹道，「我兄妹既然找到了雷神的弱點，就找到了攻其弱點的方法。」

「孩兒有什麼妙法？」老族母希望陡增，催促道，「快快講來。」

「我兄妹設想，」伏羲哥道，「用黃蜂奪勝。」

「黃蜂！」老族母半天轉不過彎來，奇詫不解道，「什麼黃蜂？」

「普通黃蜂，」活潑的伏羲妹看著老族母驚詫的樣子，一陣「咯咯」笑言道，「就是那會蜇人的黃蜂唄。」

「噢，就是那黃蜂呀！」老族母這時明白過來，但卻立刻希望盡失連連否定道，「它們與戰勝雷神有什麼相干！雷神那樣高大，黃蜂那麼微小，二者風馬牛不相及，互相之間有什麼相干！不行，不行。」

「怎麼不行？老族母！俗話說滴水可以匯成江河，您別看黃蜂又小又弱，」伏羲哥見老族母不相信他兄妹此謀，急言解釋道，「雷神又大又猛，只要我們眾集黃蜂去攻雷神的弱點，我想小小黃蜂必能鬥勝雷神哩！」

「依你說，小小黃蜂真的可以鬥勝雷神。」老族母這時已經失望得不把此事放在心上，露出不屑一顧的情態道，「具體怎麼攻法，你再說說。」

「我與伏羲哥哥計議，雷神的弱點既為頭部沒有鱗甲防護，」伏

羲妹這時急又插言道，「我們的進攻由於其防護嚴密擊打其頭部不得，就不如眾集黃蜂，攻擊時放出黃蜂突然襲之。」

「到那時雷神措手不及，其頭部必被眾蜂用毒刺蜇得眼臉皆腫。」伏羲哥在旁抑制不住心中的激動，打斷伏羲妹之言道，「叫他看視不見，疼叫不已，逃跑不掉。只有敗而降我族人，讓我娘親返回族中。」

「原來是此計，」老族母這才重又看到希望重視起來，一邊心中思謀著此計是否可行，一邊口中喃喃道，「眾集黃蜂鬥勝雷神？」

「老族母，伏羲兄妹之計可行。」眾族人也都沒有它法鬥勝雷神，都覺得伏羲兄妹此計可行道，「請老族母三思定奪！」

老族母這時已將伏羲兄妹之計思謀數遍，認定雷神雖如伏羲兄妹所言又大又強，但其頭部沒有鱗甲防護實為一大弱點。他們眾集黃蜂集少成多聚弱成強，再乘雷神無備突然襲其弱點，黃蜂眾多雷神必然防護不住。到那時就必如伏羲兄妹所料，頭被蜇傷敗北無疑。

「老鼠雖弱降大象，螞蟻雖小搬高山。」老族母想到這裡又見眾族人與自己見地相同，遂即對伏羲兄妹贊歎道，「你兄妹年紀雖輕智謀高，看來那雷神必敗于你兄妹的小小黃蜂之手了。」

「老族母，」伏羲兄妹見老族母認定其計，不僅對施此計奪勝雷神更具信心，同時仿佛看到了救回娘親已成現實，因而高興得立即一人拉住老族母的一隻手，一齊蹦跳起來道，「你同意了？」

「嗯，同意了。」老族母認定此計可行心中高興，遂鏗鏘答道，「老娘同意了。」

「老族母，」伏羲兄妹聞聽心中更喜，齊用力拉起老族母的手道，「那我們就快趁雷神沒有施惡，現在天氣晴好，去尋集黃蜂吧。」

「慢。雷神今日尚且沒有施惡，」胸有城府的老族母突然又想了很多道，「如果我們的黃蜂萬一鬥不勝雷神，事往壞處去想，到那時

反激得雷神施起惡來，不就事與願違了嗎？」

「可是，舍此我們也無他法呀！」眾族人被老族母說得沉默了。大家沉默一陣，末了一族人開口打破道，「老族母，我們也別老往壞處去想，為了救回華胥姑娘，我們就冒險使用此法吧。反正早晚我們都要與雷神決鬥一場！」

「好吧，也只有這樣了。」老族母無奈贊同道，「不徹底鬥勝雷神，我們就不會有永遠的好日子過！」

「那我們就尋集黃蜂去了。」眾族人聽了，齊喊一聲就要奔向四處尋集黃蜂。

「且慢！」不料伏羲妹一喊，止住眾族人道，「此計還不行呢！」

「怎麼不行？」眾族人止住了欲行的腳步，老族母急問道，「是說集來的黃蜂無處藏嗎？」

「不。集來黃蜂存藏之處，我兄妹已經準備好了兩個獸皮袋子，」伏羲妹答道，「是沒有難處的。」

「噢！」老族母不解道，「那有什麼不行？」

「我說不行，是說雷神身居澤底雷府之中，」聰慧的伏羲妹忽閃著一雙會說話的大眼睛，想到了他兄妹計謀的破綻之處道，「我們身無泅入水底尋鬥雷神之能，集來黃蜂雖可將他鬥勝，但無法與其相鬥，又怎去奪勝？」

「是呀！」伏羲哥聽聞此事確實關係著黃蜂奇計能否實施，即與眾族人一起啞口無言陷入思慮之中。怎麼辦呢？怎樣才能尋到讓黃蜂與雷神交鬥的時機，在交鬥中奪勝？伏羲哥與眾族人思來想去，轉眼半個時辰過去仍是思無良謀。

雷神住在水底輕易不出澤來，即使出澤，雷澤這般浩大又怎麼知道他出現在何處，恰好尋見他呢？若不等雷神出澤，他們又入澤不

得，那樣又怎能得見雷神之面？同時，他們如果只是被動等待雷神出澤，等待日久又怎能保證集來黃蜂不被餓死？

伏羲兄妹與眾族人就這樣思謀著，全被這一難題弄得掃去了興頭。如果這一難題沒有辦法解決，他兄妹苦苦思得的黃蜂奇謀就沒有使用時機，使得鬥勝雷神救回娘親的願望又成泡影。而失掉使用此謀的時機，他們又都沒有別的辦法營救華胥姑娘，為此眾族人全都心急如焚起來。

「老族母，」這時，伏羲哥又率先想出了辦法道，「我有辦法了。」

「噢，什麼辦法？」老族母陡來精神道，「快說。」

「祭祀。」

「對，只有這一法。」伏羲妹霍然明白過來道，「雷神也是天神，天神是會享用祭品的。」

「所以，只要我們用豐盛的祭品，在澤岸上隆重祭祀澤中的雷神，」伏羲哥接言補充道，「他一定會受祭前來享用祭品的。」

「嗯，對。你兄妹真是聰敏，」老族母這時連聲贊同道，「我怎麼就沒有想到這一招呢！」

「同時，我們在祭品下面埋伏好黃蜂，等到雷神出澤上岸享用祭品時，」伏羲哥繼續講說道，「趁其不備突放黃蜂出而攻之，是一定可以鬥勝雷神的。」

「設想實在細密，頭腦真是聰慧！」眾族人聽到這裡，齊聲贊道，「你兄妹真不愧是雷神的對頭天遣的聖物！老族母，我們就這麼辦吧。」

「但是，如果我們祭祀引來了邪惡的雷神，他認出了我族人向我們索要伏羲兄妹，」思慮深遠的老族母這時放心不下道，「或者報雪前次受擊之仇，我族人的災難不就到來了嗎？」

「是呀，」眾族人聽到老族母言說有理，全都陷入無奈道，「這

可怎麼辦啊！」

「雷神認識我們族人不多，老族母您躲起來，伏羲兄妹藏起來，」一族人這時想出了辦法道，「雷神不就認不出是我族人了嗎？」

「小子所言雖是，但那孽神邪惡至極，」老族母不敢決斷道，「我們不可不作嚴密防範呀！」

「老族母，華胥姑娘為了我族人和天下凡人的平安，捨棄了自己的一切。」又一族人這時忍抑不住心中的急切道，「我們為救華胥姑娘，就不要想的太多了吧！」

「對，老族母，為救華胥姑娘逃出災難，」又一族人幫言道，「我們就這麼辦吧！」

「老族母，他們說得對。」眾族人這時也激情澎湃起來道，「您就快做決斷吧！」

「好吧，我們舍此也無他法，就這麼辦吧！」老族母這才艱難地答應下來，把族中強壯族人一分為二，一批前去多捕鳥獸蟲魚，以作祭祀供品。一批在其引領下，四處尋集黃蜂。

一時間，華胥氏族人為了奪勝雷神救回華胥姑娘，各肩負重任，分頭忙碌碌勞作起來。老族母仍是心中充滿著憂慮，唯恐發生不測。若是那樣，就將是她族人的末日了！

轉眼白天將去，紅日墜上了遠方的山巔。四出勞作的眾族人眼見天色已晚，紛紛返回居地山巒之上。他們一日勞作全都收穫甚豐，捕獵的族人帶回來了眾多的獵物，尋集黃蜂的族人尋集回來了上萬隻黃蜂。

老族母見之大喜，讓眾族人休歇一宿。次日一早即攜帶獵物與黃蜂，下山來到雷澤岸邊。擇一鬥勝雷神有利地點，設好埋伏，擺上了祭品。然後引領眾族人，充滿擔心與驚怕，向著雷澤跪地祈禱，真的

隆重祭祀起了邪惡的雷神。

雷神這時仍正坐在雷府寶殿之上心中傷痛，傷痛他鑄成的失去昔日嬌美華胥姑娘之誤。雖然他知道失去的時間不會倒流回來，逝去的青春嬌美也不會復歸華胥姑娘之身，隨著時間流逝失去的東西再也不能重新得到，可他依舊傷痛不已！他酒飯不思，不講時間，只是癡呆呆地坐著只顧心中傷痛。

雷府的富麗堂皇，不能減去他心上的一絲傷痛。府中的仙女凡妃，也不能給他增添些許快意。他一個心眼只顧思念昔日嬌美的華胥姑娘，其他的一切對他都如同變成了虛無，就仿佛進入了一個虛無的世界之中。因而也使他忘記了施惡凡界，進而去報復凡界給他造成的這般傷痛。方使得凡界之上依舊風和日麗，氣候如春。

就在這時，華胥氏族人在澤岸邊開始了對他的隆重祭祀。祭祀的音訊立即穿透碧水，傳進雷府，使得雷神心中驟然一悸。這驟生的悸動，使雷神從對華胥姑娘的傷痛世界中返了回來。使他看到了時間的流逝，感到了腹中的饑餓，聽到了華胥氏族人祭祀他的讚頌之聲。

心境的清醒再次告訴他，昔日嬌美的華胥姑娘絕對不會失而復得，即使他傷痛至死也是無用，因為這是凡界不可更改的規律。他便只好自我安慰不再空作傷痛，以防傷身失去享用眼前一切的美好時機。

於是雷神站起身來，在宮中踱行一圈，耳中聽到岸上祭頌之聲愈來愈烈，腹中也愈覺空饑難抑。他想到岸上祭場祭祀這般熱烈，祭品必然豐盛，恰好可飽腹。

為此他沒再多想，因為在此之前他從來沒有遇到過因享用祭品受害之事，當然也沒有聽說過凡人計鬥上神的事情，那是凡人不敢去想更不敢去做的事情。所以他不必多想，更不必去做防範。為了享用祭品填飽饑腹，走出雷府穿過澤水，徑向岸上華胥氏族人為他設下的祭

場行來。

　　須臾來到祭場，雷神對正在虔誠對他進行祭祀的華胥氏族人看視一番，不見有面熟之人。心中便沒有再去多想，同時他也不怕凡人使計於他。加之腹中饑餓，他便禁不住豐盛祭品的誘惑，急忙貪婪地來到祭品跟前，也不言說立即伏身吞食起來。

　　為防雷神發現，這時隱身祭品下面的伏羲兄妹，看到施用巧計的時機來到，急忙雙方一遞眼神，隨著便「颯」地打開了各自身前盛存黃蜂的獸皮蜂袋。萬餘隻黃蜂正在獸皮袋中忍受不住被囚之苦，突出囚籠仇恨滿腔，遇見雷神脖頸頭顱立即一起探出毒刺，為報被囚之恨狠狠地蜇了下去。

　　「啊呀！」大概是雷神最怕黃蜂不耐蜂毒，故而玉皇大帝特讓伏羲兄妹設下此計。雷神被蜇頓覺奇疼難忍，一聲驚叫就欲逃遁。但無奈不耐蜂毒的他，這時已被蜇得頭暈腦脹不知如何是好，趴在祭品之上動身不得了。

　　隨著眾蜂的毒刺更深地蜇進雷神頭部，轉瞬他被蜇得眼睜不開看不見東西，鼻孔腫脹得透不過來氣息，耳朵堵得聽不到了聲音，嘴巴也腫得張合不得，整個頭部比先前大出了一倍。

　　雷神這時方寸大亂，一是頭部未披鱗甲，如此任憑蜂蜇將有斷命之險。二怕玉皇大帝特遣眾蜂懲戒於他，那樣就是他的末日到來了。為此他不知道自己這時應該怎樣應對這般懲罰，欲要逃遁也不能起來。

　　「雷神敗了！打，打死他，救出華胥姑娘，為凡界永除禍害！」祭祀開始，華胥氏眾族人雖然心中充滿了為救華胥姑娘不惜自己去死的壯志，但真的一個個跪在了雷澤岸邊供品之前，卻都禁不住心中害怕起來。

　　他們像老族母一樣，害怕恐怖的雷神不食供品，吞食他們滅盡他

們族人。也擔心雷神狡惡識破了他們的計謀，報復於他們。還擔心他們的黃蜂鬥不勝雷神，激惱了雷神施害於他們。

為此他們一邊跪地祈禱雷神快快到來，一邊卻對雷神恐懼害怕到了極點，唯恐其真的到來。隨後突見雷神來到心中更驚，好在雷神看視一番沒有施惡立即享用起了供品，方使得他們稍稍寬心。

接著見到伏羲兄妹突然放出了黃蜂，他們又開始擔心黃蜂鬥不勝雷神。末了見到眾黃蜂眨眼工夫已把雷神蜇得一敗塗地失去了威猛，高興得就要歡呼勝利。可他們又怕雷神被蜇時間尚短中毒不深，知道情況生出氣惱施惡於他們，方才暫時忍住了歡呼，等待雷神確實敗北再喊勝利。

這時眼見雷神的頭顱，被萬隻黃蜂層層圍裹，如同變成了一個龐大的蜂球。先前盡力掙扎的身子，已經失盡了掙扎之能，無力地趴在祭品上一動不動。眾族人方才最終認定奪勝為實，高興地呼喊著，紛紛舉起石塊狠狠地砸向雷神，欲為凡界徹底除去邪惡。

但是他們砸呀砸，砸得石塊都埋住了雷神胸部以下的肢體，卻見雷神不知怎地倏然縱動一下肢體，堆在其肢體上的石塊便紛紛滾向了一邊，邪惡的雷神並沒有受到傷害。一群強壯族人大惱，喊叫道：「砸不死孽神，好！我們用棍夯，就不信夯不死他！」

雷神實在狡惡無比。這時他被黃蜂蜇得頭昏腦迷，耳朵被眾蜂遮擋加之又腫得沒有了耳孔，因而只是微微地聽到了華胥氏眾族人的歡呼聲，以及對他石砸棍夯的議論聲。方才明白自己的這場黃蜂大災，並非玉皇老兒遣派黃蜂懲罰於他，而是玉皇老兒遣給他的對頭伏羲兄妹初試鋒芒，設下的智鬥他的一計。

於是他深悔剛才來到時，沒有看出祭祀者是華胥氏族人，未做防備。於是他勃然大怒，欲圖即施邪惡滅絕鬥他的華胥氏族人，同時布

下惡雨淋濕黃蜂的翅膀，一陣即把蜇他的眾黃蜂沖向別處，救得自己不死。但無奈其身子被黃蜂蜇得不聽使喚，硬是施惡不成。

無奈之中，他更怕再被黃蜂這樣狂蜇下去，自己身死就在眼前。恰在這時突然聽到人們砸他不死欲用棍夯，不禁心中驟明，喜上心頭。因為不論石砸棍夯，都不僅打殺不了他，相反只要時間拖延下去現有黃蜂蜇不死自己，其就有活命的希望。

「對，你們用石頭砸不死本神。」為此他立刻拼力張合腫脹的嘴巴，勉力發出微弱的聲音，為華胥氏族人故意鼓勁以圖拖住眾人，把他們引入岐途道，「用棍夯好，我怕夯。」

「住手。」氣惱的族人這時已經找來了棍棒，有的已經憤怒地揮棍夯到了雷神身上，伏羲哥卻隨之喝止道，「這樣正中了雷神的奸計！」

「啊！」正夯的族人頓然生愣道，「這怎麼說？」

「孽神身為上神，你們想他會怕夯嗎？」伏羲妹插言解說道，「所以他讓咱們夯。咱們一夯，恰好可以拖住我們不再去集黃蜂。這樣孽神豈不恰好可以借機保命？」

「你們兄妹，」雷神見其詭計被伏羲兄妹揭穿，活的希望頓然斷送，無奈喃言道，「真不愧是我雷神的死對頭！」

「噢，對！」眾族人這才清醒過來，止住手中的棍棒道，「可是我們砸他不死，夯又不成，怎樣才能除掉此惡呢？」

「大夥怎麼沒有看到，我們不必砸夯，」伏羲哥胸有成竹道，「小小黃蜂就足以幫助我們除掉孽神了。」

「嗯，對！」眾族人驀然心明道，「叫黃蜂蜇死他，我們急什麼？」

「不，我們還是要急。」伏羲哥這時卻立即接言道，「我們還要前去再集黃蜂，以把孽神真正蜇死。」

「對，雷神已敗，我們只有再集來更多的黃蜂，才能把孽神真正

蜇死。」眾族人說著,有的已經帶上獸皮袋子奔去道,「走,我們再集黃蜂去。」

「孽神,今日之事你若把俺娘親送還回來,咱們還算完了。」伏羲哥眼見大部分族人再集黃蜂而去,這時轉對雷神道,「如果不送回來,就休怪我們叫你死在這裡了。」

「你的娘親是踐前諾,」雷神聽到華胥氏大部分族人又集黃蜂而去,心中頓然哀歎自己完了,更惱伏羲兄妹兩個小對頭。但狡惡的他既不願意就此受死,又不願意送回華胥姑娘。為此頭昏腦迷中他不敢怠慢,急作辯言道,「赴我雷澤嫁我做妻子去的。」

「孽神,你胡說!」伏羲妹聽了大為氣惱,立即反駁道,「我們親眼所見,我娘是被孽神抓去的!」

「她是自願履約前去。」雷神這時更是不敢怠慢,為保活命思謀再三,決計再作拖延以思惡謀。隨即勉力張口辯言道,「本神並不曾施惡於她與你們族人,你等這樣害我為何?」

「惡神,你與華胥姑娘為何定那前諾?」老族母心中氣惱,這時開口怒斥道,「還不是因為你施惡凡界,華胥姑娘為救凡界苦難才與你定下的嗎?」

「我倆是因為愛,才定下的那前諾。」雷神仍是不願就範,繼續為自己辯解道,「從那,我就沒有再對凡界施惡。」

「但那前諾完全是你逼迫華胥姑娘定下的,前日你又把她掠進雷府,進一步迫害於她。」老族母聽了更為氣惱,當仁不讓怒斥道,「你還講說什麼是華胥姑娘自願的,我們對你不講信義了,虧你還有臉張口講說!」

「惡神,你說究竟放還是不放俺娘親?」伏羲妹這時只想早點救回娘親,打斷老族母空講道理之言道,「如果不放,我們這就為你送

終！」

「放，放。」雷神知道如果不答應兩個小對頭，一會兒前去再集黃蜂眾人返來，自己就真的要喪命在此了。於是他心思急轉，決計先答應放回華胥姑娘道，「那你們就要先放開本神。」

「怎麼，孽神想逃呀？」伏羲這時揭穿其惡計道，「告訴你，你逃不掉！」

「我不是逃，我是去放你娘親。」狡惡的雷神這時想的條件，是伏羲兄妹必須先放他返回雷澤。因為他可以說自己不回雷府，便無法放回華胥姑娘。而自己若能真的返回雷府，就不必再放華胥姑娘，可以借機逞惡凡界報雪此次敗北之仇了。心想至此，狡惡的他連聲答應道，「本神這就返回雷府，把你們娘親放回來。」

「好啊，娘親就要回來了！」伏羲妹只顧高興一時不解雷神深意，一跳好高道，「我們就要救回娘親了！」

「孽神，你還耍賴！」伏羲哥則不被雷神迷惑，立即聽出了其話中的狡惡，厲聲揭穿道，「你想計騙我們，脫身逃跑！」

「本神不敢！」雷神見其惡計又被伏羲哥看穿，心中一驚急言道，「本神實在是要放回你們娘親呀！」

「放回就放回，為什麼叫我們先放你走！」伏羲哥繼續揭露其心思道，「放你走了，你不僅來個一走了之，還要施惡報雪此次敗北之仇，是吧？」

「不，不，本神不敢！」雷神仍舊狡惡不改，欲讓伏羲哥就範其計道，「本神不回雷府，又怎麼放回你們娘親？」

「我知道你的神通，」伏羲哥步步進逼道，「你一聲召令，便可讓澤中蝦兵蟹將把俺娘親送出府來。」

「噢，噢，先前是能，」狡惡的雷神見其心計瞞不過伏羲哥，

但仍不願放棄逃跑的最後一線希望，雖能傳召蝦兵蟹將把華胥姑娘放回，卻說不能道，「今時則不能了。」

「今時為何不能？」伏羲哥厲言道。

「今時被黃蜂蜇傷，神功已被廢掉。」雷神施惡的神功確實已被廢掉。但他傳召蝦兵蟹將卻不需要那般神功，只是為了逃遁將二者混淆講說不能道，「說實話如果神功不廢，我早就逞惡把你們族人滅盡了！」

「孽神實在邪惡至極！」伏羲哥雖知雷神此言不真卻也難說其假，如果他神功不廢真是早該施惡於他們了，可是他沒有施惡便可證明其言不假，為此他頓被狡惡的雷神弄得無奈道。

他知道，如果放走雷神或者收起黃蜂恢復雷神的神功，不僅救不出娘親還會給凡界帶來更大的災難，因為邪惡的雷神屆時是絕對不會馴服於他們的。而不放走雷神或者將其蜇死，其不傳召蝦兵蟹將送回娘親，也就真的無法救回娘親了。因為凡人任憑是誰個也都是沒有能力穿越碧水，到達雷府救出他們娘親的。

「哥哥，」聰明的伏羲妹這時明白了伏羲哥的心思，焦急起來詢問道，「這怎麼辦啊？」

伏羲哥沒有回答，陷入了苦思。

九、兄妹遇難

「孽神死在眼前，還在耍刁！」伏羲哥苦思中思來想去，最好的辦法還是讓雷神傳召蝦兵蟹將送回娘親，他們隨後再讓黃蜂蜇死雷神，給凡界永除災患。於是他心中不甘，加之懷疑雷神說其神功廢去不能傳召蝦兵蟹將是假，突然厲聲詐喝道，「快快傳召蝦兵蟹將送回我娘親，不然叫你死在眼前！」

「啊！我，我……」雷神正為伏羲哥與眾人犯難心喜，這是他中計後尋得的唯一脫逃後路，希望伏羲哥與眾人為救華胥姑娘思無他謀，末了只有放他歸回雷府。到那時他就可以脫離死地，贏得報仇時機了。此事關乎雷神生死，所以盡力屏息靜聽著伏羲哥與眾人的舉動，等待著好消息的到來。

不料苦思的伏羲哥突出此言，驚得他心中轉彎不及，差點應聲好字露出實底。但他畢竟狡惡異常，迅疾轉過彎來心中暗叫伏羲哥小對頭實在了不得，口中惡言搪塞道：「本神哪能傳召施令！若能，我何不立即傳召，保我活命呢？」

「孽神還有辦法放回我娘親！」伏羲哥睿智過人，不等雷神反應過來，突又詐喝道，「再要耍刁，我這就叫你死！」

「噢，噢，剛才本神已經實言說過，」雷神這時更加看到了伏羲

哥不可小覷，但他仍是不願束手就範放回華胥姑娘，為了逃命堅持前說道，「除了你們放我回去，本神實在沒有他法能夠放回你們娘親。」

「孽神，我知道你有辦法！」伏羲哥知道雷神狡詐絕對不會說實話，這時採用了以詐治詐之招道，「你不說我也知道。可是你要明白，你的死活在我們手上！」

「說，快說！」正在愁思不解的老族母與眾族人這時也都沒有他法可施，但全都相信伏羲哥身為聖物睿智過人，其這樣喝詐雷神必然心有妙計，為此同聲助其喝斥雷神道，「不說，我們就不客氣了！」

「我……我……」雷神心藏狡詐，仍是不願實言道，「本神實在沒有他法了。」

「還叫我說嗎？」伏羲哥這時已經想到上神身上都有使不完的法術，雷神這時如果真的誠實別說再拿出一法，就是拿出十法八法也是不會為難的。為此，他便繼續詐逼道，「那我就說了。」

「惡神，快快使出法力弄乾澤水，」伏羲妹不等伏羲哥開口，這時突然說出妙招道，「讓我們前去澤底雷府，救回我們娘親！」

「啊！」雷神大驚伏羲兄妹實在屬害，害怕自己如果被逼得真去弄乾澤水，就脫身不得，只有死路一條了，因而仍是不願就範道，「這個……」

「這個什麼？」伏羲哥這時暗贊伏羲妹妙招奇絕，先讓雷神弄乾澤水救出娘親，再除掉雷神也行，於是屬斥雷神道，「還想耍刁嗎？」

「不，不敢耍刁。」雷神當然如同伏羲妹所言身懷弄乾澤水之能，弄乾澤水對他來說實在不費吹灰之力。但他弄乾了澤水，華胥氏族人就真的可以徑入雷府，救回華胥姑娘了。已成醜老太婆的華胥姑娘被救出來，對他來說已經不是什麼真正過不去的事情！

如果華胥姑娘真的被救出來，他這樣窩囊地敗在其對頭伏羲兄妹

手上，就在凡界丟盡面皮了！再者事情又正如剛才伏義哥讓其傳召蝦兵蟹將送回華胥姑娘一樣，自己弄乾澤水讓他們救出華胥姑娘，就將逃路斷絕死期來到了！為此他連聲推諉道，「剛才我已說過，先前行，今時功力盡廢不行了。」

「惡神還在耍刁！」老族母與眾族人剛才全被伏義妹之言說愣，作為凡人誰敢去想弄乾澤水之事！雷澤浩大，澤水無垠，伏義妹之言如同荒誕，實在是太不著邊際了。但是轉瞬他們全都明白過來，想到雷神作為遭貶天神是有此能力的。於是他們在暗贊伏義兄妹實在非同常人之時，聽到雷神言辭耍刁，齊言屬喝道，「不應這就叫你斷命！」

「好，敗神這就應下你們。」

「應下什麼？」老族母怒氣不消道。

「應下弄乾澤水。」

「噢！」伏義哥頓感驚喜，因為雷神終於答應下來。但他隨著陡又一驚，不知道雷神怎樣弄乾澤水？唯恐其中有詐，放心不下道，「惡神怎麼弄乾澤水？」

「只有用口飲吸一法。」

「噢！」伏義哥應了一聲，頓又陷入了更深的沉思。

「可是敗神現在身被黃蜂蜇得動彈不得，」邪惡的雷神剛才拒不答應這時突然答應下來，是他心中一亮閃出了將計就計逃脫此難的奸招。為此為了實現其奸招，遂對伏義兄妹進逼道，「口飲不到澤水，怎去弄乾澤水？」

狡詐的雷神剛才首先想到，如果自己不應伏義妹要其弄乾澤水之令，拖延下去尋集黃蜂眾人歸來，眼前黃蜂狂蜇已使自己耐受不住，再添黃蜂猛蜇自己定無活命之理。為此他不敢往後再拖時間，欲要趕在前去尋集黃蜂眾人歸來之前得以脫身。

　　他便想到黃蜂固然蜇其狠猛，但黃蜂也有弱點，遇水翅膀就難以張開，成為無用之物。剛才想到這裡，他曾想用身懷司風興雨之能即播雲雨，用雨水澆濕蜂翅把它們變成無用之物。但無奈其被黃蜂蜇得神功盡廢施惡不成，心中高興半截無奈涼了下來。

　　前時拒絕弄乾澤水之後，其心中突然想起前番施惡未能成功，這時恰好可借弄乾澤水之機，將計就計制勝黃蜂脫此厄境。於是他把弄乾澤水答應下來，說只有用口才能飲乾澤水。那樣伏羲兄妹就必須把他動彈不得的身子抬到澤邊，使其張口能夠飲到澤水。

　　如果他們答應下來，屆時他就可以拼足全身之力倏然沒入澤水，既打濕黃峰又使自己脫離厄境。如果那樣不能，自己就在初飲澤水之時，猛地將飲入之水噴入手中，澆濕狂蜇自己的黃蜂，保得自己的活命。正是為了實現此計，他方說出了剛才的話語。

　　「那怎麼辦？」伏羲妹聽了其言，立即開口喝問道。

　　「若讓敗神弄乾澤水，」狡惡的雷神最後亮出底牌道，「只有把敗神抬到澤邊一法。」

　　「啊！孽神還是想逃！」老族母聽出了雷神之詐，知道他欲到澤邊飲乾澤水是假脫逃是真，一驚屬喝道，「想得好呀！」

　　「好吧，我們就依了你，把你抬到澤邊。」伏羲哥當即答應下來道。他所以答應，當然是像老族母一樣察知了雷神之詐。為此他知道不讓雷神弄乾澤水，除此之外雷神拒不傳召蝦兵蟹將送回娘親，自己又不放雷神回去，別的是任憑怎樣也救不出娘親的。

　　為此雷神將計就計說他只有去到澤邊方能飲乾澤水，聰敏的伏羲哥立即察知其意，不過一是為了弄濕黃蜂解去蜂蜇，二為突入水中逃遁他去。伏羲哥當然不會輕易去中雷神的奸計，隨著心思急轉已經謀得了將計就計，破去雷神奸計之策。避開老族母之言，回應雷神道，

「如果你不去飲乾澤水，我就叫你立刻斃命！」

「飲乾，飲乾。」狡詐的雷神正為剛才老族母一語揭穿其奸計驚怕，因為那樣他將再次斷去其逃生的希望。這時突聞伏羲哥不接老族母之言，完全答應了自己的要求，逃生的希望陡又在其心中升騰起來。他雖然沒有深解伏羲哥答應自己之意，口中還是答應道，「敗神決不食言！」

「那好，孽神。」聰慧的伏羲妹這時已經完全明白伏羲哥之意，突插一言道，「你的雷槌電鞭呢？叫我瞧瞧，借我玩玩。」

「啊！」雷神頓然明白了伏羲兄妹並非中其奸計，而是胸中藏有常人望塵莫及的謀略，不動聲色中不僅已在破解其奸計。並且已將其逼進了死地。因為取去了自己的雷槌電鞭，就掌握了自己的生死。為此他大驚失色，急言搪塞道，「那有什麼好瞧好玩的！」

「怎麼？」伏羲哥不慍不怒，依舊心平氣靜道，「叫小妹瞧瞧玩玩，不行嗎？」

「行，行。」雷神雖然狡詐，置此死地卻也無奈。他知道不應不行，因為應與不應伏羲兄妹都可以將他處死。無奈他雖知伏羲兄妹取去雷槌電鞭，下步進可以逼其飲乾澤水，退可以用二者將自己打死。但心機一轉，還是決計先交出隱藏在手中的縮小的雷槌電鞭道，「當然行。」

「行就快拿出來！」伏羲哥屬言催促道。

「好。」雷神這時遲遲不拿出雷槌電鞭，是想在交出前廢去二物之上的神功，使它們到了伏羲兄妹手上成為廢物，不使自己受到二物傷害。可他暗費一番周折之後，不知道是自己身被蜂蜇神功多廢，還是伏羲兄妹身為玉皇大帝差遣身懷異能，雷槌電鞭上的神功硬是廢棄不得。

　　廢功之想不能實現，伏羲哥這時又催逼緊急，雷神害怕再生出變故，帶來喪命之災盡失逃跑希望。無奈只有將雷槌電鞭交到伏羲妹手上道，「這不，瞧去吧。」

　　「給，哥哥。」伏羲妹接過雷槌電鞭，將雷槌遞給伏羲哥道，「雷槌給你。」

　　伏羲哥接過雷槌也不言說，猛地向空中一揮，隨著「轟隆」一聲巨響，遠處空中便炸響了驚雷。伏羲妹心喜，遂將電鞭向空中「叭」地一甩，高空中立刻「颯」地閃過一道炫目的電光。

　　「抬，將孽神抬到澤邊去，」伏羲哥眼見雷槌電鞭神功盡存，心知這時已對雷神勝券在握。雷神如果再逃，他兄妹就可以用二物將其擊殺。於是遂行前計營救娘親，對眾族人道，「叫他飲乾澤水。」

　　老族母與眾族人看到了伏羲兄妹的奇絕招數，雷神之計被破已至死期，全都心中大喜過望。為此聽了伏羲哥之令一陣忙活，把被黃蜂蜇得頭昏腦暈，四肢難動的雷神抬到了澤邊，並將其嘴巴放到了水邊。

　　雷神嘴巴挨水心知逃循時機來到，本想倏然縱身竄入水中逃遁而去。但他眼睛雖被蜂蜇看不到，心中卻很清楚手握雷槌電鞭的伏羲兄妹，這時絕對不會等閒視之任其逃去。一定是一人持槌一人執鞭，在其身旁觀其舉動。若有異常他們定會立即出手，置他於死地。

　　他深知雷槌的厲害，若被其砸也難保活命。同時他更知電鞭的威力，害怕被擊必死無疑。為此，他既不敢縱身逃遁，也不敢去想施用反噴飲入澤水之法逃遁，唯恐稍有妄動即遭厄運。

　　但他又不想立刻飲澤水，知道一旦澤水被其飲乾，不僅會徹底斷去自己的逃遁之途，同時伏羲兄妹去雷府救出他們娘親，那時自己便是到了死期哩！為此他磨磨蹭蹭，遲遲沒有開飲澤水。

　　「快飲，」伏羲哥這時大怒，揮動雷槌連連輕擊雷神後背喝斥道，

「不然這就叫你喪命！」

「飲，飲，我這就飲！」雷神這才一改剛才的磨蹭之狀，順從地口中應著，真的張口狂飲起了澤水。雷神其他神功被蜂蜇廢，飲水的神功則保存無損。這時只見隨著他口飲澤水，平靜的澤水便立即從遙遠處向中間聚攏，驟然在大澤水面中間，聚起一道如同大地上綿延山脈模樣的修長水練。旋扭著仿佛槍射一般，疾急地奔射入雷神口中。

「呀！真是神力無邊！」老族母與眾族人誰見過這樣的場景，眼界大開讚歎道。雷神這時則張著大口海飲澤水更加賣力，水中長練隆起更高更長，也奔入其口中更加疾速。伏羲兄妹與眾族人驚詫中轉瞬看到，無際的澤水明顯少去了半澤，而且正在更疾地向下減少。老族母與眾族人更是齊聲驚叫道，「太可怕了！」

然而狡惡的雷神這時所以改變磨蹭之態，並非伏羲哥用雷槌擊打其背威逼恫嚇所致，而是其狡惡的心中謀得的又一將計就計惡招，付諸實際行動的結果。他剛才已經察知，自己飲乾澤水之時便是自己的死期。到那時伏羲兄妹可以徑入雷府救回娘親，他兄妹為給凡界永除禍患，必用雷槌電鞭打死自己。

為此他剛才磨蹭不願飲乾澤水，是怕自己須臾身死。但伏羲哥用雷槌往其背上一播，其心中一驚知道磨蹭下去，伏羲兄妹不饒自己也必然是死。因為若再磨蹭拖延時間，一會兒前去尋集黃蜂的眾人返了回來，放出黃蜂猛蜇自己，其就更難有逃生的希望。

於是他心機陡轉決計值此無奈之際，死馬當作活馬醫，反正是死就不如死中求活。即先飲乾澤水，或許伏羲兄妹心中高興忘掉了他，只顧前赴雷澤去救娘親。到那時其突吐腹中之水灌滿雷澤，不就將事情翻覆，伏羲兄妹的死期到來了嗎？想到這裡，他遂改磨蹭之態，張口賣力地海飲起了澤水。

「山，山！」隨著雷神狂飲澤水，澤底的山巒漸漸露出了峰巔。一位姑娘眼尖，指著露出的山尖驚叫道，「瞧，澤中也有高山！」

「嗯，是山！」眾族人見之，也都驚叫起來道，「噢，那兒又有一座！」

海飲澤水的雷神聞聽，飲得更猛起來。他從眾人的驚叫聲中聽出了他們的驚奇與興奮，這樣就可以使他們只顧去驚奇去興奮，忘掉給他留下活命時機了！但是他雖然聽到了眾人興奮地驚叫，卻沒有聽到老族母與伏羲兄妹的任何動靜，而這又是最為關鍵的。

因為他知道，老族母心藏溝壑，伏羲兄妹身為聖物，皆非常人可以比擬。他們這時不驚不動，一定是仍在戒備十分地監視著自己。要讓他們驚奇興奮起來，並使他們驚奇興奮到忘掉自己的地步，必須給予他們超過常人十倍，甚至百倍的驚喜，否則是無法實現這一目標的。為此他飲水更猛，以讓澤水下落得更快，露出澤中無限神奇，帶給他們驚奇與狂喜。

「呀！山，山，到處都是山！」伏羲兄妹察知了雷神的狡詐，為了迷惑其心，促其快速飲乾澤水，面對澤水迅速下落嶄露出來的澤底真容，雙方一遞眼色立即狂喜非常地驚叫起來道，「大自然的造化，實在太神奇了！」

「真是神奇！」老族母在旁仿佛受到了感染，面對澤底嶄露出來的一座座巍峨山巒，也隨著贊歎起來道，「瞧那高山峻峰！」

狡惡的雷神果然被伏羲兄妹製造的假像迷惑，以為他兄妹與老族母的戒備心性已動，其再猛飲澤水盡露澤底奇異，他三個就會如其所願只顧高興而忘掉他了。於是他狂飲澤水更猛，卻不知伏羲兄妹早已成竹在胸，給他定下了澤水乾時即是其死期。屆時他們將一齊使用雷槌電鞭將其擊死，為凡界永除禍患。所以他們表面上驚奇狂喜，實則

一左一右站在雷神身旁戒備未懈毫釐。只待澤水早涸，動手除去雷神。

這時，故作狂喜的伏羲兄妹，與狂喜的眾族人更加驚奇地看到，隨著雷神狂飲澤水，澤中之水越來越少，山巒在澤底越露越多，越露越峻。與此同時，伴著澤底崇山峻嶺的顯露，深谷巨壑也越來越險地顯露出來。

整個澤底恰如陸上一樣，到處都是連綿崇山，參差峻嶺。如削懸崖，似劈峭壁。險惡深谷，無底巨壑。澤中剩餘之水淹漫山腰之下，灌注深谷巨壑之中。若嵐飄繞，上騰濛濛霧氣。顯得群山之中深谷之內陰森恐怖，幽秘無比。

須臾，隨著澤中剩餘之水盡被雷神飲乾，水上所騰霧氣消去。伏羲兄妹與眾族人更加清晰地看到，澤底不僅山峻谷險、懸崖如劈，而且崇山峻嶺之上也與陸上一樣，完全被水中奇樹異草覆蓋。或一片翠綠，或一片火紅。或一片金黃，或一片雪白。或七彩駁雜，景色陸離。

樹有水晶樹、珊瑚樹、瑪瑙樹、珍珠樹、水桃樹，樹種難數。草有水綠草、水翠草、甜水草、紅水草、耐水草，奇草萬千。樹上開金花，開銀花，開紅花，樹樹繁花如簇；掛金果，掛銀果，掛紅果，棵棵碩果累累。草上開紅花，開銀花，開金花，繁花鬥妍；結紅果，結銀果，結金果，碩果競美。

「真是絕妙，」伏羲兄妹與眾族人看到這裡，禁不住異口同聲贊歎道，「實在神奇！」

他們讚頌之聲未落，又見澤底正中一片平穩未乾水域之中，炫人眼目的金光銀輝颯然而出。他們的目光頓被這驟現的金光銀輝吸引，隨著便看到在那片平靜的碧綠水域之下，一座座殿頂脊獸正在迅疾露出水面。殿頂圓乎乎，亮灼灼；脊獸紫巍巍，明晃晃。他們猜知那裡定是雷府，齊凝眸看向了那裡。

　　伏羲兄妹與眾族人剛看須臾，由於澤底之水已將乾涸，雷神又想使他們驚喜發狂，便倏地一口飲乾了澤水，把一座座巍峨峨、光燦燦坐落在雷澤正中的雷府宮殿，赫然展現在了他們眼前。他們被珠光寶氣的雷府宮殿驚得一愣，便仔細去看。

　　雷府規模宏大，氣勢巍峨。三十三座神宮在一條中軸線上建造，從前至後順勢向背依小山高處延伸，每座神宮依次比高，結構不同各呈絕妙，用料迥異奇彩紛呈。七十二幢寶殿左右簇擁，幢幢形態不一，殿殿姿態奇異。

　　最前面神宮為府門宮，它金釘攢玉戶，彩鳳舞朱門。復道回廊，處處玲瓏剔透；三簷四簇，層層龍飛鳳翔。宮門門楣書寫四字：雷府宮殿。左右門聯書寫一副對聯：巍比天宮勢赫赫，雄蓋凡界氣峨峨。

　　雷府宮殿不僅氣勢巍峨金光銀輝炫目，還坐落在澤中最佳位置。它背依澤底最高峰，位居澤底正中央。背依高峰延餘脈，朝陽伸展數里長。雷府宮殿建其上，倍增巍峨勢益壯。雷府左右地勢平坦，長奇樹，開異花，萬千水族其中藏。府前面臨一方幽湖，湖面遼闊，湖水湛藍。鳥瞰其景，實可謂萬綠叢中放金光，宮殿巍峨勢輝煌。

　　「太奇絕了！」眾族人狂喜地叫著，伏羲兄妹與老族母也假裝贊歎連聲。狡惡的雷神不知伏羲兄妹心機，以為其計即將實現，因而趁機更是猛飲兩口弄乾了澤底。欲讓伏羲兄妹與眾族人前去營救華胥姑娘，他好借機實現擒捕伏羲兄妹，剿滅華胥氏族人的惡計。

　　「孽神，你的死期到了！」伏羲哥這時眼見澤底盡露乾涸，知道雷神已經無用，隨著一聲厲喝手中已是「颯」地揮起雷槌，「咚」地砸在了雷神頭上。雷神惡計雖多施用不成，這時「啊呀」一聲疼叫，已是神昏氣絕癱在了地上。伏羲妹見之不等雷神疼叫聲落，也「颯」地揮動電鞭擊到了雷神身上。

　　已癱的雷神再受電鞭猛擊倏然抽搐一下，已是真的死在了地上。伏羲兄妹仍不放心雷神真死，為給凡間永除禍患又接連揮動雷槌電鞭，雨點般地打向了死去的雷神，直到認定其確已死透方才罷手。

　　「走，我們勝利了！」眾族人這時眼見雷神被除災患永去，更是心喜若狂，激動得歡叫起來道，「老族母，雷神的事情已了，快領我們奔赴雷府，去救華胥姑娘吧！」

　　「說得對！」顫巍巍的老族母高興萬分道，「走，快救華胥姑娘去！」

　　「慢！」伏羲哥眼見老族母就要引領眾族人前去，急忙攔阻道，「老族母，以孩兒之見你還是引領眾族人離開這裡，回居地等待的好。」

　　「那為什麼？」老族母一愣不解道。

　　「老族母，雷府中還有一幫蝦兵蟹將，」伏羲妹立即接言道，「救我娘親，必然還有一搏。」

　　「對。」老族母驟然心明道，「那我們就全都前去，人多勢眾，豈不正好！」

　　「不。」伏羲哥否定道，「我兄妹手中有雷槌電鞭，對付那些蝦兵蟹將已經綽綽有餘。眾族人去了，作為凡體弄不好反會被傷害。」

　　「孩兒說的也是。」老族母這時心明道。

　　「加之眾族人已經在此顛簸一日，還是先回居地休歇等待，也好遠避事端。」伏羲哥繼續道，「我兄妹前去，救得娘親即回。」

　　「好吧，」老族母這時贊同下來道，「為保族人安全，這也是個理。」

　　「老族母，您保重！」伏羲兄妹救娘心切，遂即告辭道，「孩兒去了。」

　　「去吧，孩子。」老族母催促道，「快去快回！」

　　伏羲兄妹去了，疾急地向著澤底雷府方向奔了過去。老族母與眾

族人目送他兄妹奔過一程又一程，只是遲遲不願離去。末了還是老族母從族人安全考慮，催促眾族人收回目光，離開死在地上的雷神，一路向東奔向了居地。

伏羲兄妹救母心切，下到澤底向著雷府方向疾奔不止，一山奔過一山攔，跨過一壑又一塹，轉眼奔過數座山跨過數道塹，只是那閃射著珠光寶氣的雷府，還是像在澤岸上看到的一樣遙遠。

但是他們知道母親正在府中受難，他們早一刻奔到，母親的苦難就能早一時得到解救。為此他們不顧一切，遇山攀山遇塹過塹，疾急地奔赴向前。

「呀！本神這是怎麼了？是做了一場噩夢嗎？」就在伏羲兄妹攀山越塹奔向雷府時，由於天不該滅絕雷神，這時被伏羲兄妹打死在地的雷神竟然慢慢蘇醒過來，像剛剛睡醒一覺。

按照天數，凡間將有一場大劫凡人盡絕。只是需要伏羲兄妹降生，上天方才安排華胥姑娘智伏雷神，為凡界贏來了三十年美好時光，將這場凡人滅絕大劫，整整往後推遲了三十年。

如今劫數已至，雷神將在這場劫難中扮演重要角色。為此上天安排他死而復活。雷神很快清醒過來咬牙切齒道：「這不是夢，是真的。是伏羲兄妹一雙小對頭打死了我，此仇必須報！」

「唉，伏羲兄妹一雙死對頭，實在是用黃蜂害苦了本神也！」雷神清醒過來心中氣惱，口中喃喃地說著欲要舉目看視，雙眼卻睜不開。頭臉也覺得奇疼難耐，隨即心中倍明道，「本神讓這些該死的黃蜂，全都見鬼去吧！」

雷神說著就要抬手扑趕圍蜇在頭上的黃蜂，但其被蜇身力盡喪硬是抬手不得。不僅扑趕黃蜂不成，欲要口中噴出些水用手灑到頭上，驅趕黃蜂更是不能。無奈他只有再想辦法，末了硬是猛往地上噴水激

起沖天的水霧，方才濕透了蜇他的眾黃蜂的翅膀，沖走了蜇他的眾蜂，使得雙眼艱難地睜了開來。

「噢，他們正在奔向本神府邸！」隨著他急忙尋找起了不知去了哪裡的伏義兄妹。他見兄妹正在澤底向雷府奔跑，立即想起了自己剛才死前欲施的惡計。又一聲喝叫張開大口，「颯」地便將吸入腹中的澤水，重又吐回到了澤中道，「好，我這就叫你兄妹死在本神的手上！」

就這樣，由於天意使得伏義兄妹雖勝猶敗，乾涸的大澤即被碧水重又灌滿。雖為聖物卻無預知凡界世事之能的伏義兄妹，這時頓被沒頂的澤水淹昏了頭腦，失去了知覺，在水中飄蕩。

「打入死牢，好生用作料灌潤心肝，等待本神高興時取下做菜佐酒！」雷神惡計得逞心喜萬分，倏然躍動身子竄入水中，眨眼來到被淹昏了頭腦的伏義兄妹處，近前先奪過他兄妹手中的雷槌電鞭。一手拉住一個，回到雷府大殿往地上一摜道。殿上蝦兵蟹將聞令，把他兄妹押進死牢，用作料灌潤起了其心肝。

這時雷神仍是怒氣難消，特別是被黃蜂痛蜇的頭顱經水一泡，更是生出了錐心的疼痛。所以他雖到宮中也不落座，為了報復凡界以泄心中氣惱，立即狂怒地左手揮起了雷槌，右手甩起了電鞭。

隨著電鞭甩動，凡界高天之上立刻佈滿了烏雲，閃起了電鞭。隨著雷槌揮動，驚雷遂在烏雲中「轟隆隆」炸響，大雨立即狂瀉下來。雷神心想凡界景象之惡，凡人受苦難熬，報復之心得到了極大的滿足。禁不住心中高興口中「嘯嘯嘯」狂笑不止，手中的雷槌電鞭也揮甩得更加狂烈起來。

十、白龜救助

　　伏羲兄妹醒來之後，驚見二人被鎖鏈牢牢綁縛在囚室中的牢柱上，身子欲動一下而不得。不禁心中大為奇異，不知他們怎麼來到了這裡，落到這般境地？更不知這裡是什麼地方，是誰把他們綁縛在了這裡？

　　雖然聰慧的倆兄妹察知這裡定是雷府死牢，卻不解先前那復灌雷澤的大水從何驟至？因為邪惡的雷神已被他兄妹打死，沒了雷神又有誰復灌澤水突然淹昏了他兄妹？他們知道玉皇大帝是不會再派別個，施此邪惡淹昏他兄妹的。因而思來想去都覺得這邪惡，只能是與他兄妹為敵的雷神所為。

　　先前他兄妹雖然親眼看見並親手把雷神打死，但怎能說狡惡的雷神不會心藏狡詐裝死謎惑他兄妹，後伺時機復灌澤水實現惡計擒住了他兄妹！為此他兄妹深悔當時下手不狠，沒有把雷神真正除掉，以致釀成了此時大禍。

　　同時他們也想到了當時他兄妹確實將雷神打了個透死，這是他們親眼所見親手所為。或許是天數不滅雷神，使其死而復活，那就是他兄妹命該如此了！想到這裡他兄妹雖然不願意相信事情真是這樣，但不這樣去想又無他法解釋。而這樣解釋他兄妹就陷入了絕境，難有生

的希望了！

因為在此雷府之中，不僅不會有人前來營救他們，就是他們也無力救出自己了。特別是他們想到雷神復活後即施此惡，一定為報前仇先期滅絕了華胥氏族人。那樣在凡間也就無人知曉，便無人營救他兄妹出此絕地了。為此，他兄妹實在無奈絕望到了極點。

「喝，讓他們喝！」就在這時，一群蝦兵蟹將破門闖進囚室，端著用各種調味品配製成的作料，來到了伏羲兄妹面前。為首蟹將屬喝道，「不喝就撬開嘴巴，灌他們！」

「我們餓了，要飯吃。」伏羲哥置此境地心雖絕望，卻也不願絕望等死，決計為了下步求生保住身子，對蝦兵蟹將喊叫道，「我們不喝這湯水！」

「嘎嘎，還想吃飯哩！」蟹將放聲蔑笑道，「告訴你吧，飯是沒有你們吃的了……」

「為什麼不讓我們吃飯？」伏羲妹明白伏羲哥的意思，急問道，「不吃飯我們怎麼活？」

「雷神有令……」蟹將隨之又言道。

「果真是他！」伏羲兄妹聞此一言，頓知事情果如他們所料。是邪惡的雷神未死或者復活，他兄妹或許是中了雷神的奸計，被其擒縛至此。不禁心中驚異齊聲打斷蟹將之言，詢問道，「他有何令？」

「雷神嚴令我等，將作料灌潤你們的心肝，」蟹將繼續蔑笑道，「以備他高興時取出做下酒菜使用。」

「孽神，實在是邪惡至極！」伏羲哥氣惱得咬牙切齒道，「不除孽神，天下怎寧？」

「喝，喝。」蝦兵這時已將作料端到伏羲哥嘴邊，喝斥道，「少再囉嗦。」

伏羲兄妹被逼不過，無奈只有違心地飲下了作料湯水。看著蝦兵蟹將得意地邪笑著離去，他兄妹想起雷神的邪惡無常，唯恐其轉瞬間狂喜起來欲要飲酒助興，他兄妹的心肝便真的就要成為其下酒的小菜。

對於死，他兄妹年紀雖輕倒也不怕。他們知道，盤古開天地，女媧造凡人，凡人生小孩，小孩變大人，大人終老死，死便是凡人誰也躲避不開的一個去處。只不過可以早死步入這個歸宿，也可以晚死步入這個歸宿罷了。

早死有早死的好處，早死可以少一些人生的煩惱，早得輪回重生。晚死也有晚死的好處，晚死可以多見一些世面，多懂一些世事。由於他們聰慧早熟的頭腦中早有這樣的見地，所以年紀雖輕並不畏死。

然而，伏羲兄妹雖不畏死卻也不願把自己的心肝，變成雷神的下酒小菜而去死，因為他兄妹來到凡界還什麼事情也沒有做成。如果就此死去，他兄妹來到凡界一遭，不就僅僅是給雷神長成一碟下酒的小菜，太沒有價值，太不值得，難道白來一遭了嗎？

他兄妹剛剛成人，才開始做事而且連一件事情也沒有做成，怎麼就可以這樣去死呢？再說他們的娘親還沒有救出，逞惡凡界的雷神也沒有除去，偌大凡界還苦多甜少，他們又怎麼可以這樣去死呢？

雖然他兄妹來到凡界的十七年，是酸甜苦辣備嘗的十七年。十七年中，他們吃盡了人間的苦痛，可他們卻既不為此厭世，也不為此玩世，更不願意為避開人世的煩惱而早死。他們要活，並且要活下去。

他們既然盡嘗了人間苦痛的滋味，就不願意讓別人再去重嘗那滋味。他們寧肯自己受盡做人的煩惱，吃盡人間的苦痛，也要去為人間除去這煩惱這苦痛！若能那樣，他兄妹才能死而無憾，哪怕是現在去死，他們也會含笑前往，決不退縮絲毫。

受盡苦難的伏羲兄妹，就這樣懷著蓬勃向上的舍己救世之心，面

對死神的隨時可能來臨，真的心中畏起死來。他們不想死，不能死，要做事。但死神卻就站在他們面前，使他們逃脫不得。

為此他兄妹心中充滿了苦痛，特別是想到雷神復活後，可能為報前仇滅絕華胥氏族人。那樣他兄妹這次計鬥雷神，好事變成壞事，不僅沒能救出娘親又搭上了自己，同時還可能導致族人滅絕！族人滅絕了，凡界便沒有人知道他們了，更沒有人前來營救他們。他兄妹餘下的活路，便只有逃跑一途了。

但是他兄妹不僅被縛逃脫不得，即使逃脫得了，雷澤之水又深又遠，他兄妹又豈能活命？

置此絕境，他兄妹又想了很多。他們不解他們的命運為什麼這樣苦；他們的母親華胥姑娘受苦三十年，末了為什麼還是落得個成為邪惡雷神的掌上之物；他兄妹來到人世受難十七載，末了為什麼仍只是長成雷神的一碟下酒小菜。

想到這裡，他兄妹再也忍受不住心中的苦痛，不禁質問起了高天厚地道：「天啊，地呀，你們為什麼對俺母子這樣不公啊！」

但是，高天不應，厚地不語。伏羲兄妹為此愁苦更甚，恰在這時蝦兵蟹將又端來了作料湯水，強令他兄妹喝下。他兄妹心想反抗，卻因身被綁縛仍是反抗不得。雙唇緊閉硬被他們強行撬開，口不下咽硬被他們灌下。

無奈中他兄妹只有淚如泉湧，滴進作料湯水添加一份苦澀。苦其無奈中多飲一次作料湯水，就臨死期更近一步。為此他們痛苦的心中就多一分絕望，而多一分絕望也就更多一分痛苦。痛苦愈多便愈加悲淒，他兄妹就這樣心懷悲淒眼中珠淚難禁起來。

「颯──」就在伏羲兄妹煎熬過去半日，凡界過去半載之時，一道神奇的白光挾聲倏然射進了囚室。白光白亮刺眼，刺得兄妹雙目一

炫，齊驚詫得瞪大了眼睛，看白光來自何處，要做何事。

悲淒的兄妹驚怕白光為雷神前來囚室挾帶，若是那樣他兄妹就死在須臾了，為此他兄妹頓又絕望到了極點。不過人之將死，其心也壯。他兄妹既覺死亡將至，便知悲也無用，遂止住了眼淚。

「嗖——」伏羲兄妹剛剛止住眼淚，便見一股輕風挾聲倏然吹開緊鎖的囚室牢門，徑直吹進室來。他兄妹奇詫中剛覺輕風拂上面頰，綁縛他們的鐵鍊即無聲地斷落，使他們獲得自由。

他兄妹突遇此變心中大奇，不知是誰行此善舉。他們為此急忙舉目看向敞開的牢門，令他們更加驚奇的是，一位人首龜身的老耄白龜，穿過敞開的牢門疾急地向囚室中走來。

伏羲兄妹不曾見到過這位老耄白龜，驟見其人首龜身的樣子遂把他視為魔怪，不知其是善是惡。唯恐他是為行雷神之令前來，那樣他兄妹就死在眼前了。所以他兄妹心中驚怕得眼睛瞪得更大，對老耄白龜看得越加仔細。

他們看到，老耄白龜渾身白亮如雪，後肢當腿如人站立行走，前肢若人手隨意運動。從其身形可以看出，少說也有千千年的道行，萬萬載的練功。其頭部銀髮覆頂，鬚眉若霜。面容善靜，慈目祥藹。耄耋之至，可親可敬。

伏羲兄妹看視至此，心中覺得這老耄白龜不似魔怪像是神聖。雖然不敢相信，卻也不由得驚怕消去三分。

「孩子莫怕。」時間沒有容許伏羲兄妹多想，老耄白龜已經來到他們面前道，「老耄特來救你兄妹離此厄境！」

「啊！你救我們？」伏羲兄妹驟聞此言不知是驚是喜，齊聲驚異道，「你是誰個？」

「對，你兄妹還不認識老耄，怪道這樣驚怕？」急忙笑言道，「老

毫不是別個，就是原居澤中的白龜老神。」

「噢，白龜老神！」伏羲兄妹都聽娘親與眾族人講說過白龜老神，值此危難之時不敢相信其就站在他們面前，疑問難消道，「你就是抑惡揚善的白龜老神？」

「老毫正是。」白龜老神見伏羲兄妹驚疑，一笑肯定道。

「謝老神救助大恩！」伏羲兄妹這才驚疑盡消激動萬分，知道見到了白龜老神就是見到了救星。急忙一齊「扑通」跪倒在地道，「老神來救，我兄妹方有活命希望哩！」

「孩兒快快請起。」白龜老神急忙扶起伏羲兄妹道，「這裡不是閑言之地！」

「噢，對。」伏羲哥被扶站起率先驚醒，想起娘親心又生疑急問道，「老神今日既能救出我兄妹，先前為何不救我娘親出澤？」

「哎！老毫今日雖能救出你兄妹，」白龜老神長歎一聲道，「但卻無力救出你們娘親。」

「噢，」伏羲妹急言道，「那為什麼？」

「老毫無力救出你們娘親，並非不願去救。」白龜老神遂向伏羲兄妹道，「而是邪惡的雷神將你們娘親搶進雷府之後，為防你們娘親被別個救走，也為了施惡報復你們娘親，在你們娘親頸項上套上了雷神環。並把她關進了冷宮，嚴密看守起來……」

「娘親，」伏羲兄妹聞聽，禁不住齊聲痛叫道，「您好苦哇！」

「老毫當然有能力進入囚你們娘親的冷宮，」白龜老神繼續道，「可是卻無能力脫開套在你們娘親頸項上的雷神環，因而救她不得。」

「那麼尊敬的白龜老神，您既然有能力進入囚禁俺娘親的冷宮，」伏羲哥知道再說讓白龜老神救出娘親也是無望，心機一轉決計說動白龜老神帶領他們去見娘親一面，他兄妹屆時再去設法救出娘親道，「我

兄妹來到這裡實在不易，你在我們離開之前，帶我兄妹進入冷宮看俺娘親一眼吧！」

「不，不可。」想不到白龜老神聞聽此言，立即急紅了雙眼，連連擺起手來道，「一來那樣闖出亂子你們就走不成了，二來時不可待呀！」

「為什麼時不可待？」伏羲妹覺得仍是白龜老神不願帶他兄妹去見娘親，心中不解道。

「唉！」白龜老神長歎一聲，隨著講說了一切。他說，先前他雖然被囚當然也可以逃出雷府，但為了等待時機，為凡界除掉雷神而未去。後來由於他們年輕的娘親在澤邊與雷神定約，使他走出了囚牢，有了在院內活動的有限自由，但仍是為了伺機為凡界除掉雷神而未去。

可在那時，雷神怕他身獲自由，逃奔他處帶來不測後果，遂在雷府地上添加了地網，空中增設了天羅，使他出離雷府更難。就是現在，其要救他兄妹離開雷府，也必須去闖開天羅。

再者，他們娘親這次被雷神搶來後，邪惡的雷神就給她加罪，也把罪過加在了他的頭上，即把他重又打入了死牢。死牢機巧怪異，前半晌他試圖打開牢門沖出，卻連試數次都不能打開。隨後他仔細揣摩，方在後晌設法打開了牢門。

他知道他兄妹關在死牢無人救助，便不作聲張暫不外逃，靜待時機救他兄妹一起出走。等到剛才雷神心中惡氣稍稍消去，高興地離開雷澤前往凡界巡看而去。他急趁此機出了死牢，前來救他兄妹。

「雷神現在已經出去一陣，他身懷騰雲駕霧之功，隨時都有可能返回。」白龜老神說到這裡，心急如焚催促道，「我們在這裡耽擱已久，再也耽擱不得了！」

「可是，我們娘親怎麼辦？」伏羲兄妹也知道這時不是耽擱的時

候，多耽擱一刻就少一分走脫的希望。但卻心疼娘親走脫不得在此繼續受難，忍不住心急得哭了起來道，「難道讓娘在此永受苦難嗎！」

「快，快。時不可待，機不可失呀！」白龜老神再也不敢在此耽擱，不顧伏羲兄妹哭叫上前一手抱住一個，就要衝往室外。但是，就在他欲要衝出囚室門口之時，卻又突然止住腳步歎起氣來道，「唉！」

「老神，為什麼突然不走了？」伏羲兄妹一愣，閃著驚怕的眼睛急問道，「難道是雷神返回來了不成？」

「不，不是。是老耄突然想起先前試闖天羅時，老耄獨自奮力方可突身出去。」白龜老神無奈道，「如今帶著你們兄妹兩個，老耄無論如何也是闖不破天羅的。再說路上如果遇上雷神，老耄還要空出手來對付。這可怎麼辦好啊？」

「老神不必犯難！」伏羲妹率先接言道，「既然老神一次帶我兄妹兩個闖不出天羅，就一次帶一個出去，分兩次救我兄妹離此厄境好了。」

「只是這樣需要兩次奔波，太有勞於老神了，」伏羲哥在旁幫言道，「我兄妹實在無法言謝呀！」

「然而使用此法，只可保證第一次營救成功。」白龜老神知道舍此沒有他法，又擔心這樣雷神半途返回斷了後走者的生路，急言道，「難保第二次救援時雷神不會歸來呀！」

「啊！」伏羲妹一驚道，「那怎麼辦？」

「再者，在老耄前時試撞天羅時，雷神為了囚禁老耄，將所設天羅地網都連著其心。」白龜老神繼續道，「只要老耄撞動天羅地網，他就會心生悸動返了回來。」

「老神，時急燃眉了，你快帶我小妹先走。」聰慧的伏羲哥知道白龜老神雖然心急如火，口中卻不好言說先帶誰個出走。因為其話已

經說得十分清楚，第二次營救成功的可能性是極其微小的。於是他想到自己是哥哥，哥哥就只能把生的希望讓給妹妹，把死的可能留給自己。隨即當機立斷道，「我在這裡等待老神歸來。」

「不，還是帶哥哥先走。」伏羲妹也聽出了白龜老神話中之意，正在想著把生的希望讓給哥哥。因為他是男人，他出去了自己出不去，他還會設法營救自己。如果自己出去他出不去，自己就很難營救哥哥了。為此她正要讓白龜老神帶哥哥先走，哥哥卻已搶先讓白龜老神帶自己先走，她立即堅持不應道，「我哥哥走後即使我走不了，他還能前來救我呀！」

「伏羲哥，你是哥哥，你是男人，你只能把生的希望讓給妹妹，我們先去了！」白龜老神再也等待不住，說著拋下伏羲哥，攜起伏羲妹隨著「颯」地一道白光閃射出去，徑直沖出了囚室。

伏羲哥看到白龜老神攜帶伏羲妹去後，剛才啟開的囚室之門，竟然神奇地悄然關閉。透過囚室門上的透氣小孔，可以見到守牢的魔卒僵屍般地站在那裡紋絲不動。他心裡明白，這一切都是慈愛的白龜老神為了自己不受傷害，細心進行的安排。

於是他深謝白龜老神的細心和慈愛，努力靜心等待其早點歸來。但是，不論他怎麼努力靜心，胸中都如同玉兔狂撞一般，不能平靜下來。他既掛心離去的白龜老神和伏羲小妹，也擔心邪惡的雷神如同白龜老神剛才所言，心被白龜老神撞動天網牽動，恰在此間返了回來。

白龜老神攜帶伏羲妹沖出囚室，關好牢門定住守牢魔卒，即拼足全力猛一蹬地，「颯」地便像離弦之箭一般，徑向罩在府頂的天羅撞了過去。天羅無形，被撞無聲。但撞上天羅的白龜老神，卻強烈地感受到了那無形的天羅，竟比今日的鋼鐵還強硬，頭被撞得一懵，頓生劇疼。

　　那劇疼如穿心，令他咬起了牙關。可他也感受到已經闖過了天羅，身子在繼續借著剛才的慣性向上升騰。為此他雖然頭疼不已卻也高興萬分，急忙強抑頭疼定穩方向，攜帶伏羲妹一路穿過澤水，徑向華胥氏族人居地近處行去。

　　伏羲妹受到白龜老神的保護，不僅撞出天羅時沒有受到任何傷害，並且身子呆在白龜老神的懷抱之中，連一點受到衝撞的感覺也沒有。這時穿行在碧水之中，白龜老神不僅保護得她照樣呼氣吸氣，而且照樣可以睜著雙眼觀看水中因他們高速行進，從身旁迅速掠過的各色變幻奇景。

　　伏羲妹悠然地看到，水下實在是一個翡翠世界。在這個世界中，山顯得格外奇異莫測，谷顯得格外神妙幽秘。山上奇石萬千，谷中瑤草競繁。樹木各呈奇姿，鮮花競美鬥豔。魚鱉蝦蟹隨意遨遊，水下世界嫻靜安然。直看得伏羲妹好奇心充斥，對水下奇景讚不絕口，竟然忘記了是在逃難途中。

　　「到了。」就在這時，白龜老神攜伏羲妹「嘩啦」一聲沖出水面，來到一塊被水圍著的陸地上道，「伏羲妹。」

　　「怎麼？老神就把我放在這裡？」伏羲妹正在觀賞的水下奇景，隨著出離水面驟然消逝。心中一怔眼見白龜老神攜她來到了一塊孤島似的陸地上，不禁詫異道，「這不是一座澤中孤島嗎？」

　　「這不是澤中孤島，它原是遠離澤岸的一座高山。」白龜老神長歎一聲道，「因為雷神行惡凡界半載，陸地全部變成了澤國，高山全都變成了孤島啊！」

　　「噢！」伏羲妹這才心中驟明，舉目看到果如白龜老神所言四面到處是水，水中淹沒著一座座孤島似的山巒，不禁怒言道，「孽神，實在可惡至極！」

「如果我們昨天歸來，還是天上佈滿陰霾，大雨挾著雷電，凡間一片黑暗。」白龜老神又言道，「虧得今天雷神怒氣稍泄，方才止住了雷雨，遣散了陰雲，半年來第一次給凡界送來了紅日藍天。」

「孽神不除，」伏羲妹繼續怒言道，「凡界怎安？」

「孩子，往東北方向行走三日路程，就是你們華胥氏族人的居地。你暫在這裡等待你哥，時不可待，老耄去了！」白龜老神心急如火，用手一指東北方向說完，即又「颯」地射出一道白光，沒身在了澤水之中。

白龜老神突然去了，腳下孤島似的山上便只剩下伏羲妹一人。她在山上等待，先是想雷神之惡，半年來竟把凡間嬌美的大地變成了淫水橫流的澤國，把秀美的群山變成了荒禿的孤島，給凡人帶來了巨大的災難！

為此她恨死了雷神，更加急盼白龜老神救哥哥歸來，然後他三個一齊設法再鬥雷神，為凡界永除邪惡。但是她等啊等，白龜老神卻遲遲沒有營救伏羲哥返回。她以為是自己心急等待的時間不夠，便又強抑心急耐心等待起來。

然而，隨後她看著天上的太陽等過一刻又一刻，待過一時又一時，按照算計白龜老神早該救回伏羲哥來了，但卻仍然沒有。就這樣她等啊等，從半晌等到中午，從中午等到天黑，白龜老神仍是沒有救她伏羲哥歸來。

伏羲妹心中急了，她知道白龜老神到這時沒有營救伏羲哥哥歸來，一定是雷神歸去擒住了白龜老神，使他重又陷身在了囚牢之中，使伏羲哥未能脫出此難。心急中她後悔自己當初沒有堅持讓哥哥先走，擔心邪惡的雷神殺害了白龜老神，便再無別個可以救出伏羲哥哥來了。

同時她也擔心雷神殺害了白龜老神心中高興，為了慶賀取下伏羲哥的心肝做菜下酒，那樣她就再也沒有伏羲哥哥了。想到這裡，伏羲妹的心中實在害怕、煩亂到了極點，也擔心、焦急到了極點。

　　擔心焦急之中，她詛咒邪惡的雷神速死，念叨慈愛的白龜老神快來，伏羲哥哥快來。但是他們仍是遲遲沒有歸來，只有無垠的淫水拍打著山體發出怵人的聲響，只有淒厲的夜風發出惡魔般的嚎叫。

　　但是，一心苦等白龜老神和伏羲哥快快歸來的伏羲妹不怕這一切，孤寂地在孤島似的山上不停地詛咒，不停地念叨，苦苦地等待。然而，儘管她詛咒念叨了一夜，第二天天亮了，白龜老神卻仍是沒有營救伏羲哥哥歸來。

十一、苦海九重

　　白龜老神救下伏羲妹重赴雷澤撞開天羅進入雷府，到攜帶伏羲哥第三次撞破天羅脫出身來，都是順利無阻的。但是，就在白龜老神攜帶伏羲哥剛出天羅，朝伏羲妹所在方向行出不遠時，邪惡的雷神由於心被天羅牽動已經急急地返了回來。他進入雷澤從遠處看到了疾走的白龜老神，遂氣惱得府也不回，徑直朝白龜老神所在方向追了過來。

　　雷神施惡半日知道凡界已歷半載，方覺心中怒氣稍消，出離雷澤先到華胥氏族人居地看視。先前他蘇醒後只顧入澤擒拿伏羲兄妹，沒有顧及盡滅華胥氏族人洗雪遭敗之辱，這次他要滅絕其族報仇雪恨。

　　但他來到其居地看到，澤畔昔日遼闊的平川已被淫水全部淹沒，華胥氏族人居住的山巒僅剩下了一座孤島似的山尖。隨後他四處尋找華胥氏族人，可他尋過近處一座又一座孤島似的荒禿山巒，不僅沒有尋見一位華胥氏族人，其他氏族之人也沒有尋見幾個，都說華胥氏族人全已死絕。

　　雷神眼見眾凡人終得報應幾近滅絕，心喜其施惡報怨成果斐然，遂離開華胥氏族人昔日居地，四處隨意巡看而去。末了索性飛越大海，看起了坐落在歸墟海面上的岱輿、員嶠、方壺、瀛州、蓬萊五座神山。

東海神山的奇景異致使雷神興趣陡增，他看過一山又一山，轉眼時間過去多時，來到了蓬萊神山之上。他剛剛踏上神山地面，卻覺得心中陡地一悸。心中的悸動使他甚為奇異，驀地他明白是府中另有別魔他神為了出入，撞其所設牽心天羅地網所致。為此他擔心另有別魔他神為救伏羲兄妹出入其府，於是不敢稍怠，急忙遺憾地拋下蓬萊神山的奇景異致，匆忙返回雷府。

雷神返回雷府行至半途，正在懷疑剛才心悸是否神經過敏所致，心中卻又陡地悸動一下。這次更猛的悸動方使他相信了剛才悸動的真實，打消了懷疑。更加疾急地踏動雲頭，一陣回到雷澤東部「扑通」一聲即潛入了澤中。就在他潛入澤中之時，心中又是更猛地悸動一下。

雷神在蓬萊神山的心中悸動，是白龜老神攜帶伏羲妹闖出天羅造成。返回雷府半途中的第二次心悸，是白龜老神返回雷府二撞天羅所致。剛剛入澤後的第三次心中悸動，則是白龜老神攜帶伏羲哥闖出天羅造成。雷神此次距離天羅最近，所以感受特別強烈，心悸特別狂猛。

為此他更不怠慢，一邊急把身子如箭般射向雷府，一邊舉目尋看起了天羅被撞動的根底。很快他看到，身耀白光的白龜老神剛剛撞出天羅，身攜其死對頭伏羲哥正向東南方向奔去。雷神勃然大怒，急忙調轉去向徑向西南攔截白龜老神，搶奪被救的伏羲哥。

白龜老神剛才返回雷府見到雷神未歸一切如常，心中大喜急忙攜帶伏羲哥撞出了天羅。撞出天羅白龜老神更喜救出伏羲哥脫險有望，正高興地一路向伏羲妹在處行進，卻聽到一陣「颯颯」異樣水響從東北方向傳了過來。白龜老神擔心雷神返回，急循聲向水響方向看去，遠遠見到真是邪惡的雷神，駕電般疾急地攔了過來。

白龜老神大驚，他不是驚怕自己不是雷神的對手，鬥不過雷神重新遭擒或者被殺。而是擔心雷神察知伏羲兄妹被他救出，伏羲哥又在

營救途中，他又鬥不過雷神，就保不住伏羲哥的性命。

「白毛老龜，我道是誰來救本神的死對頭，原來是你這老白毛！」時間沒有容許白龜老神多想，邪惡的雷神已經攔到近處。邊出手打來，邊口中厲喝道，「本神與你不共戴天！」

白龜老神最擔心的事情發生了，身處此境他不敢與雷神糾纏，心思轉動決定施計保護伏羲哥不被傷害。於是他先是「颯」地將一道刺眼白光，射向了殺到近處的雷神，驟然炫花了無防的雷神的雙眼。隨著急趁雷神眼睛看不到之機，陡地沉入澤底背向雷神的一座山根，來到一片密樹深處放下伏羲哥，急切道：「眼下情勢危急，為了保你活命，老耄只有施法把你變成一隻小黃狗了。」

「什麼？」伏羲哥不知白龜老神所想，驚奇地瞪大一雙大眼，極不情願道，「把我變成一隻小黃狗？」

「孩子不要害怕，這只是老耄為防雷神害你施用的無奈之法。」白龜老神急言解釋道，「孩子只要記住，在九九八十一天內不吐人言一字，只作狗吠，時日一了就會自己變回來的。」

「那麼，好吧。」伏羲哥這時明白了白龜老神此舉之意，心中雖不願意卻也無奈道，「也只有這樣了。只是這太有勞於老神了！」

「你我不須俗言。」白龜老神急忙安排道，「老耄在此耽擱不得。記住，孩子變成黃狗後要好生在此等待老耄，老耄一會兒引開雷神，會伺機前來救你出此雷澤的。」

「孩兒遵命！」伏羲哥連連點頭道，「孩兒就在此處等待老神。」

白龜老神聽了，即在伏羲哥頭上「叭叭叭」連拍三下，口中「颯」地吐出一團白霧將伏羲哥罩在其中。隨後伏羲哥便在這團白霧之中，奇跡般地變成了一隻小黃狗。白龜老神見之，急動身順著山谷潛向西方遠處。轉眼潛過幾道幽谷距離伏羲哥藏處已遠，方才躍身澤中峰頭

145

之上以與雷神交鬥。

「白毛老龜，你把那小對頭藏到哪裡去了？」雷神剛才眼被炫花後，很快清明過來，看見白龜老神蹤影消失正在氣惱。這時見其突從西邊澤底鑽上了峰頭，只是不見了攜在懷中的伏羲哥，心中更惱，立即追上前來怒吼道，「不交出來，我要你的老命！」

「惡神，伏羲兄妹是上天派下凡界的人祖，你戕害得了嗎？你這樣施惡於他們，行惡於凡界，上天玉皇大帝知道後還有你的活路嗎？」白龜老神為伺時機再救伏羲哥出此雷澤，即出手迎向雷神道，「來來來，先吃老耄一招，叫你嘗嘗老耄的厲害！」

「白毛老龜，你吃幾條魚自己也該知道吧，這不是以卵擊石嗎？」雷神「嘯嘯」一笑，根本不把白龜老神放在眼裡地說著，揮動手中的雷棰電鞭，即與其鬥在了一處。

白龜老神心懷他想並不願意與雷神交鬥，因而剛與雷神交手一陣，正打得難分難解，「颯」地又將一道白光突然射向了雷神。雷神與白龜老神近在咫尺，白龜老神所射白光格外強烈，雙眼頓被炫花，身子不禁一個愣怔。

白龜老神見之即不怠慢，急借此機調過屁股，「噗嘟」一個響屁「嗖」地將一股濃黑煙霧，像墨斗魚一樣從肛門中噴向了雷神面龐，把愣怔的雷神障在黑霧之中。白龜老神奇計得逞更不怠慢，一個轉身即向東北方向奔到伏羲哥躲處，攜起其所變小黃狗潛谷走澗，徑向北方行去。

一路上，白龜老神為防雷神追來，不敢上行水中直路，專揀澤底幽谷深澗行進。雖然這樣行進道曲路彎，樹扯草牽格外費力，但他寧肯費力也儘量緊貼澤底，以免上行一步被雷神發現。本來，從伏羲哥躲處到雷澤北岸對他來說只需行走片刻時光，這時他卻行走了比平時

多出兩倍的時間。

來到澤北岸邊白龜老神仍是不敢大意，恰好岸上陸地也已成為澤國，他便繼續貼地前行繞到一座山變孤島北面，方才潛出水面把伏羲哥所變黃狗放在山上道：「孩子，記住，往有太陽的方向走，你就可以去到你們華胥氏族人居地，尋見你的伏羲妹了。」

「汪──汪──」伏羲哥所變黃狗不敢人言，吠叫兩聲算是應聲。白龜老神見之，怕雷神追來，急潛入水底向澤中西邊遁去。以引開雷神，保護伏羲哥脫險。

伏羲哥所變黃狗眼見白龜老神離去，甚想謝其捨身救助大恩。但由於牢記白龜老神交待不敢人言，只有吠叫三聲「汪──汪──汪」算是言謝。

隨後，伏羲哥所變黃狗獨自站在孤島似的荒山上，眼見四周陸地盡為澤國，高山山腳被淹皆成孤島，心想雷神之惡凡人之難，心中疼痛到了極點。

特別是他想到華胥氏族人或許先前已被雷神滅絕，若未被滅罹此大難也不知道現在命運怎樣。伏羲妹獨自一人身置此境，自己豈不心急著火！

於是他詛咒雷神的邪惡，思見族人想見小妹，即欲依照白龜老神指引的方向，前去尋找族人和小妹。但無奈山下盡為澤國，他沒有能力遠涉淫水尋找親人。處此境地，他實在心焦如焚痛苦萬分。

就在這時，不知為何陸上的淫水突然消退淨盡，竟然奇跡般地恢復了先前陸澤分明的模樣。心急萬分的伏羲哥大喜過望，顧不得去想這驟變究竟為何，一陣「汪汪」吠叫，為尋親人立刻伸展細腰撒開四蹄，昂首疾電般向白龜老神指引的方向狂奔而去。

驀地，只見遠山向他迎面撲來，近山向他身後退去。遠方的大地

踩在了腳下，近處的地面甩向了身後。他忘記了饑餓，忘記了疲勞，不顧一切只顧向著太陽的方向疾奔。

剛才那水退陸出的驟現奇觀，並非無緣而生，而是白龜老神為救凡界與雷神定約的結果。白龜老神把伏羲哥所變黃狗放在山上潛行向西，行進一段路程之後，心知距離伏羲哥在處已遠，方才折轉向南並往亮處尋迎雷神。以把正在四處尋他與伏羲哥的雷神引開，確保剛剛遇救的伏羲兄妹不受傷害。他剛剛浮到亮處向南行出不遠，便見剛才為其臭屁所蔽，這時氣惱萬分正在四處尋他的雷神，由南向北迎殺過來。

雷神奔走疾急，剛才白龜老神施計脫身去後，他從白龜老神的臭屁遮障中脫出不見白龜老神之面，便開始了四處找尋。氣惱中他尋遍東西南三方仍然不見白龜老神蹤影，正欲向北尋去，恰好看見白龜老神遙遙地從北向南行來。即揮動手中電鞭雷槌，疾電般迎殺到白龜老神面前，屬叫道：「白毛老龜，剛才你技窮施屁遮障本神逃身他去，現在又撞到了本神手上還想逃脫嗎！」

「且慢。」白龜老神見雷神氣惱至極出手殺來，一是自知與其交鬥不是對手不願交鬥；二是為了保護伏羲兄妹不再受到雷神傷害；三則目睹凡界之災決計救助凡界以解凡人之厄；四是穩住雷神以便日後設法加以降伏。遂閃身躲過雷神打來的雷槌電鞭道，「老耄有一言與大神言說，大神聽罷再作定奪若何？」

「老白毛能講什麼，不是打不過就拖嗎！」雷神不以為然地「嘯嘯」蔑笑道，「淨想美事，那不可能！」

「不可能就打！但是孽神也別忘了，」白龜老神即不相讓道，「老耄既已身獲自由，就有辦法置你於死地！」

「那麼好吧，本神就讓你白毛老龜把屁放完，料你也不會放出

香屁。」雷神雖然口出狂言氣惱不已，心中卻也深知白龜老神道行深邃。加之在此偌大凡界之上周旋餘地廣闊，白龜老神雖然不是自己的對手，但其如果不來硬鬥而是施計與自己周旋起來，自己也是取勝不得。於是他心思急轉，無奈道，「可諒你也逃脫不掉！」

「雷神，今日你我交手，你諒我不是你的對手，我諒你也難以拿住老耄。」白龜老神隨之道，「既然這樣，老耄與你議定一份協約，你看怎樣？」

「嘯嘯，」雷神仍是不以為然蔑笑道，「你要與本神定約，你與本神定什麼約？」

「如今事情至此，你我恩怨皆了。」白龜老神抓住時機道，「你居你的雷澤，我遊我的下界。你我各行其是，互不相欺，相安度日……」

「白毛老龜，你想的倒美。」雷神聽到這裡，早氣得鋼牙咬得「咯咯」作響怒吼道，「你與本神欲定此約，憑什麼資格？」

「你覺得老神沒有資格嗎？」

「沒有。」雷神氣惱不息道。

「如果老耄立刻上達天庭呢？」白龜老神當仁不讓道。

「上達天庭又能怎樣？」雷神仍是不以為然道。

「稟告玉皇大帝你在下界所行邪惡……」

「噢！」雷神這才有所震動，心中一驚道。

「讓玉皇大帝加罰你永世不得返回天界，」白龜老神加重語氣道，「並奪你神威，廢你神功，使你成為廢神！」

「你，本神與你不共天日！」雷神聽到這裡實在氣炸了心肺，吼叫著揮起雷槌電鞭，便向白龜老神打了過來。但他尚未打到，卻又止住了雷槌電鞭改口道，「好吧，與你定約也行。」

「怎麼，」白龜老神訕笑道，「不打老耄了？」

「不打了。」邪惡的雷神突然變卦是他想到，如果自己擒不住白龜老神，其真奔天庭行其所言，後果實在不堪設想！為此他決計暫且忍抑下來，先依其言將其穩住，以俟後日再伺時機予以擒殺，沒有必要今日孤注一擲，弄壞大事。於是他立即收住出手的雷槌電鞭，假惺惺地答應道，「可是言由你出，你可要踐約不走樣兒呀！」

「老耄之言落地生坑，斷然行事不走釐毫。」白龜老神剛才所以此言以圖制勝雷神，也是首先為了暫且穩住雷神，以待後日再達天庭稟報玉皇大帝；其次也是對色屬內荏的雷神進行反復揣摩之後，覺得必操勝券才付諸實施的。為此他見其言實現，即抑心喜進逼道，「就看大神是否踐約了！若真踐約，就請大神先行消除凡界災厄。」

「本神若不這樣呢？」無常的雷神突又變卦道，「你奈我何？」

「不這樣也行！」白龜老神寸步不讓道，「結果老耄剛才已經講說過了。」

「噢，」雷神頓又明白過來，平靜下來道，「對了。」

「再說，你不消除凡界災厄也沒什麼用了，」白龜老神重又釋言道，「伏羲兄妹既已被老耄救出，你就難以再對他們施害了！」

「你，」雷神這時又生氣惱道，「本神先擒住你這老白毛，叫你給我尋回那倆死對頭！」

「呵呵，事情怎有那般輕巧！」白龜老神輕鬆一笑道，「老耄既已脫出你的囚室，大神就難以擒住老耄了。」

「白毛老龜，究欲怎樣？」雷神雖惱也覺白龜老神言之有理，無奈只有壓下氣惱道，「臭屁快放！」

「老耄從此不再返回雷澤。」白龜老神繼續道，「但有兩條，一是大神不要再去傷害伏羲兄妹，再說大神也傷害不了。」

「再一條呢？」

「就是大神除要立即除去凡界災厄，還要保證永遠不再施惡凡界！」

「白毛老龜，你真可惡！那麼好吧，本神就依了你了。」雷神這時心已發虛答允道。無奈只好施動法術，倏然退去了淹漫陸地的淫水，變陸上澤國成了洪荒般的大陸。

由此使得正愁的伏羲哥心喜萬分，立刻飛身下山向著太陽，奔尋伏羲妹而去。也使得白龜老神心中大喜，又欲開口讓雷神放出華胥姑娘，但他知道雷神不僅不會答應，弄得不好還會為此使其毀去前約。無奈，他只有放棄此想道：「大神踐約果然誠心！好，我二神之約落地生根，只有共同遵行了！」

「好吧，」雷神朗利答應道，「就這麼辦了。」

「那好。老耄告辭，大神好自為之。」白龜老神說著雙手一揖，與雷神告別而去。此後一段時間雷神果然未行邪惡，凡界平安無虞。

白龜老神離開雷神本想即達天庭，稟告玉皇大帝再懲雷神為凡界徹底除去災厄，但心中一想此乃天數，去也無功。他又想前去尋找伏羲兄妹，讓他兄妹聚會一處，心中一想此乃也是天數，又是不能。白龜老神道行深長，前知萬古後曉未來，知道自己的命運進程，只是不知道自己所做事情的進程和結果。

為此他知道雷神不滅，乃為天時遣他給凡界布難而來。伏羲哥則是未來的人祖，將與天地並稱為天皇地皇之外的人皇，因而他除了先前已歷十七載磨難，今後還要經受更大的磨礪。常言難是磨刀石，伏羲哥要成為未來的人祖，就必須歷經長期的困苦，異常的磨難。

只有這樣，才能歷練出其頑強的意志，超人的毅力。使其日後能夠百折不撓、萬難不餒，引領後人鬥困苦戰險惡，頑強地在多災多難

的凡間大地上生息繁衍，主宰苦難深重的凡間大地。心想至此白龜老神知道自己暫且已經無事可做，遂潛身凡界僻處靜觀風雲變幻，隱匿了聲跡。

伏羲哥所變黃狗向著太陽奔尋伏羲妹與族人，奔過一日又一日，奔過一宵又一宵。只知道奔啊奔呀，也不知道究竟奔走了多少個日夜，奔走了多遠的路程。同時按照白龜老神的指引，向著太陽奔跑。伏羲哥奔著奔著，無路可走便迷失了方向，也不知道奔跑向了何方。

就這樣伏羲哥只顧心急地一日又一日，一宵又一宵地奔跑。那時候天下不僅沒有路，夜晚也沒有太陽，白天太陽的位置又在變化之中，所以他奔跑的方向當然不會準確。

比如在白天，早晨太陽剛剛從東方升起，他向東方狂奔。隨後太陽逐漸升高西移，他又逐漸轉向正南方奔跑。傍晚太陽墜向西天，他又向著西方狂奔。這樣從東到西，他往往奔走一天卻並沒有向南奔去多遠。

夜晚天上沒有了太陽，他憑著記憶又向著太陽落下的西方狂奔。地上無路，山攔水阻，他繞山奔走，避水前行。到天亮奔走一宵，也不知道奔向了哪裡。就這樣伏羲哥不顧一切不分白天黑夜，一個勁地向著太陽狂奔。

伏羲哥也不知道這樣奔走了多少個日夜，只是覺得奔走的時間夠長了，路程夠遠了，卻仍是不見昔日居地，也不見伏羲妹與眾族人。而且由於雷神這次報復凡人施惡狠毒，一路上也極少見到凡人。為此他越奔心中越焦急，但他焦急卻不氣餒。

他知道凡界偌大，他們華胥氏族人昔日居地在凡界上，僅像偌大雷澤中的一滴水一樣不易找尋。伏羲妹一個人在偌大凡界之中，

也僅像夜空中的一顆星星一樣難以尋覓。他要找尋親人，不怕歷盡萬苦千辛。

就這樣奔啊尋呀，奔跑中伏羲哥掉進了水裡，就泅上來。摔下了山崖，就爬上來。遇到了猛獸，鬥不過就躲。被摔傷咬傷了，揉揉傷部揩揩傷口繼續前奔。餓了，啃一點草根。渴了，喝一通冷水。累了，歇一會繼續前奔。

隨後又不知道奔出了多少個日夜，也不知道奔出了多遠路程，卻還是不見伏羲妹與昔日居地。一天在奔尋中又要過去，太陽已經墜進了山谷，可他還是向著西墜的太陽奔。黑夜降臨了，夜幕罩住了大地，他還是奔。夜深了，一座鬼影似的黑黢黢大山擋住了前奔的去路，他便向南繞著山腳奔。

「啊呀！」突然，前方山腳黑暗中傳來一聲怵人的女聲驚叫，劃破山谷的寂靜，「伏羲哥哥，快來救我！」

正奔的伏羲哥頓被這淒厲的叫聲，驚得陡地止住了奔跑的腳步。因為他聽出這叫聲酷似伏羲妹，同時又擔心黑夜中魔怪作祟惡神施惡，恰好在這時在這裡叫出了自己的名字。他高興自己終於找到了久尋不見的伏羲妹，而且心中大急不知道伏羲妹究竟遇到了何種需要自己救助的事情。

但他正欲前去救助急難中的那伏羲妹，卻陡地心中一驚停下了腳步。因為他擔心是魔怪惡神在此叫出了自己的名字，並且仿照伏羲妹的聲音。不然怎能這樣奇巧，自己恰好此時在這裡尋見了伏羲妹！

同時又在前方自己欲經山腳處喊叫，他認為這必定是魔怪惡神看到並等待施害於自己。為此他越想越怕，遂決計為避災厄立即原路返回。然而就在他轉過身子尚未邁開腳步之時，又一聲驚叫傳了過來道：「伏羲哥哥，快來救我！」

　　伏羲哥正在驚怕已經身陷魔界，周圍的一切都像魔鬼一樣張牙舞爪般向他襲來，使他渾身的汗毛都豎了起來，聽覺更是敏感到了極點。為此他聽出來了，那驚叫聲實在酷似伏羲妹，因此他差一點隨著應出聲來，卻由於突然想起白龜老神要他不可人言的囑咐，才把到了嗓子眼的應聲咽了下去。

　　可他咽下應聲之後，欲要返去的四蹄卻再也邁不動了。他哪裡能走呢？萬一真是伏羲妹在那兒呢？並且聽聲音，其真是遭遇到了可怕至極的事情啊！如果真是伏羲妹身陷絕地，自己怎能不去營救？

　　於是他顧不得自己了，哪怕只有萬分之一是伏羲妹的可能，為了不使伏羲妹遭難身死，他也要前去救助了，何況還有真是伏羲妹的可能呢！只見他「汪汪汪」地大聲吠叫著壯起膽子，急扭頭重向伏羲妹驚叫聲傳來的方向奔了過去。

　　伏羲哥抱著只有萬分之一是伏羲妹的希望奔上前去，當然準備身陷魔怪邪神之手。但他為了避免災厄也並非毫無防備，而是每向前奔進一步都格外小心。奔到叫聲起處，透過黑暗果見一位女子酷似伏羲妹。伏羲哥先是心中一喜，連日來他狂奔不息，就是為了尋到伏羲妹啊！眼前找到了正要尋找的伏羲妹，他心中怎能不喜呢？

　　但他正喜時心中卻又陡地涼了下來，突然想到在此暗夜之中幽谷之內，自己這樣奇巧地碰上的這個伏羲妹，天知道是人是鬼呢！魔怪和邪神都會身生變化，怎敢保證不是他們為了施惡，故意變作伏羲妹誘其上前救助，借機擒殺自己呢！想到這裡，機警的伏羲哥停住了疾奔的腳步。

　　「啊呀！」恰在這時，一頭碩壯的大黑熊直立起身子，吼叫著伸出前爪，倏地從黑暗中竄出撲向了驚怕的伏羲妹，嚇得伏羲妹又是一聲驚叫。目睹此景，伏羲哥不敢再作遲疑了，他必須在黑熊撲住伏羲

妹之前將其救下，不然就誤大事了！

於是他不敢再作多想，急忙「汪」地一聲吠叫，隨著「颯」地躍起身子撲上前去，從背後用前爪狠狠地掐住了大黑熊的脖子。大黑熊猝不及防，急忙棄下面前的伏羲妹，滾身躲避伏羲哥的攻擊，猛地把伏羲哥所變黃狗摔在了地上。

伏羲妹危急中突見黑暗裡奔來一隻黃狗相救，並把撲向她的大黑熊撲倒在地，急忙壯起膽子揮起手中的木棍，「颯」地打向了大黑熊。大黑熊先轉身躲過，遂又躍身撲向了伏羲妹，眼見就要抓到其前額。

伏羲哥看得清楚，急忙猛地躍身撲上前去，張開犬口往死處咬住了大黑熊的咽喉。大黑熊咽喉被咬無力行惡，伏羲妹急忙趁機揮棍「噗」一聲打在大黑熊頭頂，把大黑熊打得腦漿迸裂死在了地上。

「汪汪汪……」伏羲哥高興得一陣吠叫，伏羲妹則在這時心力驟竭，頹然癱坐在了地上。伏羲哥見之，急忙心疼萬分地繞著伏羲妹轉了一圈，在伏羲妹面前停下腳步，用前爪拉住伏羲妹的雙手輕輕搖動起來。口中有許多溫情的話兒要說，腹中有滿心的真情欲訴，但卻無法開口。

「好黃狗，是你救了我！」伏羲妹被黃狗的奇異舉動慢慢弄醒，看著黃狗的舉動倍覺奇異。為此黑暗中她細看再三，只是越看越覺得黃狗的舉動奇異難解，其他卻沒有看出絲毫異常。於是她對黃狗言謝道，「你是我的救命恩主，我要好好感謝你！」

「汪——汪——汪。」黃狗當然聽懂了伏羲妹之言，更令伏羲妹奇異的是黃狗如同哭了般哀叫三聲。伏羲哥所變黃狗當然要哭，他心想面前的伏羲妹若是真的，卻見到自己辨不出真相，依舊為找尋不到自己在焦愁啊！自己呢，既不知面前的伏羲妹是真是假，又不

可與她說自己就是伏羲哥，只能眼睜睜地看著她依舊為找尋不到自己而焦愁。

置身此境，伏羲哥心中怎能不如同翻倒了五味瓶般諸味俱全，禁不住「嗚嗚」哀哭呢？

十二、白龜施善

「伏羲哥哥，」蘇醒過來的伏羲妹對黃狗說罷，更為尋找不到伏羲哥而心中焦愁，站起身子即要邁步向伏羲哥來路尋去道，「你在哪裡呀？」

「好黃狗，我的救命恩主，我要去找我的伏羲哥。」正在「嗚嗚」哀哭的黃狗見之，即忙上前伸出前爪拉扯伏羲妹不要前去。伏羲妹會意，對其勸說道，「你不要攔我，你要跟著我，護著我。」

然而黃狗卻不聽伏羲妹此言，他想讓伏羲妹領他返回伏羲妹來處，前去尋找或許未被雷神滅絕的華胥氏族人。只是口中無法言說，只有對伏羲妹進行攔阻。黃狗攔得伏羲妹更為奇異，疑問道：「好黃狗，我看出來了，你是一隻聰明的黃狗……」

伏羲哥所變黃狗聽了，急用一爪托住伏羲妹的雙手，一爪從上面拍拍以示肯定。他想肯定伏羲妹之言，讓她跟隨自己返回其來路，去尋找他們氏族眾人。

「噢！你這樣攔我難道是說，捨身護我讓我先出雷澤的伏羲哥哥。」伏羲妹這時完全領會錯了伏羲哥的意思，順著自己的思路心想下去更為驚異道，「沒有能夠逃出雷澤，連同歸去的白龜老神都被雷神擒去了嗎？」

「不，他們不會，事情絕對不會那樣！」黃狗見伏羲妹領會錯了自己的意思，急忙連連搖頭以示否定。伏羲妹仍是不解黃狗搖頭之意，說到這裡心中一驚，急忙又否定道，「伏羲哥是個好哥哥，白龜老神是個好老神，他們都不應該被雷神捉住的！」

「汪汪，汪汪。」伏羲哥所變黃狗聽了，連叫數聲算是對伏羲妹之言的肯定。但是伏羲妹還是不解黃狗之意，繼續道：「好黃狗，你不要攔我。他們沒有可能回到我的在處，可能是他們遇到了新的情況，去了別處，我會找到他們的。就是踏遍凡間大地，我也要找到捨身救我的伏羲哥！」

「嗚嗚嗚。」黃狗聽罷伏羲妹此言，只是想哭似地吠叫幾聲，依舊攔住伏羲妹不讓前行。伏羲妹被黃狗三攔四阻，不禁心中火了起來道：「好，黃狗，你是我的救命恩主，你的救命大恩容我後報！今日你既然不願隨我前去，就隨它去吧。你不要再攔我前去尋找伏羲哥，找不見伏羲哥我在凡界就無法活呀！」

伏羲妹說罷不顧黃狗繼續攔阻，執意向伏羲哥來路尋去。伏羲哥所變黃狗無法言說，攔阻不僅攔不住伏羲妹，反使伏羲妹發起火來，其心中不忍了。無奈他只有不再攔阻，讓伏羲妹暫且向他的來路尋去，他則隨後緊跟。

伏羲妹走到哪裡，他就跟到哪裡。伏羲妹翻山越嶺，他也翻山越嶺。伏羲妹涉水過河，他也涉水過河。伏羲妹尋不見伏羲哥心中焦急，無奈中向著高天喊叫伏羲哥。伏羲哥所變黃狗，就發出「嗚嗚」哀叫之聲。

一路上，由於伏羲妹見到黃狗舉止如人，加之黃狗是其救命恩主，所以對黃狗恭敬十分。她從與黃狗一起獵到的獵物身上，挑選上等的好肉給黃狗吃。黃狗捨不得吃又送還給她，她也捨不得吃便供在

地上說：「伏羲哥你在哪裡？小妹把這些肉送給你吃了，你快來吃吧！」

伏羲妹還把尋來的最鮮最甜的果實送給黃狗吃，黃狗仍是捨不得吃又送還給她。伏羲妹又是捨不得吃供在地上說：「伏羲哥你在哪兒？小妹把這些果實送給你吃，你快來吃吧！」

伏羲哥當然不會來吃，伏羲妹尋找思念的伏羲哥就近在眼前，她卻因為辨不出黃狗就是伏羲哥，仍以為其遠在天邊。伏羲妹就這樣因為尋找不見而又思念伏羲哥心中難受，伏羲哥這時則通過眼前的一切，相信了面前的伏羲妹並非魔怪邪神化變，而是真正的伏羲妹。

為此，他為自己近在伏羲妹身邊，卻無法用人言告知伏羲妹自己就是伏羲哥，使伏羲妹焦愁苦尋倍加傷心。他兄妹就這樣身在一起而不相識，一個焦愁難受，一個傷心萬分。一個遙敬兄長，一個苦不能言。

黃狗置身此境，禁不住傷心得兩行熱淚「吧嗒嗒」滾落到了地上，口中「嗚嗚」哭叫，前肢挽住伏羲妹的手不停地搖晃。伏羲妹望著動情萬般的黃狗，除了倍覺奇異，心中更加不解。

伏羲兄妹就這樣一道轉眼走過數十個日夜，伏羲妹當然更為尋找不見伏羲哥心中焦愁，伏羲哥則更為伏羲妹如此焦愁而傷心。這日早上，伏羲哥行進中突然覺得渾身火熱酸疼難耐。開始他想可能是連日奔波勞累造成的，或者是感受了風寒所致。他不想讓伏羲妹擔心，強忍著依舊像往常一樣追隨伏羲妹身後向前奔走。

「汪汪汪……」但是剛剛奔出不遠，伏羲哥所變黃狗就走不動了，猝然倒身在了地上，口中痛苦地叫著，渾身湧出了淋漓的大汗，在地上胡滾亂翻起來。

伏羲妹頓為黃狗驟生此難心奇萬分，急忙伏下身子心疼而又不解地問道：「好黃狗，你這是怎麼了？你叫我感到好突然好難受啊！你

159

病了嗎？讓我為你做點什麼呢？」

　　黃狗只顧難受得胡翻亂滾，對伏羲妹之言如同未聞毫無示意，伏羲妹更是心疼到了極點。黃狗不僅是其救命恩主，也是其連日來相依為命感情互通的伴侶呀！可是眼下伏羲哥沒有找到，黃狗伴侶卻突然生出了此變啊！

　　她心疑或許是邪惡的雷神，或者別個又在故意施惡於自己。既使自己尋找不到伏羲哥，又使自己失去可以相依的黃狗伴侶，陷自己於險惡之境。心疑至此，她斥問高天自己的命運為什麼這樣苦？苦到了連一條黃狗也要因為做了自己的伴侶，身受這般苦疼煎熬！

　　但她斥問之餘也不屈從於命運，伏下身子心疼黃狗道：「好黃狗，好夥伴，你忍耐些堅強些，對我說你怎麼了？我設法為你解除這苦難！」

　　黃狗仍是受不住苦疼的折磨，在地上狂翻不止，如同未聞毫無示意。伏羲妹無奈，只有待在一旁看著黃狗受難，心中疼痛萬分。黃狗翻啊滾呀，整整滾到太陽升上半天，方才好像翻滾得渾身沒有了一點氣力，身上的長毛都被汗水滲濕得如同水洗，翻滾不動趴在地上，難受得就像死去了一般。

　　伏羲妹急忙上前試其鼻息，見其已是氣息奄奄，心疼得頓時眼中「吧嗒嗒」滾下熱淚痛哭起來。然而，伏羲妹的痛哭並沒有立即把死去般的黃狗驚醒過來，只見他依舊死了般地承受著難熬的磨難，時間在其難熬的磨難中一刻一刻地流淌向前。

　　「伏羲小妹，快別哭了！」太陽在伏羲妹的痛哭和黃狗的磨難中，終於緩緩地爬上了天宇。驀地，痛哭得雙眼被淚水模糊的伏羲妹，耳中竟然奇異萬般地響起了死了般的黃狗，叫出的人言道，「伏羲哥哥來了。」

「啊！」伏羲妹口中驚出聲來，急循聲向黃狗看去，竟見到黃狗真的已經盡失先前狗形，奇異萬般地幻化成了她連日思念尋找的伏羲哥。這是白龜老神為伏羲哥設定的還原成人時限來到，伏羲哥受盡磨難還原了真身。

正因為伏羲哥有過這段變作黃狗的經歷，我們中華民族大家庭中至今還有少數民族稱其為狗皇，並說其生得狗頭人身。也正因為其生得狗頭人身，人們方才稱其為伏羲。因為伏字一邊為人一邊是犬，即含有伏羲半為人身半是犬身之意蘊。

伏羲妹不知伏羲哥此變為白龜老神所為，害怕到了極點。因為凡人沒有人獸互變的本領，只有魔怪和上神才能身生此變。據此她認定自己碰到了魔怪或者惡神，不然黃狗怎會突生這般奇變！因而黃狗變出的伏羲哥，絕對不會是真正的伏羲哥。

黃狗連日來奇異萬般，並恰好在暗夜裡自己遭遇急難時將自己救下，不是魔怪或者惡神所為誰個能夠這樣？心想至此伏羲妹驚怕得連連後退，並順手揀起一根木棍，「颯」地舉起便向黃狗化變的伏羲哥打了過來。

「小妹住手！打了你會後悔的。」剛剛由黃狗變出的伏羲哥看出了伏羲妹的驚怕，所以他不敢躲避，更不敢去攔擋伏羲妹打來之棍。而是坐在那裡紋絲不動急言道，「因為我是你真正的伏羲哥，你聽哥哥對你講說一切！」

「妖魔，諒你也奈何不了我伏羲妹。」伏羲妹手中之棍眼看就要打到伏羲哥頭上，但見其紋絲不動又聞其這般言說，方才心中一動收住手中之棍。因為黃狗化變伏羲哥的溫順舉動，使她迅疾消去了驚怕，又聽伏羲哥話中有話，遂收棍壯膽道，「我讓你說完，再打殺你也是不遲！快講。」

「小妹，我真是你的伏羲哥呀！」伏羲哥這時心中更是苦到了極點，便向伏羲妹講說了自己變作黃狗的一切。直聽得伏羲妹時而奇異，時而驚喜。末了聯想到連日來黃狗的如人表現，方才相信面前的伏羲哥為真。猛地扔掉手中之棍，扑到伏羲哥面前「哇」地失聲痛哭起來道：「哥哥，你叫妹妹找的好苦哇！」

「其實，妹妹早就找見哥哥了。」伏羲哥不想讓伏羲妹再哭，壓下心中的苦痛故作輕鬆俏皮道，「只是你沒有認出哥哥來呀！」

「哥哥莫怪小妹。」伏羲妹這是高興地哭。她真的找見了日思夜念的伏羲哥，怎能不高興得失聲痛哭呢？但她哭中既為找見伏羲哥高興，又被伏羲哥故作的輕鬆感染，不禁破涕為笑道，「妹妹不得不防啊！」

「妹妹做得對，」伏羲哥目睹此景聞聽此言，痛心而又高興地道，「哥哥怎會怪罪小妹呢？先前哥哥扑鬥黑熊時，也擔心妹妹為魔怪化變呢！」

「哥哥，我兄妹的命運這樣苦，」伏羲妹心中充滿著疑問，這時睜大淚眼詢問道，「何時是個盡頭呀？」

「有苦就有甜。如今我們的苦不是已經盡了嘛，」伏羲哥抑住心疼，笑著安慰道，「往後就該是甜了！」

「哥哥，」伏羲妹依舊不敢相信，心中疑問難消道，「你說的是真的嗎？」

「是真的。如今我兄妹已經脫離了苦海，」伏羲哥肯定道，「快走，我們先去昔日居地，找尋或許未被雷神滅絕的族人去。」

「不必去了，」伏羲妹心情陡轉沉重道，「他們都找不到了。」

「你怎麼知道？」伏羲哥大驚道，「你說的是真的嗎？」

「是真的，哥哥。」伏羲妹繼續沉重道，「我找遍了方圓地界，

也沒有找見一個族人的影子啊！」

「你什麼時間找的？」伏羲哥更是驚疑，不願相信道。

「先前，出發尋找哥哥前⋯⋯」伏羲妹隨著講說了一切。她說，在白龜老神返回雷澤去救哥哥之後，她久等不見白龜老神營救哥哥歸來，正在驚急突見陸上淫水盡退。她對此凡界災禍驟變不可理解心中更驚，但又急等哥哥歸來不敢離開。

這樣苦等兩日仍然不見白龜老神營救哥哥歸來，心恐待在原處時間過久，被雷神尋見再遭其害，無奈只有按照白龜老神的指引，前去族人昔日居地尋找或許未被雷神滅絕的族人。但是尋到舊地找遍方圓地面，卻沒有見到一個族人。

為此她不敢在那裡久待，唯恐雷神尋來自己遭害，遂離開那裡一路北上，盲目尋找起了哥哥。蒼天還真有眼，先是在那暗夜中急難時巧遇上了哥哥所變黃狗，終在今日裡見到了哥哥之面。

「我們族人滅絕的苦哇！」伏羲哥聽完伏羲妹的講說，痛苦得無奈長歎一聲道，「既然我們已無族人可尋，就快走吧。」

「往哪裡去？」

「我兄妹雖然逃出了雷神的魔掌，但他絕對不會對我兄妹就此罷手。」伏羲哥這時心有城府道，「我兄妹只有暫且遠離雷澤，找個平安之地躲避開來，方有可能再思良謀鬥勝孽神，救出我們娘親！」

「哥哥言說極是。」伏羲妹立即贊同道，「你說往哪裡走吧？」

「依照白龜老神的指引，向著太陽的方向走！」伏羲哥用手指著東南方向的太陽說著，即領伏羲妹向著太陽的方向奔了過去。

隨後他兄妹一起奔啊奔呀，又不知道奔過去了多少個日夜，這日早上來到了一塊遼闊的平川之上。平川一望無際，坦坦蕩蕩。只是在東方遙遠的太陽下面，在平川的中央，突兀兀地聳立著一個不大的土

丘，使平川不平，失去了坦蕩。

伏羲兄妹見那土丘朴實得不惹人眼目，同時站在其上可以遠觀四方，是他兄妹躲避雷神的極好去處，便向土丘奔了過去。土丘遠看甚近奔去甚遠，他兄妹奔走半晌方才來到丘上。見到土丘雖然不高但卻視界開闊，丘頂恰好四周高中間窪能避狂風，他兄妹便稱其為宛丘。

宛丘四周全被湖水包圍，只在西邊湖水之中飄帶般地甩出一條窄窄的路徑，從小丘邊穿湖徑達川上。湖面望穿眼目方可見到邊際，湖水清澈碧透如同鏡子般明亮。看視至此他兄妹心喜，遂在丘上躲居下來。

伏羲兄妹躲居丘上需要生活，便白天或一起或分別前去捕魚，或者採摘野果充作飯食。晚上再回丘上居住，苦思鬥勝雷神救出娘親之法。轉眼數十個平安日子過去，這日天亮他兄妹起身走下宛丘，一陣計議商定伏羲妹去湖外川上採摘野果，伏羲哥則下湖捕起了魚兒。

伏羲妹採摘野果路途遙遠，久去不歸。伏羲哥捕魚就在丘下，他下湖撈摸半晌，先後捕住了兩條鮮活的大鯉魚。伏羲哥心中高興，便坐在岸邊伏羲妹歸來必經路旁，等待其歸來。

「伏羲哥，你過來。」伏羲哥剛剛坐下片刻，正在向通往川上的道路遠處遙望伏羲妹是否歸來，耳中突然聽到一個熟悉的聲音道，「我有大事對你講說。」

「呀，是老神！」伏羲哥心中一詫，這裡本來杳無人跡，剛才又沒見到有人走來，怎麼突然有人在湖邊對自己說起話來？並且又像是白龜老神的聲音？於是他急忙扭頭循聲看去，果真見到白龜老神出現在了自己近處湖面上。伏羲哥大喜，急起身趕到白龜老神近前道，「老神，你捨己救我兄妹之後一去這麼多日，可真叫我兄妹掛心啊！」

「老耄沒有什麼，」白龜老神「哈哈」一笑道，「只是你兄妹實

在受苦了！」

「我兄妹受點苦沒有什麼，」伏羲哥隨著詢問道，「只是老神救我去後，可曾碰上邪惡的雷神？他會與你善罷甘休嗎？」

「當然碰上了，不會善罷甘休。」白龜老神遂對伏羲哥講說了一切，聽得伏羲哥口中連聲嘖嘖稱頌不已。白龜老神當然對伏羲哥的讚頌不以為然，陡換嚴肅凝重之容語重千鈞道，「伏羲哥，其他皆莫再言。老耄特地前來，是有要事對你講說。」

「喔，一切皆聽老神吩咐！」伏羲哥見白龜老神情態凝重語重千鈞，心知老神所言之事定然非同尋常，遂嚴肅起來道，「伏羲哥字字照辦，絕不走樣！」

「那好。但在老耄言說大事之前，」白龜老神依舊凝重如山道，「你必須起誓保證，聽後不與別個洩露一字！」

「老神，難道你還不相信我兄妹嗎？」伏羲哥這時對白龜老神之言大為不解，不禁疑問道，「我們一切皆聽老神吩咐，何需再去起誓呢？」

「不，」白龜老神堅定如鐵道，「今日必須起誓！」

「我若違背老神吩咐，」伏羲哥無奈，只好起誓道，「定然不得好死！」

「不行，你要這樣起誓，」伏羲哥覺得其誓已夠沉重了，不料卻遭白龜老神否定道，「如果我伏羲哥把白龜老神之言泄給別個，包括伏羲妹一字，甘受天誅地滅之懲罰！」

「如果我伏羲哥把白龜老神之言泄給別個，包括伏羲妹一字，」伏羲哥這時始知白龜老神所言之事特別重大，不敢大意，即依其吩咐鏗鏘起誓道，「甘受天誅地滅之懲罰！」

「伏羲哥，你既起此誓就一定要踐誓到底！」白龜老神這才接著

道，「現在我對你講說大事：一百天後，天要塌地要陷，凡界要毀滅。」

「啊！」伏羲哥頓如五雷轟頂，驚叫一聲怔住了，許久方從驚怔中清醒過來，以為耳朵聽錯了，不相信地反問道，「老神，你剛才講說什麼？」

「老耄已經洩露天機，等待上天懲罰，」白龜老神聲色不改道，「豈可再言洩露？」

「這怎麼行？這樣，我等凡人不是就要毀滅淨盡了嗎？」伏羲哥這才相信了白龜老神之言，驚怕得忍不住立刻高叫起來道，「玉皇老兒怎麼這般邪惡？」

「不，這不是玉皇大帝的過錯。」白龜老神急忙攔斷伏羲哥之言道，「凡界十萬八千年一次渾沌，一百天后正好是渾沌開始之日，玉皇大帝也奈何不得呀！」

「不，我不管它什麼渾沌不渾沌，反正我不能眼看著我們凡人滅絕！」伏羲哥這時更是抑制不住心中的震驚，堅定道，「我要與伏羲妹一起，組織凡人鬥勝這渾沌活下去，永居在這凡間世界上。」

「伏羲哥，你可是剛剛起過誓的呀！」白龜老神見伏羲哥說著就要奔跑開去，生起氣來，話語沉重萬分道，「你若這樣，不僅你依誓會受到天誅地滅的懲罰，連我這洩露天機給你的耄耋老龜，也躲避不掉呀！」

「啊！」伏羲哥頓被驚愣道，「那怎麼辦？」

「沒有辦法。」白龜老神無奈道，「你就是去了，凡人也躲不過這渾沌滅絕之災，因此你要冷靜。」

「這樣，我們凡人不就僅剩一百天活頭，」白龜老神說得句句在理，伏羲哥方被說得平靜下來無奈道，「只有束手等待滅絕了嗎？」

「是呀，」白龜老神肯定道，「只能這樣了。」

「好，老神，你屢行善舉，每每救我凡界苦難，」伏羲哥無奈扑通跪倒在地，苦口央求白龜老神道，「你就快想良法，再救我凡人脫此渾沌巨災吧！」

「哎！天數至此，」白龜老神無奈得痛苦萬分，長歎一聲道，「玉皇大帝尚且奈何不得，何況我區區一個老龜呀！」

「老白龜，你老糊塗了嗎？」伏羲哥聽到這裡，不禁心中惱怒起來道，「既然你也無奈，為何對我講說？」

「你，」白龜老神一愣道，「此言何意？」

「你不對我講說，我還可以痛痛快快地再活一百天，」伏羲哥繼續怒氣不息道，「在不知不覺中猝然死去，可是現在你叫我怎麼活呀？」

「噢！」白龜老神這時心明過來道，「伏羲哥說的也是……」

「你這不是成心叫我放著幸福去受折磨嗎？」氣惱的伏羲哥不容白龜老神講說道，「對我行善沒有施惡多嗎？」

「老耄當然不該對你講說，」白龜老神沒有反駁伏羲哥的斥責，依舊凝重道，「但老耄是為了救你，才對你講說的呀！」

「老神，這不是自相矛盾嗎？」伏羲哥這才眼睛一亮道，「老神既然不能再救凡人脫此渾沌之災，卻怎麼又說是來救我？」

「老耄能耐太小，既救不得眾凡人脫此災厄，也救不得第二個凡人，」白龜老神道，「僅僅能夠救你一人脫此災厄而已。」

「那麼，」伏羲哥心甚驚奇道，「老神怎樣救我？」

「記住，從明日往後一百天之內，」白龜老神認真道，「你每天清早在湖岸這裡放一條魚，到時候我會救你的。」

「每天放一條魚，」伏羲哥大為不解道，「老神又怎能救得了我呢？」

「你不要再問了，老毛也不說了，」白龜老神說著就欲離去道，「你每天照做就行了。」

「好老神，你既然不能拯救天下凡人，卻能夠救我伏羲哥。」伏羲哥這時想起了伏羲妹，掛心地抬頭往湖邊的道路盡頭望去，正看見伏羲妹遙遙地從川上踏上湖中之路走了過來。伏羲哥的心頓然動了，多麼好的小妹呀，自己怎能只顧活命讓她去受死呢！對，就是自己死，也絕對不能讓她去死！於是他急忙扭頭叫住欲去的白龜老神，央求道，「那麼我求求你，再救下我的伏羲小妹吧！」

「剛才老毛已經說過，老毛只有救你一人的能耐，」白龜老神不應道，「如果還有能耐，我怎能放著不用，眼看著凡人受難呢！老毛實在沒有辦法了。」

「那麼，老神，這樣行嗎？」伏羲哥聽到這裡，靈機一動堅定道，「你的能耐既然只能救助一人，別救我而救伏羲妹行嗎？」

「伏羲哥，」白龜老神頓被伏羲哥舍己救妹的精神感動了，詢問道，「難道你就不怕死嗎？」

「只要能救下小妹，我死而無憾！」

「既如此，你就讓伏羲妹代替你，」白龜老神心中暗贊伏羲哥摯心救妹的精神，隨著答應道，「每天清早在湖岸這裡放一條魚吧。」

「謝老神！」伏羲哥高興萬分道。

「但是你要切記，不可對她洩露天機一字，」白龜老神吩咐道，「若泄一字，老毛就誰也救不成了！」

白龜老神言畢立即沒身水中而去。伏羲哥望著白龜老神隱沒的水面久久怔在那裡。因為這事情實在太重大了，那渾沌無疑是凡界和凡人的末日啊！那末日之後凡界又將怎樣開始，什麼時候開始呢？凡人還會有種嗎？如果沒有了，凡人將從何處再生呢？

先前造人的女媧娘娘歿了，還會有新的女媧娘娘到凡界再造凡人嗎？其再造的凡人是否還是這般模樣呢？另外，新的凡界天上會有太陽、月亮和星星嗎？空中會颳風下雨嗎？

想到這裡，伏羲哥怪罪自己不該去想這麼多這麼遠，因為他一百天後就要死去了，還管那些事情有什麼用呢？可是他接著又想到，自己死後將到哪裡去呢？會不會死過這次災難，又會復活過來呢？若是那樣，他就應該好好想想新的凡界的事情了。

「哥哥，哥哥！」伏羲妹的歡快叫聲打斷了伏羲哥的沉思，「你發什麼呆呀？」

「啊呀，」伏羲哥剛才只顧沉思，忘記了伏羲妹的到來，這時聞聲急忙扭過頭來道，「是妹妹回來了！」

「哥哥，你這是怎麼了？」伏羲哥口中說著臉上驚恐和沉思的表情卻沒有變換，伏羲妹見之不解驚問道，「有什麼事情嗎？」

「沒有什麼。」伏羲哥見伏羲妹看出了什麼，急言否定道，「只是往後每天清早，你往湖岸這裡放一條魚就行了。」

「我往這裡放魚做什麼？」伏羲妹更為不解，頓時奇異得瞪大了眼睛道，「究竟出了什麼事情？」

「什麼事情也沒有，什麼也不做。」伏羲哥知道伏羲妹的脾氣，她不把事情弄個水落石出，是絕對不會去幹的。這時自己要她往後每日往這兒送魚，依照白龜老神之囑又不可對她講說，怎樣才能做到既不對她講說又讓她送魚呢？伏羲哥為此沒有立刻回答伏羲妹，心思連轉數轉方才有了主意道，「等你把魚送夠了，哥哥再對你說。」

伏羲哥本想用此搪塞之語說服伏羲妹，這不僅是因為白龜老神不讓洩露天機，而且是因為自己沒有必要講說。像白龜老神嚇住自己那樣，再去嚇住伏羲妹。

　　為此他決計不讓伏羲妹受到驚嚇，也不使她產生一點異樣的感覺，使她依舊過安然、幸福的日子。但是事情果如伏羲哥所料，倔強的伏羲妹真的不服伏羲哥所說，開口鏗鏘道：「哥哥不說清楚幹什麼，妹妹決不去做！」

　　「瞧妹妹的認真勁兒，哥哥逗一逗你不好嗎！」伏羲哥無奈了，隨著靈機一動只有「哈哈」一笑，故作輕鬆道，「哥哥先不對你說，與你鬧個玩兒。到時候叫你大吃一驚，妹妹不就要笑疼了肚子嗎！」

　　「真是個壞哥哥！娘親不在身邊，你盡編圈逗耍我。」伏羲哥強抑苦痛的逗樂，終於說動了倔強的伏羲妹。這時她小嘴一噘，做出撒嬌的鬼臉道，「好吧，妹妹就照哥哥說的辦，看你末了會逗出個什麼樂子來。」

　　「妹妹真乖！」伏羲哥見伏羲妹答應下來，方才放下心來與其一起返回宛丘道，「我們回丘上去吧。」

　　次日一早，伏羲哥早早地摸好一條大魚，讓伏羲妹送到昨日指定的湖岸邊去。伏羲妹將魚送到地方，機敏的她想看看這岸邊湖中究竟有什麼不同。可她看視一番卻不見有任何異樣，只好依舊奇異不解地把魚放下，返回了丘上。

　　此後日復一日，轉眼九十九日過去，到了第一百天清晨。伏羲哥照舊摸好大魚，遞到伏羲妹手上，讓她送到湖岸邊去。然而就在這時，剛才還碧藍如洗的天空卻驟然滾滿了烏雲，隨著電鞭便在烏雲中伴著驚雷狂抽，驚雷跟著電鞭在烏雲中狂炸起來。

　　伏羲哥心中有數，知道今日已是白龜老神說的第一百日，從天象的驟變看渾沌果真就要開始了。因而他知道這時與伏羲妹的分別，就可能是最後的生離死別，為此心中痛苦到了極點。他為凡界痛苦，為凡人痛苦，為她兄妹的生離死別痛苦，詛咒不可更改的天數。

　　可他心中雖然苦痛至極，臉上卻不敢有絲毫流露唯恐伏羲妹察覺，在這關鍵時刻使她犯起倔來會壞了大事。所以在此兄妹生離死別時，伏羲哥只有強抑心中的苦痛臉上裝出輕鬆之態，催促伏羲妹快去送魚道：「小妹，天要下雨了，快把魚送去回來，哥哥今天就要給你揭開謎底，叫你笑痛肚子了。」

　　「回來哥哥若是失信，妹妹可是不依喲！」伏羲妹不知根底依舊蒙在五里霧中，手抱伏羲哥遞來之魚，口中撒嬌地說著，輕捷地轉身即向丘下送魚而去。

　　伏羲哥鐵塔般佇立在宛丘高處，目送伏羲妹燕子般輕捷地向丘下飛去，心裡充滿說不盡的高興和難受。他既想狂笑不止，又想放聲大哭。就在這時，烏雲挾著驚雷電鞭的天空，猛地下起了天河決堤般傾瀉的大雨，一下子遮斷了伏羲哥遙望伏羲妹的視線。

十三、玉帝臨凡

伏羲妹送魚前行不遠，雨便從天上倒了下來。那雨下得如同天河決堤一般，雷響得好似高天厚地全要崩塌一樣，天暗得就像進入了無月的漆黑夜晚。伏羲妹眼睛瞧不見前邊的道路，風颳得站不穩腳步，腳下的大地也仿佛在風雨中劇烈地顛晃起來。

伏羲妹感到這一切全都劇烈得異常，心中不禁生出怕意想返回去，等待風息雨止後再去送魚。但這時她已走過一半路程，並且是伏羲哥說的最後一次送魚，風雨雖惡她想也不會下塌天地。為此她頂著傾瀉的大雨，踏著顛晃的大地，跌跌晃晃地繼續向前走去。

伏羲妹越走雨下得越大，腳下的大地顛晃得逾加劇烈。仿佛天真的要塌地真的要陷一樣，可怕至極。伏羲妹更加感到情況異常，腳下不禁進一步加快步伐，以早早將魚送到地點，返回丘上與伏羲哥待在一起。

隨後她在風雨中艱難地走啊走呀，突見眼前「颯」地閃起一道白光照亮了黑暗，白光中白龜老神陡地出現在了她的面前。身置此境驀遇白龜老神，驚怕的伏羲妹心中頓然平靜下來，即言詢問道：「老神來的好巧，今天這天是怎麼了？下這麼惡的雨，颳這麼狂的風！這地又是怎麼了？顛晃得像要塌陷下去一樣！」

「姑娘問得好。」白龜老神道,「今天這天就是要塌了,地就是要陷了,凡界十萬八千年一次的渾沌開始了。」

「啊!」白龜老神之言如同千斤巨石陡地投進了伏羲妹平靜的心中,嚇得她一聲驚叫忙問道,「好老神,您怎麼嚇我呀!」

「快,天就要塌了,地就要陷了,你送的魚全在老耄腹中。」白龜老神沒有接言,急忙催促道,「你快從老耄口中進去,老耄救姑娘脫此渾沌巨災。」

伏羲妹頓然明白了伏羲哥一百天來所做的一切,都是為了讓白龜老神營救她脫此災厄。她知道,伏羲哥一定知道這些才讓她送魚,卻不告訴她這一切。伏羲哥又一次把死留給自己,把生讓給了她。伏羲妹於是心急萬分,即言央求道,「好老神,我求您再救救把死自己留下的伏羲哥,救救天下眾凡人吧!」

「老耄不是不救眾凡人,而是老耄的能耐救不了眾凡人,」白龜老神急叫道,「也救不了你的伏羲哥,而只能救下姑娘你一人呀!」

「那怎麼辦?」伏羲妹一愣道,「能不能想想別的辦法!」

「沒有辦法可想了,這是天數。」白龜老神更急道,「快,快進老耄腹中,不然就來不及了!」

「不,我不進去!」伏羲妹即言否定道,「我不能只顧自己活,丟下為讓我活,自己去死的伏羲哥,也不能丟下眾凡人自己去活!」

「你——」白龜老神愣住了。

「既然凡界大渾沌,天數要凡人都去死,我就與大家及伏羲哥一塊兒死。」伏羲妹倔強道,「那樣去死,比留下我一人活著,痛快得多!」

「姑娘快別再說,」白龜老神這時驚急萬分道,「時不可待了呀!」

「好老神,」伏羲妹說著轉身就要返回宛丘,尋找伏羲哥道,「伏

羲妹多謝您的好意了！」

　　白龜老神待不住了，急忙把頭向前條地一伸，遂張口把欲去的伏羲妹吞入了腹中。就在這時，「轟隆」一陣天崩地裂般長時間的劇烈爆炸聲響起，天塌了，地陷了，天塌地陷成了一團渾沌，凡界十萬八千年一次的渾沌開始了。

　　渾沌之中，天沒有了，地沒有了，山沒有了，樹沒有了，人更沒有了，有的只是邪惡的雷神借此天機，盡泄心中壓抑已久的因施惡不得造成的鬱疼。口中「嘯嘯」怪笑不止令鬼神顫慄，狂揮電鞭猛擂雷鼓不停地使渾沌顛簸。

　　伏羲妹被白龜老神吞入腹中之後，身子如同乘雲駕霧一般，立刻輕飄飄地來到了另外一個世界。這兒沒有如瀉的大雨，沒有呼嘯的狂風，也沒有大地的顛晃，有的是天地漸趨開朗，明朗朗的天，金燦燦的地。

　　地上的群山婀娜多姿，山間的平川遼闊無際，川上的小河彎彎流淌，河岸邊綠草如茵鮮花如簇。一切都是那麼恬靜、閒適、安然、甜美。伏羲妹腦海中充滿凡界剛才渾沌前的怕人情景，突置此境心中驟現巨大反差，仿佛置身在了夢境。不禁失聲高叫道：「我這是在做夢嗎？」

　　「不，這不是夢境，是在老耄的世界裡。」伏羲妹話音剛落，耳邊便傳來白龜老神的話語道，「姑娘往前再走九九八十一步，那裡有一座宮殿，就是姑娘的住處。」

　　「好老神，別讓我難受了。伏羲哥與眾凡人都在外邊受死，」伏羲妹心中想著捨生忘死的伏羲哥，和在外邊受死的眾凡人，忍不住吼叫起來道，「老神不僅讓我獨個兒活著，並且讓我活得這樣舒適，這不是成心折磨我嗎？」

「姑娘不能這樣講說，」白龜老神解釋道，「這也是老耄沒有法子的法子了！」

「不，老神讓我這樣活著，比死還要難受！我不住老神的宮殿，不在老神的世界裡。」伏羲妹執意離去道，「我要出去，去與伏羲哥和眾凡人一塊兒死個痛快！我求您好老神，快快放我出去吧！」

「伏羲妹，你實在是一位好姑娘！」伏羲妹說完白龜老神許久沒有答言，急得她「哇」地哭了起來。伏羲妹的精神和哭聲感動了白龜老神，其末了也禁不住哭泣起來道，「但是姑娘哭也無用，因為一切皆為天數。」

「天數又怎麼著，」伏羲妹痛哭不止道，「天數就不能改改嗎？」

「不，天數是不可更改的！所以老耄勸姑娘還是止住哭泣，住進宮殿。」白龜老神繼續道，「因為凡界現在已成渾沌，即使老耄放你出去，你也尋找不見你的伏羲哥和眾凡人了。」

伏羲妹聽到這裡，禁不住哭得更痛起來。但她痛哭許久哭乾了眼淚，卻也沒有聽到白龜老神再出一言。伏羲妹知道再哭也出不去白龜老神的世界，無奈只有依照其言前往宮殿走去。

伏羲妹前行九九八十一步，果見在瓊花玉樹掩映之中，突現一座華麗玲瓏的奇異宮殿。她向殿門走來，殿門見她即開，她踏進了宮殿門檻。殿內亮堂堂的，在宮殿正中的一條几案上，依次擺列著一百條鮮蹦活跳的大活魚。伏羲妹不禁心奇道：「哪兒來這麼多活魚？」

「這是姑娘送的魚兒，以後你每天吃一條。」殿中突然響起白龜老神的聲音道，「待魚吃完之日，恰逢渾沌完了天地復原之時，姑娘才能出去。」

「喔！原來是這樣。」伏羲妹立刻明白地點了點頭，隨著便想起了伏羲哥。因為這魚全是他摸的，是他該送卻讓我送來的，是本該他

吃卻讓我今後安然吃食的。

然而伏羲哥則在外邊的天地渾沌中，替自己遭受驚怕，忍受饑餓，難以存活。或者他已與眾凡人一起，在渾沌中化為了烏有。但她不願意那樣去想，只去想伏羲哥有辦法，不會死，會活著。

伏羲妹就這樣想啊想，想過了凡間將近一日時光，肚子覺得餓了。於是她想著伏羲哥若在凡間活著，也該像她一樣腹中饑餓了。可他腹中饑餓身在渾沌之中沒有食物，該用什麼來充饑呢？

想到這裡她突然有了辦法，立即拿起一條魚，自己只吃頭和尾以充饑。而把中間肥美的鮮肉留下來，雙手捧著遙祝道：「伏羲哥哥，你該餓了。妹妹把這些魚肉留給你了，你快來吃吧！」

事情實在奇異，伏羲妹口中話音剛落，倏地便覺一股輕風吹來，把她捧在手上的魚肉吹走了。伏羲妹雖然不知是何來神風把魚肉吹向了哪裡，但她心裡平衡了。她想到，一定是慈善的白龜老神，把魚肉送到伏羲哥那裡去了。不然在這白龜老神的世界裡，怎麼會有這樣的事情發生？這世界是不會有魔怪的呀！

於是她心中高興了，但是高興中又想到伏羲哥身子壯食量大，半條魚對他只不過是像老虎吃個螞蚱，頂不了多大的事兒。怎麼辦呢？隨著她便想起在宮殿外邊，有山有川有河有樹有草，水中有魚，樹上有果，草上有花。自己正好可以前去再捕些魚采些果，讓吹來神風給伏羲哥送去補足食物。她想來時白龜老神之所以向她展示那些，說不定正是要啟迪她這樣去做。於是她走出宮殿，向山川河樹草要魚要果而去。

但她來到河邊，雖見水中游魚往來如梭，跳入水中捕捉起來，魚兒明明就在眼前卻硬是捕捉不住，白白忙活半天。無奈她來到山上采果，樹上的桃李竟也像水中的魚兒一樣，明明就在眼前硬是摸摘不

到，真有就與虛無一般。

她再去採擷鮮花，花兒也是可見而不可觸摸，全都成為虛幻。伏羲妹惱了，怒詢白龜老神道：「慈善的老神，想不到您這樣吝嗇！放著這般美好的東西，硬是不讓我們凡人吃食。老神真可謂拔一毛利天下，而不為呀！」

「非也。非老耄不願為而不為，」白龜老神笑言道，「是因為不一個世界，想為而不可為也。」

伏羲妹無奈了，只好又回到宮中每天吃食半條魚兒，給伏羲哥留下半條魚兒。這樣九十九天半轉眼過去，宮中几案上的魚兒只剩下了最後一條。伏羲妹眼見魚兒就要食盡，想到白龜老神先前說過的待到魚兒食盡，天地才能復原的話語，心中立刻高興起來，卻也急切起來。

是呀，一百天就要過去了，一百條魚就要吃完了，凡界的渾沌就要結束了，天地就要復原了，她就要離開白龜老神的世界，回到生養她的凡界去了。那裡有她熟悉的地方，熟悉的一切，有她不會死去的伏羲哥，她要去找伏羲哥！

為此，她不捨得再吃剩餘的最後一條魚兒，抱起那條魚要把它作為禮物，獻給捨身救她的伏羲哥。於是她心急起來，大叫道：「一百天就要過去了，老神快讓我出去吧！」

「時間雖然過去了九十九天半，但還有最後半天沒有過完，」伏羲妹話音剛落，耳邊便傳來白龜老神的聲音道，「渾沌還沒有最終結束，姑娘就再等待半日吧！」

「不，我一刻也等不下去了，我這就出去！」伏羲妹焦急難耐道，「渾沌沒有最終完了更好，老神讓我見識見識不是更好嗎？」

「也好，老耄就讓姑娘見識見識吧。」白龜老神心想伏羲妹說的也對，遂同意下來道，「姑娘閉上眼睛。」

　　伏羲妹聽話地閉上眼睛，隨著便聽耳畔「颯颯」一陣風響，接著便覺一陣徹骨的風寒驟然襲來，凍得她猛地睜開了閉著的雙眼。於是她看到，她之所以突然覺得風寒，正是她被白龜老神從口中吐了出來，凡界上未了的渾沌仍在肆虐施惡，天寒地冷，襲人發顫。

　　不僅這樣，她還看到天上滾動的陰霾，仍在遮著天宇，只不過是在慌亂地四奔逃散。大地上還在強勁地颳著渾惡的颶風，渾沌迷散，看視不遠。她只是看到，自己與白龜老神此刻正站在一個荒涼的小土包上，小土包四周全是渾沌迷蒙的水面，水面上颶風翻卷。

　　「昔日凡界的高山大川，都在渾沌中經歷了再造之變。就連盤古爺當年血脈化育成的萬里黃河，」就在這時，耳邊響起白龜老神的話語道，「也被渾沌夷為平地化為了烏有。昔日的陸上內海偌大雷澤，也變成了一個小小的龍潭。」

　　「老神，」然而伏羲妹不關心白龜老神所言之事，關心的只是腳下站立的地點，好定出方位前去找尋伏羲哥。為此她打斷白龜老神之言，詢問道，「我們腳下站在何處？」

　　「此非別處，正是宛丘。」白龜老神道，「只是經此渾沌之變，昔日的山丘變成了眼前的土丘，丘下的湖水也縮小了一半。因為它是女媧娘娘摶土造人的聖地，方才免被渾沌銷匿容顏。」

　　「喔呀，渾沌之力實在悚人心膽！」伏羲妹早聽得瞪圓了雙眼，奇異腳下不認識的地方，竟然就是昔日熟悉的宛丘。天地渾沌使它生出如此巨變，盡換了先前的容顏！

　　驚異中她心想伏羲哥與她離別時身在宛丘，這時卻只見渾沌迷霧籠罩著小小的宛丘土丘，而不見伏羲哥之面。丘下四周是迷蒙的湖水，除了那條飄帶般通向川上的小道依稀存在，其他全都洪荒一片。看視至此伏羲妹心中急了，不禁高喊起來道：「伏羲哥，你在哪裡？」

　　但是伏羲妹連喊數聲，卻不聞伏羲哥應聲，只能是空喊。伏羲妹隨著想到伏羲哥渾沌開始前在丘上為她送別，此後便是渾沌開始，因而他不可能在渾沌中到遠處。也就是說他不在這兒活著，就必然在這裡死去。難道他真的就死在了這裡嗎？

　　可他又具體死在了哪兒呢？丘上？湖中？伏羲妹於是更急，聲帶嗚咽詢問白龜老神道：「老神，看來伏羲哥是在渾沌中替我死去了。他死在了哪兒？老神告訴我好嗎？」

　　「伏羲妹，你不要急。」白龜老神這時突然一笑道，「伏羲哥並沒有死……」

　　「真的？」伏羲妹不相信自己的耳朵道，「這是真的嗎？」

　　「真的。眼下凡界眾凡人皆已在渾沌中死去，」白龜老神陡轉沉痛道，「天下只剩下你兄妹二人了。」

　　「啊！」伏羲妹聽了，先是心中陡沉萬分為眾凡人滅絕悲痛，末了方才為伏羲哥活著，高興得笑落一串淚花道，「他沒有死，他現在哪兒？」

　　「在一個遙遠的地方。」

　　「好老神，那就請你再行善舉，」伏羲妹再也抑制不住心中的激動與焦急，央求道，「指引我奔向何方可以尋見伏羲哥，我即去尋找！」

　　「不，姑娘可以在丘上等待，」白龜老神搖頭道，「姑娘的地方伏羲哥知道，後日他會尋找過來的。」

　　「那要等待多長時間？」

　　「不可預知。少則數月，多則數載。」

　　「好你個前知萬古後曉未來的白龜老神，」伏羲妹這時生出氣惱道，「竟然此刻口出誑言！」

「老耄請姑娘諒解，天機不可再洩也！」白龜老神口中說著，起身便欲離去道，「姑娘好生在此等待，老耄去了。」

伏羲妹見之急了，白龜老神去後伏羲哥不知何時才能歸來。凡界一片洪荒沒有了凡人，沒有鳥獸蟲魚樹草花果，她怎能耐受得了這般孤獨和寂寞啊！再說，一等別說數載就是數月過去，其手捧的魚兒也要壞死了啊！

為此，她不能再待下去，眼見白龜老神欲要離去，倏地便騰身躍上了其背道：「好老神，你行善就行到底，救人就救徹底。您馱起我來，把我馱到伏羲哥面前吧。不然，我手中的魚兒就要壞死了！」

「好吧。」白龜老神停下欲行的腳步沉思半天，方才答應下來道，「反正老耄去的地方，與姑娘去的地方同路，老耄就送你一程吧。」

白龜老神言畢眼圈頓然紅了，並隨著「吧嗒嗒」落下了珍珠般一連串的老淚。伏羲妹只顧心想伏羲哥，見到白龜老神答應心中高興，卻沒有看見白龜老神為何落淚。白龜老神隨著淚落立刻動身，他騰起雲霧，馱著伏羲妹一路徑向西方奔去。

伏羲妹坐在白龜老神背上，看到剛剛復原的凡界到處沒有一點兒生機，全是一片洪荒。她不知道見到伏羲哥後，他兄妹怎樣生活下去。心中痛苦難抑，禁不住眼中也「吧嗒嗒」落下了斷線般一串串晶瑩淚珠。

伏羲哥先前送走伏羲妹後，獨立宛丘之巔笑迎凡界渾沌開始。其心中既為自己能替伏羲妹去死高興，又為自己就要永遠離開伏羲妹難受。這時天上的大雨越下越狂，厚厚的大地越顛越烈。渾沌到來，伏羲哥眼見著就要立即歸為虛無，心中高興與難受交織，煎熬得他在欲死不忍，不死不成的處境中難忍到了極點。

他昂首佇立風雨之中，面對滾滾而來的渾沌放聲大叫道：「天啊，

人到死時為什麼這樣難呀！你叫每個人都痛痛快快地死去不好嗎？為什麼偏偏叫人前牽後掛，欲死不忍，又不死不成啊！」

然而，回答他的是烏雲中天崩地裂般炸響的驚雷，震得他隨著腳下的宛丘一塊兒顛顫。伏羲哥眼見高天不應厚地無聲，渾沌已經開始自己躲避不掉，知道其已處於必死無疑就要死去境地之中。就要死去了，其心中反倒平靜下來，解去了所有的前牽後掛。

他想通了，既然要死了，一死就什麼都完結了。完結了就完結了，還有什麼需要牽掛，可以牽掛的呢！沒有，什麼也沒有了。沒有了他就等待赴死，去歸回生出萬有的虛無。虛無是一切的原始生處，也當然是一切的最終歸宿。人也是從那虛無中生出，當然也就要最終重歸到那最終的歸宿。

從無到有，從有到無，凡界到處都是這樣有形或者無形的圈圈，自己轉過這一圈，再從頭去轉那一圈，還有什麼需要牽掛，去給下一圈的輪轉背上包袱呢？沒有了，要死了，就什麼也沒有了！沒有了，他的心便靜了，也便不畏死了。

於是他佇立在丘巔的狂風驟雨中放懷暢笑起來，仿佛在說：「風雨啊，你來的再狂烈些吧！大地啊，你快些塌陷下去吧！高天啊，你快些崩落下來吧！渾沌啊，你快些到來吧！真實的你，快些把我送回生出萬有的虛無歸宿之處吧！」

但是，這一切只能是伏羲哥赴死前的心理感受，真實的死卻遲遲沒有來到其身邊。相反，正在他暢笑未止之時，一陣輕風颯然而至，使得宛丘之巔的風雨驟然停止下來。身受此變伏羲哥正在驚異，隨著看見從丘旁的渾沌之中，驀地游來一條金黃色蛇樣巨龍。

金龍身覆金鱗，龍頭龍身。龍嘴碩大，龍鬚翻卷。其相貌雖然驚人，細看卻覺可敬可親。伏羲哥正在看視，金龍則用前爪拔掉一顆牙

齒，向伏羲哥遞了過來道：「把生讓給妹妹，把死留給自己的伏羲哥，快把這顆牙齒種在地上，它會拯救於你的。」

伏羲哥接過龍牙正覺奇異，卻聽金龍臨別吩咐道：「記住，我住在西方昆侖山上，昆侖山是座神山，以後你有什麼急難，就到山上尋找我吧。」

金龍言畢駕起輕風即去，留下伏羲哥更為奇異不解起來。是呀，這是一顆牙齒，龍牙種在地上會生出什麼來呢？它被種入土中怎麼就會拯救自己呢？難道這會是真的嗎？那金龍來自何處？他為什麼恰在這時來到，給了自己一顆牙齒呢？這也可能會是真的，瞧他可敬可親的模樣啊！

然而，自己又何必管他真假呢！反正自己就要死了，如果龍牙真如金龍所說，種在地上能夠拯救自己，使其一命不死有什麼不好呢？更何況伏羲妹被白龜老神救去，自己若能遇救不死，渾沌過後恰好可以保護避過此難的伏羲妹。為此他即依金龍的吩咐，把手中的龍牙伏身埋進了腳下丘頂鬆軟的黃土。

給伏羲哥送來龍牙者不是別個，正是主宰宇宙世界的玉皇大帝。玉皇大帝早知凡界這次渾沌之災，但此乃天數他也更改不得。宇宙間的事情就是這樣，你牽連著我，我牽連著你；你制約著我，我制約著你。有些事情就像這凡界渾沌之災一樣，連玉皇大帝也奈何不得。

玉皇大帝更改不了天數，可他又知天數不讓凡人滅絕。他一算計在凡界只有白龜老神一個，可以救得一名凡人脫此渾沌不死。而白龜老神已經救下了自己遣下凡界的雷神的死對頭伏羲妹，自己再去救下伏羲哥，待到渾沌過後他兄妹便可重新繁衍出凡人來。

算計至此玉皇大帝不敢怠慢，因為渾沌巨災已經開始自己耽擱不得。於是他立刻化為金龍，親臨宛丘賜給伏羲哥一顆龍牙，讓他種下

拯救自己。然後，即返身回了天宮。

伏羲哥把龍牙種進土裡，情景著實萬分奇異。他剛把龍牙種下，龍牙便生芽破土露出了尖兒。幼牙尖兒一忽兒即長成了苗兒。苗兒一忽兒便生出了蔓兒。蔓兒上一忽兒又開出了花兒。花兒一忽兒即結出了小葫蘆果兒。果兒一忽兒便長成了一個碩大的葫蘆，並且上面還長有一扇帶有今日玻璃般透明的門兒。

伏羲哥驚異中明白過來，金龍是讓他鑽進葫蘆中躲避渾沌巨災。這時他見到渾沌巨災已經開始，如煙似霧的迷蒙渾沌已經迷漫上了宛丘，遂不敢稍怠，急忙就去開門欲要藏身葫蘆之中。

葫蘆之門奇異地見他即開，伏羲哥隨即進入了葫蘆，葫蘆之門即又自動關閉。伏羲哥在葫蘆中看到，由於有明亮的門，葫蘆內是明亮的，只是其中空無一物，為防顛簸伏羲哥只有坐身葫蘆壁上。

透過明亮的門扇他向葫蘆外看去，見到外面已是渾沌大作。天塌了地陷了，天沒有了地也沒有了，一切都沒有了，有的只是充斥空間的激蕩不息的陰霾似的渾沌，以及它們奔湧衝撞發出的悚人心膽的震天咆哮。

伏羲哥於是想起了伏羲妹，掛心她現在是何模樣。但他隨著想到了白龜老神的慈善，猜知白龜老神或許是把伏羲妹藏在了一個安全的地方。並讓她天天吃食先前送去的魚兒，只是不知道白龜老神與伏羲妹現在何處躲避。

就這樣伏羲哥想啊想呀，轉眼已是度過了一天。肚子中突然發出「咕」地一聲哮叫，頓覺饑餓無比。肚子餓了怎麼辦呢？葫蘆中空無一物，自己又不能到葫蘆外邊去取食物，而且葫蘆外邊也沒有食物。

怎麼辦呢？沒有食物充饑，伏羲哥雖然可以在葫蘆中躲過渾沌，又怎能熬過一百天的渾沌之期不死呢？饑餓難抑並且無奈時，伏羲哥

怪罪起了給他龍牙的金龍，既然給了他藏身的葫蘆，為什麼不在其中備下飯食，使他可以真正度過此劫？

心生此想他又生出僥倖，心想葫蘆中說不定真會為他生出飯食，遂細心尋找起來。伏羲哥尋啊找呀，一口氣尋找半個時辰卻什麼也沒有找見，因為葫蘆中空無一物。於是他再次怪罪起了金龍的粗心，這粗心造成的疏忽將使他躲避不過渾沌巨災。

然而就在這時，奇跡又驀地出現在了其面前。他感到一陣輕風倏然吹來，隨著便見半條缺頭少尾的魚兒，神奇地飄到了自己面前。伏羲哥大喜，連忙稱謝金龍道：「謝謝你了，金龍大神！莫說我怪罪了你，是我餓昏了頭啊！」

伏羲哥只顧稱謝金龍，卻不知道此魚的真實來源，是伏羲妹不捨得吃為他省下的一半，由白龜老神施用法力送到了其躲身的葫蘆裡。伏羲哥僅吃半條魚兒雖然不飽饑腹，卻也可以勉強存活下來。他當然不滿足僅有的半條魚兒，因而連連祈求金龍大神，讓葫蘆再給他多生出一些魚兒來。

但是事情不遂其願，在其後的日子裡，葫蘆裡從來沒有一天多給他生出半條魚兒。伏羲哥當然無奈，只有食下僅有的半條魚兒挨過時日，整日被餓得頭暈目眩。

腹中饑餓頭暈目眩還算罷了，邪惡的雷神早在渾沌開始，就發現凡間一切全都化為了烏有，惟有伏羲哥乘坐的碩大葫蘆在渾沌中飄飄蕩蕩，經久不變其貌與凡界眾物大相迥異。奇異中他雖然不知其天遣死對頭伏羲哥躲身其中，邪惡的他心奇中每每想去擊碎葫蘆顯示其力。

於是他在施惡中不時地把電鞭雷棰狠狠地擊向葫蘆，使得在渾沌中飄蕩的葫蘆或者倏地沖往高處，或者「颯」地砸向低處，或者猛地撞向遠方。弄得躲在其中的伏羲哥隨著葫蘆狂顛不已，到了忍受不住

的頭暈目眩困苦境地。

伏羲哥就這樣在葫蘆中艱難地活過渾沌一百天，渾沌結束的時刻終於到來了。透過門扇，伏羲哥看到迷茫的渾沌漸又一分為二，變成了高天和厚地。大地上重又生出了聳入雲天的高山，和流水潺潺的彎曲河流，心喜自己就要苦盡甜來。

然而就在這時，其藏身的葫蘆先是被一股巨力陡地拋向半空，隨著又拐彎「颯」地向一座大山徑直撞了過去。伏羲哥躲身葫蘆中大驚，先前雷神施惡雖將葫蘆弄得到處亂撞，但那都是在迷霧般的渾沌中沒有堅物攔擋。眼下葫蘆撞上那山，山體堅硬必被撞個粉碎，使其跟隨葫蘆體傷骨折必死無疑。想不到挨過渾沌又罹此難，驚得他禁不住叫出聲來道：「啊呀！」

然而伏羲哥叫也無用，葫蘆受到巨力推動還是徑直向前方高山撞了過去，眨眼便已撞到了山前。事情出乎伏羲哥意料又是奇異萬分，葫蘆撞去雖猛，撞上山體時卻不是撞，而是輕飄飄地安然降落在了高山之上。隨著落地葫蘆驟然消失，把其中的伏羲哥安安穩穩地放在了高山之上。

多虧了雷神沒有預知凡界事情之能，不知道伏羲哥就躲在葫蘆之中，也多虧了葫蘆所撞山體與雷神站處隔著一重高山，方使其沒有看到站在山上的伏羲哥，使得伏羲哥得以安然立身。不然，邪惡的雷神絕對不會善罷甘休。

伏羲哥站在山上，心中的驚怕頓然消失淨盡，懸著的心兒隨著放回到了原處。渾沌這時已經過去，他看到天地皆已恢復了昔日的容顏，只是沒有了生靈，變成了洪荒。

看到這裡他掛心伏羲妹身在何處，猜想伏羲妹被白龜老神營救躲過險厄，一定會去宛丘尋找自己。於是他不敢耽擱，抬頭看看太陽定定方向，即下山向東方奔向宛丘尋找伏羲妹而來。

十四、兄妹成婚

　　白龜老神剛才背起伏羲妹向西尋找伏羲哥，眼圈所以突紅並隨著流下了老淚，是其心悲自己死之將至。白龜老神上知千古後曉未來，為此他早就知道，自己向伏羲哥洩露不容洩露的天地渾沌天機，並隨後救下了伏羲妹，都將受到上天的懲罰。

　　今日死期已到，並要自己前去送死在邪惡的雷神手上，這又是天數避開不得的。人之將死其心也悲，何況白龜老神一旦身死，其萬萬年的修行之功，千千載的歷練之苦，都將隨著化為灰煙呢？為此他心痛至極，難抑老淚。

　　邪惡的雷神當然非殺白龜老神不可。他與白龜老神一惡一善，本來就不是一路神靈。壓根兒善惡迴異，就必然你死我活勢不兩立。更何況雷神貶至凡界之後，白龜老神與之每每為敵，眼下更是到了白龜老神不除，雷神就難以施惡，其天遣死對頭伏羲兄妹就除去不掉的地步。後日他們若再聯起手來，雷神更有身遭覆滅之險呢！

　　「嘯嘯嘯嘯……」雷神剛才施惡先將伏羲哥藏身的葫蘆拋上高天，隨後又陡地施力推其向高山猛撞過去。他不知道那葫蘆為玉皇大帝牙齒化變，所以在渾沌中任憑他肆意砸撞也是毀壞不得。毀其不得雷神更覺奇異，眼見渾沌過去他便猛施巨力，欲將葫蘆最終撞毀。雷神深

知此次用力之巨，葫蘆撞上堅硬的山體，不管多麼結實都必被撞個粉碎，為此他高興得不禁怪聲邪笑起來。

「啊！」就在雷神邪笑之時，突覺心中一悸，不禁叫出聲來。隨著，他便知道了白龜老神由於向伏羲哥洩露了天地渾沌的天機，並救伏羲妹脫開了渾沌巨災，今日就將受到上天懲罰死在後日人們說的華山腳下，並且前來送死在自己手中的不可更改天數。

知此天數雷神既大喜過望又不敢相信，他懷疑自己欲殺白龜老神心切，頭腦生幻造成了不實的錯覺。如果就此前去殺死白龜老神，必將罹至更大災禍。為此他不敢相信察知的天數為真，接著連續掐算數次結果都不更改，方才最終相信了天數的真實。

「好哇，白毛老龜！你這一去，凡界不就只剩下我一神了嗎？」雷神狂喜不已，得意萬分地放聲嘯叫道。他心喜天數恰巧遂其心願，是其時來運轉的好兆頭。不然，為什麼自己早想除去白龜老神都難成事，今天卻突然迎來了白龜老神的死期？

他更喜殺死白龜老神之後，凡界僅剩下了他一神，他就成了凡界的主宰。可以想怎麼做就怎麼做，想做什麼就做什麼，隨心所欲，為所欲為。沒有怕處沒有攔阻，肆意暢開心懷了！

到那時，天遣給自己的兩個小對頭伏羲兄妹，就成了兩隻任其宰割的羔羊。自己叫他們死他們不敢活，叫他們什麼時候死，他們就得什麼時候死，就沒有除去不掉之理了。

心喜中雷神當然也有憂慮，就是他雖知伏羲妹被白龜老神救下，卻不知道白龜老神把伏羲妹放在了何處，更不知道伏羲哥是死是活。按理他是天遣給自己的對頭未來的人祖，便不應該死。但他們不死怎麼活過渾沌，現在身處哪裡呢？

不知道他兄妹在處，自己即便除去了白毛老龜，也是除去他二

對頭不得的！因為自己沒有預知凡界世事之能，便無法察知他兄妹在處。找不見他兄妹便難以除去他兄妹，而他兄妹不除，將來他們再設計謀誅殺自己，前次黃蜂突襲之災歷歷就在目前，令他實在思之喪膽。

但是，雷神心中的憂慮這時卻抵不過狂喜，因為誅殺白龜老神的天數就在眼前。為此他暫抑憂慮，心喜若狂地依照天數，優哉游哉地向華山腳下，等待誅殺白龜老神。雷神處所距離華山，僅僅向東隔著一座山峰。穿過山下的山坳，便來到了華山腳下。

站在山下，雷神正想白龜老神不知是否真遵天數準時來到。一道炫目的白光，已從東面山頭之上「颯」地閃射過來。隨著便見白龜老神腳踏雲頭，背上竟然出其預料地馱著伏羲妹，徑向其頭頂上空飛馳過來。

雷神看見白龜老神真遵天數前來赴死，又見自己正要尋殺但苦於找尋不到的伏羲妹在其背上，高興得更是得意忘形！只見他先是昂首「嘯嘯」一陣怪笑，隨著即對空中的白龜老神譏笑道：「白毛老龜，你真遵天數！瞧你來的這麼準時，還給我送來了一個禮物──伏羲小妹！」

「孽神休得逞狂！」白龜老神知道自己的死處和死時，但他想把伏羲妹往西送到伏羲哥在處，對他兄妹安置一番再返回來受死。不料其只顧心痛將死，沒有去想雷神會提前等待在此。耳聞其言，眼見其形，不禁一詫，隨著心中大惱嚴斥道，「老耄奉勸孽神記住，上天叫誰滅亡，就叫誰瘋狂的古訓！」

「你，死到臨頭還敢恐嚇本神！」正在狂喜的雷神被白龜老神說得一個愣怔，遂收住瘋狂吼叫道，「我叫你立刻受死！」

白龜老神沒有接言，他不想降下雲頭與雷神交手。因為他本來就不想讓雷神察知自己救下了伏羲妹，更不想讓雷神見到伏羲妹。同時

也不想讓雷神察知他兄妹的在處，以免他兄妹再遭劫難。白龜老神知道邪惡的雷神，時刻都在想著尋到伏羲兄妹的在處，以動手除掉這對天遣給他的死對頭，為其行惡掃清障礙。

可是雷神如今已經看到了坐在其背上的伏羲妹，自己怎樣才能保護伏羲妹不受傷害呢？為此他心機一轉決計迅疾前行，把伏羲妹送到一個僻靜地方躲避起來，自己再轉回頭來迎鬥雷神。於是他依計而行，陡然加快飛進速度，以趁雷神措手不及之時，飛向遠處將伏羲妹隱藏起來。

「白毛老龜要逃！」邪惡的雷神看出了白龜老神欲圖疾飛而去，霍地跳上雲頭攔住白龜老神道，「天數不可更改，你逃不掉！」

「來來來，」白龜老神眼見雷神迎來自己逃不脫，無奈只有降下雲頭迎鬥雷神道，「老耄與你拼個山高水低！」

「孽神，白龜老神是俺的救命恩主，」雷神的邪惡之態和囂張之言，早已氣炸了坐在白龜老神背上的伏羲妹的心肺。這時她再也抑制不住心中的氣惱，厲聲喝叫起來道，「你敢動俺恩主一根毫毛，我就與你拼了！」

「嘯嘯，小小黃毛丫頭還蠻大的口氣！」雷神見白龜老神降下了雲頭，便對其與伏羲妹的叫罵不慍不怒，並且沒有立刻殺上前去。而是依舊「嘯嘯」蔑笑連聲道，「白毛老龜，你還是先把背上的黃毛丫頭放下來去一邊歇著，你知道她的天數還暫且未到！」

「伏羲妹，老耄幫你只能到此了。」伏羲妹聞聽雷神此言氣惱得正欲開口還擊，白龜老神已經落到地上對其急言道，「快去西方找你伏羲哥，你倆疾逃他去，以免再受雷神傷害。」

「不！老神。」伏羲妹心中氣惱已極，拒絕道，「雷神猖獗若此，不與老神一齊鬥敗雷神，我決不離去！」

「姑娘快別這樣！老耄本想避過雷神將你送到伏羲哥在處，然後再來迎鬥雷神，但是途中遭遇雷神老耄未能料到。」白龜老神這時邊把伏羲妹放到地上，邊說道，「如今老耄身受雷神攔阻已經暴露了你，再走還會暴露你伏羲哥的在處啊！姑娘快走，時不可待了！」

「白毛老龜，快快過來受死，」雷神這時已經殺了過來，「嘎嘎」吼叫道，「磨磨蹭蹭也躲不過死期！」

「孽神，我與你拼了！」伏羲妹眼見雷神殺來更加氣惱，但她在一片洪荒的土地上找不見可作武器之物，無奈只有撿起一塊石頭當作武器，「嗖」地擲向雷神道，「你受死吧！」

「姑娘快走！」雷神眼見石塊飛來，舉起雷槌一擋，石塊「叭」地已被擋開。白龜老神眼見雷神殺到，再待恐怕傷了伏羲妹，急忙口中叫著一把將伏羲妹推到了遠處，隨著即揮手中降龍拐迎殺向了雷神。伏羲妹被白龜老神猛地推到遠處摔了一跤，翻身站起已見白龜老神與雷神殺在一處。

白龜老神身懷萬萬年道行，雷神乃遭貶凡界的天神，各自神功超凡脫俗。他二神交起手來，一個出手欲除邪惡施善凡界，一個揮械誓殺宿敵，以泄心頭之恨，雙方出手鬥狠寸步不讓。一時間你來我往，我往你來，打得難分難解，難見高下。

鬥場之上，只見白光颯颯耀眼亮，電光爍爍刺眼疼。龍拐橫掃力萬鈞，雷槌下砸高山傾。只殺得天昏地暗，狂風勁吼，山石震驚。白光電光相輝映，不見白龜雷神二神形。氣惱的伏羲妹不肯離去，本想上前去助白龜老神一臂之力，鬥勝邪惡的雷神，然而這時卻看得目瞪口呆，怔在那裡忘記了自己該進還是該退。

伏羲哥這時正在向著東方宛丘，尋找伏羲妹的路上行進。由於歷經渾沌巨災對伏羲妹掛心不已，伏羲哥不顧山高路險一路奔跑疾急，

恨不得一口氣奔到宛丘尋見伏羲妹，傾訴別後之難暢敘獲救之喜。他心想，這時不僅自己掛心伏羲妹，伏羲妹也一定會更加掛心不知生死的自己。

因為他雖然掛心伏羲妹卻知道白龜老神拯救了她，而她卻不知道自己被金龍拯救，離別時自己是在無望必死之境！為此伏羲妹必然想著自己死多於生。

雖然白龜老神可能告訴她自己活著，但她知其活著之後卻見不到自己，又該是多麼焦急多麼掛心呀！為此他更不敢稍怠，欲要一口氣奔到宛丘尋到伏羲妹，兄妹見面使她放心。

伏羲哥轉瞬奔出大半個時辰，來到了必經的華山腳下近處。就在這時，急奔中突然聽到前方遠處傳來了酣烈的打鬥之聲。伏羲哥大為奇異，不知在此渾沌剛過凡界一片洪荒之中，是誰在此酣烈打鬥。

他猜想拯救伏羲妹的白龜老神，一定待在東方宛丘之下的湖中。未料到慈善的白龜老神卻馱著伏羲妹，為了尋他來到了華山腳下。因而便不知道是白龜老神，與遭遇的雷神正在拼殺。心奇不解之中，伏羲哥便急忙奔向鬥場看視究竟。

伏羲哥知道鬥場為是非之地，能夠避開自己應該儘量避開。因而他雖然趨前看視疾急，卻也盡力隱身前行。這時其距鬥場僅須轉過一段彎道，所以他一陣疾行剛剛轉出彎道，酣烈的打鬥場景即驀地展現在了他的眼前。

他看到白光閃閃耀眼，電光燦燦炫目。兵戈撞擊乒乓有聲，雷聲隆隆震響，風卷沙石飛騰。打鬥酣烈無比，只是看不見鬥在一起的究為誰個。伏羲哥被這場氣沖斗牛的惡鬥場景驚得一愣，眼簾中卻映入了怔站在鬥場遠處，自己正要尋找的伏羲妹。

「呀，是小妹！」在想像不到之地意料不到之時，伏羲哥突然見

到伏羲妹實在驚喜過望，不禁失聲道。他忘記了需要隱身避開鬥場，口中一聲高叫，腳下已是疾急地徑向伏羲妹在處，奔了過去喊叫道：「伏羲妹！」

「啊，是伏羲哥！」驚怔的伏羲妹驀地被伏羲哥喊醒，忙循聲扭頭驚奇地看到，竟然真是她要尋找的伏羲哥奔了過來。雖然她期盼早些見到伏羲哥，但她實在意想不到會在此時此境，突然見到伏羲哥喊叫著向她奔跑過來！

為此她不敢相信自己的眼睛和耳朵，以為是思盼伏羲哥過急，眼睛生出了幻象耳朵聽出了幻音。真實的伏羲哥，絕對不會在此時此地突然到來。隨著不禁口中暗叫一聲，重又怔在了那裡。

「伏羲兄妹快走！」伏羲妹一陣驚怔，伏羲哥已經奔到了面前。但就在伏羲哥欲要開口喊叫時，鬥場上卻驀地傳來了白龜老神的一聲急叫，隨著又聞其「啊呀」一聲絕叫，其便「撲通」一聲直挺挺地倒在了地上。

白龜老神剛才惡鬥中突見伏羲哥來到，雖知雷神暫時誅殺他兄妹不得，但也擔心伏羲哥此來他兄妹遇到雷神再遭劫難。為免他兄妹再遭劫難，急叫他們快走。這一叫心思稍分，恰被雷神所乘「咚」一雷棰砸上了頭頂，依照天數將其擊斃在了華山腳下。雷神得手心中狂喜，隨著咧開大嘴一陣暢懷怪笑起來，「嘯嘯嘯……」

「啊！老神，」伏羲哥突睹此變大驚失色，驚怔的伏羲妹也頓被驚醒。他兄妹謀面還來不及相視言說，不顧雷神施惡急向鬥場奔來看視白龜老神。奔到近處眼見白龜老神倒地一動不動，心知大事不好齊聲驚叫道，「您這是怎麼了？」

「他能怎麼了，他先死了。你兄妹快快哭泣你們的恩神之死吧！」雷神叫嘯道。他想，伏羲兄妹已經成了自己隨時可以剪除的掌中之

物，等自己歇歇手腳再行誅除也不遲。為此他站在一旁動亦不動，只是依舊「嘯嘯」怪笑不止道，「等你們哭泣完了，本神再送你們隨他一起上路！」

「孽神，你殺死了白龜老神，」伏羲兄妹大怒，這時完全忘記了他們作為凡人壓根不是雷神的對手，齊彎腰撿起地上的石塊，「嗖」地向雷神猛擲過去道，「我們與你拼了！」

「啊呀！」伏羲兄妹這次出手仿佛格外迅疾。未等雷神做出防備，他們擲出的石塊已經「咚咚」兩聲，全都砸在了雷神身上。邪惡的雷神心中雖知伏羲兄妹是其對頭，眼中實在是小看了他兄妹。覺得自己任憑他兄妹用石塊去砸，自己就是不防，也無非是給自己搔搔癢癢而已。

然而出其預料這時身中二石，卻頓覺石上攜有萬鈞巨力。砸得他立刻腹背皆疼，所以他不敢稍息，口中一聲驚叫，急忙落荒逃命而去。

「孽神有種別走，我兄妹非殺死你不可！」伏羲兄妹對他們突用石塊擊敗雷神也是大奇，因為他們壓根就不是雷神的對手！可是雷神受擊確實敗去，並且落荒而逃，他們頓又心中大惱孽神未死逃命他去，齊聲喝叫道。

但是雷神奔逃中已經悟出，其所以經不住伏羲兄妹石擊，定是上天為保人祖不死，前來助力所致。為此，他當然不敢返回身來，再受傷害。所以他飛奔逃去轉瞬即逝，伏羲兄妹追殺不上也是無奈。

無奈中伏羲兄妹只有抑住氣惱，急忙看視倒在地上的白龜老神。白龜老神果如雷神所言，被其擊碎頭頂氣絕身死。目睹此景他兄妹心痛至極，立刻齊放悲聲痛哭不止。白龜老神是他兄妹的救星，曾經兩次救他兄妹脫出死地。他兄妹還沒有對他做出點滴報答，他卻死去了啊！

並且這時凡界一片洪荒，偌大凡界據說又只剩下他兄妹二人。他兄妹要活下去，正需要白龜老神的繼續救助。白龜老神去了，他兄妹今後該依靠誰呀？

白龜老神死了，凡界上就只有雷神一神了。作為惡神其今後不就可以更加肆無忌憚地施行邪惡，更沒有他兄妹的好日子過了嗎！所以他們趴在白龜老神屍體前痛哭不止。

但是白龜老神死去了，即使他們哭乾血淚也無用。伏羲兄妹無奈，只有止住悲哭，挖坑埋葬白龜老神的屍體。伏羲兄妹靜靜心思，坐下互敘起了各自別後的經歷，然後計議起了下步存活之法。

不料就在他兄妹正在計議時，奇跡卻驟然降臨到了他們身邊。隨著一陣融融的輕風拂面吹過，周圍的群山之上立刻奇跡般地生出了蒼翠的山林，樹上掛滿了各色野果，地上跑滿了諸般禽獸。

大地上也立刻奇跡般地生出了綠茵茵的綠草，開滿了諸般鮮花。蟲蝶在花間飛舞，禽獸在草間嬉戲。就連他兄妹坐在身下的土地，也倏然失去了洪荒之貌，長出了地毯般的茵茵綠草。

伏羲兄妹奇異了，不解凡界為什麼會在瞬間一改洪荒之貌，神奇地恢復了渾沌前的嬌好模樣。奇異之中，他兄妹不敢相信眼睛看到的一切。但是，他兄妹眼前的一切儘管神奇卻全為真實，奇異之余他兄妹也只得相信這神奇的真實。

相信了眼前的真實，他兄妹便不再需要計議今後怎樣存活下去的事兒。為此他們高興起來，連聲讚頌起了凡界的神奇。讚頌之餘，伏羲妹率先開口道：「哥哥，咱們應該到遠處去瞧瞧……」

「對，去看看茂林綠草是否長遍了凡間大地，」伏羲哥高興地接言道，「還是僅僅長在了咱們周圍……」

「去看看飛禽走獸是否生遍了凡間大地，」伏羲妹俏皮地接過伏

羲哥的話頭道，「還是僅僅生在了咱們周圍。」

「妹妹說得對。如果洪荒的凡間大地上都長滿了茂林綠草，」伏羲哥接著道，「生出了飛禽走獸，全都恢復了渾沌前的模樣，那就好了。走，我們瞧瞧去。」

隨後伏羲兄妹走啊走，不論走到哪裡都見到地上長滿了茂林綠草，林中草間生出了飛禽走獸。渾沌過後的洪荒凡界，真的全都神奇地恢復了先前的模樣。然而看視至此，他兄妹遍尋四方果真不見一個凡人，心情便沉重起來。

如果真的滅盡了凡人，如今凡界就只剩下了他兄妹二人，草木禽獸再生奇跡發生時又沒有凡人再生，那樣再造凡人，讓凡人重新主宰偌大凡界的艱巨重任，無疑就落在他兄妹肩上。不然，凡界又留下他兄妹兩個做什麼呢？

想到這裡，伏羲兄妹心中全都沉重到了極點。這任務實在太艱巨了！特別是他兄妹再想到怎樣去完成這任務時，他們又身無女媧娘娘的摶土造人之能，便更加愁眉不展起來。但是身無女媧娘娘摶土造人之能，也要想出辦法完成這一重任。因為不完成就對不起盡滅的凡人，對不起為拯救他們而死的白龜老神。

再說他們如果不能造出眾多凡人主宰偌大凡界，凡界就會讓給邪惡的猛獸主宰，那也正合雷神之意，給他兄妹帶來苦難的日子。而這一切，又正是死去的眾凡人和白龜老神不願意看到，也絕對不會答應的！

怎麼辦呢？伏羲兄妹身無摶土造人之能，又不敢往後多俟時日，他們知道邪惡的雷神一定不希望，他兄妹造出能夠主宰凡界的凡人。為了防止這種事情發生，說不定哪日又會對他兄妹施害。如果他兄妹尚未造出凡人，即被雷神害死，那正遂了雷神的心願。那樣他兄妹即

便到了陰間，也是無法向死去的眾凡人和白龜老神交代的！

「咯咯咯……」伏羲妹見伏羲哥眉頭攢起的疙瘩久難展開，心疼愁壞了哥哥，為解哥哥之愁強抑心中的焦愁，突然放聲暢笑起來。

「妹妹這是怎麼了？真是少小不識愁滋味。」焦愁的伏羲哥不解伏羲妹為什麼突然大笑，問道，「你笑什麼？」

「我嘛，」伏羲妹為釋哥哥之愁，故作神秘道，「笑哥哥愁眉不展唄！」

「你……」伏羲哥看到伏羲妹是在逗樂自己，耳朵中聽著其「咯咯咯」銀鈴般的脆亮笑聲，眼睛直勾勾地望著其粉嘟嘟的蟠桃色臉蛋，心中的焦愁突然散了，眼睛霍然亮了，攢成疙瘩的眉頭陡地舒展開了。

「哥哥，你這是怎麼了？」伏羲妹見到伏羲哥緊攢的眉頭突然綻放開來，心中也笑了。但她不解伏羲哥為什麼用異樣的目光盯著自己，詢問道，「為什麼一直盯著小妹？」

「我想出造人的方法了。」

「想出了方法好哇，那就快對小妹說，咱們好開始行動呀！」伏羲妹聽了高興，卻仍是不解伏羲哥為什麼一直在用異樣的眼光盯著她，再次詢問道，「這與哥哥盯視小妹有什麼關係呢？」

「妹妹，你坐下。」伏羲哥的臉頰倏地紅了，羞澀地收回了盯視伏羲妹的眼神道，「聽哥哥說，好嗎？」

「有辦法哥哥就說唄，這是大好事，還用與妹妹兜圈子呀！」伏羲妹這時仍然不知伏羲哥心中所想，聽了其言心中不滿道，「好，我就坐下聽哥哥說。」

伏羲妹說著便走過來偎坐在了伏羲哥身旁，催他快些講說。可是平日話語朗利的伏羲哥，這時不知為什麼，卻變得話語吞吞吐吐拐彎抹角，遲遲難以開口。末了還是在伏羲妹的再次催促下，他才說出一

句道：「妹妹，你說現在凡界有幾個人。」

「哥哥，你今天這是傻了還是呆了，」伏羲妹不知伏羲哥話語之意，「噗哧」一聲笑言道，「你不僅話語吞吐，並且盡說廢話了！」

「這不是廢話，」伏羲哥肯定道，「你說有幾個人？」

「這還用我說嗎？不是只剩下你我兩個人了嗎？」伏羲妹仍然未解伏羲哥問話之意，接著道，「哥哥還是少再廢話，快說造人的法兒吧。」

「妹妹，四處的山水咱們都找尋過了，」伏羲哥沒有笑容，沒有反駁，而是神情驟然凝重起來道，「凡界只有咱兄妹一對男女了，對嗎？」

「對。」伏羲妹依舊未解伏羲哥之意，隨口道，「這還用再說嗎？」

「昔日咱們凡人的始母女媧娘娘，為了讓凡人自己繁衍生息下去，」伏羲哥這才講說心中所想道，「曾經親做高媒，讓男女結合生育後代。」

「啊！」伏羲妹聽到這裡，無防的心中頓然羞到了極點，蟠桃色的臉蛋「颯」地紅到了耳根。她這才明白伏羲哥剛才為什麼話語吞吐，為什麼兜圈拐彎，為何失去了先前的朗利。為此她只顧害羞緊張，來不及去想驚叫道，「那怎麼成？」

「可是，今天凡界只剩下了你我一女一男，」伏羲哥繼續講說道，「咱們造人的方法，就只有兄妹結婚了。」

「不！」伏羲妹羞得抬不起頭來，口中否定著，腳下踏著青草，一溜煙向遠處小河邊跑去道，「哪有兄妹結婚的道理呢？」

伏羲哥知道伏羲妹害羞，站在原地看著伏羲妹跑去暫時沒有追趕。伏羲妹只顧羞臊不知怎樣便跑到了小河邊上，河邊的清風輕輕地吹拂著她發燙的粉臉，濃郁的花香甜甜地浸潤著她激跳的心房。

　　她看到鳥兒成雙成對在天空飛翔，魚兒成雙成對在水中嬉戲，蝶兒成雙成對在花間翩舞，心終於動了，定了。她停下腳步，在花間掐下一朵紅花，插在了飄逸蓬鬆的如瀑長髮之上。

　　伏羲哥追來了，他不敢看視伏羲妹一眼。伏羲妹僅僅偷看追來的伏羲哥一眼，就再也不敢看視了。然而他兄妹雖然不敢相互看視一眼，身子卻待在了一起。雙方不敢互相言說一語，心兒卻貼得更近了。

　　這樣，在窘迫中度過緊張而又幸福的片刻時光，伏羲妹忍抑不住心跳，掠了下披肩的秀髮，為打破窘迫氣氛「咯咯」笑言道：「伏羲哥，我看這樣吧。」

　　「怎樣？」伏羲哥急問道，「妹妹快講。」

　　「你捉一隻蝶，我捉一隻蝶，」伏羲妹吞吐道，「然後你我一齊放飛……」

　　「如果它們飛到了一起，」伏羲哥靈機一動接言道，「咱就成夫妻。」

　　「要不，」伏羲妹羞澀道，「咱還是兄妹。」

　　「好，就照妹妹說的辦！」伏羲哥聽到伏羲妹終於答應，雖然附有條件，懸著的一顆緊張至極的心方才放了下來道。如果其不答應，他兄妹就實在無法完成肩負的再造凡人重任了！

　　伏羲妹可能也正是想到了這一點，終於答應下來，雖然附有條件。為此伏羲哥從中看到了再造凡人的希望，對於附有條件他想是可以設法實現的。為此，他立刻高興地催促道，「咱們就去捉蝴蝶。」

　　他兄妹一起捉起了蝴蝶。很快，他兄妹各自捉住了蝴蝶。然後分別跑向遠處，放飛手中的蝴蝶，並追隨各自放飛的蝴蝶。

　　那兩隻蝴蝶飛呀飛呀，其後真是奇異，它們雖然飛行了許多曲折，最終卻飛到了一起，把他兄妹引了個迎面。伏羲哥看著迎面臉頰緋紅的伏羲妹，「嘿嘿」笑言道：「蝴蝶飛到了一起，咱兄妹結為

夫妻吧。」

「不。」伏羲妹連忙搖起了頭，重又提出條件道，「咱倆各到河一岸……」

「做什麼？」伏羲哥詢問道，「妹妹的想法真是多。」

「你梳頭，我梳頭，」伏羲妹接著道，「如果頭髮絞合在一起，咱就結為夫妻。」

「要不，咱還是兄妹。」伏羲哥知道伏羲妹後邊要說這一句，開口替她言說道，「又一個條件，那就看天意了。」

伏羲哥說完即蹚過河水去到了對岸，站在岸上與伏羲妹一起梳起頭來。這時，只見隨著他兄妹梳動長髮，長髮便在微風中飄擺起來。風越吹越猛，髮越擺越長。他兄妹的頭髮竟然在風中奇跡般地由短變長，飄擺到河心緊緊地絞合在了一起。

伏羲哥笑了，他想伏羲妹這次一定不會再提條件了，便急忙蹚過河來道：「你梳頭，我梳頭，頭髮絞合在了一起，咱兄妹應該結為夫妻了。」

「不。」出乎伏羲哥預料，伏羲妹又否定道，「咱們兄妹一同上山……」

「又要幹什麼？」伏羲哥一愣道。

「從山上各自滾下一塊石，」伏羲妹認真道，「如果二石相疊壓，咱就結為夫妻。」

「要不，咱還是兄妹。」伏羲哥又替伏羲妹說出最後一句，焦急道：「妹妹，你的心眼簡直就像天上的星星一樣多，這樣再三再四再五下去，哪兒有個盡頭啊？」

「哥哥，」伏羲妹這時撒嬌道，「妹妹這樣不好嗎？」

「好是好。可那邪惡的雷神時刻都在等待著害死咱兄妹以絕凡

人。」伏羲哥語重心長道,「讓邪惡主宰凡界,我們這樣耽擱不得呀!」

「哥哥,就這一次了。」伏羲妹聽到伏羲哥之言情真意切,有理有據,即轉認真道,「妹妹決不再四了,好嗎?」

「說話可要算數呀!」伏羲哥肯定地說著,即與伏羲妹一起往山上奔去道,「走,我們上山。」

伏羲兄妹轉瞬登上一座山的山頂,各選一塊石頭一齊向山下推去。隨著「嘩啦啦」一陣聲響,兩塊石頭同向山下翻滾。許久二石滾到了山下,恰好一上一下疊壓在了一起。伏羲妹的臉再次「颯」地紅到了耳根。她無話可說了,急忙拔腿跑下山來,向一棵大槐樹下避去。

伏羲哥看見,急忙隨後緊追。伏羲哥追到了大槐樹下,伏羲妹為避伏羲哥又急忙繞樹疾跑起來。伏羲哥依舊隨後繞樹緊追,但轉眼追過半個時辰,伏羲妹雖然近在眼前,卻硬是追趕不上。

「轉回頭來追!」伏羲哥正在焦急,耳邊一聲人言驟然將他點醒,旋即他陡地轉身追了過來。伏羲妹心無防備只顧迅跑,驟然間收不住疾奔的腳步,「咚」一聲恰好一頭撞進伏羲哥懷裡。

十五、途造凡人

　　伏羲妹撞進伏羲哥懷裡，兄妹從此結成了夫妻。後人卻把他兄妹滾石成婚傳成了滾磨成婚，那時候哪裡會有磨呢？那時候凡界無磨也沒有第三人，但是何來點醒伏羲哥回頭來追伏羲妹的人聲呢？

　　這人聲出自白龜老神的後代小白龜之口。前時小白龜追隨白龜老神去到華山，白龜老神死後他一直遵照白龜老神生前的安排，追隨在伏羲兄妹身後。剛才他眼見伏羲兄妹遲遲結合不到一起心中焦急，遂口出一語助他兄妹結成了夫妻。

　　「好你個使壞的小白龜，」伏羲妹被伏羲哥抱住心中陷入甜蜜，口中卻言不由衷地嗔怪起了小白龜，並且伸腳就要踩向小白龜道，「叫你壞心眼兒！」

　　「嘿嘿，」小白龜做個鬼臉邊笑邊扭身躲避，向一旁的小河內隱去道，「好你個恩將仇報的伏羲妹！」

　　小白龜隱去後，伏羲兄妹便做起了恩愛夫妻。對於他兄妹來說，這是一段甘甜如體的溢蜜歲月。凡界渾沌剛過，雷神不敢行惡，地上萬物豐茂，一切靜謐安然，他兄妹過著平靜幸福的生活。

　　那時候，凡界又只有一個妹，一個哥。因而他兄妹可以盡情地愛，暢懷地樂。凡界偌大任行藏，地上萬物任宰割。盡撿妙處去，專

挑奇事樂。充滿綿綿情意，陷入恩愛之河。

然而，困苦歲月長，歡娛時日短。伏羲兄妹轉眼度過數月時光，結出恩愛之果，伏羲妹有了身孕，妊娠反應劇烈起來。看著伏羲妹的身子日日在變，臉色天天在改，劇烈的妊娠反應折磨得她白天食難進，夜晚睡難眠，伏羲哥抱恨自己，疼在心裡。

為此他更愛伏羲妹，巴不得替小妹承受妊娠之苦，可是他不能。於是他加倍細心地照料伏羲妹，期盼她快些度過孕期，生下腹中的孩兒，不再忍受妊娠之苦。

「只要哥哥高興，妹妹受點苦心裡也樂！」伏羲妹雖為妊娠受苦，但她為伏羲哥結下了果。心想自己不久就要用辛勞和甘苦，為偌大凡界再造出一個小凡人，添加一個主宰偌大凡界的小主宰。便對伏羲哥說，「再說，這也是為了實現咱兄妹為凡界再造凡人的夙願啊！」

「妹妹真好！」伏羲哥苦中做樂，笑著肯定道，「甘為再造凡人，獻出自己的一切！」

「這是應該的。」伏羲妹說著做個鬼臉，話鋒一轉詢問道，「哥哥，孩子的第一聲爹爹，你敢答應嗎？」

「我敢！」伏羲哥壯起膽子說完，「咯咯咯」地笑著一把將甜蜜的伏羲妹攬進懷中，反問道，「妹妹，孩子的第一聲娘親，你敢答應嗎？」

「我也敢！」伏羲妹也是壯起膽子方才應出聲來，「咯咯咯」地歡笑不止。

然而，凡界的事情總是物極必反，樂極生悲。就在伏羲哥這樣心疼而又歡樂地期盼著伏羲妹早生孩兒，免去妊娠之苦時，伏羲妹卻遲遲不生。按照渾沌前凡人妊娠生育的時間算計，伏羲妹不僅到了該生的日子沒有生，而且又延後了兩個月還是沒有生。

　　不生也還罷了，伏羲妹的妊娠反應也隨著加劇，使其更加痛苦難耐起來。伏羲哥看在眼裡疼在心裡，禁不住暗暗心奇起來。這是為什麼呢？伏羲哥想來想去想不出為什麼，遂又想到了邪惡的雷神身上。

　　難道又是他在施惡，讓他兄妹活不好，或者是借此害死他兄妹，實現其獨霸凡界的邪惡用心嗎？雷神先前心懷此想，口中出過此言呀！想到這裡，伏羲哥不禁心中一乍生出了驚怕。

　　他不是驚怕死期來臨，他已經死過幾死，年紀雖輕並不畏死。怕的是他兄妹被雷神害死，凡界由邪惡主宰，落空了死去眾凡人和白龜老神、以及救他的金龍，賦予他兄妹再造凡人主宰凡界的重任啊！

　　但他心中雖生驚怕表面卻不敢流露點滴，他怕驚嚇住了妊娠難產的伏羲妹，使她在身受妊娠難產苦痛之時，再去承受心理上的驚怕。為此他每天平靜地安慰與他一樣焦急不解的伏羲妹說：「別急，一切都會好的。」

　　「哥哥，你說這是怎麼了？」伏羲妹總是焦急道，「你說會好，那是真的嗎？」

　　「真的。凡界的事情就是這樣，」伏羲哥忙又安慰道，「一些美好事情的到來，往往存在於等待下去之中。」

　　「可我們要等到何時呀？」

　　「別急。長夜總會過去的，」伏羲哥抑住心中的焦急，語意深長地安慰道，「光明會來臨的。咱兄妹不是熬過了好多長夜了嗎？」

　　「哥哥說的也是。」伏羲妹點頭答應道，心中的愁苦不僅沒有減去絲毫，相反卻更加沉重起來。敏感的她知道伏羲哥心中的愁苦，他這些話語都是怕她難受，故意壓下自己的愁苦說給自己聽的。所以她知道伏羲哥說這些話時心中更苦，她聽後便苦上加苦。

　　但她也像伏羲哥一樣，心中雖苦表面也沒有流露絲毫，害怕流露

出來傷害對方。所以她表面點頭答應著，心中也像伏羲哥那樣，在焦待著，苦思著，不解地追問著為什麼。

但是，事情依舊沒有因為伏羲兄妹的愁苦而有絲毫改變。隨後一年過去伏羲妹沒有生，又一年過去了還是不生，第三年第四年連續十三個年頭都要過去了，伏羲妹竟然還是沒有生。

將近十三年的等待煎熬是那樣漫長。在這漫長的焦急煎熬中，他兄妹也說不清楚究竟生出了多少害怕和驚恐。可是伏羲妹腹中的胎兒不以他兄妹的意願轉移，就是遲遲不生。伏羲哥無奈求起了上天，上天當然不應。

上天雖然未應，伏羲哥卻在苦求中心頭乍然閃亮，想起先前娘親華胥姑娘曾經說過，他兄妹降生前其整整妊娠十三載方生。這樣伏羲妹妊娠將近十三載未生，定是母傳女受與常人不同，妊娠時日需滿十三載始生。據此他算計伏羲妹的妊娠時間，距離時滿十三載已近，應該距離生產的日子不遠了。由此他解開了心中的謎團，充滿希望地等待起來。

「啊……」伏羲哥這次猜對了，伏羲妹果然在妊娠時滿十三年之日，肚子突然生出陣疼，口中忍不住號叫起來。伏羲哥眼見伏羲妹疼痛難耐心疼雖如錐刺，但卻咧嘴笑了。

他笑煎熬的十三年終要過去，伏羲妹臨產的時刻到來了。伏羲妹的妊娠之苦就要完結，他兄妹就要看到恩愛之果，向肩負的再造凡人重任邁出第一步了。

然而，伏羲哥笑得太早了。他還沒笑夠，咧開的嘴巴不僅又閉上了，並且閉得連牙根都咬緊了起來。因為伏羲妹在臨產的劇疼中苦苦折騰大半天，末了雖然生了，生下的卻不是一個有頭有身的孩子，而是一個無頭無肢圓圓鼓鼓的大肉團。

　　一等十三年，十三年中受盡了驚怕和煎熬。十三年來苦盼生個好孩子，為完成再造凡人的重任邁開步伐。讓雷神滅絕凡人，使邪惡主宰凡界的邪惡用心落空，可是十三年後伏羲妹卻生出了一個怪胎！這怪胎是個活物也行，卻是一個不會活動的肉團啊！這次生個肉團不成人當然可以下次再生，但是下次再經十三年，又生個不成人的肉團呢？

　　如果那樣，人生能有幾個十三年啊？到那時他兄妹已經老了，再生第三次就不一定可能，即使可能又怎能保證不再生出個無用的肉團呢？伏羲哥為此擔心肩負的再造凡人重任將會化為泡影，心中不由得涼了，怕了，臉上笑不出來了。

　　「哥哥，妹妹無能，對不起你！」伏羲妹生下怪胎心中更是苦痛到了極點，首先她覺得辜負了伏羲哥的希望，加之又看到了其擰緊的眉頭。因而她強撐著產後虛弱的身子，痛心地哭著對伏羲哥喃言道，「你把那肉團扔掉喂狼，把妹妹打死在這裡吧！」

　　「那怎麼成？它是咱們的恩愛之果呀！」極度苦痛的伏羲哥立即被說醒過來，急忙抑住苦痛撫慰伏羲妹道，「我們要留著它，看它會生出何物來。」

　　「沒有用了。」伏羲妹心中苦痛不減，哭的更悲道，「哥哥就扔掉它，打死我吧！」

　　「好妹妹，今天怎麼淨說傻話！」伏羲哥忙又安慰道，「打死你留下我，你就不留戀嗎？打死你不正遂了雷神的心願嗎？」

　　「可是哥哥，我對不起你，」伏羲妹這時心中被說得更痛，倍覺愧對伏羲哥，哭的更悲慘，「我生了怪胎呀！」

　　「不。妹妹不要這樣想，更不要這樣說。」伏羲哥隨即道，「妹妹想啊，打死你只剩下我一個男人，怎麼再造凡人？那樣不就辜負了

白龜老神和金龍的苦心，難安死去眾凡人的在天之靈了嗎？不就恰好把偌大的凡界，拱手讓給邪惡的雷神來主宰了嗎？」

「哥哥，」伏羲妹的心被說動了，壓低哭聲道，「這再造凡人的事兒，怎麼這樣難啊？」

「好了，哥哥知道妹妹受苦了。」伏羲哥繼續安慰道，「妹妹不必悲觀失望，凡界的事情總是不會一帆風順的。」

伏羲妹哭聲更低了，虛弱的身子疲憊地平靜了下來，只是口中伴著低聲啜泣輕輕地打著嗝咽。

「別哭了，妹妹一邊將養身子，」伏羲哥又言道，「咱們一邊瞧那肉團會怎麼個樣兒。」

苦痛至極的伏羲妹，就這樣在伏羲哥的再三安慰下，最終止住了哭泣平靜下來。此後又在伏羲哥的精心照料下，靜心將養起了身子。但說是靜心，其心怎能靜啊？

她知道她兄妹身上再造凡人擔子的沉重，也擔心下次再生肉團那樣繼續下去，就會使身肩的重任化為泡影，讓偌大凡界為邪惡主宰，那是無論如何都不成的呀！為此她靜心不下，與伴陪在身旁表面平靜心翻狂瀾的伏羲哥一起，一日日苦苦地計議著下步再造凡人之法。

「有辦法了，」時間在她兄妹的計議中飛快過去，一連數日她兄妹都沒有計議出良法。無奈中伏羲哥心裡又突然亮了，隨著他綻開了擰緊的眉頭，高興得一跳老高道，「我想出辦法了！」

「啊！」伏羲妹心無防備，被嚇得一跳，忙問道，「哥哥快說，想出了什麼辦法？」

「我想起了救我的金龍臨別留言，讓我遇有急難可去昆侖山尋他。」伏羲哥仍處在興奮之境道，「如今我兄妹遭遇急難，正好前去尋他！」

「我道是什麼好法子呢？」伏羲妹高興盡掃，頓然洩氣道，「原來是這法子，這怎麼行？」

「這當然行！」伏羲哥高興地肯定道。

「不，這絕對不行。」伏羲妹否定著，隨後講說了前去昆侖山路途遙遠，金龍難以尋見等等難處道，「因而，我勸哥哥還是死了這份心！」

「遠和難都是事實，可是凡間的事情都是在征服險難後成功的。」伏羲哥堅定道，「事在難中磨才有成果出，我相信只要咱兄妹不怕艱難，就一定可以找見金龍。」

「哥哥，即使我們不怕艱難可以去到昆侖山下，可那金龍住在山上。」伏羲妹仍不同意道，「你就不曾聽說昆侖山周圍，先被一圈烈焰騰騰的火山包圍著，火山內又被一圈叫做弱水的深淵包圍著嗎？」

「哥哥當然聽說過。」

「那樣，我們到了山下，怎麼穿過火山，涉渡弱水，去到山上呢？」伏羲妹不贊同道，「火山翻不過去弱水渡不過去，前去不是白跑趟兒嗎？哪能找見金龍呢？」

「是呀，要去到昆侖山上實在不易，找到金龍更難。」伏羲哥當然知道火山奇險難越，弱水險惡無渡，昆侖山高聳雲天，金龍難尋萬般，但這時舍去此法，他兄妹實在無法再造出凡人來呀！為此他繼續堅持道，「但舍此又有何法呢？」

「哥哥，再想想吧！」

「我想來想去都沒有辦法了！所以我想還是前去，」伏羲哥思路不改道，「俗言沒有翻不過去的高山，沒有蹚不過去的大河呀！」

「那麼，火山怎麼翻，弱水怎麼渡？」伏羲妹提出問題道，「哥哥說說辦法吧！」

　　「火山雖險只要我們去翻，弱水雖惡只要我們去渡，我想到時候總是會有辦法的。」伏羲哥說著，心思轉動話鋒一轉改用激將之法，反詰伏羲妹以實現自己所想道，「當然，妹妹若有不去就能造出凡人之法更好，你說呢？」

　　「我有什麼法子呀！」伏羲妹當然沒有其他法子，她在伏羲哥言說時又想了一圈，也認定這時舍去此法再無他法。於是無奈道，「都想幾天了，幾天都沒有想出別的法子，這一時又能生出什麼法子呢？」

　　「那怎麼辦？」伏羲哥見伏羲妹支持前去有望，仍用激將之法反詰道，「去還是不去好呢？」

　　「去吧。我兄妹既然舍此別無他法可施，妹妹就依哥哥之言，」伏羲哥讓伏羲妹自己說出了前去的話語，心中笑了。伏羲妹這時則說著已經站起身來，就要隨同伏羲哥前赴昆侖道，「與哥哥一起前去昆侖神山，尋找金龍吧。」

　　「不要急。」伏羲哥急忙扶住伏羲妹道，「妹妹身子還弱，再待幾天不遲。」

　　「不，我的身子已經好了，要去我們就快去。」伏羲妹不同意道，「雷神時刻都在準備害死我們，再說我們的年齡也讓我們耽擱不得了！走，這就上路。」

　　「好吧，」伏羲哥眼見攔阻不住伏羲妹，無奈同意道，「咱們帶上肉團去。」

　　「帶它做啥，淨是累贅！」伏羲妹反對道，「丟在這裡喂狼算了。」

　　「不，你不帶我帶。」伏羲哥堅持道，「帶上它找見金龍讓他瞧瞧，他一定會有辦法的。怎能把它丟在這裡呢？」

　　「好吧，就任憑哥哥辦吧。」伏羲妹覺得伏羲哥言之有理便不再反對，等待伏羲哥找來獸皮包起肉團，然後用藤條將其捆在腰間。遂

一起動身一路向西，徑奔昆侖山尋找金龍解難而來。

伏羲兄妹啟程處在華山以東地面，這裡西距昆侖不僅路途遙遠，而且沿途地形險惡萬端。只見山連著山，澗接著澗；山高齊天，澗深水暗；山上獸多魔眾，水中惡多怪多。

他兄妹一路翻山越澗，鬥魔降惡，歷經艱難，盡嘗險惡，行走一月有餘，方才來到了昆侖神山近處。舉目一看，昆侖山果是一座神山，它巍巍聳立西天，高峻奇險；一重一重共有九重，九重相疊就像城闕一般。

「啊！名為神山，名不虛傳！」伏羲兄妹被昆侖神山的壯偉奇險震驚，不禁口中發出了由衷的讚歎。隨後他兄妹來到山下，果見山腳四周如前所聞，盡被火山阻攔。火山上焰火升騰，晝夜燃燒不息，火光把巍巍昆侖照耀得雄奇壯觀。眼見至此他兄妹不禁腳步陡駐心勁驟泄，口中同聲發出無奈的慨歎道：「這可怎麼辦？」

「小妹，如今我們只有明知山有虎，偏向虎山行了！」火山過不去昆侖就上不去，金龍就尋不見。為此伏羲兄妹慨歎之後呆怔許久，仍對火山無法翻越無計可施。處此境地，伏羲妹無奈中向伏羲哥望去了責怪的一眼。伏羲哥理解其心情，卻沒有做出相應的回應。而是開口道，「走，咱們到火山跟前瞧瞧，不去看個究竟怎有辦法翻越火山！」

「好吧。」伏羲妹心中雖然責怪伏羲哥當初不聽其言，把她領到了這裡或許會無功而返。但這時她也知道既然到了火山跟前，就不能不到山前看個究竟，探探翻越之法。俗言不入虎穴焉得虎子，不進前看看怎麼知道能否過得去呢？或許探看一番，會找到翻越火山之法。於是她答應了伏羲哥之言，即隨其後向火山走去。

伏羲兄妹越走距離火山越近，越看到火山上火勢熾烈，越感到無

法翻越。然而就在這時，正在他兄妹面前山上熊熊燃燒的烈焰，卻見他兄妹來到奇跡般地驟然熄滅淨盡，被烈焰燒得火紅的山體，也立刻涼爽下來恢復了常溫。伏羲兄妹大奇，全都驚呆在那裡。末了還是伏羲哥率先清醒，高興地催促伏羲妹道：「我說人到山前必有路，小妹相信了吧！快走，我們翻越火山。」

伏羲哥說著拉起呆怔的伏羲妹，一溜煙翻過面前熄滅了的火山，來到了環繞昆侖的弱水跟前。弱水水面寬闊，水深幽暗，無波無浪，悚人心膽。他兄妹剛看弱水一眼，卻吃驚地感到身後火烤難耐。回頭竟見到剛才翻過的火山，又熊熊燃起了烈焰，燒烤著把他兄妹攔在了弱水與火山之間。

火山斷其退路，弱水無法涉渡，伏羲兄妹頓陷進退不能的絕境之中，重又驚怕到了極點。驚怕中伏羲妹忍不住道：「哥哥，怕是那雷神施惡，欲害我兄妹于此間吧？」

「不會，別那樣想。」伏羲哥一陣驚定過來，決計向前像剛才探看火山一樣探看弱水，看看是否有法渡過弱水去，「前去看看再說。」

「哥哥說得也對。」伏羲妹也是無奈，只有跟隨伏羲哥前去道，「走，近前看看去。」

「喲，金橋，好長的金橋！」伏羲兄妹轉瞬來到水邊，奇跡頓又出現在了他兄妹面前。即一座璀璨奪目的金橋，突現在了寬闊的弱水水面。他兄妹心喜萬分，一聲歡叫奔上金橋，沿橋一陣疾跑即跨過弱水來到了山前。但他兄妹回首一望，卻又不禁驚得叫出聲來道：「喲，金橋哪裡去了？」

「對，這不是雷神施惡，」伏羲妹叫罷看著金橋消失後剩下的幽深寬闊弱水水面，心裡頓然明白道，「剛才那火山復燃，也不是雷神所為。」

　　「是呀！昆侖神山是金龍大神的住地，雷神到此施惡定然不敢。」伏羲哥聞聽伏羲妹言之有理，遂開口肯定道，「火山熄滅金橋驟現，定是金龍大神在為我兄妹開路，引領我們上山。」

　　「那我們就快去。」伏羲妹這時對尋見金龍信心大增，催促伏羲哥道。

　　伏羲哥這時更是感到尋見金龍有望，於是他兄妹便要攀山去找金龍。但是昆侖山高峻無比，攀往哪兒才能找見金龍呢？茫然中，伏羲哥禁不住大聲喊叫道：「金龍大神，您在哪兒？」

　　金龍未應，伏羲兄妹無奈，末了只有茫然地向山上攀去。山高坡陡，絕壁奇險。每攀一步都要付出代價，每一個腳印都滴滿血汗。但是伏羲兄妹為尋金龍不畏艱險，硬是頑強地向上登攀。

　　半天在他們的艱難攀登中過去，他兄妹終於攀到了半山腰。看到從山腰東北面向外延伸，半空中懸掛著一座偌大的花園。眼見至此，他兄妹一齊止住了攀爬的腳步，心想金龍或許就住在花園裡邊，便向花園奔了過來。

　　「你們是來找尋金龍的吧，他不在園中，住在山上。」尋到花園門口，這座懸圍花園的守衛英招大神迎接了他們，熱情道，「你們若願耽擱，可到園中玩玩再行上山。」

　　「謝過大神指點，我們上山去了。」伏羲兄妹從花園門口已經看到園中奇花盛開，競鮮鬥豔。聞到濃香撲鼻，沁人心脾。他兄妹當然想進園中看視，豈奈尋找金龍要緊，遂謝過英招大神向山上繼續攀援。

　　伏羲兄妹隨後艱難地攀出半個時辰，隱約看到在山頂耀眼的輝光裡，有一座莊嚴華美的宏大宮殿時隱時現。他兄妹既奇又喜，想到金龍按照剛才英招大神所說，一定就住在宮殿裡邊。於是他兄妹加快攀登的腳步，一陣便攀到了宮殿朝東敞開的大門口。

211

「你兄妹是來尋找金龍的吧，他在宮中，」伏羲兄妹沒有來得及看視宮門，虎身九首的守門大神開明獸即迎上前來道，「你們快去找吧。」

「謝大神指點！」伏羲兄妹聽到金龍果然就要找見，心中大喜連謝開明獸再三，急忙入宮尋找。這宮殿是坐落在昆侖山上的玉皇大帝的下方帝宮，它由五座城池十二幢殿宇組成，巍峨恢宏，壯觀非凡。

伏羲兄妹進入宮中東找一座城，西尋一幢殿。一口氣尋遍了宮中的五城十二殿，卻沒有尋見金龍住在哪座城哪幢殿。尋不見金龍他兄妹焦急，伏羲哥重又高聲喊叫起來道：「金龍大神，您在哪兒？」

「金龍在宮中山頂最高處，」伏羲哥喊聲剛落，走來了人臉虎身的宮殿總管陸吾大神。陸吾大神相貌威猛，但到伏羲兄妹面前卻善貌和藹道，「那棵建木樹上邊。」

陸吾大神說完轉身即去，伏羲兄妹得到指點，即向宮中山頂最高處的建木樹尋來。生在山頂最高處的建木樹，是下界神靈登上天庭的唯一通道，因而被稱為天梯。伏羲兄妹為華胥姑娘腳踏神跡感孕而生，所以不是普通凡人實則半具神性，可以腳踏建木天梯上達天庭。

他兄妹先前雖然聽到過建木天梯的傳說，卻從不敢奢望攀此天梯上達天庭。因而這時聽了陸吾大神指引說金龍在建木樹上，仍是不敢奢望他們能夠攀援天梯，僅以為金龍真在建木樹上，立刻穿城過殿向宮中最高處的建木天梯奔來。

生長在山頂的建木樹下奇異無限。在其南面，有絳樹、鷗鳥、腹蛇、六首蛇和視肉。視肉非常奇特，它沒有四肢百骸，只是一堆狀若牛肝的肉，中間長有一雙小眼睛。但是這堆肉割掉一塊即長一塊，所以總是原來的樣子。

其北面有碧樹、瑤樹、珠樹、文玉樹、玗琪樹和不死樹。不死樹

上結有不死果，吃了此果可以長生不老。不死樹下有一眼清芬甘美的醴泉，泉的四周生長有奇花異木，它與瑤池同為昆侖神山的兩處勝地。

其兩邊有珠樹、玉樹和璿樹，並有鳳凰和鸞鳥。鳳凰和鸞鳥頭上都戴著蛇，腳下踏著蛇，胸前掛著蛇。其中也有海棠樹和琅玕樹，琅玕樹上能生長珍珠般的美玉，它們是鳳凰和鸞鳥的吃食，所以它們由天神離朱看守。離朱長有三顆腦袋，六隻眼睛。他住在琅玕樹旁的服常樹上，三顆腦袋輪流休息，六隻眼睛即輪流看視著樹上的動靜。

「呀，怎麼這樣矮小？」伏羲兄妹只顧奔向建木找金龍，對建木周圍的奇景異致無心觀賞，一陣急奔便來到了樹下。先前他兄妹以為傳聞中的建木天梯，一定高逾萬丈徑達天庭，這時來到跟前卻見它僅有四丈高五圍粗，齊聲叫著呆怔在了樹前。他兄妹不相信這株四丈五圍之樹便是建木，其這樣矮小怎麼可以作為天梯，使神靈上達天庭呢？

「那就是天梯建木，」伏羲兄妹呆怔過後即欲轉身向別處尋找，卻聽身後傳來陸吾大神的聲音道，「金龍就在上邊。」

伏羲兄妹這才仔細端詳起了面前的建木，尋找起了樹上的金龍。建木樹身若牛，上有九枝，青葉紫莖，葉片如羅，果實若麻，陽光照射其上，其下不見陰影。他兄妹越看越奇，只是不見樹上住有金龍。樹上不見金龍，陸吾大神又說金龍就在上邊，這究竟是怎麼回事？

是陸吾大神欺騙他們，還是金龍真在樹上故意不見他們？但這時不論怎樣，他們都看不見樹上住有金龍。他兄妹又急了，伏羲哥再次高聲喊叫起來道：「金龍大神，您在哪兒？」

但是，伏羲哥的喊叫儘管拼足了氣力，並且連喊三聲，建木樹下卻無聲息，就連伏羲哥的耳朵也沒有聽出自己的叫聲。置身此境，伏羲哥更覺得建木奇異無比。無奈他思慮一番，心想金龍可能隱居樹

頂，他兄妹因而看視不見。於是他拉起伏羲妹，一重重攀援上了建木樹的九重枝杈，以到樹頂看視究竟。可是他兄妹攀到樹頂，仍是不見上面住有金龍。

「金龍大神，您在哪兒！」伏羲兄妹歷盡艱險來尋金龍，找尋至此仍然不見心中更急，不禁一起高聲喊叫起來。他兄妹站在樹頂的這聲喊叫與站在樹下的喊叫截然不同，它立即發出奇響震動了昆侖神山。

他兄妹棲身其上的建木樹也隨著這聲喊叫，奇跡般地「劈劈叭叭」一陣竹筍拔節般的聲音響起，並如拔節的竹筍一般載著他兄妹徑向高天長了上去，須臾已把他兄妹送上了半天。

伏羲兄妹剛才突見身下建木聞聲驟長已生驚怕，這時建木長得把他們送上了半天心中更驚。於是全都用足力氣緊緊地摟抱住樹身，唯恐摔落下去死於非命。不料就在這時，一陣輕風倏然向他們身上吹來，恰把伏羲哥捆在腰間的獸皮肉團包吹落開去。

他兄妹尋找金龍正為請教肉團的奧秘，因而最怕丟掉那包，一路上千辛萬苦都捨不得丟棄，這時背到了這裡豈願丟去！但是輕風吹來驟然，將那包吹去陡然也是搶回不得。為此他兄妹只能在半空中的建木樹上，無奈地眼睜睜看著那獸皮包飄呀飄地向昆侖山上落去。

「嘭咚！」伏羲兄妹看著獸皮包向下飄落一陣，突然發出一聲鈍響被炸得粉碎開來。被炸碎的獸皮包，連同其中肉團形成的粉粒般細小的眾多紅肉點點，迅疾向四處飛散開去，奇異萬般地飛散成一片足以籠罩昆侖神山上空的紅雲，飄呀飄地向昆侖山上慢慢落去。

那紅肉點點形成的紅雲轉瞬落到了昆侖山上，那雲中的紅肉點點一個個竟然奇跡萬般地落地驟長，眨眼間全都長成了漫山遍野螞蟻一般眾多的男女凡人。

「謝謝爹爹娘親再造了我們！謝謝人祖再造了我們！」眾凡人

長成之後，齊向高天一揖，口中一聲喊叫，即向山下四方奔去。他們奔到圍繞在昆侖山四周的弱水跟前，幽深的弱水立刻乾涸變成了陸地。他們奔到圍繞在昆侖山四周的火山跟前，火山立即熄滅了燃燒的烈焰。

就這樣，驚詫的伏羲兄妹在半空中看著，那驟生的眾多凡人過弱水越火山，歡叫著奔向四野主宰偌大的凡界而去。

十六、孿生兒女

「伏羲兄妹，你們歷經艱險，金龍迎接你們來了！」伏羲兄妹只顧驚詫剛才昆侖山上驟生凡人的奇跡。迅疾上長的建木樹，已把他兄妹從半空送上了高天。耳邊一言把他兄妹從驚詫中喚醒，舉目看到已到上書「南天門」三字的天宮南天門前。

天宮南天門，碧沉沉，琉璃造就，明晃晃，寶玉妝成。兩邊立數十員鎮天元帥，一員員頂梁靠柱，持銑擁旄。四下列十數個金甲神人，一個個執戟懸鞭，持刀仗劍。

「呀，怎麼到了這裡？這會是真的嗎？」伏羲兄妹不敢相信眼前的真實，認為眼前的天宮或為天空中的幻景海市蜃樓，或為他兄妹盼企金龍心生的幻象。但不管他兄妹心生何想，他們都真實地站在了天宮南天門前。他兄妹猜疑中審視南天門再三，南天門仍絲毫不改地矗立在他們面前。

他們這才相信真的到了天宮南天門前，同時心中也轉過彎來，明白是天梯建木把他兄妹送到了這裡。並且也明白了守衛懸圃花園的英招大神指引說金龍在山上，守衛帝宮開明門的開明獸指引說金龍在宮中，總管帝宮的陸吾大神指引說金龍在建木樹上，都是在指引他兄妹到天宮來尋金龍。

　　可這時他兄妹尋到了天宮門前，金龍此刻在哪裡呢？他兄妹卻看不見。伏羲哥於是詢問剛才言說的大神道：「大神，我兄妹尋找的金龍大神呢？」

　　「金龍在這兒，」伏羲哥話音剛落，即從碧沉沉明晃晃的巍峨南天門內，傳出一個慈藹可親的聲音道，「伏羲兄妹！」

　　伏羲兄妹一詫，急循聲向南天門內看去，見是一位威儀儼然的人形大神，兀地出現在了南天門內。大神頭戴垂穗帝王冠，身穿金色滾龍袍，腳踏黃色飛龍履；面如敷粉，慈眉善目，青鬚飄拂，有千種慈藹，溢萬般親近。

　　伏羲兄妹知道此神非同尋常，正欲言說，口還沒有張開，就聽先前言說大神與門口鎮天元帥金甲神人，已一齊「颯」地轉身朝門內跪倒，喊道：「臣等叩見玉皇大帝陛下，陛下萬歲萬歲萬萬歲！」

　　「凡人伏羲兄妹叩見玉皇大帝陛下！」伏羲兄妹這才知道這大神是主宰宇宙世界的玉皇大帝，驚得不敢怠慢急忙叩拜道，「陛下萬歲萬歲萬萬歲！」

　　「伏羲兄妹一路尋來辛勞，」玉皇大帝忙言道，「快快請起！」

　　「凡人請問大帝陛下，凡人兄妹尋的是金龍，」伏羲兄妹起身詢問道，「陛下是玉皇大帝怎麼說是金龍呢？」

　　「噢，伏羲兄妹，你們瞧！」玉皇大帝聞問慈藹地笑著，身子已隨聲變化成了金龍，接著又從金龍復為原身道，「朕不是你們要尋找的金龍嗎？」

　　「原來是大帝陛下變作金龍救了小凡人，」伏羲哥早已認出玉皇大帝所變金龍，與凡界渾沌開始時救他的金龍模樣無異，立刻驚喜過望道，「怪不得我兄妹尋遍昆侖神山，也找尋不見金龍！」

　　「昆侖山上找尋不到，」玉皇大帝即又笑言道，「這不是天宮門

前找到了嗎！」

「找是找到了，」伏羲哥聽了玉皇大帝親切的話語，頓如歷經苦難的孩子回到了娘親的懷抱，心中悲喜交集不禁哭出聲來嗔怪道，「可是大帝陛下讓我兄妹找得好苦哇！」

「凡間說不吃苦中苦難得甜上甜，如今你兄妹不是苦盡甜來了嘛！」玉皇大帝一笑道，「怎麼哭起來了，找見了應該高興才是呀！」

「凡人這是高興的哭。」伏羲哥抑了抑哭聲道。

「是高興的就好，你兄妹應該高興。因為你兄妹儘管艱險備嘗，卻沒有辜負死去眾凡人和白龜老神對你們的期望，也沒有辜負朕賦予你們的再造凡人重任！」玉皇大帝高興道，「你兄妹再造出了凡人，使凡人也就是使善美再次主宰了凡界，朕衷心地感謝你們！」

「不，大帝陛下，」伏羲兄妹不敢承受玉皇大帝讚譽，連連推諉道，「凡人承受不起大帝陛下的誇譽！」

「朕認為當之無愧！」玉皇大帝肯定道，「朕從不虛言。」

「不！是大帝陛下變作金龍救了我伏羲哥，並遣白龜老神救了伏羲妹，又由大帝陛下引導我兄妹登臨天界途中再造了凡人！」伏羲哥再作推諉道，「因而是大帝陛下再造了我兄妹，再造了眾凡人。大帝陛下是金龍，我們凡人都是陛下的後代，是龍的傳人！」

「說得好！」玉皇大帝聽了，高興得連聲贊叫道，「說得好哇！」

「我兄妹回到凡界之後，一定引領眾凡人永遠祭祀大帝陛下，以龍為紀，」伏羲哥繼續道，「崇拜金龍為圖騰，永遠做大帝陛下龍的傳人！」

「好，好！」玉皇大帝心中更喜，口中連連贊同道，「你們凡人能夠知道都是朕的傳人，朕就心滿意足了。」

「能做大帝陛下龍的傳人，是我們凡人的榮幸和驕傲，我們一定

珍惜此名，掌管好凡界！」伏羲哥言說至此知道事已完了，玉皇大帝事忙耽擱不得，遂言告辭道，「謝大帝陛下賜見大恩，凡人告辭了！」

「不要這麼急嘛！你兄妹再造凡人勞苦功高，功比人祖。如今既然再造凡人重任已了，又尋朕到了天界，」伏羲兄妹想不到玉皇大帝竟然如此說道，「就既來之則安之，好好在天界耍玩一些時日，以慰你兄妹再造凡人的勞苦，以彰你兄妹再造凡人的功業，不好嗎？」

「好，好！」伏羲兄妹求之不得在天界哪怕耍玩片刻，這時大喜過望連聲道，「多謝大帝陛下恩賞！」

「那就這麼辦！」玉皇大帝說著即把他兄妹領入宮中，交由掌宮大神安排款待。

此後，伏羲兄妹在天宮一住過去百日。掌宮大神按照玉皇大帝旨意，整日揀天界好的東西給他兄妹吃，挑好的耍處領他兄妹去，住在玉皇大帝接待貴賓的宮殿裡。

一百日中，伏羲兄妹玩遍了天界的絕好去處，嘗盡了天界的美味珍饈，極盡了天宮樂趣，到了樂而忘返的境地。如此到第一百零一日早晌，玉皇大帝突然傳詔他兄妹進入靈霄寶殿，對他兄妹道：「伏羲兄妹，你們來到天宮已過百日，凡界已歷百年。」

「唉喲！」伏羲兄妹這才心中驟明大驚道，「我兄妹怎麼只顧在天界享樂，忘了天上一日地上一年的道理！」

「不，這不能怪你兄妹。讓你兄妹安心在天界賞玩百日，」玉皇大帝安慰道，「是朕的有意安排，為的是報償你兄妹為造凡人歷經之苦！」

「謝大帝陛下厚愛，」伏羲兄妹忙言道，「我兄妹決不辜負大帝陛下的厚望！」

「但是，你兄妹作為再造凡人的人祖，你們的後代正在凡界期盼

著你們歸去，」玉皇大帝繼續道，「同時凡界還有很多事情，正等待你兄妹去做呀！」

「是的，凡界真的還有好多事情等待我兄妹去做。」伏羲兄妹焦急道，「為此敬請大帝陛下恩准，我兄妹立刻告辭登程！」

「也好，朕今日詔喚你兄妹前來，」玉皇大帝應允道，「就是送你兄妹返歸凡界！」

「謝大帝陛下恩准！」伏羲兄妹說著施下一禮，轉身就要起程。

「慢。你兄妹回去之後，若是碰到做不了的事情，」玉皇大帝臨別吩咐道，「還可以再來天界找朕，朕會幫助你們的。」

「伏羲兄妹再謝大帝陛下，」伏羲兄妹感激不盡道，「陛下萬歲萬歲萬萬歲！」

玉皇大帝沒有再言，即讓他兄妹依舊棲身建木樹上。隨後長袖「颯」地一甩，建木樹便倏然矮降下去，眨眼即載著伏羲兄妹到了昆侖山巔。

「啊呀！」但是這時，伏羲哥落腳山巔一切如常，伏羲妹雙腳一挨山巔地面，卻驟然腹中劇烈疼痛，躺倒在了地上。伏羲哥大奇，連忙上前攙扶問詢。伏羲妹疼痛難忍連聲道，「哥哥，妹妹的身子怎麼像先前臨產時那個模樣？」

「這怎麼會呢？」伏羲哥心中更奇道。因為他兄妹僅在天界度過百日，伏羲妹怎麼會這樣疾快地臨產呢？為此他急忙伏身察看伏羲妹的下身，見其剛才在天界還正常的下身，這時卻突然奇跡般地鼓成了個大圓球，並且其中躁動不已，真的是要臨產了。

「啊呀！」伏羲哥正在奇疑，伏羲妹一聲疼叫，隨著先順產出一個男嬰，接著又順產出了一個女嬰。伏羲妹圓鼓鼓的大肚子癟了下去，停止了難抑的疼叫，身體也立刻奇跡般地恢復了先前的模樣，陡

地站起來。

「爹，娘，」伏羲哥見之更奇，又看到伏羲妹剛剛生下的一雙男女嬰孩，落地之後更是奇跡般地如同竹筍拔節般「劈劈叭叭」驟長，在伏羲妹站起身子的同時，已經長成了大小夥子和大姑娘，異口同聲詢問起來道，「孩兒叫什麼名字呀？」

伏羲哥這時被驚奇得呆怔許久，方才清醒過來，看著站在面前的一雙驟生驟長、的大兒大女。他看到，大小夥子生得人身人面，身材偉岸，勇猛無匹，只是臉面陰譎，雙目充滿詭譎的光，並且渾身長滿鳥毛，頭部後腦勺上生有一支長長的鳥尾。

伏羲哥覺得此子生性不善，卻又見他倒也聰明勇武，後日只要教養得好，也不一定就生劣跡。於是抑下心頭掠過的一絲不快，據其特徵轉動心思，為其起名道：「孩兒，爹給你取名叫咸鳥，意即像鳥的意思，你滿意嗎？」

「爹，哥哥叫咸鳥，女兒叫什麼名字？」站在一旁的大姑娘不等咸鳥應聲，搶先急叫道，「爹，快賜給女兒一個名字吧！」

伏羲哥急忙轉過頭來看視女兒，見其生得嬌豔嫵媚，俏若天仙，美過凡女，與後日三國時代大詩人曹植，在《洛神賦》中對其的描摹般般無異：「其形也，翩若驚鴻，婉若游龍；榮耀秋菊，華茂春松；仿佛兮若輕雲之蔽月，飄颻兮若流風之回雪。遠而望之，皎若太陽升朝霞；迫而察之，灼若芙蕖出綠波。穠纖得衷，修短合度；肩若削成，腰若約素；延頸秀項，皓若呈露；芳澤無加，鉛華弗御。雲髻峨峨，修眉連娟；丹唇外朗，皓齒內鮮；明眸善睞，靨輔承權；瓌姿豔逸，儀靜態閑；柔情綽態，媚於語言。」

伏羲哥心喜至極，連聲贊道：「好，好。女兒，爹想你是爹娘在天宮那段安閒歲月孕育，爹取安靜之意，賜你名為宓妃怎樣？」

「好，好。女兒名叫宓妃！」宓妃等得焦急，這時大喜過望地叫著，拉起咸鳥一道，歡蹦活跳地向開明門前耍去。

「妹妹，」望著咸鳥兄妹高興耍去，伏羲哥才有機會來到呆怔的伏羲妹面前，親切詢問道，「你還好嗎？」

「這是怎麼回事？」伏羲妹從呆怔中清醒過來，望著伏羲哥不解道，「究竟是怎麼回事？」

「妹妹，哥哥剛才也是奇異不解，」伏羲哥微微一笑道，「可是現在想明白了。」

「想明白了什麼？」伏羲妹急問道，「哥哥。」

「妹妹想啊，我兄妹在天界待過百日，凡界已歷百年。」伏羲哥道，「我兄妹雖在天界卻身為凡人，因而妹妹在天界懷有一天身孕，到凡界已是一年也該挨地即生了呀！」

「哥哥是說，我兄妹在天界已歷百日，」伏羲妹接言道，「又不知咸鳥兄妹是何時懷上的？」

「是的。若是在天界數十天前懷上的，」伏羲哥繼續道，「他們怎能不落地驟生驟長呢？」

「哥哥說得對，是這個理，妹妹明白了。」伏羲妹這才恍然大悟，隨著面綻笑容道，「那麼，下步我兄妹去向哪裡呢？」

「現在離開這兒，」伏羲哥見伏羲妹解開了心中的謎團，高興道，「妹妹的身子吃得消嗎？」

「我更奇怪的就是身子現在與先前一樣，」伏羲妹一笑道，「沒有一點異樣的感覺，有什麼吃不消的？」

「那好。玉皇大帝不是對咱們說，」伏羲哥道，「凡界正有好多事情等待咱們去做嗎？」

「是的，咱們確實有好多事情要做。比如，與我們不共戴天的雷

神還活在凡界，」伏羲妹接言道，「我們的娘親華胥姑娘，還被雷神囚在雷澤不知生死，需要營救……」

「是呀。渾沌前我兄妹脫出雷澤無力營救娘親，渾沌後為造凡人不敢去救娘親，現在確實應該去救娘親了！」伏羲哥接言道，「但不知娘親是否躲過了渾沌巨災，今日生死如何。」

「妹妹想娘親在雷神的世界裡，渾沌中一定不會身死，」伏羲妹又言道，「再說凡間一年神間一日，娘親雖被雷神掠去已歷一百餘載，但在神間不過百十餘日，因而娘親一定活著。」

「妹妹說的有道理，」伏羲哥肯定道，「我們必須營救娘親！」

「是的。除此之外，還有咱們的子孫近況如何？他們能否鬥勝猛獸成了凡界的主宰？」伏羲妹說著焦急起來道，「如此等等，要做的事情實在太多了！」

「所以，我們應該立即離開這兒，」伏羲哥隨之道，「到凡界去做要做的事情去！」

「好！」伏羲妹贊同，遂與伏羲哥一道向帝宮東門開明門走去。轉瞬來到門前，咸鳥兄妹正在門前玩耍，伏羲兄妹便領他兄妹一起步出門來，朝著早晌太陽的方向奔下山去。

常言下山容易上山難，他老少兩對兄妹一陣奔走，剛到中午便奔到了山下。這時，環山的弱水和火山，已在一百年前眾凡人下山時化為烏有，因而他四人未遇阻攔，奔到山下便踏上了凡界大地。

伏羲兄妹走後的凡間大地，百年來氣候正常，災害盡無。凡界渾沌剛過，雷神沒有施惡。伏羲兄妹百年前在昆侖山上再造的奔向四面八方的眾凡人，百年來繁衍生息已歷數代，人口激增早已成為凡界的主宰。伏羲一家四人一踏上凡間大地，便感受到了天下太平、萬事祥和的融洽氣氛。因而心中輕鬆腳步輕盈，向東行走更疾

以遍睹凡界真情。

轉眼走出兩個時辰到了半下午時分，伏羲哥四人穿過一群連綿起伏的山巒，一帶開闊的平原出現在了面前。這一帶平原西南、東北走向，寬度恰好使人站在北山隱約可以望到南山。距離北山不遠處有一條銀色飄帶似的長河，由西南向東北流去，水面寬闊，水流平緩，點綴得偌大平原與周圍山巒景象萬千。

「人，人。」伏羲哥四人突出山地，極目平川頓覺心曠神怡。伏羲兄妹正欲開口盛讚凡界今日景色嬌嬈，宓妃眼尖突然伸手一指道，「瞧那河邊，一大群人正在戲水！」

「喲，是的。」伏羲哥正欲尋凡人詢問凡界真情，即循宓妃手指方向望去，果見在東方遙遠處河邊，隱隱有黑壓壓一大群人正在戲水耍玩。伏羲哥心喜，即領伏羲妹三人向人群奔去道，「走，近前瞧瞧去。」

「弟兄們，走，上前看看去！」伏羲哥四人轉瞬來到人群近處，看到人群黑壓壓一片眾逾千數。他四人正往前行，卻見人群中走出數十名青年壯漢，亢奮地喊叫著撲向前來道，「瞧那倆女的，遠看好似天仙！」

伏羲哥四人既喜且驚，喜的是眾壯漢似迎接他們而來，驚的是他們仿佛又不是好意歡迎，而像是欲來施惡。心驚至此，伏羲妹率先敏感道：「哥哥，他們好像來意不善？」

「是的，爹爹。」咸鳥詢問道，「我們怎麼辦？」

「等等看。」伏羲哥難做決斷道，「或許他們是來迎接咱們的。」

「瞧，那倆女人真如天仙！」然而，事情朝著違逆伏羲哥思路的方向發展，奔來眾壯漢並非好意歡迎他們，而且看見伏羲妹與宓妃姣若天仙，淫欲陡發。這時他們奔到了伏羲哥四人近前，看到伏羲妹兩

個更是姣美異常，一個個更加色迷目眩，淫火難抑，喊叫著扑上前來道，「弟兄們上，誰先搶著是誰的！」

伏羲哥四人陡地緊張到了極點，這時他們還不知道再造的凡人遠不是他們的對手，擔心自己人數寡少不是眾壯漢的對手。再說他倆即使能夠鬥贏前來壯漢，正在戲水的千數凡人見之，豈不又要打上前來！同時他們即使能夠鬥過戲水眾人，打鬥中若有傷害豈不違背他們之願！

另外，伏羲兄妹是作為人祖前來尋看子孫後代的，哪有出手打殺子孫的道理？然而迎面來的眾壯漢卻沒有這些心思，只是把他四人當作普通凡人看待，充滿邪心淫欲就要動手，一場你拼我打的惡鬥就要發生在眼前。

伏羲哥四人除了緊張，實在無奈。他四人雖然形象與凡人有別，伏羲兄妹身為人祖，但由於在天界一住百日凡界百年過去，凡人已易數代無人認得他們。就是先前，也難說有人認識他兄妹，因為他們是在拋下孩子時登上天界的。

無人認識他兄妹是凡人的始祖，他們更不敢在此厄境中講說自己就是伏羲兄妹。因為那樣，迎來眾壯漢必定認為他們辱罵凡人，他們知道自己的始祖伏羲兄妹離去百載，豈有返回凡界的道理，更會激起眾壯漢惱怒。怎麼辦呢？說也不成，打也不行。

「住手！」就在惡鬥將要發生時，伏羲四人突聞撲來一壯漢驀然喝叫道。

「怎麼了？」扑來眾壯漢一愣停下手腳道。

「你們瞧，」喝叫壯漢見眾壯漢停止，接言道，「他怎麼像咱凡人的人祖伏羲爺爺？」

「怎麼？」緊張無奈的伏羲哥實在料想不到，凡人中不僅有人知

道其存在，而且知道自己的功業和長相，立刻大喜過望道，「你認出了我來？」

「是的，」發怔的一壯漢這時清醒過來，不接伏羲哥之言，接著剛才喝叫壯漢之言道，「瞧他頭上兩隻短粗的牛角！瞧他金黃的膚色，滿身的金鱗！」

「很對，除了人祖伏羲爺頭上生有牛角，面呈金色，身覆金鱗，別的誰個能夠這樣？」剛才喝叫壯漢不接伏羲哥之言，就要返向河邊人群道，「你們在此好生瞧著，我請老族母前來辨認辨認。」

欲去壯漢叫葉興，他們與河邊戲水的眾凡人都是葉氏族人。葉氏族人所以姓葉，是其祖先從伏羲妹生出的肉團中分離後，落到了昆侖山的樹葉上，故而以葉為姓。

葉興剛才與眾壯漢一道欲要搶掠伏羲妹和宓妃，來到近前陡見咸鳥一身鳥毛頭生鳥尾，已是大感驚異。又見金面的伏羲哥身材偉岸，威嚴不可侵犯，並且頭上與眾不同的生有一對短粗的牛角，身上覆滿金鱗，頓然想起老族母講說的人祖伏羲爺長相正是這樣。所以他心中大為奇異，喝止眾壯漢講明原因後，即要返去迎請老族母。

「孩兒不必前去。」伏羲哥未等葉興轉身，即攔阻道，「我正是再造你們凡人的人祖伏羲爺！」

「你──」葉興身未轉去，頓然一愣道。

「是的。」伏羲妹插言道，「我則是再造你們凡人的人祖伏羲奶奶！」

驚愣的葉興眾壯漢聞聽伏羲兄妹此言，果如剛才伏羲哥所料立刻大惱起來。以為伏羲兄妹冒充人祖辱罵他們，忘記了淫欲大叫著齊出手打向前來道，「你們狗膽包天，竟敢冒充人祖爺爺奶奶辱罵我們，這裡就是你們的死地！」

「哎呀！」咸鳥在旁早已憋不住氣惱，這時眼見眾壯漢打來立即擋上前去，一陣拳腳並用，眾壯漢挨著即倒，發出了疼叫。咸鳥的身量並不比凡人高大，他能夠出乎伏羲哥四人預料，不費吹灰之力地打倒眾壯漢，是因為他是伏羲妹獨個生產。

而眾凡人則是伏羲妹一胎化育無數，咸鳥因而獨得伏羲爹娘遺傳神力，眾凡人則分得伏羲爺爺奶奶遺傳神力，所以他們人數雖多也不是咸鳥的對手。更不要說伏羲兄妹親自出手，眾凡人就更不是對手了。

「怎樣，沒等你們人祖爺爺奶奶動手，你們就都倒在了地上，」咸鳥剛才還擔心鬥不過眾壯漢心存緊張，這時輕易取勝心氣陡壯，只見他輕輕一揮雙手傲然道，「這次知道他們真是你們的人祖爺爺奶奶了吧。」

「知道了，小的知道了！」葉興眾壯漢剛才不知道怎樣已被咸鳥打倒心中大驚，他們每每行此搶掠婦女之事，都沒有遇到過這等強人啊！為此他們心中雖然仍是不願認定頭生牛角，面呈金色，身覆金鱗的伏羲哥即為人祖，卻又知道咸鳥厲害，不敢否定也不敢怠慢，只有唯諾著趁機爬起身子向來處扭頭便跑。伏羲哥對之一笑，也不讓咸鳥追趕，即領伏羲妹三人隨後向河邊戲水人群處奔來。

「老族母，那邊來了二男二女，」葉興眾壯漢逃跑一陣雖不見咸鳥四人緊追，卻看見他四人隨後向族人戲水處行來。他們皆知咸鳥厲害不敢怠慢，一陣跑到老族母面前上氣不接下氣道，「現在正向我族人處奔來。」

「噢，二男二女怎麼了？」老族母不以為然道，「奔來又怎麼了？瞧把你們嚇的！」

「不，老族母。」葉興急忙喘一口氣道，「他們的身手實在厲害！」

「厲害怎樣？」老族母依舊不以為然道，「能打仨攜倆？」

「何止打仁攜倆！我們剛才稍一近前，」葉興繼續講說道，「即被其中一個身長鳥毛的年輕男子，全都打倒在了地上。」

「有這等事？」老族母這才認真起來道。

「是的。不僅這樣，」葉興道，「那壯年男女，還自稱是再造我們凡人的人祖爺爺和人祖奶奶！」

「胡扯！人祖爺爺和奶奶再造我們凡人之後，全都去了天界。」老族母頓生氣惱道，「去時距今依上輩人講說已歷百載，我們凡人已傳數代，他們怎會再到凡間！」

「是呀！」眾壯漢七嘴八舌接言道，「他們欲行撞騙，也不能這樣裝作先輩辱罵凡人呀！」

「可那男人頭上生有牛角，金身金面，」葉興心存疑問道，「如同老族母先前所言伏羲爺爺長相呀！」

「那也可以做假嘛！」又一壯漢插言道，「弄一對牛角放在頭上，身上臉上塗些黃色，不就行了？」

「還有，」又一壯漢接著道，「妖魔也可以變化呀！」

「對，如此男女假冒人祖，定存不善。」老族母大惱，遂令戲水眾族人全部上岸，拿起捕獵的石器梭標，一齊向伏羲哥四人迎去道，「走，我族人教訓教訓他們去！」

「你等究為何方惡人哪處妖孽，膽敢冒我人祖辱我凡人，壞我人祖之名？」伏羲哥四人這時已經來到葉氏族人近處，所以葉氏老族母引領眾族人前行不遠，便與他們迎在了一處。葉氏老族母仔細看視伏羲哥一番，心中雖奇其長相與傳說中的人祖爺爺相同，但聯想到剛才葉興眾壯漢所言，又懷疑其為妖魔所變或為凡人假扮。加之人祖爺爺造人後升天已久，此後從來沒有人見過，今日怎麼會突然間出現在這裡呢？於是心中惱怒難消道，「如果講說不清，老娘叫你等有來無回！」

「我就是一百年前再造你等凡人的人祖伏羲爺爺，今日剛從天界返回凡間看視你等凡人，」剛才伏羲哥未及開口，葉氏老族母已經搶先捧出了那番言辭，這時伏羲哥見她講說完了，立即開口道，「想不到剛剛走到這裡，就遇到了恁多麻煩。」

「胡說！看來你等是非要辱罵我等凡人不可了！」老族母這時更惱道，「孩子們，打死他們，不讓他們活著回去一個！」

老族母一聲令下，葉氏眾族人立即揮起手中器械，齊向伏羲哥四人圍殺上來。伏羲哥四人已從剛才咸鳥輕取葉興眾壯漢的舉動中，知道凡人雖多也不是他四人的對手。因而雖見葉氏眾族人一起殺上前來也不驚怕，只是揮手輕輕撥擋，已將沖來強壯凡人連械帶人悉數撥倒在地。轉眼工夫，已將殺上前來葉氏千數族人撥倒過半，剩餘族人皆為老幼弱者，怔在那裡不敢再打上前。

「孩兒們，都快快站起！」葉氏老族母眼見伏羲哥四人輕取其強壯族人，再打下去已不可能，正在驚怕事態向壞處發展，卻聞伏羲哥和藹道，「我們不要一家人不認識一家人，再鬧誤會了！」

「你們究竟要做什麼？」葉氏老族母仍不相信伏羲哥真為人祖，心中充滿驚怕道，「快說吧！」

「你們不必害怕，我作為再造你們的人祖爺爺絕不會傷害你們。」伏羲哥繼續和藹道，「我們前來只是看看，你們凡人生活得可好，有什麼難處，好幫助你們。」

「你們，」驚怕不已的葉氏眾族人眼見伏羲哥四人果真沒有傷害他們之意，並且伏羲哥生得勇武慈藹可敬可親，伏羲妹生得端莊嬌美，都與傳說中的人祖爺爺和奶奶無異。方才稍稍收起一些驚怕，倒地的站起身來驚問道，「真是再造我等凡人的人祖爺爺和人祖奶奶？」

「真是。」伏羲妹接言道，「我們從天界歸來看你們來了！」

葉氏眾族人這才放下心來，圍上前來七嘴八舌向伏羲爺爺奶奶詢問起了這樣那樣的事兒。他們問渾沌的事兒，問渾沌之前凡界的模樣，問渾沌之後他們為什麼去了天界，天界是什麼模樣，今天又怎麼離開了天界。伏羲兄妹讓他們坐在他們四人周圍，對他們的提問逐個講說起來。

　　伏羲兄妹講啊講呀，他們一口氣講過一宵又講過半晌到了第二天中午，直聽得葉氏眾族人全都驚奇得目瞪口呆。中午之後，伏羲哥讓葉氏老族母向他們講說凡界的情形，其他族人都到附近尋食、玩耍去了。

　　葉氏老族母遂向伏羲哥四人講說了一切。她說，自從人祖爺爺奶奶在昆侖山上再造了他們凡人，他們凡人便以那時落在其上的物什為姓氏，隨後奔向四面八方主宰起了偌大凡界，繁衍起了後代。如今她這位年過半百的葉氏老族母，也已經是人祖爺爺奶奶再造凡人的第三代傳人了。

　　凡人奔向四方之後還好，不僅一百年來氣候宜人，而且人口繁衍迅疾。她葉氏族人已由開始的一位老族母，如今繁衍成了千人以上的大氏族。但只是眾多不同的氏族壯大之後，不再是凡人幫助凡人。而是強者佔據水草食物豐盛之地，搶掠弱族婦女，氏族間常常發生爭戰。爭戰後勝族將敗族男人殺滅，掠得女人繁衍子嗣。

　　「啊呀！」葉氏老族母講啊講呀，就這樣一口氣講過一個下午，早聽得伏羲兄妹擰起了眉頭。葉氏老族母正在向下繼續講說，東方近處樹林中，突然傳出了眾女子的驚叫奔逃之聲。伏羲哥心中一驚急問道：「出了什麼事情？」

十七、夫妻成制

「沒有什麼事情。」葉氏老族母則不以為然，淡淡一笑道，「聽聲音，是男子追歡於女子了。」

「噢，竟然把上天給凡人造化的男歡女欲極樂之事，做成了這等邪惡的樣子！」伏羲哥看著葉氏老族母不以為然的情態，耳聽其平淡至極的話語，眉頭陡地擰成了疙瘩，霍地站起身子道，「走，我等一起看看去。」

伏羲哥說著即領伏羲妹三個，循聲向東邊小樹林走去。葉氏老族母無奈，也只有快快地在後面跟隨。他五人轉瞬來到小樹林中，借著樹葉間透下的斑駁月光，看到正有二三十名青壯年男子，在爭搶著二十餘名年輕女子。

他們有的兩三名男子拼命追逐一名女子，嚇得女子邊跑邊尖聲喊叫。有的壯烈男子不顧柔弱女子的嬌羞反抗，硬是在草地上強行與之交歡，弄得女子慘叫不已。更有數名男子爭搶一名女子，正在拼打搏鬥，嚇得被搶女子瑟瑟顫慄。如此等等，淫邪不堪，亂不忍睹。

「起來，都給我滾起來！」伏羲哥眼見其子孫後代竟然這樣交歡，弄得人情盡絕，形同禽獸，立刻勃然大怒道，「你等這樣交歡，男惡女怕，邪惡兇殘，與禽獸何異！」

伏羲哥的怒吼如同銅鐘驟響，深沉威嚴，令人震栗！正在行惡的眾男子突聞此聲全被震懾，又見是人祖爺爺來到，誰個還敢繼續行惡。全都驚怕得雖然捨不得站起，卻也不得不站起了身子，許久方有膽大者葉興開口道：「人祖爺爺，男女交歡，繁衍子嗣，我們沒有錯呀！爺爺為什麼這樣動氣？」

「畜牲，禽獸，你們全是禽獸！」伏羲哥怒氣不消，喝罵起來道，「你們這樣交歡，哪裡是人？」

「人祖爺爺，我等這樣交歡形同禽獸不好，怎樣交歡才有別於禽獸？」葉興也不氣惱，詢問道，「只要人祖爺爺有令，我等小輩一定不敢違拗！」

葉興的這番話語，真的難住了氣惱的伏羲哥。是呀，他怒斥凡人這樣交歡形同禽獸，那麼怎樣交歡才有別于禽獸，建立起人倫之理呢？對於這些他還沒有來得及去想，更沒有拿出辦法，只是看到如此交歡形式才加以制止。為此葉興的話語問住了伏羲哥，他沒有辦法，氣惱不消，只是屬言制止道：「你不用逞能，你們男人都給我滾開！反正爺爺不容許你們這樣去做！」

「人祖爺爺，我們男人需要女人，她們女人也同樣需要我們男人啊！」葉興並沒有被伏羲哥的無理之言壓服，不願丟開到手的心愛女人葉紅道，「再說，為人祖爺爺增多子孫也需要男女交歡，您非讓我們離去做什麼呢？」

「就你多嘴，爺爺叫你滾開你敢不滾，還來狡辯！」伏羲哥被葉興說得大惱，忍不住抬腳來到葉興跟前，出手將其撥倒在地道，「爺爺打死你。」

「爺爺饒了後輩，」葉興倒在地上方知害怕，急忙翻身跪倒求饒道，「後輩再也不敢多嘴了。」

「滾，」伏羲哥更沒有好氣，厲喝道，「都給爺爺滾開！」

葉興這時不敢再怠，急倒頭朝伏羲哥一拜，遂起身一溜煙向遠處跑去。其他青壯年漢子眼見伏羲爺沒有迴旋餘地，也隨葉興之後一起跑去。伏羲哥這才怒氣稍消，心中卻又湧上了愁思。他仍是拿不出既可保證男女高興交歡，又能使人倫不亂有別於禽獸的方法呀！

然而時間沒有容許伏羲哥多想，被眾男子放開的眾女子，便在葉紅的引領下齊過來叩謝伏羲哥道：「謝人祖爺爺救了我們，我們女人在凡界比男人苦得太多了！他們男人動不動就隨意欺辱我們，並且不管我們願不願意。」

「是的，」伏羲哥聽了，忙對葉紅眾女子安慰道，「爺爺已經看到了。」

「還有，外來男人還常常搶掠我們女人，令我們整日不得安寧，膽戰心驚。」葉紅眾女子又言道，「爺爺，您要為我們女人想想法子呀！」

「爺爺一定想法子保護你們，讓你們也可以真正享受到欲求的交歡之樂。」伏羲哥繼續安慰著，心中的愁思卻更是加重起來。於是他遣開眾人道，「你們都去吧，讓我一個人在這靜靜心。」

伏羲妹眾人一齊被遣去後，小樹林中只剩下了伏羲哥一人，他便獨自在小樹林中漫步徘徊起來。月光下，金秋時節的小樹林中碩果盈枝，他無心借著明亮的月光看視一眼。地上草叢中開滿了異香沁脾的百色鮮花，他無心欣賞也沒有看視一眼。

他心中愁思不解，特別是看到其剛到凡界，就在葉氏族人中碰到了這種男女混亂交歡的事情，推而廣之，不就可以知道凡界男女交歡之亂了嗎？凡人都是自己的後代子孫，他怎能容許他們淪為禽獸喪失人倫，甚至為了交歡互相施惡直至殺戮呢？他不容許，卻又一時苦思

不出解除的良法！

夜越來越深，葉氏老族母給伏羲哥送來了吃食，他把她趕到了一邊。伏羲妹前來勸他吃點東西，他把她揮到了別處。前夜競亮歌喉的百色蟲子，進入後夜都唱累了，這時也都收起歌喉睡去了，伏羲哥仍是在小樹林中愁思徘徊。濃重的晨露就要迎來東方破曉的曙光了，徘徊不息的伏羲哥仍是眉頭擰成了疙瘩。

「我有辦法了！」終於，一夜焦思不得良法的伏羲哥，隨著東方破曉心頭豁然開朗，舒展開了擰成疙瘩的眉頭，愁思的臉上綻開了由衷的笑容，高叫道，「伏羲妹，哥哥有辦法了！」

「噢，哥哥快說，」躲在近旁的伏羲妹與葉氏老族母迅疾趕來，大聲詢問道，「有了什麼法子？」

「亂婚。」伏羲哥道。

「亂婚？」伏羲妹大為不解道，「這是什麼法子？」

「不，」伏羲哥又言道，「亂婚是造成凡界男女交歡混亂的根源。」

「對，找到了造成混亂的根源，」伏羲妹聰敏過人，這時心中頓明道，「挖掉這根源，就可以治住混亂了。」

「正是此法。」伏羲哥高興道，「既然亂婚是造成混亂的根源，那麼挖掉亂婚這個根源，不就可以治住混亂了嗎？」

「可是爺爺，挖掉了亂婚這個根源，」葉氏老族母聽了不解，在旁插言道，「又怎麼使男女交歡，繁衍子嗣呢？」

「用固定婚娶之法，」伏羲哥胸有成竹道，「代替亂婚之法。」

「怎麼訂婚娶？」伏羲妹不解道。

「一夫一妻。」伏羲哥闡述心中之想道，「一個男人只能婚娶一個女人，一個女人也只能嫁給一個男人。」

「對，讓這對男女只能自己交歡，別的男女不能染指他們，」葉

氏老族母隨著插言道：「他們也不能染指別的男女。」

「這樣，他們夫妻雙方就可以恩恩愛愛，」伏羲妹贊同道，「終生廝守，白頭偕老了。」

「正是。這樣一夫一妻固定下來，」伏羲哥繼續說，「既可以避免交歡混亂，又可以建立起穩固的家庭，使父子相識代代相傳。」

「好，就這麼辦！」葉氏老族母說著心中突然一驚道，「人祖爺爺，此法雖好，可它解決了一氏族中男女交歡之亂，如果別氏族的男人前來我氏族胡亂交歡，怎麼辦呢？」

「這個孩兒儘管放心，今後固定婚娶之制不僅要在你氏族中實行，」伏羲哥心中早有成熟之想道，「而且爺爺要在凡界所有氏族中推行，以徹底治除凡人男女交歡混亂，使一氏族男人到另一氏族中胡亂交歡的事情不再發生。」

「那好！」葉氏老族母這才放下心來道，「爺爺就說怎麼辦吧。」

「集中你們氏族眾人，」伏羲哥高興道，「先在你葉氏族人中試行固定婚娶之法。」

「試一段時間看看能否治住混亂，」伏羲妹這時插言補充道，「若能治除，再在凡界推行。」

「好，爺爺奶奶稍待，」葉氏老族母邊起身前去集合族人，邊說道，「孩兒這就集合族人去。」

「孩兒們，你們交歡時互相爭搶，或者隨意施暴女人的舉動，都是亂婚造成的，喪失人倫的邪惡舉動。」轉瞬，伏羲哥見葉氏眾族人集合完畢，便來到眾人前面說道，「今天爺爺把你們叫到一起，就是要在你們這裡試行一夫一妻固定婚娶制度。改改亂婚造成的交歡形同禽獸情狀，你們同意嗎？」

「人祖爺爺，昨晚你就叫孩兒改變交歡辦法，可是孩兒不知道怎

麼改。」伏羲哥講說完了，葉氏眾族人雖然知道了他的意思，卻不知道他說的一夫一妻固定婚娶制度，是個什麼樣子，怎樣試行。因而一時無人應聲。伏羲哥見之正欲向下細說，卻聞葉興又是率先詢問道，「今日爺爺說要試行一夫一妻固定婚娶制度，治除混亂，只是孩兒不知道這制度是什麼模樣，怎樣試行，請爺爺講說清楚一些，好嗎？」

「好哇，爺爺正要講說。」伏羲哥聽了此問，方知眾人不應則為不解其意，遂向下講說道，「一夫一妻固定婚娶制度，爺爺想是這樣：比如你葉興欲娶葉紅為妻，你就要先向葉紅的母親送上一張獸皮作為聘禮……」

「噢，我送一張獸皮作為聘禮！」葉興這時疑問不解道，「不送呢？」

「不送不行，這是爺爺定的規矩。」伏羲哥繼續道，「如果葉紅的母親收下你的獸皮，就是她同意這樁婚事，孩兒就可以婚娶葉紅為妻了。」

「好哇！」葉興早對相貌俊美的葉紅垂涎三尺，只是先前眾男子爭搶激烈難以到手，這時聽到伏羲哥此言心中大喜，即不怠慢取下裹在身上的一張多餘獸皮道，「孩兒這就送給葉紅母親一張獸皮。」

「孩兒且慢，聽爺爺把話說完。」伏羲哥攔住葉興，繼續道，「孩兒婚娶葉紅之後，葉紅就是你終生的妻子……」

「人祖爺爺，」葉興這時迫不及待接言道，「孩兒願做葉紅終生的丈夫！」

「那好。這樣就可以夫妻終生相伴相愛，白頭偕老。」伏羲哥繼續道，「而你，再也不得向別的女人求歡……」

「這個，」葉興仍是迫不及待道，「葉興保證做到，終生只愛葉紅一個！」

「那好，爺爺望你說到做到。」

「葉興保證做到！」迫不及待的葉興不等伏羲哥說完，又搶過話頭鏗鏘道，「這太好了，人祖爺爺！」

「具體就是這樣，」伏羲哥這才說完了，詢問大家道，「你們同意嗎？」

「同意，我們都同意，這樣太好了！」伏羲哥話音剛落，聽明白了的葉氏族人遂一起大聲答應道，「這樣男女就有恩愛可言了，就可以盡情盡意地享受男女交歡的凡間至樂了！」

「這樣還可以使人們不再為交歡打鬥，避免造成凡間混亂。」葉紅也是心有見地，這時高聲道，「凡人就可以真正有別於禽獸，使男女交歡之事高尚起來，尊嚴起來了！」

「人祖爺爺，您說的辦法很好，我完全贊同。」葉興這時卻又生出了擔心，詢問道，「但我葉興遵行爺爺之教，別個不遵，搶我妻子呢？」

「爺爺之教要在凡界成為規矩，今後誰若違犯，」伏羲哥堅定道，「就群起而誅之。爺爺若在，就親手誅除之。」

「可是，如果有外氏族男人，」果然，一位年長族人提出了與剛才老族母相同的疑問道，「前來搶掠我氏族女子呢？」

「以後，不僅在你葉氏族內男子可以聘娶女子為妻，不同氏族間的男女也可以互相聘娶，」伏羲哥回答道，「從而打破氏族間互不通婚的陋習，使凡界真正結為一體。」

「人祖爺爺說得好！」那年長族人的疑問這時仍未得到回答，即又開口詢問道，「可是如果遇上孩兒剛才說的，外氏族男子前來搶掠我氏族女子之事呢？」

「對搶掠者格殺勿論！」伏羲哥堅定道，「若有氏族不守此規，

爺爺就親往誅討之。」

「好。人祖爺爺，」年長族人這才心滿意足道，「這樣我們就放心了！」

「既然大家已經明白，現在爺爺宣佈皮聘婚娶儀式開始！」伏羲哥說完，見眾族人平靜下來不再提出疑問，知道他們全已心明。便高興地親自主持起了我中華民族歷史上，第一次皮聘婚娶儀式道，「有誰願意率先聘娶？」

「葉興願為開始！」葉興早已等得焦急萬分，這時終有機會搶先道，「聘娶葉紅為妻！」

「好，既然葉紅為聘娶之始，爺爺就親代葉紅之母收受獸皮。」伏羲哥見葉興回應心中歡喜，但他也不大意。先是看視葉興一番，接著審視葉紅一陣，見雙方相貌般配心中滿意。末了仍不放心又向伏羲妹和老族母看去，與之交換眼色見到二人點頭贊許，方才答應下來道，「將葉紅嫁給你葉興為妻，望你終生呵護好她！」

「謝爺爺恩賜教誨，孩兒葉興定然沒齒不忘！」葉興急把早已捧在手中的獸皮，鄭重地雙手舉過頭頂，向伏羲哥獻上道，「請爺爺收下孩兒葉興奉上的聘皮！」

伏羲哥莊重地接過獸皮，即為他們舉行了簡單但卻鄭重的嫁娶婚禮，把葉紅當眾嫁給了葉興。葉氏眾族人眼見伏羲爺爺躬行婚娶之禮認真，遂在葉興之後以皮為聘，老少男女紛紛結成了固定夫妻。伏羲哥眼見試行固定婚娶制度順利，便在葉氏族人中逗留下來觀察成效。

轉眼數十日過去，伏羲兄妹看到一夫一妻固定婚娶制度成效大顯。它不僅制止了亂婚造成的男女交歡混亂，把凡人與禽獸的界限鮮明區分開來。並且使得人們在男女交歡上有了人情倫理，男女之間有了恩愛之情，夫妻雙方盡情地享受起了人倫至樂。

伏羲哥心中高興，便要離開葉氏族人遊走凡間，察看天下情勢推行固定婚娶制度而去。葉氏老族母挽留再三，見到實在挽留不住伏羲爺四人，便讓葉興葉紅等五十對年輕夫妻隨同伏羲爺前行，以壯人祖爺聲威供伏羲爺策使。

伏羲哥欣然應充，遂領伏羲妹眾人一起告別葉氏族人而去。此後，伏羲兄妹所到之處傾力推行一夫一妻固定婚娶之法，使得始於葉氏族人的固定婚娶制度，迅疾風彌天下，並且一直延襲到了今日。

然而，伏羲兄妹引領眾人雖然一路看到凡界太平，凡人生活幸福安寧，推行一夫一妻固定婚娶制度成績卓然，心中甚是高興。但也為一直尋找不見雷澤的蹤影，使得他兄妹不能設法救出娘親心中甚為焦急。雷澤哪裡去了呢？他兄妹離開昆侖神山東行已歷兩個月的時光，覺得早該尋到昔日雷澤在處了，眼前卻到處都是陸地一片，不見偌大雷澤的蹤影。

這時他們當然找尋不到昔日偌大的雷澤，他們仍用昔日的眼光尋找記憶中的雷澤，雷澤已像先前的黃河一樣，經過上次凡界渾沌災變化為了陸地，僅僅遺留下來了一個不大的龍潭，在他們這時在處東南方向不太遠的地方。他兄妹引領眾人一路東北行來，恰好與龍潭在處偏離了方向，所以找尋不見。

伏羲兄妹尋找不見雷澤心中焦急，引領眾人一路東北行走更疾。轉眼又是二十餘日過去，他們奔下昆侖神山累計算來已歷三個月時光，天氣進入了初冬時節。

伏羲哥眾人這日正在行進，不覺間高天之上佈滿了濃重的彤雲，隨著一陣朔風吹來，晶瑩的雪花已經飄飄灑灑地散落上了無垠的大地。眨眼間便把千姿百態的大地，變成了銀裝素裹的潔白世界。

雪景是美好的，可是美好的雪景對於這時的伏羲哥眾人來說，卻

不僅不是美好而是災難。他們身上沒有禦寒之衣，有的僅是一張不裹全身，只是遮住腰間羞處的獸皮。

就是那些年輕女子，也不過是在這張遮住腰間羞處的獸皮之外，又用幾串樹皮或藤條作繩穿起來的樹葉，纏在上身遮住胸前的凸處。獸皮和樹葉都不是為了禦寒，而是為了遮羞。所以凜冽的朔風吹來晶瑩的雪花飄下，身無禦寒之衣的伏羲哥眾人，全被凍得皮青唇紫，渾身瑟瑟打起顫來。

同時，美好的瑞雪還給伏羲哥眾凡人帶來了食物難尋之苦。天氣暖和時節，眾凡人哪怕是在缺少果實可食的春季，也有溫暖的天氣身子不冷。同時有剛剛發芽的樹葉和各色野草吃食，還可以下水摸魚，上山捕獸充作食物。更不要說到了金秋時節，樹上萬果競熟，地上千草結籽，眾凡人食之不盡了。

可是在這寒冷的冬季，伏羲哥領的眾凡人還沒有秋藏食物之能，他們只能眼睜睜地看著秋熟的萬果和千草之籽，在冬寒中漸漸爛掉。山上的樹、地上的草也全都沒有了翠綠的葉子，加上大雪把大地覆蓋，他們便無處尋找食物，要吃只能去吃草根樹皮。要下水捕魚又難禁寒冷，上山捕獸難以追擊。因而到了寒冷的冬季，天下眾凡人便陷入了天冷難耐、食物匱乏的嚴重困境。

伏羲哥眾人置身此境，避寒無處藏身，食物難以找尋，實在困苦至極。為了度過此難，伏羲哥引領眾人前去找尋大族凡人幫忙。他們尋過一個氏族又一個氏族，不僅哪個氏族也無能力幫助他們解去急難，並且每一個氏族都像他們一樣陷身困厄之中，越是大族越是災難深重。

伏羲哥的眉頭重又擰起了疙瘩，因為玉皇大帝臨別時說的，凡界正有好多事情要他來做的話語，重又響在了他的耳邊。並且，他也不

忍心讓自己的後代子孫這樣受難道：「有什麼方法，可以幫助凡人度過冬日苦難呢？」

「是呀，哥哥。」伏羲妹也早已為此陷入了愁思，接言道，「需要早些找出辦法呀！不然，孩兒們實在太苦了。」

「可是，辦法實在難尋呀！」伏羲哥眉頭的疙瘩越撐越緊道，「天這麼冷，又沒有吃的！」

「沒有辦法也要找出辦法，」伏羲妹心中焦急道，「不然，孩兒們怎麼度過嚴冬啊？」

伏羲兄妹就這樣焦愁著苦思著，一連數日在苦苦地尋找著幫助凡人度過嚴冬之法，但是數日過去他們仍然不得良法。尋無良法伏羲哥焦愁難耐毫無睡意，這樣轉眼又是數日過去。連日的愁思煎熬使得伏羲哥疲憊到了極點，這日午後終於眼皮一沉，在寒冷中昏睡過去。

伏羲哥剛一睡去即覺眼前陡亮，見到一隻碩大的蜘蛛正在夏日的樹叢中匆忙結網。蜘蛛口中牽出一根銀絲，先是從上拉到下，從下拉到上；再從左牽到右，從右牽到左。這樣反反覆覆，忙活一陣便結出了一張銀絲上下左右排列有序，密密麻麻縱橫交織的大網。

網剛結好，一隻蒼蠅飛來一頭撞在網上被網了個結實，結網的蜘蛛隨即上前吃食起來。蜘蛛剛剛食完蒼蠅，又一隻五彩的蟲蛾悠然飛來，一頭撞在網上被網了個結實，結網的蜘蛛又隨著吃食起來。目睹至此伏羲哥不禁叫出聲道：「我有辦法了！」

「哥哥淨說夢話！」伏羲妹在旁心疼道，「睡覺還在愁思。」

「快，咱們快到四處尋找葛藤桑麻，」伏羲妹話音未落，卻見伏羲哥隨著眼睛睜開，已是一骨碌站起身來道，「帶到這裡來。」

「啊！」伏羲妹不解伏羲哥之意，心中一怔詢問道，「尋找葛藤桑麻做什麼？」

「都快去呀，」伏羲哥見伏羲妹眾人愣在原地遲遲不動，不耐煩地道，「我說有辦法了呀！」

伏羲妹與眾人雖然仍舊不解，但看到伏羲哥對他們愣而不動生起氣來，遂不再詢問，立刻四處尋找葛藤桑麻而去。伏羲哥剛才正是應了人們常說的腦有所思睡有所夢之說，在無奈時昏睡中夢見了蜘蛛結網捕食，頓受啟發想到可以學習蜘蛛，結網捕魚擒獸解除凡人嚴冬缺食之急。想到這裡伏羲哥高興得驟從睡夢中醒來，急要眾人前去尋找葛藤桑麻，作為結網的材料結出捕魚擒獸的網來。

伏羲妹眾人一陣尋找，很快在四處雪地中尋找回來了不少的葛藤和桑麻。伏羲哥遂向伏羲妹眾人講說了心中所想，並示範用石刀劈破葛藤與桑麻。然後學著蜘蛛的樣子，用破開的葛藤和桑麻條兒織起網來。

伏羲哥先是織出了一張不大的魚網，為了驗試此網的捕魚功效，即讓幾名壯年男子用其下水捕魚。結果幾名領命男子下水用力一拉，一網便捕撈上來了數十條魚兒，解除了人們下水手摸難擒魚兒之難。

他們一網捕到眾多魚兒心中高興，急把魚兒送到了伏羲哥眾人面前。伏羲哥眾人見之大喜，先飽食一頓魚兒解去腹中饑餓，之後都學著伏羲哥的樣子織起網來。

伏羲哥眾人織呀織呀，織到第二天中午，一張用於擒獸的大網織成了。為了驗試這張大網擒獸的功效，伏羲哥親率數十名男人抬網上山，在一片樹林中張開了大網。隨後伏羲哥留下數人隱伏在大網近處看網，以等待擒捉被大網捕獲的獵物。剩餘眾人則前去尋找野獸，並把它們趕入網中。

很快他們尋到了一群善跑的羚羊，過去他們別說是在雪天，就

是在春天也無法追趕上它們。這次他們一陣追趕，即把它們趕入了網中。張開的巨網被它們一撞，便把它們全都網在了網中。伏羲哥眾人急忙上前，一陣便把眾羚羊捆牢，高興得歡叫著扛網攜羊返向了居地。

焦待的伏羲妹眾人很遠就看見了歸來的伏羲哥眾人，特別是見到他們擒獲豐碩，高興得歡叫著向前迎了過來。轉瞬迎到一處，接過伏羲哥眾人擒來的羚羊，更是齊聲歡叫不已。伏羲妹看著歡叫眾人，高興地對伏羲哥道：「哥哥這辦法真好，既省力氣又可解去眾人饑餓！」

「是呀，魚肉獸肉可以用來解饑，」伏羲哥高興道，「獸皮還可以用來禦寒！」

「這真是一舉兩得，」伏羲妹接言贊叫道，「一法解去了兩難呀！」

「是的，我們要把這方法儘快教會天下凡人，」伏羲哥重又焦急起來道，「免使他們再受嚴冬之苦。」

「對。我們這就可以出發。」伏羲妹此言正合伏羲哥心意，於是他即領隨行眾人踏雪前行，一路既推行固定婚娶制度，又傳授結網捕魚擒獸之法。他們走過一方地面又一方地面，教過一個氏族又一個氏族，轉眼又已過去二十餘日。

「人祖爺爺，人祖爺爺，」這日伏羲哥眾人剛剛來到張氏族人居地，突見從他們來路上急匆匆跑來一人，上氣不接下氣地跑到伏羲哥面前道，「我可找見你們了！」

「有什麼事，對人祖爺爺慢慢講說，」葉興見那來人話剛落音便喘不上氣來，急忙上前安慰道，「甭急。」

「人祖爺爺，俺余氏族人居地東南方向不遠處有一方龍潭，」來人慢慢緩過氣來道，「過去一百年沒有事兒。這幾天潭中突然出現一個人頭龍身的怪物……」

「噢！」敏銳的伏羲哥剛剛聽到這裡，即已意識到此怪像是邪惡

的雷神，急言打斷詢問道，「那怪人頭龍身，你們看得真切嗎？」

「千真萬切。」來人肯定道，「那怪連連吃人，已經吃了十數人了！」

「太可惡了！」伏羲哥勃然大怒道，「爺爺非要除去此惡不可！」

「哥哥，此怪定是我們正要尋找的雷神！」伏羲妹這時一邊肯定一邊疑問道，「只是若是雷神，他為什麼不住雷澤屈居小小龍潭之中？」

「或許是凡界渾沌之變，變沒了雷澤，」伏羲哥推測道，「變成了龍潭，所以我們沿途尋找不見雷澤。」

「哥哥說的有理，」伏羲妹心中驟明道，「這樣雷神就只有住此龍潭之中了。」

「噢！原來人祖爺爺奶奶認識那怪，」來人這時聽出了奧妙，即忙接言道，「那怪讓我們給爺爺奶奶傳話……」

「傳什麼話？」伏羲哥急問道。

「他說爺爺奶奶已經來到了凡界，」來人繼續道，「讓我們對爺爺奶奶說，他雷神正在龍潭中等著與爺爺奶奶算帳，讓爺爺奶奶快去！」

「呀，果然是那惡！」伏羲哥氣惱更甚道，「要與我們算帳？我們正要向他索要娘親呢！」

「俺余氏老族母害怕，」來人急又插言道，「特派孩兒前來尋找爺爺奶奶，求爺爺奶奶疾去擒惡！」

「好，爺爺這就隨你前去！」伏羲哥說著話鋒一轉，對咸鳥與宓妃兄妹安排道，「您兄妹引領眾人繼續前行，代替為父廣頒固定婚娶制度和結網捕魚擒獸之法。」

「爹爹，我兄妹隨您一起前去，」咸鳥兄妹齊言道，「屆時也好

助為父一臂之力！」

「擒除那惡，我與你母親一道足矣！」伏羲哥不應道，「再說，凡人因為交歡造成的混亂急需制止，寒冬給凡人造成的苦難也正需解救呀！」

「孩兒謹遵父命！」咸鳥兄妹無奈，只有口中應著目送伏羲哥攜伏羲妹與來人一道，徑向余氏族人居地奔去。

十八、逃開黃河

　　伏羲兄妹與余氏族來人一路向東南奔走不過十日便來到了余氏族人居地。一路之上，伏羲兄妹既喜又惱。喜的是他們正在為尋找不見雷神無法救出娘親焦愁，如今雷神自己現出形來，使得他們營救娘親有了希望。惱的是此怪邪惡不改，又在施惡凡人，他兄妹豈能容忍？為此一路上他兄妹計議再三，決計一到余氏族人居地問明情況，即去龍潭鬥除雷神。

　　余氏老族母在派出族人找尋伏羲兄妹報信去後，連日來正在與眾族人驚恐至極地等待著伏羲兄妹來到，為他們除去龍潭惡怪保護他們生活安寧。這時看見伏羲兄妹來到，全都大喜過望迎了過來。伏羲兄妹也不多言，開口便問詳情。余氏老族母聞問即答，向伏羲兄妹詳細講說了一切。

　　她說，在其氏族居地東南方不太遠處，有一個一里方圓的不大龍潭。從他們族居住在此至今一百年來，潭中一直平靜無事，其氏族歷代族人都時常去潭邊耍玩或者下潭戲水。但在二十餘日之前，其二十餘名族人在潭邊耍玩時，潭中突然浮出一個人頭龍身的巨大怪物。

　　怪物生得紅顏紅髮，赤眼紫唇，身覆赤鱗，邪惡萬端。怪物出水立即口出人言道：「伏羲輩的後代子孫，你們的人祖爺爺奶奶不是

回到了凡界嘛！你們回去對他們說，我雷神正在這潭中等著與他們算帳，叫他們快來。為了叫他們快來，今天我留兩個活口回去報信，女人全都隨我進潭，男人我全部吃掉。」言畢，隨即吞食了數十名男人，掠走了剩餘女人，果真只留下兩個男人回來報信。

「此賬必須清算！」伏羲哥這時已是聽得牙齒咬的「咯咯」作響，拉起伏羲妹就要前去道，「走，找那孽神算帳去。」

「人祖爺爺且慢！」余氏老族母心中本來想著伏羲爺爺奶奶既建再造凡人之功，定然身形高大超過雷神，一舉即可除去雷神。不料眼前卻見他二人與普通凡人身形無異，心中便對他二人除去雷神沒有了指望。這時擔心他二人前去不是雷神的對手，急作攔阻拖延時間道，「請聽孩兒講說完了，再做定奪不遲！」

「還有何言？」氣惱的伏羲哥不知老族母心思，止住腳步道，「孩兒快講。」

「自從雷神那次在潭邊吃人之後，至今又已兩次來到我族人居地催見爺爺奶奶，」余氏老族母繼續拖延時間苦思良法道，「並且每次都是當眾吃下十餘名男人，掠走十餘名女人……」

「實在邪惡至極！」伏羲哥更是氣惱道，「孽神不除，天下怎寧？」

「我族人如果不是等待爺爺奶奶前來除惡，早就遠走高飛避開此惡了。」余氏老族母這時仍是思無良策勸阻伏羲兄妹，無奈只有直言道，「那惡狠猛，爺爺奶奶還是引領我族人避去的好！」

「孩兒們不必這樣害怕，有爺爺奶奶在此，就絕不容許雷神施惡於你們！」伏羲哥這才聽出余氏老族母之意，遂一邊安慰余氏眾族人，一邊向龍潭奔去道，「你們害怕就先在這兒等著，爺爺奶奶前往龍潭除掉孽神即回！」

余氏眾族人像老族母一樣既害怕雷神，又對伏羲兄妹能夠誅除雷

神失去信心，加之見到老族母攔阻他們前去不得，又都知道他們眾族人前去也幫不了伏羲爺爺奶奶的忙，相反還會成為他們制勝雷神的累贅。於是，他們只有放心不下地眼睜睜看著他二人前去龍潭，不敢往前跟進一步，驚怕而焦灼地等待起來。

恰如伏羲兄妹先前猜測，一百年前的凡界渾沌災變，把偌大的雷澤變成了陸地，僅留下這方龍潭，邪惡的雷神這時只能屈居於這方小小的龍潭之中。由於雷神在渾沌時肆意施惡累得筋疲力盡，方才在這凡界一百年神間一百天中，只顧住在潭中休歇沒有顧及施惡凡界。然而伏羲兄妹回到凡界牽動了其心，他知道伏羲兄妹是為誅除自己而來，立即火冒三丈起身就要躍出龍潭，前去尋殺伏羲兄妹報雪前仇以絕後患。

但是雷神剛一躍上潭面，便見二十餘名凡人正在潭邊戲耍。他想誅殺伏羲兄妹卻又懶得前去尋找，氣惱的他隨著心機一動施害起了凡人。他知道伏羲兄妹十分疼愛後代子孫，自己施害凡人便可引來伏羲兄妹。於是他先是吞吃了男人，隨後掠去了女人，僅僅留下二人回去給伏羲兄妹報信。

然而雷神這時不知伏羲兄妹不在龍潭近處，回到潭中左等右待不見他兄妹前來，急得心中焦灼又在其後的數十日裡，先後兩次躍出龍潭去到余氏族人居地。吞吃了二十餘名男人，掠來了二十餘名女人，既泄心頭之恨，又激伏羲兄妹快些前來尋仇。

不料雷神第二次回到潭中之後，仍是左等右等不見伏羲兄妹來到。這時等得心中氣惱，遂決計不再被動坐等，欲要出潭再施興雲播雨之功，施惡凡界盡泄心頭之恨，激怒伏羲兄妹快些前來。

雷神想到就做，結果恰好在其頭顱浮出潭面之時，出其意料地看到伏羲兄妹正怒衝衝地向潭邊走了過來。這時，狡譎的他心機陡轉，

急把浮出水面的頭顱，重又隱進了潭面下邊水中。

伏羲兄妹心中氣惱，一陣疾行來到龍潭近處，舉目看到龍潭乃是一方風景絕佳的美妙在處。它北面和西面兩面環山，這時雖值冬日，峰頭上依然蒼松疊翠，松柏溢綠；峰勢巍峨，甚為壯觀。東面和南面平川無際，遼闊渺遠。一潭雪洗後的深邃碧水，好像一塊巨大的翡翠寶石，恰正鑲嵌在山川相接的朝陽之處。放眼望去，即使在這嚴酷蕭殺的冬日裡，也顯得龍潭在處山青水碧景象不凡。

「呀！」伏羲妹看視至此，不禁讚叫道，「這龍潭在處景色太美了！」

「可那孽神卻把這裡變成了邪惡之地，」伏羲哥心中氣惱不消，怒言道，「孽神不除，美景怎保啊？」

「孽神，你快出來！」伏羲妹這時怒火陡騰萬丈，對著龍潭大聲吼叫道，「我兄妹不除去你這孽神，豈為人祖？」

「嘯嘯嘯，我們真是不為冤家不聚首，不是對頭不碰頭呀！」雷神剛才看見伏羲兄妹又隱入水下，是他突然想起華山之下石砸劇疼，擔心他兄妹居住天廷百日，歸來時玉皇大帝若是送給了他們法寶，交起手來自己無防就將活命難保。為此狡惡的他心機一動即又隱身水下，欲圖弄清根底再去交手。這時聞喊陡又耐受不住，立即「轟隆」一聲躍身出了潭面。口中怪笑道，「好哇，你兄妹此來不是要誅殺本神嗎？你們就殺吧。本神倒要看看你兄妹有什麼能耐可使！」

「孽神休得囂張，」伏羲哥突然抑下怒火，語氣緩和道，「我兄妹可以先不殺你！」

「啊！」雷神想不到伏羲哥會出此言，不禁一愣失聲道，「這是何意？」

雷神剛才出言狂傲，是想激怒伏羲兄妹亮出法寶。不料硬言碰上

了軟語，一時不知他兄妹欲行何舉，頓然愣在了那裡。伏羲哥當然對雷神氣沖斗牛，不說先前就是現在，雷神還囚禁著他們娘親，數次施害於余氏族人，把嬌好龍潭及其周圍變成了邪惡之地，論此他也恨不得立刻將其除去。

但聰明的他想到如果立即將雷神除去，他兄妹一是不知娘親在處，二也無法進入龍潭救出娘親。無奈只有壓下怒火改變口氣使用緩兵之計，欲先救出娘親再行誅除雷神。為此他接著說道：「我兄妹有兩個條件，你如果答應，我兄妹今日還可饒你一命不死！」

「那好，」雷神這才從愣怔中清醒過來，但由於不知根底仍是害怕伏羲兄妹藏有法寶，狡惡的他心中雖惱卻也不敢去與他兄妹交手。無奈只有採用將計就計之策，順水推舟欲圖再摸根底道，「本神願意答應你兄妹的條件，你們說吧。」

「一，」伏羲哥隨之接言道，「立刻把我們娘親歸還於俺！」

「啊！」雷神頓然驚詫得瞪大了眼睛，連聲否定道，「不，這做不到。」

「怎麼？」伏羲妹怒火難抑，這時厲言喝問道，「孽神真是想死嗎？」

「不，不是本神想死，」雷神心中雖惱，卻仍是害怕伏羲兄妹身懷玉皇大帝所賜法寶，不敢耍硬順水推舟解釋道，「而是你兄妹怎不想想，先前凡界渾沌凡人盡滅乃為天數，本神一個罪神，豈有保護你們娘親不死之能？」

「啊！」伏羲兄妹驚得一愣，齊叫道，「你說什麼？快講清楚些！」

「本神是說，你們娘親早已在渾沌中死去，」雷神接著解釋道，「本神今天實在沒有你們娘親可還了！」

「孽神，你害死了我們娘親，」伏羲兄妹頓被噩耗痛迷了心竅，

只顧為娘親雪恨與雷神一決生死，忽視了他兄妹遠不是雷神對手的現實，不顧自身之危吼叫道，「我們與孽神有你無我！有種你上岸來，我兄妹這就給你送終！」

「那好，」狡惡的雷神剛才不敢上岸是怕他兄妹藏有法寶，這時聽到他兄妹要他上岸決鬥，已經猜知他兄妹身上並無法寶。為此他放下心來「嘯嘯」一笑，倏然躍身到了伏羲兄妹面前道，「本神就與你兄妹一決生死！」

身量巨大的雷神來到伏羲兄妹面前，二者對比即顯出他兄妹身量嬌小，怎麼看都不是雷神的對手。但是氣惱的伏羲兄妹不顧這些，加之他倆先前數次與雷神交手，暗中都有上神相助從未敗北，所以這時只顧拼死為娘親報仇誅除雷神，毫無怯意了。大概因為天數如此，雷神落腳他兄妹面前，即嗖地揮動雷槌向伏羲哥頭頂打來。伏羲哥無法防備，眼見就要被雷槌砸著。

「啊呀！」伏羲哥眼見情急心中一愣，伏羲妹在旁則不怠慢，「颯」地躍身上前，猛地撞開了就要被雷槌砸中的伏羲哥。伏羲妹這樣救了伏羲哥一命，雷神的雷槌卻不偏不斜恰好砸在躍身前來、腳未站穩的伏羲妹頭頂。伏羲妹一聲大叫，已是腦殼粉碎、腦漿迸裂死在了地上。伏羲哥身子被撞正感突然，目睹此景頓被驚愣。

「咚！」雷神擊斃伏羲妹心中高興，即又「颯」地出槌再次打向了伏羲哥。伏羲哥只顧呆怔不知防備，眼看著又要被雷槌擊中死於非命。然而事情大出雷神預料，其正要砸中伏羲哥的雷槌卻倏然打空，「咚」一聲砸在地上竟將地面砸出了一個大坑！

雷神大奇，急舉目欲再擊伏羲哥，卻見到伏羲哥坐在了六條金龍駕著的車子之上，由六隻金色的鳳凰護衛著，風馳電掣般向西方徑直飛奔而去。

　　「別走，我要救我伏羲妹妹！」呆怔的伏羲哥坐上龍車方才清醒，急叫道。其所乘龍駕鳳擁之車果真停止了飛馳。但他看到，龍車沒有停在原處，而是來到了昆侖山巔玉皇大帝的下方帝宮開明門前。伏羲哥心中奇異正欲言說，口未張開卻見玉皇大帝從門中走了出來道：「伏羲哥，朕知道你在下方有難，特來幫扶於你。」

　　「謝大帝陛下關愛！」伏羲哥說著急欲下車。

　　「伏羲哥不必下車，」玉皇大帝見之，即又攔阻道，「朕賜你兩件法寶，你帶上即可回去。」

　　「大帝陛下萬歲萬萬歲！」伏羲哥不能下車也不怠慢，急忙跪倒車上道，「謝大帝陛下賜寶隆恩！」

　　「伏羲哥快快平身。這一件法寶是燒水煙鍋，」玉皇大帝走上前來說著，親手把法寶遞到伏羲哥手上道，「你若把這煙鍋頭往水中一插，用嘴一吹煙鍋杆，水便會驟然沸騰……」

　　「噢！」伏羲哥邊看接到手中的法寶，聞聽至此奇異道，「此物這般神奇？」

　　「是的。你吹一個時辰，可以燒乾半海之水，」玉皇大帝肯定道，「吹兩個時辰，就可以燒倒龍宮。」

　　「喔！」伏羲哥仍然未從奇異中清醒過來道，「這法寶竟有這般神力！」

　　「另一件法寶是青龍手杖，」玉皇大帝隨著又遞給伏羲哥一個手杖道，「今後不論遇到什麼樣的神怪妖魔，你都可以用這手杖取勝於他。」

　　「這太好了！」伏羲哥高興道，「這樣我就可以制勝雷神了！」

　　「伏羲哥，雷神正在對余氏族人施惡，」玉皇大帝說著即令龍車起駕道，「他們正在等你救援，你在此耽擱不得了！」

「謝大帝陛下！大帝陛下萬歲萬萬歲！」伏羲哥沒聽玉皇大帝說完已見坐下龍車啟駕，急忙開口言謝道。但他話未落音，那鳳擁龍駕之車已經把他送到了余氏族人居地，果然看到邪惡的雷神正在狂妄地「嘯嘯」怪笑著，欲對余氏眾族人施惡。余氏眾族人嚇得瑟瑟發抖，呆站在那裡只有等待雷神任意宰割。伏羲哥勃然大怒，立即開口厲喝道，「孽神，欲行邪惡嗎？」

剛才雷神出槌打死伏羲妹心中高興，眼見又要一槌砸死伏羲哥，徹底除去二對頭心中更喜。不料一槌砸空大驚之餘，見到伏羲哥被龍車救去。知道此為玉皇大帝所為，因為龍車為其坐車，心中頓然既怕又惱起來。

他怕自己施惡伏羲兄妹被玉皇大帝察知，自己必遭加罪懲罰。他惱玉皇大帝使用其車將死對頭救走。怕惱之中無處發洩，遂飛身來到余氏族人居地欲要泄其惡氣。

余氏老族母先前不敢跟隨伏羲兄妹赴身龍潭，剛才正與氏族眾人一起，放心不下地等待著伏羲兄妹奪勝歸來。他們等候的時間雖短，但對於驚怕至極的他們來說，卻覺得時間已經十分久長。他們知道雷神的邪惡，害怕伏羲兄妹此去如果不能鬥勝雷神，激起雷神倍施邪惡，他們余氏族人及凡界的更大災難就要來臨了。如果伏羲兄妹再被雷神誅殺，他們族人就更沒有出頭之日了。

好在余氏老族母心中雖與眾族人一樣害怕，但她表面卻表現得平靜萬分。給眾族人以人祖伏羲兄妹此去必勝的信念，也堅定地鼓勵眾族人不要害怕，相信人祖爺爺奶奶一定會奪勝歸來。正是在老族母的這樣鼓勵下，驚怕至極的余氏眾族人方才沒有離開居地避往他處，焦急而驚怕至極地等待著伏羲兄妹奪勝歸來。

「嘯嘯嘯……」然而，余氏族人等來的不僅不是凱旋的伏羲兄妹，

卻是他們害怕至極的邪惡雷神。雷神這時乘風邪笑著陡然來到他們面前，顛倒是非地怒叫道，「好你們這群小小凡人，竟然找來伏羲兄妹前去誅除本神，欲要借助他們之力為你們報仇！可惜他們無能得很，你們的伏羲奶奶已經做了本神棰下之鬼……」

「啊！」剛才陡見雷神來到又聞其狼嗥般的邪笑之聲，余氏老族母與眾族人已是一個個膽顫身栗。這時又聞其說伏羲妹身死之言，驚怕得他們禁不住叫出聲來，愣怔在那裡任憑雷神隨意宰割。

「你們的伏羲爺爺為保自身不死，拋下你們逃遁他去。你等死心與本神為敵，今日不受本神懲罰還有何說？」雷神眼見余氏眾族人全被嚇得呆若木雞，說著禁不住心中狂喜，又如同惡魔厲嚎般放懷怪笑起來道，「嘯嘯嘯……」

「有我伏羲哥在，」伏羲哥勃然大怒，站在了雷神面前接言道，「孽神就休想妄為！」

「伏羲，你剛從死裡逃出一條小命，眨眼就忘記了嗎？」雷神正在狂笑突聞伏羲哥此言，想不到伏羲回來得這般快疾，又見是玉皇大帝的龍車送其歸來。雖怕其身上生有變化自己對付不得，但又不願意在余氏眾族人面前掃去威風。故而色屬內荏地蔑笑伏羲不自量力道，「太不知道天高地厚了吧！」

「孽神，我看你高興得太早了！」伏羲哥這時手中握有法寶心中穩操勝券，對雷神的蔑笑不慍不怒，開口激怒雷神與其交手道，「剛才我是險些被你打死，但孽神知道那是我讓你的嗎？」

「伏羲小兒，你敢當眾羞辱本神！」雷神頓被激得怒火陡騰萬丈忘記了一切，立刻「哇哇」大叫著出手向伏羲打來道，「好好好，本神不怕你小兒嘴強，現在就叫你當眾瞧瞧，天有多高地有多厚！」

余氏老族母與眾族人剛才正在無奈，突見伏羲哥乘坐龍鳳之車來

到，攔住了欲要施惡的雷神心中大喜。這時聽到這番口鬥，又見身量巨大的雷神出手向凡人樣弱小的伏羲哥打來，全都禁不住又把心提到了嗓子眼上。

他們全都擔心伏羲哥不是對手，雷神一捶擊中其必身死無異！但他們也都幫不上伏羲哥的忙，又萬分驚怕擔心伏羲哥身死，他們族人斷了活路。

然而這次余氏眾族人不必驚怕，心有城府的伏羲哥這時眼見雷神中計向其打來，自己恰好使用法寶青龍手杖將其誅殺。於是只見他隨之也不怠慢，即出青龍手杖「嗖」地向雷神打來雷槌迎了過去。

雷神這時氣惱得忘記了一切，仍以為伏羲哥如同先前不是對手，所以只顧出槌猛打欲圖一槌將其打死，以泄心頭之恨。但是雷神這次錯了，就在其雷槌就要砸到伏羲哥頭頂之時，伏羲哥用手中的青龍手杖「嗖」地迎了過來，「當」地與雷槌撞在了一起。

「啊呀！」雷神手中的雷槌撞上伏羲哥手中的青龍手杖，頓覺其杖上似有萬鈞巨力，震得握槌的右手頓生鑽心劇疼，渾身顫慄不禁叫出聲來。雷神急忙低頭看視右手，見其虎口已被震裂開來，淌出了殷紅的鮮血。

雷神心中當然更惱，卻未醒悟伏羲哥手中手杖為玉皇大帝剛賜法寶。氣惱得用左手捂住右手虎口，仍欲一招置伏羲哥于死地，「嗖」地出腳踢了過來道，「伏羲，不殺死你這小兒，本神豈能為神？」

「啊呀！」伏羲哥當然也不怠慢，眼見雷神出腳踢來，先躍身向右躲過雷神，又急趁雷神來腳踢空之機，「颯」地一杖打在了雷神後背。雷神疼得一聲驚叫，不僅其背上赤鱗被打掉一片，而且脫鱗及肉皮開肉綻，鮮血灑了一地。

雷神這才醒悟伏羲哥手中之杖不是俗物，乃為玉皇大帝賜下的法

寶。於是不敢再戰，急忙忍疼撿起棄在地上的雷種，一溜煙飛身逃往龍潭，立即潛身進了潭中。這時他想的是只要潛身水底，伏羲哥追來入水不得，其手中法寶就奈何自己不得了。

余氏眾族人見雷神敗逃而去，齊聲歡叫著向伏羲哥圍了上來。然而伏羲哥卻高興不起來，雷神雖敗未除，特別是其剛才打殺伏羲妹之仇尚未報雪，他怎能忍受得住呀？為此他一邊安慰余氏眾族人，一邊即赴龍潭去鬥雷神道：「孩兒們莫怕，在此好生等待，爺爺前去除掉雷神即回！」

「人祖爺爺，我們有爺爺在，就再也不用害怕雷神了！」余氏眾族人剛才目睹了伏羲哥鬥勝雷神的壯舉，這時全都消去了驚怕，齊隨伏羲哥前去龍潭道，「我們跟隨爺爺前往，看爺爺誅除惡神去！」

伏羲哥於是在余氏眾族人的簇擁下來到龍潭近處，不見雷神之面只見伏羲妹依舊陳屍潭邊。目睹伏羲妹身死慘狀，伏羲哥禁不住「哇」地失聲痛哭起來。

他兄妹從小一起歷經千般苦難萬種艱辛，死過幾死方才熬到今天，伏羲妹今天卻為營救自己被雷神打死，他怎能不痛哭失聲！余氏眾族人目睹此狀，也禁不住與伏羲哥一起失聲痛哭起來。

「孽神不除，此恨怎消？」伏羲哥剛哭片刻，滿腔悲痛便化成了仇恨，率先止住痛哭並制止余氏眾族人悲哭道，「我們先安葬你們人祖奶奶，讓她在這潭邊看著我們誅除邪惡的雷神，為她報仇雪恨！」

「誅除雷神，」余氏眾族人氣憤填膺，齊聲高呼道，「為人祖奶奶報仇！」

伏羲哥遂在潭北山坡選擇一方高地，令眾人挖坑把伏羲妹葬在了其中。伏羲妹就這樣死去了，人祖伏羲爺爺和伏羲奶奶從此只剩下了伏羲爺爺一個。人們此後便不再稱伏羲爺爺為伏羲哥以別于伏羲奶

奶，而僅稱其為人祖伏羲，也稱其為伏羲氏。

「孽神，只是去躲，稱不上有種，」伏羲葬過伏羲妹，來到潭邊仍不見雷神露面，心中氣惱禁不住對著龍潭吼叫起來道，「有種你就出這龍潭，與伏羲來戰！」

然而，任憑伏羲喊叫再三，雷神躲在潭中始終沒有露面。他被伏羲打怕了，害怕出龍潭再被打死。但他不出龍潭也是不行，因為伏羲怒到極時無奈之中，立即取出身藏的第二件法寶燒水煙鍋，伏身將其插入潭中吹起氣來。伏羲剛吹片刻，整個龍潭便熱得冒起了蒸騰的水汽。

雷神在潭中熱得耐受不住，立即浮到潭面查看潭水驟熱的原因。他看視一遍不見他因，只見伏羲俯身潭邊用煙鍋往潭中吹氣，頓然明白是伏羲使出了新的煙鍋法寶，吹熱了潭水。

他知道在潭中自己這樣再躲也是無用，伏羲可以把潭水吹燒得更熱甚至煮死自己，可他出潭又怕被伏羲打死，無奈只有心思急轉，想出了與伏羲暫先調和的緩兵之策，以俟日後再誅殺他。想到這裡雷神急驅連日掠來的女人走在前面，其則躲在後面浮上潭面道：「伏羲，我雷神鬥不過你，今日我服你了……」

「噢！」伏羲正往潭中吹氣陡見潭面浮出一群凡女先是一愣，隨著聽到雷神此言一時不解其意，擔心眾凡女受到傷害一詫道，「孽神欲要怎樣？」

「為表誠服心跡，本神帶出了潭中所有掠來女人。」雷神假表心跡道，「若你允許本神安居潭中，今後不再相互傷害，本神這就放她們上岸。」

「好，就與孽神一言為定！」伏羲本欲一舉煮死雷神，這時想不到雷神突出此招，他雖然想到雷神此招虛假欲不應其要求，又怕不應

傷了眾女人性命。無奈只有強抑氣惱，答應下來道，「孽神快把她們送上岸來！」

「好吧。」雷神不敢上岸，說著把眾女人送上岸來。他欲躍身騰雲離去，但一試才知由於剛才挨了伏羲一杖，此功已廢。為此心中大驚，倏然沒入潭中道，「本神去了。」

「人祖爺爺，雷神可是饒恕不得呀！」余氏眾族人看到被掠女族人全部到了岸上，邪惡的雷神沒入潭中而去，齊都氣惱不消道，「他吞食我們那麼多族人，糟塌了這麼多女人，早就死有餘辜了！」

「人祖爺爺，善心難動惡腸，」余氏老族母這時更是忍不住氣惱道，「爺爺可不能中了孽神的奸計！您就煮死他，為凡界除去此害吧！」

「對於惡魔，爺爺豈能稍稍手軟，何況孽神早就死有餘辜，今又心懷狡惡呢？」伏羲剛才眼見雷神倏然隱去已知有詐，更是氣惱難消。這時聞聽余氏眾族人之言，加之看到眾女人已經上岸脫離險境，潭中只剩雷神一個下手時機已到，遂又施用法寶吹燒起了潭水道，「好，看爺爺煮死孽神，為凡界除害！」

「好，爺爺做得好！」余氏眾族人高興得鼓掌歡叫起來，「燒，燒沸潭水，煮死雷神！」

雷神剛才隱入潭中並未潛入潭底，狡詐的他就浮在水面下邊等待窺聽伏羲眾人的動靜。這時聽到了一切他也無奈，因為騰雲離去已經不能，上岸去打會有喪命之險，藏身潭中伏羲奮力吹燒潭水也是難保活命。

雷神正無路可走，潭水已被伏羲吹燒的越來越熱。他頓又後悔剛才不該放走掠來凡女，那樣伏羲投鼠忌器，就不會把水燒得過熱煮死凡女，自己也就不受傷害了。可是這時掠來凡女已被放走，自己悔也無用。

　　無奈之時，岸上余氏眾族人為伏羲加油的喊聲越來越高，伏羲吹燒時間越長潭水越來越熱，雷神也越來越耐受不住。耐受不住又不敢上岸，無奈他只有向水下深潛尋求涼爽。

　　於是隨著上部潭水溫度越升越高，他便向潭底越潛越深，但是末了仍是耐受不住潭水的升溫。這時若再向上浮出潭去，上部已經沸熱的潭水就有將其煮死之險。這樣向上不能，潭底水溫也已耐受不住，怎麼辦呢？雷神知道自己陷入了絕境。

　　「燒，燒沸潭水，煮死雷神！」這時岸上余氏眾族人高昂的喊聲，仍是不絕於耳地傳到了潭底。身處絕境的雷神越聽越害怕，知道伏羲這時必然吹燒潭水更加奮力，水溫繼續升高必被煮死無疑。

　　於是他急忙尋到潭底最深處的一處泉眼跟前，先前他曾到過這裡，知道這處泉眼直通東海，正是有它才保得潭水終年不竭。當然他更知道，這個泉眼是天地渾沌之前盤古爺血管所化黃河在渾沌中的遺留。它雖然在陸地上失去了河床，卻在陸地下留下了這一水脈。只是這時雷神看到，此泉眼由於口徑太細，使他無法隨著水流徑去東海。

　　「伏羲，你欺本神太甚了吧！」雷神站在泉眼跟前無奈中突然有了主意，不禁一陣放懷「嘯嘯」怪笑道，「你要煮死本神，那是妄想！本神順著泉眼前往東海去矣！」

　　「啊！大河，一條大河！」雷神說完拼盡全力猛地鑽進了泉眼，只見他「颯颯颯」一陣順著泉眼鑽進，眨眼硬是鑽到了東海海底。雷神這一鑽實在厲害，其鑽過之處的地面上，立即「颯啦啦」裂開一條彎彎曲曲流向東海的長河，使得潭中之水陡地降落下去，隨著驟現的河道向東滔滔奔流而去。余氏眾族人突見面前陡現一條大河，驚得齊叫道，「人祖爺爺，這是怎麼回事？」

　　「孽神，又讓他逃了！」伏羲正在吹燒潭水陡見面前潭水降了

下去心中一詫，聞聽余氏眾族人喊叫抬頭看見從潭中向東突現一條大河，知是雷神遁逃他去所致。氣惱之中心生感慨道，「竟然開出一條河道！」

「太厲害了，」余氏老族母驚得瞪大眼睛，在旁接言道，「孽神真是神力驚人呀！」

「只是又讓他逃了，」伏羲這才心中遺憾但又一時無奈道，「此孽不除，凡界還是難安啊！」

然而，雷神就這樣逃遁了。他順著盤古爺血脈遁去，鑽出的徑通東海的彎彎長河，此後雖然數易其道卻一直流淌至今。它就是我們的母親河，我國的第二條大河──黃河。

十九、朱雀鍾情

「爺爺應該高興才是。」余氏老族母見伏羲話語藏愁，即勸慰道，「雷神此番既已遭敗，爺爺何愁日後沒有除去時機？」

「是的。」伏羲見余氏眾族人這時全都高興得歡呼跳躍起來，口中含混回答著，心中卻實在不能高興起來。雷神未能除去他就沒有為凡界徹底除去禍害，他擔心雷神去後再到別處施惡，這裡平安了別處卻平安不得。他傷痛歷盡苦難的娘親和伏羲妹全都死在了雷神手上，惡神未除仇恨未雪他容忍不得。

但是面對歡呼雀躍的余氏眾族人，他也不能掃去表面的高興，如果掃去了表面的高興流露出擔心和悲傷，其面前狂歡的場面就會立即變得冷冷清清。作為他的後代子孫，余氏眾族人當然以其高興為高興以其苦痛為苦痛。伏羲深知這一點。

伏羲的高興更加感染了余氏族人，本來雷神逃到了遠處的東海，就是值得他們大慶特慶的特大喜事。為此他們歡呼，他們狂躍，一陣高過一陣，一浪狂過一浪。夜幕降臨了，已經歡呼狂躍了半日的他們，依舊狂歡不止。

夜深了，他們只顧狂歡沒有絲毫的睡意。天亮了，迎著東升的朝日他們興意更濃，狂歡更烈。一個白天過去接著到了夜晚，他們仍是

圍在伏羲周圍歡呼狂躍，隨著時間的延續狂歡的氣氛愈加濃烈。

伏羲的情緒也被余氏眾族人的歡快情緒感染，很快高興情緒占了上風。高興中他看到余氏眾族人雖然狂喜至極，但卻只會用歡叫跳躍的形式進行表達，便隨著思謀起了創制出一些新的形式，讓這些歡慶的後代子孫表達情緒使用，為他們助興添樂使歡慶氣氛更加濃烈。

他在歡慶的人群中思啊想呀，許久驀地想起了渾沌之前凡人狂歡時吹奏的笙簧。他聽說笙簧是女媧娘娘為給凡人助興添樂創制，自己正好為給子孫助興添樂可以再造笙簧。

想到這裡伏羲接著努力回想先前笙簧的模樣，著人采來竹子再造出了一隻笙簧。造出了笙簧，伏羲遂又讓人學習吹奏。學習的人們很快學會了吹奏，伴著眾人的歡叫跳躍節拍奏起了笙簧。笙簧樂音歡快高亢，其歡快的樂音更把狂喜的眾人推向了狂歡的高潮。

看著身邊眾人狂歡達到高潮，伏羲壓抑的擔心和悲傷不禁又往上湧，想到如果娘親和伏羲妹能夠置身此境，與他和眾人共用眼前的歡樂該有多好呀！可是娘親在苦痛中離去，伏羲妹也在驚怕中離去了，她們都沒有能夠看到今天。為此他更加思念故去的二位親人，禁不住就要放聲痛哭一場釋解心中的哀思，但他知道不能那樣破壞了周圍眾人的狂歡情緒。

無奈之中，伏羲又思謀起了別的解除哀思之法。他首先想到使用笙簧，奏出哀怨的樂曲寄託心中的哀思。他用笙簧一試，由於笙簧樂音歡快高亢清脆嘹亮，很難奏出盡表其哀思之情的哀怨樂曲。

笙簧不能使用，伏羲又想到再造一種樂器，使其音域低沉寬廣，樂音如泣如訴。用其奏出可以盡表心中哀思的樂曲，既可表達對親人的哀思之情，又不破壞身邊眾人的狂歡情緒。

想到這裡，伏羲接著構想起了怎樣去製造一種這樣的樂器。他想

啊想呀，想起了先前他與伏羲妹在天界時，曾經見到過的一種叫做瑟的樂器。瑟由金板和絲弦製成，音調低沉哀怨。天宮中的樂神們用其彈奏起來，樂曲如泣如訴，可以盡表哀思之情。他決計仿照天宮中的這種樂器，製造出一種叫做琴瑟的凡間樂器。

但要做出琴瑟實在不易，伏羲既沒有金板用來做琴瑟的底座，更難找來絲弦彈奏出樂音。然而歷經磨難的伏羲知道，凡界沒有克服不了的困難，做不到的事情，只要你有決心去想辦法，就一定能夠克服困難，取得事情的成功。於是，他又思謀尋找起了克服困難的方法。

沒有金板，他找來一段一面闊平的木頭代替金板，作為琴瑟的底座。沒有絲弦，他想起秋日裡，伏羲妹上山看到一樹雪白的蠶繭，曾將蠶繭取下撚成五十根細細的絲線，作為禮物送給了自己。自己把這些絲線一直珍藏在胸前，這時恰好可以把這珍貴的禮物取出作為瑟弦。

有了瑟座和瑟弦，伏羲遂想著天宮樂神手中琴瑟的模樣，認真製作起來。他把五十根絲線一頭結在一起，先牢牢地固定在木頭的一端。然後把絲線的另一頭，一根根分別固定在了木頭的另一端。固定好絲弦，即試著進行彈撥。但絲弦由於都貼在了木頭上，卻不能產生震顫發出樂音。

彈不出樂音怎麼辦？伏羲又苦苦思索起來。他後悔在天界時沒有把神瑟察看清楚，使得自己這時製造起來遇到了困難。但是悔也無用，當時沒有看清這時就怎麼也想不明白。無奈他只有反復試驗，聰明能幹的他驀然明白，若要瑟弦產生震顫發出樂音，必須把瑟弦一根根懸空拉緊。

怎樣才能既拉緊瑟弦又使其懸空？睿智的伏羲想起了將樹枝一段段斷開，墊在瑟弦下面瑟座上面的方法。想到就試，墊上樹枝之後瑟弦果然被一根根拉緊，並一根根懸離了緊貼的瑟座。伏羲隨即又做彈

撥試驗，懸空拉緊的瑟弦果然產生震顫發出了樂音。

瑟弦發出了樂音仍是不行，因為每根瑟弦發出的樂音不生變化奏不出曲調，伏羲又開始改進探索。改進中他把墊在瑟弦下面的小段樹枝叫做腰碼，發現只要把每個腰碼在不同瑟弦下面的排列位置作出改變，即不要平行排列而是斜向排列，每根瑟弦就會規律有序地發出有別的樂音。這樣，使用琴瑟就能夠隨心所欲地彈奏出流暢變化的樂曲來了。

至此伏羲細作調試，很快便用新製的琴瑟，奏出了一個個如泣如訴的有別樂音，匯成了哀怨無盡的哀樂怨曲。

琴瑟的音色恰合伏羲心意，因為琴瑟之音不僅可以盡表其胸中鬱結的塊壘，還因為發音的一根根瑟弦皆為伏羲妹生前饋贈，今日恰被用來向伏羲妹表達自己心中的哀思與傷疼。為此他認為，這是天意遣他據之製成了琴瑟。於是他手捧琴瑟表情凝重，一步步腳落千鈞地來到伏羲妹墳前，即對墳中的伏羲妹百感交集地彈奏起來。

隨著伏羲的彈奏瑟弦根根震顫，蹦出了一個個樂音匯成為哀樂怨曲，令人聞之生哀，聽之心顫。伏羲對死去的娘親和伏羲妹心中積有無盡的傷痛和哀思，所以其彈奏起來就仿佛一個音符一聲哭，根根瑟弦都是怨。

剛才狂歡不已的余氏眾族人這時全被伏羲的彈撥感染，止住狂歡來到伏羲身後伏羲妹墳前，借著伏羲手中彈撥的琴瑟，向伏羲妹傾訴起了各自心中不盡的思念，以作最隆重的祭奠，使得剛才一片狂歡喧囂的潭畔，除了瑟響靜寂得就如同死去了一般。

咸鳥兄妹與伏羲爹娘別後，按照伏羲的吩咐引領百名葉氏族人繼續前行，二十餘日後行進到了一處兩山夾峙的狹谷之中。此谷險惡異常，夾谷的兩山如壁峭立，崖壁上陡滑得如同經過刀劈斧鑿。只見岩

石光滑陡平，不見有石突樹生之地。

　　兩山高聳雲霄，雙方比肩而立。兩山相距本不過數丈之遙，加上山高更襯得谷狹天窄。谷底積雪盈尺，天上彤雲如鉛。天昏谷中更昏，一片陰森晦暗。朔風穿谷吹過，倍加凜人心寒。不僅葉興眾人進谷驚怕，就連咸鳥與宓妃走進谷中，也不禁心中一凜覺得此谷非同一般。

　　咸鳥兄妹與眾人心覺驚怕欲要退出，但不覺他們這時已經走到狹谷中間，並且人到此山不穿過此谷，又難以翻越橫亙面前的綿延大山。無奈他們只有繼續壯膽前行，以迅疾穿過此谷去到山的那邊。

　　他眾人於是一陣疾行，眼看就要到了谷口。不料就在這時，夾谷兩山的山巔之上，突然「轟隆隆」崩塌下來了鋪天蓋地的積雪，眨眼間已把他們全都埋在了谷底。咸鳥眾人奮力掙扎，想脫出埋身的積雪。無奈積雪奇厚徹骨寒冷，片刻已被凍得身僵腦昏失去了知覺。

　　「呼！」這時從谷口驟然颳來一股狂風，猛地攜去了谷中積雪，吹出了埋在雪中凍僵的咸鳥兄妹眾人。接著從谷口兩邊呼叫著沖出兩隊凡人，齊向谷中尋殺咸鳥眾男人，搶掠宓妃眾女人而來。

　　走在前邊的年青小夥來到咸鳥身邊，先是「咚」一腳踢在了其身上。見其僵硬如石，立即回頭對頭領道：「雀大哥，這人都凍成了石頭還能不死，不用殺了吧？」

　　「殺！」被問頭領堅定道，「不殺他們緩過氣來，淨給咱們增添麻煩。」

　　雀大哥眾人不是神怪妖魔，是居住在谷口北邊的朱氏族人。他們也是伏羲的子孫，與常人無異，大都身無超凡脫俗的神功奇能。其中只有一個剛才被稱為雀大哥的年輕男兒，與常人不同，身懷驟生嚴寒，和吹氣為風的神功奇能。

　　朱氏族人當然不知道這位身懷神功奇能的雀大哥，原是天界南方七宿星官朱雀大神，被貶下凡脫生在了他們族人之中。朱氏老族母賜其名曰雀，使其名朱雀便與在天界之名相同。朱雀在天界所以謂雀而朱，即其形若鳥，其毛亦紅。朱雀在天界生性狡惡，心機刁鑽。因而一日他到天宮拜見玉皇大帝，見色長膽強姦了宮中婢女。玉皇大帝為之震怒，將其貶到了凡間。

　　朱雀被貶脫生到朱氏族人之中，生成凡人模樣原形盡改。其身如鳥雀，乾瘦若薪柴，身子一瘦便顯得佝僂，四肢長得很不條順，遂襯得乾癟的頭顱長得不是地方，讓人越看越覺得難受。只是在其乾癟的臉上，鑲嵌著一雙鷹樣犀利的鳥眼，閃射著狡黠陰晦的光。其乾瘦的身子儘管乏力，卻懷有驟生嚴寒和吹氣為風之功，彌補了其身子乏力的不足。

　　朱氏老族母開始不喜歡這個醜陋的孩子，賜給其名後即把他拋在了一邊。但是不久，乾瘦佝僂的朱雀卻以其獨具的神功奇能，顯示出了其存在與不可被忽視，使得老族母對其刮目相看起來。隨著年齡的長大，則指派他做了族中強人首領。

　　朱氏族是一個龐大的氏族，這時族人已逾兩千之數。其老族母看到族人越多自己威勢越重，心中便一直在想著更多增加族人的法子，以加重自己的威勢。她從過往的時間中知道，要使族人增加更多必須多多增加女人，女人多了才能生出更多的族人。為此她經常派遣朱雀帶領族中強人，到外氏族去搶掠女人。

　　朱雀不辱老族母使命去後次次不空，搶回了數百名女人，給族中生出了更多的族人。老族母為此心喜，更將朱雀視為心腹對其加倍重用，要其設法為氏族再搶回更多的女人。就在朱雀遵行老族母之命，欲圖搶回更多女人時，咸鳥兄妹恰好帶領葉興等百名男女穿谷而來。

朱雀看見便不怠慢，即領強人埋伏谷口兩邊，其則施用神功凍僵了谷中咸鳥眾人。

「大家住手，我等不是外人！」剛才朱雀一聲喝令，入谷朱氏強人全都搬起石塊，就要砸殺咸鳥眾男人。但在他們剛把石塊舉起之時，卻見咸鳥倏然翻身躍起，打掉石塊，開口喝止道。咸鳥的喝令聲不僅驟急而且洪亮得震動山谷，使得眾朱氏強人心中猛地一震，遂都拋下了舉起的石塊。

咸鳥能迅速醒來，是因為他是伏羲兄妹親生，非同一般常人。加之其身上遍覆鳥毛，能比常人多耐三分嚴寒。為此他剛才雖被凍僵，卻不像常人那樣僵得沒有了一點兒知覺。那朱氏青年最先一腳踢到了他的身上，其已被踢得驟然蘇醒過來。只是身子一時沒有緩過勁來，不能立刻站起。

這時眼見面前強人舉起石塊就要砸向其身，石塊砸下自己不死也要傷身，心中一凜立即緩過勁來。隨著「颯」地躍身站起，出手打掉面前強人舉起的石塊，高聲喝止了正在行惡的眾朱氏族強人。

「你等不是外人誰是外人？」朱雀見之好惱，開口怒叫道，「瞧你一身鳥毛的樣子，准不是一個好貨！」

「哈哈，相貌取人不准，好壞須看人心。」咸鳥剛才身受傷害已是好惱，這時又見小個子的醜陋朱雀惡不講理，心中著實更惱十分。如果是在往常，按照他的邪惡好鬥性格，非把朱雀眾人立刻打個落花流水不可。但是這時他身負爹娘交付的重任，不敢任性只有抑住氣惱，表面不慍不怒一陣笑言道，「若要相貌取人，瞧你這佝僂醜陋的樣子，才准不是好貨哩！可又怎能這樣去說呢？」

咸鳥的笑聲既震醒了僵倒在地的宓妃與葉興眾人，也深深刺疼了朱雀之心。朱雀脫生下界生相雖然盡改，狡惡的習性和刁鑽的心機卻

絲毫沒有改變。因而他以為咸鳥的無意笑聲是在故意戲辱自己，心中頓惱萬分怒叫道：「鳥人，我說你不是好貨，你果真就不是好貨！」

「呵呵，」咸鳥眼見朱雀不僅惡性不改而且邪惡加倍，心中雖然更惱卻也不敢發洩道，「小子還當了真啦！」

「鳥人戲辱於我，還不叫我當真！」朱雀仍不相讓，立刻目空一切地出手向笑言的咸鳥打了過來道，「鳥人，我朱雀今天就叫你知道啥叫屬害！」

「小子住手！我等實在不是別個。」咸鳥當然不願意與朱雀接手，那是違背他前來推行固定婚娶之制和結網捕食之法使命的。為此繼續壓抑氣惱，連連退讓道，「我乃是你們人祖伏羲爺爺的兒子咸鳥……」

「啊！」朱雀早已聽說人祖伏羲回到了凡界正在周遊天下，聽到這裡不禁心中一愣停下了打出的手腳，他知道自己不能與伏羲爺爺做對。但他又不願意就此相信咸鳥之言，因而氣惱難消，即又屬叫道，「鳥人，就你這模樣，還想當我們伏羲爺爺的兒子？」

「怎麼？不僅我是你們人祖伏羲爺爺的兒子，」咸鳥仍是抑住氣惱，這時一指躺在近處地上的宓妃道，「她則是你們人祖爺爺的女兒。我們共同受你們人祖爺爺之命，前來推行固定婚娶之制和結網捕食之法。」

「鳥人休得欺騙我等，玷污我們人祖爺爺的名聲！」朱雀疑心咸鳥冒充伏羲之子氣惱更甚，但也不敢完全否認即又出手打來道，「來來來，鳥人若能勝我朱雀，我等方信你剛才所言為實！」

「小子非逼我出手，」咸鳥無奈了，慨歎一聲出手迎向朱雀道，「我咸鳥只有還手了。」

朱雀與咸鳥剛一接手，便知遇上了勁敵，相信咸鳥果如其言是伏羲爺爺的兒子。但他當著眾朱氏強人之面，又一時不願認輸丟掉臉

面，遂硬著頭皮與咸鳥繼續交鬥起來。

咸鳥與朱雀一接手也當然知道了對方不敵，可他不想一招奪勝怕傷朱雀之心，那樣有違他兄妹此來身負的使命。為此他僅與朱雀周旋讓其知道厲害，使其住手服順。不料朱雀心懷他想，久戰不停，鬥得咸鳥心中著實好惱，末了突出一招就要奪勝不識好意的朱雀。

「哥哥休得使狠！」就在這時，一直未能站起身來的宓妃以為咸鳥要打死朱雀，心中一急霍地站起身來道，「壞了父母交辦的大事。」

宓妃的叫聲不僅止住了咸鳥使出之招，而且止住了朱雀的爭鬥，他看視宓妃一眼立刻怔住了。宓妃先前倒身地上朱雀看視不清，剛才交鬥中突聞宓妃之聲頓覺如聞天籟驟鳴，心中一詫立即住手循聲看向了宓妃。宓妃嬌豔脫俗的華美容顏，頓使他癡迷在了那裡。

朱雀看到，宓妃輕盈的體態，既像驚飛的鴻雁，又像乘雲上升的妖嬌游龍。其光豔的身軀既像朝日升起在灑滿朝霞的天空，又像白蓮花綻開在碧波蕩漾的水面之中。其迷人的身段，肥瘦適中，長短合度。

其動人的肩膀，如刀削成。其光滑的腰肢，像絹束就。其秀長的頸項，肌膚白皙。其頭上的長髮，烏黑而飄逸。其彎曲的雙眉，細長似柳葉。其明亮的眼睛，熠熠如寶石。其紅馥馥的嘴唇，鮮豔而多情。其白燦燦的牙齒，光彩而明麗。其深深的小酒窩兒，銷魂而奪魄。

朱雀在天界即為好色之徒，到下界又脫胎生成了男人。生成男人又適逢亂婚之世，朱雀因而年紀輕輕便享盡了男歡女樂。因而這也是其賣力遵行老族母之命，搶掠外氏族女子的重要原因。

但這時他得睹宓妃超凡脫俗之貌，頓覺過往的一切全都索然無味，而把心中玉兔般衝撞欲出的春情全都傾向了宓妃之身，口中饞涎欲滴，鍾情癡迷在了那裡。

淫邪的朱雀對宓妃鍾情至此，若在往日本該抑制不住心中的欲

火，扑向宓妃盡享男歡女樂了。但是今日宓妃之美俘獲了其淫邪之心，使其呆怔那裡不敢妄動絲毫。心中審視起了以自己之貌，是否能夠贏得美豔絕倫宓妃之愛的事兒。審視結果當然是其求愛難得，可其心中又摯愛著宓妃，怎麼辦呢？

無奈他決計把真情施向宓妃，以得宓妃之愛。但他又知道那樣貿然行動，生相醜陋的自己大有黃鼠狼想吃天鵝肉之嫌，反而會壞掉好事。隨著他心機陡轉決計暫斂心中之愛，把宓妃眾人迎進族人之中小住下來，以俟時日多作接近，再伺時機向宓妃求取愛情。

「小子，」咸鳥眼見朱雀只顧發愣久不開口，這時喊叫道，「現在相信我兄妹是伏羲爺爺的兒女了嗎？」

「相信，相信了。想不到險些自家人傷了自家人。」朱雀正欲施計恰見時機來到，急忙順水推舟道，「乞前輩海涵，求前輩處罰！」

「常言不知不為過錯。小子不必把前事放在心上，」宓妃這時過來「咯咯」笑言道，「快領我等前去你族人居地。」

「好。」宓妃之言正合朱雀心意，他答應一聲即讓眾朱氏強人扶起躺在地上的葉興眾人，離開山谷向朱氏族人居地行來。

朱雀引領咸鳥眾人轉瞬來到朱氏族人居地，朱氏老族母聽說是伏羲爺派遣兒女來到不敢怠慢，立即親迎到了族人之中。接著，恭聽起了咸鳥兄妹說固定婚娶之制和結網捕食之法。

老族母聽罷，雖對固定婚娶之制心中贊同卻也存有異議，因為那樣就將阻止她掠來更多的女人，進一步增多族人擴大自己威勢的計畫。但囿於這制度是人祖爺制定，她雖心存異議卻也不敢反對，只有遵行。而對結網捕食之法，則正是其求之不得的良法，所以欣然接受下來。

次日早上，朱氏老族母為了頒行伏羲爺之制，即召集族人施行男

聘女嫁一夫一妻固定婚娶制度。朱氏族二千餘名族人轉瞬集合完畢，老族母先請咸鳥兄妹講說一遍男女皮聘婚娶之法，便令眾族人恭行皮聘婚娶之禮。

這樣一個上午未過，幾百雙適婚男女便高高興興地聘娶完畢。僅餘少數惡者為族人所惡，男人聘而無應，女人無人聘娶，晾了下來。老族母看著通過聘娶結為夫妻的一雙雙男女，歡笑著相攜離去，喜在心裡。同時也從被晾下來的惡男惡女身上，看到了眾人眼光可畏。

朱雀在這個上午，則受盡了愛情的痛苦折磨。他從昨日聽聞咸鳥兄妹向老族母講說皮聘婚娶制度之後，心中就高興到了極點。認為這是上天賜給自己的婚娶宓妃的良機，決計抓住明日時機皮聘宓妃為妻。

於是他精心搜求獸皮，以找一張最好的獸皮作為聘禮。為此從昨天以來，他除去苦心搜求到了一張滿意的獸皮之外，就是時刻都在留心觀察宓妃的舉動，以伺時機與其單獨接觸，盡吐心中之愛求取宓妃之情。

但他一直窺伺到眾族人集合之前，宓妃都一直與咸鳥形影不離。不僅沒有給他單獨接觸的時機，並且他還從咸鳥與宓妃的相處中，大出意料地察覺作為宓妃哥哥的咸鳥，也在心中苦苦地愛著宓妃，是他不共戴天的情敵！

朱雀的心為此陡地涼了下來，因為他知道自己不僅在長相上競爭不過咸鳥，何況咸鳥又是宓妃情同手足的兄長，朝夕相處青梅竹馬的兄妹！競爭不過咸鳥又愛著宓妃，並且其愛又是自己有生以來第一次生出的真正情愛，這時自己又要眼睜睜地看著這情愛成為泡影，化為終生的痛苦，其心怎能不涼到極點？

但是心涼至極朱雀也不願意善罷干休，決計破釜沉舟等到眾族人集合起來皮聘婚娶時，第一個向宓妃獻上手中苦心找到的獸皮，讓

宓妃做自己的妻子。然而苦苦地熬到了那時光，卻看到自己的獸皮無以成聘。因為他要聘娶宓妃，就必須把獸皮獻給她唯一的親人哥哥咸鳥，可咸鳥是其情敵怎麼成呢？

他害怕當著眾人之面聘娶宓妃不成丟盡面皮，只有把手中待獻的獸皮憤怒地收了起來，心中更是苦到了極點。

皮聘大會結束，眾族人散去。他看到別人大都聘娶到了心滿意足的妻子，雙方歡歡喜喜地相攜著離開了會場。而他卻不能，他只是孤零零地躲到一邊，繼續窺伺宓妃的舉動，心中更是痛苦也憤怒到了極點。

痛苦至極，他在心中發下誓言一定要殺死咸鳥，實現娶宓妃為妻之願！然而就在這時，咸鳥兄妹在朱氏族人中任務完成，告辭老族母就要離去。老族母挽留不住，即送他兄妹及葉興眾男女上路。

氣惱的朱雀頓然焦急起來，宓妃要走了，其走後自己就更難見到她。見不到她就接觸不到，接觸不到又怎麼去向她傾訴其愛呢？不，不能讓他們這樣去了，讓愛情折磨自己一生，讓咸鳥佔有自己心愛的宓妃！

於是他心機急轉，知道挽留不住咸鳥眾人只有自己跟隨前去，以伺時機打殺咸鳥婚娶宓妃。為此他立刻上前，對老族母道：「老族母，咸鳥前輩此去路上多險，讓孩兒送他們一程吧。」

「也好，」老族母不解朱雀之意，更想不到他會心存歹意，遂順口答允道，「孩兒快去快回。」

朱雀見老族母應允，即隨咸鳥眾人上路行去。

二十、巧遇句芒

　　朱雀伴隨咸鳥眾人前行，本想早些伺得單獨接觸宓妃或誅除咸鳥的時機，但轉眼行進到了第二天傍晚，卻仍未能得到機會。

　　行進途中，朱雀當然想到再施生寒奇能凍僵咸鳥與宓妃眾人，借機殺死咸鳥留下宓妃以奪其愛。但他知道那樣雖可殺死咸鳥，宓妃在自己殺死咸鳥之後，絕對不會把愛賜給自己。到那時自己當然可以施惡佔有宓妃，但是那樣人祖爺爺奶奶來到，自己就活命不保了。

　　為此他心中雖急卻也不敢施惡，只有苦痛難抑。不僅這樣，他還更加痛心地看到，一路上咸鳥不僅寸步不離地緊跟著宓妃，並且時時以媚眼視其。宓妃對咸鳥的情愛之舉雖然無所應答，並且每每以反感對之。咸鳥卻毫不介意，並以加倍的親昵對之。

　　朱雀看著這些雖然既痛心又憤怒，但他為了窺伺時機，卻又不願意漏掉點滴。

　　更令朱雀不能容忍的是，咸鳥與宓妃在昨天晚上休歇下來之後，離開眾人去到遠處交談了很長一段時間。他雖然緊隨其後卻由於不能跟隨太近，未能聽到他們都說些什麼。末了見他兄妹久談不散忍抑不住心中的氣惱，又怕咸鳥欺辱了自己心愛的宓妃，方才借著夜幕的掩護，悄悄潛到他兄妹近處窺看究竟。

　　湊巧他剛剛潛到能夠聽到他兄妹話音之處，僅僅聽到宓妃生氣地用出一語：「爹娘那是特殊時期，哥哥以後切莫再提！」便率先起身歸向眾人住處，咸鳥無奈只有隨後跟了回去。

　　朱雀雖然僅僅聽到了宓妃這樣一語，但據此他推斷一定是咸鳥在向宓妃求愛，宓妃用以回絕咸鳥的一句話。他知道宓妃說的「爹娘那是特殊時期」，一定是指伏羲兄妹結成夫妻時，凡界只有他兄妹二人無奈而為之。

　　於是他進一步推斷，在此之前一定是咸鳥苦苦地向宓妃求愛，宓妃不允，說如今沒有兄妹成婚的道理。咸鳥即以伏羲兄妹成婚的先例為據辯之，宓妃末了終於生氣地說出了他聽到的那句話。

　　推斷至此，朱雀進一步看到咸鳥果真像其一樣摯愛苦求著宓妃，因此更恨咸鳥這個情敵。好在看到宓妃對咸鳥的苦求決不答允，心中方才得到些許寬慰，覺得自己求得宓妃之愛或許還有一線希望。

　　朱雀雖然心存這一線可能的希望，卻也不敢對佔有絕對競爭優勢的咸鳥稍稍掉以輕心。所以他白天盯得更加緊，唯恐出現不測使咸鳥得手。到了天黑他更是放心不下，密切察看咸鳥與宓妃的舉動。

　　這時到了傍黑，他們一行剛剛休歇下來，便看到咸鳥又領宓妃離開了眾人。這次朱雀不敢耽擱，害怕正在加緊求愛步伐的咸鳥再次遭拒之後，施用邪惡做出越軌之舉，強行佔有宓妃。並且他也要借此時機，進一步弄清他兄妹各自愛的根底，下步自己好對宓妃對症下藥，有的放矢地求得其對自己之愛。

　　他見咸鳥兄妹去了，立刻潛隨他們身後。咸鳥剛走不遠便開始了向宓妃苦求愛情。朱雀當然又要即施邪惡或者出手，或者施用生寒異術誅殺咸鳥。但又思量一番想到，那樣結果仍如先前不會美妙，方才沒有下手。好在後來的發展果如朱雀對昨晚情況的推斷，仍以宓妃的

嚴辭拒絕而告終了。

　　咸鳥對宓妃生出情愛，是在昆侖山上他兄妹驟然出生驟然長大之時。那時咸鳥抬頭一眼看見站在面前的宓妃妹妹，即被其嬌美折服，心中對其生出了由衷的情愛。而且他想先前父母即為兄妹成婚，將來他也將與漂亮的宓妃妹妹成婚無異。為此心中高興，一直對宓妃關愛備至，並且企盼著成婚的時刻早日到來。

　　但是隨著時間的推移，特別是他跟隨爹娘來到凡人中間之後，不僅看到凡人中兄妹成婚者甚少，而且父親制定的固定婚娶制度，更是對兄妹婚姻不言而禁。因為兄妹成婚有傷風化，違悖人倫。咸鳥心中為此焦急起來，他看到與宓妃妹妹成婚的無望，感到滿腔的情愛將要化為泡影，擔心摯愛的宓妃將要投入別個的懷抱，痛苦到了極點。

　　咸鳥心中雖苦可他畢竟是個理智之人，儘管他天生一副邪惡的性子，在這個問題上卻也不敢胡為。特別是爹娘跟在身邊，鬧不好更會把好事辦壞。所以他表面一直收斂著，心中卻在苦苦思索。

　　他害怕自己不快些設法婚娶宓妃，時日拖久或者爹娘為其做主嫁給了別個，或者宓妃遇上傾慕之人，自己的情愛就沒有了價值。因而他要主動出擊，施用良法把宓妃快些娶到手中。

　　恰在這時，伏羲爹娘為鬥雷神離別他兄妹而去。咸鳥突然沒有了禁錮，遂從那天開始，便日甚一日地向宓妃求起了情愛。咸鳥的苦求雖然一次次都遭到宓妃的嚴辭拒絕，他卻毫不灰心地認定，只要自己苦求下去，作為宓妃的同胞哥哥，就一定能求得妹妹心動，使其衝破倫理答應下來。所以宓妃一日不應咸鳥就次日再求，一直苦苦地沒有結果地求到了今日。

　　朱雀跟隨不歡而散的咸鳥兄妹，回到眾人住處夜已經很深。眾人奔走一天身子疲累，全都進入了夢鄉。朱雀這時不僅沒有一絲疲累之

感，並且沒有一絲睡意。他仰躺在鋪在雪地上的一張獸皮上，一雙鷹樣犀利的眼睛望著天上眨動的星斗，眉頭擰成疙瘩，苦苦地思索著心事。

他想到，宓妃嚴拒咸鳥雖為自己求得其愛閃現了希望，但它無疑是好事也是壞事。世界上的事情都是物極生反，宓妃這樣拒絕，如果咸鳥絕望起來，天知道其不會鋌而走險施惡于宓妃！

退一步講，即使咸鳥不會鋌而走險，可如果他一直這樣苦求下去，須臾不與宓妃分離，自己又怎能窺得與宓妃單獨接觸，求得其愛？由此，朱雀看到了咸鳥不除，自己求得宓妃愛情的希望，就無法變為現實。

邪惡的朱雀於是決計，立刻動手誅除咸鳥。可刁鑽的他仍如先前想到，咸鳥與宓妃有兄妹之情，自己如果在宓妃面前明火執仗地將咸鳥誅除，宓妃念及自己殺害其同胞哥哥之恨，絕無賜給自己愛情之理。因此他看到了自己不可輕舉妄動，必須設法做到既殺死咸鳥，又使自己成為宓妃的恩人，到那時自己才有求得宓妃之愛的可能。

想到這裡，朱雀擰緊的眉頭舒展開來。其心中既然定出了求取宓妃之愛的方略，也樹立了求得宓妃之愛的信心。堅信自己雖然生相醜陋難與宓妃般配，但在除掉咸鳥成為宓妃的恩人之後，宓妃必懷報恩之心。到那時自己再以獨有的才智，和身懷的異能彌補長相缺陷，就一定能夠征服宓妃之心，求得其愛。

俗言巧婦常伴拙夫眠。宓妃這個漂亮的巧婦，一定能夠伴睡在自己這個拙夫之側。有了信心，朱雀決計加快行動步伐，特別是他想到時間耽擱不得。耽擱久了伏羲爺爺奶奶除惡歸來，自己就更難得到誅除咸鳥、求得宓妃之愛的時機。

再說自己來時與朱氏老族母說，只送咸鳥眾人一程。明日自己

已是出來三日，再拖下去怎麼向老族母交待？於是他決計今夜思得惡計，明日誅除咸鳥求取宓妃之愛，來他個速戰速決。為此他思緒倍興趕走了睡意，苦苦地思索起了明日欲行的惡謀。

然而上天仿佛專與朱雀作對，就在他思無惡謀正需時間繼續苦思時，寂靜的短得出奇的黑夜匆匆過去，熙攘的白天便在其詛咒中到來了。天亮了，咸鳥與宓妃又領眾人上了路。

朱雀這時雖未思得惡謀也無法再去思索，無奈只有跟隨咸鳥眾人繼續上路。只是一路之上，他腳下雖然跟隨咸鳥眾人不停地走著，頭腦中卻在毫不休歇地思索著未得的惡謀。

轉眼行出半晌，朱雀眼前突然一亮。因為其鷹樣犀利的眼睛，超越咸鳥眾人數倍之遙地看到，在他們前方行進途中的一道山坳裡，現出一條寬闊的大河攔住了去路。他們眾人若要繼續前行，必須跨越那條大河。朱雀正是看到了這條大河驀地有了惡計，眼前陡亮會心地笑了起來。

大河隨著咸鳥眾人向前行進，距離越來越近。朱雀更加清楚地看到，那大河從西方一片奇峰峻谷中飄然流出，在他們前面北靠一群連綿的小山流過，然後向東方開闊無際的平川上歡快地奔湧而去。大河河面寬闊，氣勢恢宏。

這時大雪一連下過數日，周圍的平川河畔的山嶺都覆蓋著皚皚白雪，就連奔湧不息的河面，也大片大片地結著冰凌。冰凌上覆蓋著片片白雪，使得河水一片湛藍一片雪白，斑斑駁駁地變換著色彩。從未被冰雪覆蓋的河水湛藍色彩上，可以看出河水的幽深。

「真乃天助我也！」朱雀至此，更是禁不住高興得心中暗叫道。他唯恐咸鳥眾人走近看清河中情狀壞了其惡計，急忙使出身懷驟生嚴寒奇能，神不知鬼不覺地借此嚴冬之機，驟然冰封住了那未被嚴冰盡

封的大河河面。使得大河仿佛驟然停止了流淌，變河面的白藍斑駁之色成了冰清玉潔的雪白之色，與兩岸山體的冰封雪覆之貌天衣無縫地融合在了一起。刁鑽的朱雀見之，更是高興得暗叫道，「咸鳥，我叫你死而不知也！」

「天真冷呀！」咸鳥眾人轉眼來到了大河畔，看著封河的冰凌，朱雀為施惡計故意搶先慨歎道，「瞧這剛進初冬，冰已封河了。」

「封河正好。」宓妃心無他想，接言道，「我們過河暢通。」

「是的，我們正好沿冰渡過河去。」朱雀正在擔心咸鳥眾人眼見初冬嚴冰封河，心中生疑壞其惡計。聞聽咸鳥與宓妃並未生疑，懸著的邪惡之心方才放了下來。但他為施惡計也不怠慢，口中說著急忙跑到河面冰上，狠狠地用腳踩著冰面道，「瞧，厚實得很哩！」

「厚實得很？」咸鳥仍未懷疑朱雀會使惡計，因為前時他們在朱氏族人中留駐時間短暫，既未聽聞也未向朱氏老族母詢問，所以絲毫不知朱雀的根底。這時便對朱雀毫不介意地玩笑道，「誰能跟你瘦猴子相比！」

「不，真很厚實！」邪惡的朱雀被咸鳥說得心中陡驚，以為咸鳥識破了自己的惡計。但他旋即看到咸鳥並無異樣，急又為施惡計肯定道，「我們從冰上過河，絕對沒事！」

「開個玩笑，我也沒說有事。」咸鳥見朱雀對其玩笑當真，即言解釋道。隨後，便領眾人踏上冰面向對岸奔去。

「好，我叫你們高興個徹底的！」咸鳥眾人踏上冰面試行一陣，見河冰結實沒有承受不住他們身體重量的跡象，心中高興向前疾奔，轉眼便已到了河面中心。

朱雀這時看到施惡時機來到，心中一聲暗叫，陡收生寒神功，驀地便把河冰化為水，將正在冰上行走的咸鳥眾人，全都拋入了冰冷的

河水之中。為了做得不留痕跡藉以討好宓妃，朱雀也故意身隨眾人落入了冰河之中。

咸鳥眾人正行之際突落水中，全都大驚失色大呼小叫。更有不諳水性者，受此驚嚇入此冷水腿一抽筋，「咕嘟嘟」幾口冷水嗆下已是斷去了性命。眾人見之更驚，口中喊叫更凶。

朱雀見其惡計將逞，心喜過望。他要把咸鳥眾人淹死淨盡，只留下宓妃一個，使自己徹底獲得求愛時機。因此他在落水之前，已經依計走在了宓妃近處，落水之後更是游在宓妃近旁，只是不去救助不諳水性的宓妃，讓其陷身絕境。

但是隨著他看到落水後被河水沖向遠處的咸鳥，這時看到不諳水性的宓妃身處絕境，急忙奮力向宓妃游來以施救助。朱雀遂伸手將身處絕境的宓妃上身拖出水面，與此同時又施生寒神功陡地冰封住了河面，把落水的咸鳥眾人全都封在了冰下。

由於冰生驟然，宓妃與朱雀的下半身也都凍在了冰中。事由朱雀設謀所為，朱雀便與宓妃相距咫尺恰好對面，只是身子被凍在冰中動彈不得。

「這是怎麼回事？」宓妃剛才被淹半死心中正驚，突睹此景更驚萬分。可她仍然不知這些盡為朱雀施惡所為，忙對迎面的朱雀大叫道，「快，快救他們！」

「姑娘前輩，急也無用。」朱雀這時心中充滿得意，他想拖延下去讓冰下河水淹死咸鳥眾人，表面卻裝出焦急無奈的樣子道，「你我自己尚且脫身不得，又怎有營救他們的可能？」

「快，小子快些設法脫身救出我來，」宓妃心中慌了，急叫起來道，「我倆再設法營救他們！」

「唉，姑娘前輩尚且脫身不得，」朱雀這時不僅要拖延時間淹死

咸鳥，而且要拖延時間使宓妃對營救咸鳥失去希望。從而使其平靜下來，自己好借機向其求取愛情，因而故作歎氣拖延道，「小子又豈能脫身得了呀？」

「唉！」慌亂中的宓妃聽到朱雀言說有理，方才長歎一聲無奈地平靜下來道，「這可怎麼辦啊？」

「姑娘前輩，剛才是小子從水中救起了姑娘，」朱雀眼見宓妃平靜下來，遂忍抑不住心中的猴急，也不顧宓妃心作何想，急借此機巧道，「如果小子再能從這冰中救出姑娘，那麼小子就成了姑娘的什麼人呢？」

「恩人，救命恩人。」宓妃剛才只顧焦急心中未作他想，再者也實在想像不到面前的朱雀，會有生冰封河的巨大能耐。為此仍對朱雀毫不生疑，對其詢問之意不解道，「這還用問嗎？」

「對，恩人，」朱雀見宓妃的回答正中其懷，隨之進逼道，「姑娘知道俗言有個怎樣的說法嗎？」

「受之滴水之恩，當以湧泉相報。」宓妃心中仍未生出他想，即不耐煩道，「將來我若能一命不死，報答你這個小恩人也就是了。」

「姑娘，你既然要報答我，」朱雀聽到這裡，更加忍抑不住心中的猴急，為施惡計言辭生變，赤裸直言道，「我要你愛我，行嗎？」

「什麼，是我宓妃先前小看了你小子！」宓妃實在意想不到朱雀在此急難之時，花言巧語周旋一圈的目的竟然在此！機敏的她瞪大了眼睛，盯視著眼前的朱雀不敢相信其具有驟生寒冷異能道，「難道你就是驟生嚴寒，施害於我等的惡魔？」

「不，姑娘前輩太高看小子了！」朱雀一驚，以為宓妃察知了自己的根底。但狡惡的他驚而不露，為了掩蓋其面目「嘿嘿」淡然一笑道，「小子如果真有此能，就不這樣乞求於前輩了！」

「噢，小子說的也是。」善良的宓妃本來就不願意相信朱雀之惡，聽了此言即又釋懷道，「但是小子的作為實在讓人生疑。」

「姑娘，我並非值此急難之時強逼於你，」朱雀狡惡至極，這時見宓妃對其改變了看法，即又巧言道，「而是我太愛你了！」

「咯咯咯，你愛前輩？」宓妃這才忍俊不禁，認為這不可能，同時她心中也不信朱雀會生此想，遂一陣放聲蔑笑起來道，「你看到過自己嗎？」

「當然看到過。」朱雀也不回避，隨著轉為進逼反詰道，「可是你不是說過，要對我湧泉相報嗎？」

「好吧，今後小子要怎麼著就怎麼著，」宓妃一時無言以對了。但緊要的是她想到，這時催促朱雀設法救人要緊，不是與其糾纏其他事情的時候。因為時間就是咸鳥眾人的性命，為此仍對朱雀沒有再去深想，立刻來了個將計就計道，「現在快快設法救人要緊！」

「好，我這就救出姑娘。」朱雀聽到宓妃含糊地答應了自己之求，對這回答他雖然並不滿意，但想到宓妃身為妙齡女兒家，或許是害羞礙口才回答得含糊。於是他高興地答應一聲，隨著「颯」地縱身躍出冰窟，即上前拉住宓妃凍僵的素手，一陣拉扯即把她救出了冰窟。

「小子快快設法，」宓妃脫出冰窟心繫咸鳥眾人，急催朱雀道，「營救咸鳥眾人！」

「遵命。但我只有先把姑娘送到岸上，然後再救他們，」朱雀惡謀在胸順從地說著，挽起宓妃便向北岸走去道，「只有這樣，才能救一個是一個。」

「快，快，」宓妃無奈地在朱雀的挽扶下來到北岸，急又催促道，「小子快快設法營救眾人！」

「姑娘，人一定要救。」朱雀心懷惡計當然仍是不願營救咸鳥，

欲要拖時間淹死情敵咸鳥，二借此機向宓妃繼續逼取愛情道，「但我設法救出了咸鳥眾人，你怎麼著呢？」

「用愛情來報答你！」宓妃這時不得不用自己之死換取哥哥之生，所以為救哥哥她不顧一切。並且聰敏的她回想朱雀前言，即知其言之意。於是她心想救人要緊更不與朱雀糾纏，直截了當道，「好了吧。」

「好。」朱雀想不到宓妃回答得這麼朗利，心中大喜卻又不敢全信，又心機一轉道，「如果我設法前去救了，人救不回來了呢？」

「仍用愛情報答你。」宓妃急得不耐煩起來，又直截了當道，「好嗎？」

「好，一言為定。」朱雀這次相信了，高興了。但他仍拖延時間淹死咸鳥，二為借此時機逼取宓妃不可更改之愛，繼續向宓妃進逼道，「但是常言空口無憑，不如以物為證，姑娘能夠送給我個信物嗎？」

宓妃被驚愣了，剛才其對朱雀賜愛之言，全是將計就計的無奈之舉。這時朱雀置咸鳥眾人的生死於不顧，一味得寸進尺地逼迫自己，並進一步逼索起了信物，這怎麼成呢？

由此她再次看到了朱雀心地的險惡，重又懷疑起其心懷叵測。她怔在那裡，沉思起了下步應對之策。

「瞧瞧，我就猜著空口難以為憑，」朱雀未察宓妃心思之變，見其猶疑又逼迫道，「如此看來果然不假！」

「小子心地邪惡，放著眾人不救在此苦苦逼我！」宓妃忍不下去了，同時她想到咸鳥哥哥既然可以一人制伏多人，自己也就當然能夠出招制伏朱雀。於是她決計出招將其制勝，逼其設法營救眾人。雖然她也擔心朱雀或為惡魔自己反被其制，但她實在拖延不得還是出手道，「看前輩打死你小子！」

「這不是打的事兒。再說打，姑娘也難說就是對手。」朱雀不信

宓妃能夠取勝自己，加之狡惡的他立刻想到，自己恰好可借此機制勝宓妃求取信物，於是他不慌不忙，「嘿嘿」笑著出手相迎道，「若此，小子只有以禮相迎了。」

朱雀說的禮實際就是打出的手，他二人立即迎在一起鬥在了一處。但事情出乎宓妃預料的是，朱雀表相雖弱看似乏力，但他原為上神力氣並不贏弱，迎鬥咸鳥不是對手，與其交手卻是平局。

轉眼打鬥多時，宓妃制勝朱雀不得，朱雀也取勝宓妃不能。同時宓妃也不想使出狠招打殺朱雀，因為正指望他設法營救咸鳥眾人。朱雀更是不願意使出狠招傷著宓妃，她是他的愛呀！

這樣交成平手，雙方急作思想，宓妃率先想到這樣繼續糾纏不得。糾纏下去一是耽誤營救咸鳥眾人的時間，二怕萬一自己失手被朱雀所乘。不知朱雀是否惡魔，若是惡魔，怎敢保證他不會做出邪惡之舉？想到這裡宓妃不敢再去多想，急作決斷欲要朱雀快去設法救人。於是她倏然跳出圈子道：「好，我給你信物。」

「這就對了。」朱雀正想一招制勝宓妃逼其賜給信物，又怕那樣傷了宓妃的自尊，把事情辦壞不敢下手。這時眼見宓妃之變恰合自己心意，遂住手順水推舟道，「那就給我信物吧。」

「可是，」宓妃這時要送信物了，卻又真的沒了信物。那時人身上只有一張遮羞的獸皮，其他就什麼也沒有了。宓妃也不例外，為此犯難道，「我用什麼作為信物呢？」

「如果沒有，姑娘就將身上的獸皮與我交換，」朱雀看出宓妃因無物可送為難，隨著淫心盡露一笑道，「作為信物吧！」

「什麼？」宓妃實在不敢相信自己的耳朵，更不敢相信朱雀竟然邪惡至此，吃驚得瞪大眼睛怒視著朱雀，怔住了。

「交換身上的獸皮，」朱雀以為宓妃沒有聽清其言，並且更加忍

抑不住渾身火燒火燎的淫邪，急又重復剛才之言道，「作為信物！」

「好吧。」面對狡惡相逼的朱雀，宓妃為救咸鳥眾人實在無奈了。於是決計忍羞受辱，將身穿獸皮作為信物與朱雀交換。宓妃正要去解穿在身上的獸皮。

朱雀見之，淫邪的眼睛再也捨不得眨動一下，死魚般地盯視在宓妃去解獸皮的手上。欲圖在其解下獸皮之際，一睹宓妃神秘的胴體，暫且滿足一下心中邪惡的淫欲。

「啊！」就在這時，一股充滿陽和之氣的融融春日氣息，奇異地從他們身邊悄然掠過，把剛才的寒冷一掃淨盡，使他們頓覺渾身舒展心曠神怡，不禁叫出聲來怔住了。驚怔中他們看到，那覆蓋山川的白雪，和封凍河面的堅冰迅疾融化開來。

隨著冰雪的消融，地上立即冒出了綠草的幼芽，樹枝綻出了鮮嫩的新綠。水中傳出了「呱呱」的蛙鳴，水面躍起了亮翅的游魚。剛才被封凍在冰下的咸鳥眾人，也都隨著河水的轉暖精力恢復，奮力向宓妃與朱雀所在河岸邊游了過來。

朱雀這時怕了，不解這春日何來，竟然在此冬日驀然襲至，化解了其生寒異能。於是他暗施生寒神功試圖驅去這春日，結果卻以失敗告終。他知道凡人絕對身無此能，只有上神才能播布此功。害怕此功若為上神所施，自己就要獲罪天庭活命難保，別說再向宓妃求愛了。

想到這裡他不禁後悔，深悔自己不該只見宓妃嬌美，忘記了她兄妹身為伏羲的兒女，對他們施惡不得。這不，自己剛施邪惡上神就搭救來了。既然上神前來救她兄妹，又豈會饒恕自己這個施惡之人？悔到這裡，在這驟生的充滿陽和氣息的春日裡，竟也不禁身子像在冬日裡一樣瑟瑟發抖。

宓妃也看得怕了，她怕這驟布春日的上神，或許與剛才陡生嚴

寒的惡神身為一個，施用乍寒乍暖邪術施惡於她兄妹眾人。不然，剛才河冰為何驟融又驟然封死了河面？當時她沒有去想，這時越想越覺得奇異。為此她擔心這驟生的春暖轉瞬就會逝去，接著又是寒冬、春日，這樣反反復復直至害死她兄妹眾人。

想到這裡她不再懷疑面前的朱雀，因為朱雀在她面前沒有行動，再者她也覺得醜陋的朱雀絕無此能。於是驚怕中她急忙向河中看去，見到咸鳥眾人還有一段距離沒有游到岸邊。怕惡神不等他們游上岸，再施生寒邪術把他們封在冰下，用顫抖著的聲音喊叫道：「快，快游上岸！」

「謝謝大神救了我們！」宓妃喊聲剛落，卻見迅急游到岸邊的葉興眾人，上岸即向岸上小山高處邊跑邊喊起來。宓妃以為是自己心想的施惡孽神現出形來，方引得葉興眾人喊叫著奔了過去。急又舉目扭身向眾人奔去方向望去，見到在岸上小山半腰臨河岸處，端站著一位身著雪白獸皮，身材頎長苗條，面目端莊敦厚的姣美青年。

青年一身文質彬彬的樣子，貌若凡人，沒有一點上神的形態。宓妃不解葉興眾人為什麼喊那青年為神，其心魄卻被那青年無由地俘獲了過去。

嬌美的宓妃雖然早在昆侖山上就到了情竇初開之日，但是後來咸鳥的苦求也好，朱雀的威逼也罷，任憑誰個也沒能叩開其情竇之門，更不要說別個普通凡人。宓妃覺得他們的長相和氣質，都絲毫不能打動她。

然而眼前的俊美青年卻不相同，他不僅氣質好，並且文質彬彬、透射出皎潔的輝光，散播著勃勃向上的春日之象。因而其一映入眼簾即撥動了她愛的心弦，啟開了她一直緊緊關閉著的情竇之門。於是她顧不得再去細想這素不相識的青年，是人是神是惡是善，立即癡迷地

忘卻一切般地向他奔了過去。

「謝謝大神播布陽和，救了我們！」癡情的宓妃幾乎是與率先上岸奔來的葉興眾人，一齊跑到青年面前。葉興眾人剛才出露水面，見到岸上青年身上放射的皎潔輝光熠熠照人，即認定其就是播布陽和救了眾人的天神。所以上岸後急忙跑了過來，這時倒頭便拜道。

「不，不要這樣！」青年急忙攔阻，俯身攙扶葉興眾人道，「我不是大神，與你們一樣也是凡人。」

「這不可能，」葉興眾人豈敢相信，驚奇得瞪大眼睛道，「難道不是你播布陽和救了我們？」

「是我，」青年肯定道，「但我確實也是凡人。」

「青年既為凡人，」遲來一步的宓妃聽到了青年剛才之言心中陡驚，懷疑青年既有播春之能便有生寒之功，或許他就是剛才反復施惡的惡魔化變，所以俘獲了自己的心魄。遂不敢怠慢急問道，「為什麼你身懷播布陽和奇能，我等凡人沒有此功？」

「人，誰都有自己的那點本事。」青年坦然一笑，朗朗道，「作為凡人，我不過僅有這點本事，再加上一點給人增歲減壽的本事罷了。」

「噢！」宓妃心中更驚，又問道，「青年沒有驟生寒冷之能嗎？」

「沒有。」青年誠實回答道。

「呀！」望著青年誠實的俊美面龐，聆聽其悅耳的誠實話語，宓妃這時雖然依舊不知是誰在河中播布了寒冷，卻在心中將青年排除出惡者之外，對其重新充滿了愛欲，並對其本領大為驚異道，「青年本領真不得了！」

「怎麼不得了。」青年依舊淡淡笑言道，「你們有你們的那些本事，我有我的這麼點本事。我們的本事只有不同之別。」

「不，這區別太大了！」宓妃急言贊道，「這是人與神的區別呀！」

「不，不能這樣區別，我們都是凡人，」青年繼續笑言道，「不能把我的這點本事神化，更沒有據此把我作為上神敬奉的道理。」

這青年確實是一位凡人，卻又不是一般的凡人。他是居住在其所站小山北面句氏族人的一員，名字叫句芒。句芒原是天界司掌春天和生命的大神，玉皇大帝知道伏羲回到凡界需人輔佐，便在二十年前遣其脫生在了凡間。

由於他在天界姓句，下界便脫生在了句氏族人之中，仍被賜名為芒叫做句芒。有人說句芒二字，是春日草木彎彎曲曲、角角杈杈生長形態的象形，因而是春天和生命的象徵。

句芒脫生凡間輔佐伏羲，便仍懷掌管春天和生命之能。他不僅走到哪裡都可以把春天播布到哪裡，並且還能讓春天停滯。同時還能夠給死人增壽讓其復活，也可以給活人減壽讓其即死。

正因為句芒受玉皇大帝派遣輔佐伏羲而來，所以剛才咸鳥兄妹遇難他在居地坐不住，覺得這南方大河驟生奇寒其中有異。前來看視即用春日陽和化解了嚴冬酷寒，救出了咸鳥眾人。

「你等是哪個氏族之人？」句芒這時見河中眾人全都趕來，方才放下心來詢問道，「剛才為何陡然墜入冰河之中？」

「我們受伏羲爺爺派遣，四處頒佈伏羲爺爺制定的皮聘婚娶之制和結網捕食之法。」咸鳥向句芒講說一切道，「剛才我們正在冰上行走欲要涉過冰河，不料堅實的嚴冰突然融化……」

「噢，竟有這等怪事！」句芒聞聽事情奇異先是一驚，便瞥向遠處緩緩走來的佝僂朱雀，不禁充滿疑問道，「他是誰！與你們一起來的嗎？」

「是的，他叫朱雀。」咸鳥道，「朱氏族人。」

「噢。」句芒口中應著向朱雀瞥去狠狠的一眼，心中雖對咸鳥剛才所講河冰驟生怪事，以及姍姍來遲的朱雀充滿疑竇，但想到伏羲派遣兒女來到怠慢不得，這時不是深究那些疑竇的時候，遂轉話鋒道，「小子不知前輩來到，遲到一步，讓前輩眾人受驚了！」

「不，小子救助大功可嘉可賀，」咸鳥急忙言謝道，「不然，我眾人就沒有活命了！」

「前輩不必俗言。我叫句芒，我們句氏族人就住在北邊。」句芒即言道，「我看前輩眾人還是先到我族人居地，住下歇歇消去驚怕，再說其他事情可好？」

「甚好。」句芒之言恰合咸鳥兄妹之意。他兄妹立即答應下來，引領葉興眾人隨同句芒翻過小山，到了句氏族人居地。

二一、伏羲斥逆

　　句氏老族母得知伏羲爺的兒女受遣來到，熱情地接待了他們。聽說他們在山南身受落水之災，便讓他們安居下來先歇息，等到歇息過來再傳伏羲爺之命。咸鳥眾人落水被淹身子疲憊，即依老族母安排歇息下來。

　　咸鳥眾人歇息了，宓妃這時卻歇息不下。她不是去想是誰施惡在河上驟生酷寒加害於他們，而是熱戀的激情撞擊著她的心扉。其忘卻不掉的句芒的音容笑貌，就像今日的電影畫面一般，時時刻刻都在其眼前展現，震響在她的耳邊。前時她不得機會與句芒接觸，這時忍抑不住即離眾人尋找句芒而去。

　　情愛這東西就是這樣蹊蹺萬分，不僅情竇之門嚴密關閉的宓妃一見句芒即生鍾情，而且文質彬彬的句芒也是一見便傾慕上了宓妃。別看句芒外貌端莊文質彬彬，也是一顆對女人外冷內熱，激情如火如荼的多情種子哩！

　　句芒在營救咸鳥落水眾人之前，轉過山坳來到河岸，宓妃那華豔的光彩絕倫的姿色，便像疾電一樣從其眼中倏地擊到了心田，使他心中不禁一陣火熱，渾身熱血驟然沸騰起來。句芒還從來沒有過這樣的感受，不知道這是怎麼了，頓然陷入了奇異之中。

　　句芒努力平靜滾燙的情緒，恢復平時的端莊柔靜之態，可他不論怎樣努力都是白費。並且這滾燙的情緒激得他連呼吸都急促困難起來，覺得滾燙的心中有一種東西像小兔一樣在「咚咚」撞動。撞得他非要去看站在河邊的宓妃不可，卻又不敢盯著去看。

　　感覺至此，句芒終於明白是宓妃打開了自己心中愛河的閘門，使心中愛的狂潮破禁而出，激蕩得自己頓失常態再也不能平靜。只是他覺得這愛來得實在太突然太不可預料，突然得使他不禁渾身顫慄，心中生出了驚怕。

　　句芒身旁雖然無人，卻也像做賊一樣想看宓妃又不敢去看，只是偷眼再次看了過去。剛才是宓妃映入了他的眼簾，這次是他偷看清楚了華豔絕倫的嬌美宓妃，於是他的心被宓妃徹底俘獲了，產生了自己非宓妃不愛的強烈感受。

　　句芒於是禁不住要去宓妃面前盡吐心曲，卻見佝僂的朱雀在她面前動作淫邪，欲圖施惡。句芒心中大惱，即把春日陽和播布到了大河之上。句芒的護愛之舉不僅制止了朱雀的惡舉，保護了心愛的宓妃，而且還無意中救出了落水的咸鳥眾人。因為他並不知道也沒有看到封在河冰之下的咸鳥眾人。

　　咸鳥眾人遇救見到句芒狀若天神，遂把他視為救難的天神高喊著奔跑過來。生愛的宓妃見之心雖有疑，卻也不禁疾忙奔跑過來。只有施惡未成的朱雀不知句芒根底，心中既怕又恨卻又不敢奈何。只是因為摯愛宓妃方才沒有溜遁他去，末了壯起膽子試探著慢慢跟隨上來。

　　宓妃來到句芒面前，句芒看到宓妃更是嬌美動人，心中愛慕備至，同時也察覺到宓妃也同樣愛上了自己。但由於咸鳥眾人這時已經奔了過來，他二人沒有了言說時機。

　　愛情是私有之物，它不能在大庭廣眾面前言說，總需要在僻靜處

男女雙方竊竊密議。他二人沒有這樣的時機言說，便只有把剛剛噴湧而出的情愛，重新埋回到了心底。

句芒就是在這樣的壓抑心境中，引領咸鳥眾人回到了句氏族人居地，與老族母一起把他們安置下來。但是在句芒跟隨老族母一起離去時，心中卻不忍到了極點。他不想走開，他心愛的宓妃正歇息在這裡，他不捨得離開。

可是在老族母面前他也無法流露，他不願意那樣不顧一切，毀壞了自己一貫的端莊形象。為此他只有強抑著心中的不忍，一步三回頭地離開了這裡。

回到老族母眾人居處，句芒心中更加不能平靜。他不僅思念宓妃，心中似有滿腹的話語要對宓妃講說，並且想起了朱雀在河邊對宓妃欲施邪惡的醜形，擔心醜陋的朱雀再次施惡于宓妃。

剛才他既看到了宓妃對自己的傾慕，也看出了她對自己也有滿腹的話語要說，由於不得時機，也像自己一樣壓在了心裡。現在自己回來了，宓妃不僅壓抑的滿腹話語更加沒有了言說時機，並且連剛才在一起時互相看視一眼的機會也沒有了。

句芒為此坐在族人之中，心中苦到了極點。他後悔自己太缺少勇氣，不該這樣怯弱地離開。因為人們常說，愛情總是在主動的進攻中才能得到的！也後悔自己過於端莊，在風流場上則是最容不得端莊的。於是他詛咒自己的無能，造成了自己有話無處言說，有情無處傾瀉，心中受苦自作自受。咒罵至此他鼓起勇氣，起身就要前去咸鳥眾人歇息處去找宓妃。

然而真要去找宓妃了，句芒卻又怯弱起來。他擔心自己有了勇氣，宓妃沒有勇氣，如果是那樣，自己就會陷入窘境。為此他一時間去也不成，不去又不忍，去與等在心中苦苦糾纏，折磨得心苦萬

分起來。

這時，他多麼希望宓妃與他心心相通，也像他一樣歇息不住，鼓起勇氣前來尋找自己呀！於是，他禁不住在心中祈禱般地暗暗喊道：「宓妃，我在等你，你快來吧！」

宓妃真的來了，踏著句芒的心聲，恰在句芒心中的喊聲未落時，驀地出現在了句芒面前。句芒突置此境不敢相信眼前的真實，懵在了那裡。良久醒悟過來，陡地一改平時的端莊之態，起身風流地一把拉起面前的宓妃，離開眾人急向遠處奔去。轉瞬奔到無人之處，他二人即不顧腳下的奔走，雙方互相生出了嗔怪道：「你真傻！」「你真呆！」

這無情的話語包容了無盡的情，這無愛的話語道出了無盡的愛。有情人就這樣不需要再去言情，愛人就這樣不需要再去說愛。純真的愛情，就這樣像雨後驟現天空的彩虹，投射在了宓妃與句芒二人的心懷。

這如同彩虹一樣的愛情，實在是飄渺玄秘至極，七彩絢爛變幻莫測。他二人就這樣嗔怪著來到一個僻靜之處，心兒越貼越緊地暢敘歡談起來。別看是初次謀面，也別看是情懷初開，雙方竟然言說不盡，忘記了白天過後進入了黑夜。

前時，刁惡的朱雀正在河上施害咸鳥眾人欲窺宓妃胴體，突遇句芒播布陽和化解其所布嚴冰，解去了宓妃之厄救下了咸鳥眾人，實在是心中既惱又怕起來。他惱句芒陡然間壞了自己的好事，怕句芒恰值這時來到施用此法救了咸鳥眾人，自己若是再施生寒法術不能驅去句芒播布的陽和，句芒身為上神必然懲罰他，那樣其小命有可能瞬間不保。為此他本想拔腿溜跑以保活命，卻又不願離開摯愛的宓妃。末了愛情佔據上風竟然不顧小命，站在那裡窺看事態發展，以弄清句芒的根底。

隨後等到咸鳥與宓妃眾人全都圍了過去，仍然不見句芒有前來誅殺於他之意，心中的驚怕方才稍稍消退了去。為了跟隨摯愛的宓妃重又壯起膽子，向句芒眾人在處走了過去。朱雀不敢疾急趕去，他要在行進中窺聽清楚句芒的言辭，稍有不測就要疾逃他去。他怕疾趕過去不知深淺，沒有了逃遁時機。

朱雀很快聽到了句芒所說的其非上神而是凡人，並看到句芒狠狠向他瞥來的眼神，其心還是放了下來迅疾趕了過去。朱雀偎到人群近處心中大惱，剛才他對句芒壞其窺見宓妃胴體的好事已惱十分，心生非殺句芒不可的歹意。這時刁鑽的他又見宓妃鍾情句芒，句芒愛上了宓妃，更是前恨之外又生情仇，堅定了他必置句芒於死地的決心。

於是他在句芒引領下前往句氏族人居地的路上，便欲突施生寒法術使句芒防備不及，凍僵句芒、咸鳥與宓妃眾人，借機將句芒與咸鳥兩個一齊殺死，奪得宓妃之愛。

但他知道那樣向宓妃必定不會愛他，弄不好自己的法術反被句芒所敗，還有喪命之險。無奈只有在行進途中苦思起了既能殺掉句芒，又能贏得宓妃之愛之法。但此法實在難得，他一直苦思到歇息下來，也沒有思得此謀。相反，卻想出了自己不可出手誅殺句芒的結論。

他想到，宓妃既然一見便愛上了句芒，自己如果出手殺死句芒，便會成為宓妃的仇敵，斷去日後向其求愛之路。同時也等於自己為咸鳥掃清了向宓妃求愛的道路，把宓妃拱手讓給了咸鳥，這當然是不可行的。

隨著他又尋思一番，決計說動咸鳥去殺句芒。那樣就為自己廓清了向宓妃求愛的道路。想到這裡朱雀心中高興，仿佛看到咸鳥殺死了句芒，咸鳥成了宓妃的死敵，宓妃投入了自己懷抱的如意結局。於是高興之中，他時刻都在尋找說動咸鳥的事兒，窺伺著說動咸鳥的時

機，以期一舉說動咸鳥之心，讓其依照自己的心思行事。

事情的發展恰合朱雀之意，就在他剛剛想定惡謀窺伺時機之時，看見宓妃歇息不住獨自悄然起身，徑向句芒眾人居處行去。朱雀料知宓妃此去必是尋找句芒談情說愛，心中頓然既惱又喜。

他既惱宓妃果真癡愛上了句芒，又喜說動咸鳥的時機就要來到。如果事情發展盡如其料，句芒就將死在須臾，自己求得宓妃之愛的時機也已臨近了。氣惱心喜至此，朱雀即不怠慢緊隨宓妃之後，悄然跟了過去。

「不可，小不忍則亂大謀！」朱雀跟隨宓妃身後果然看到，宓妃離去後尋到句芒，即與其到僻靜處談起了情愛。氣得他頓然七竅生煙，忘記了心中想好的惡謀，就要躍身前去襲殺句芒。但在他正欲躍身之時，氣昏的頭腦卻又陡地清醒過來，止住心中的氣惱暗自說著，「快叫咸鳥前來襲殺句芒。」

「醒醒，醒醒，」咸鳥剛才險些沒被朱雀施惡淹死，元氣大傷，這時得到休歇正疲憊得呼呼大睡。朱雀一陣奔到其身邊，立即急不可耐地一邊用手捅搖，一邊悄聲急叫道，「快醒醒！」

「怎麼？」酣睡的咸鳥突被焦灼的朱雀捅醒，迷惑不解急問道「出了什麼事情？」

「快去，」朱雀忙用噓聲止住高聲的咸鳥，神秘兮兮地悄言道，「我有要事對前輩講說。」

咸鳥剛才雖然已經察知句芒有意于宓妃，心甚嫉妒。但由於句芒剛剛救出了他眾人，並盛意引領他眾人來到句氏族人居地休歇，所以值此特殊時刻，句芒只是有意並沒有得逞，他也不好發作只有忍抑下去。

他當然也察知宓妃鍾情上了句芒，可他想到自己始終與宓妃待在

一起，在句氏族人中不過停留一兩日就要離去，料她宓妃也不會與句芒做出那樣迅疾的互愛之舉。只是不知朱雀這時這般鬼祟，對他要說什麼事情。

加之他對朱雀與其爭奪宓妃之愛毫不知情，更不知道神秘的朱雀對他究竟要講何事。可他也從朱雀神秘鬼祟的行動中，看出了其欲言之事的詭秘，便不再聲張以免驚醒眾人，即依朱雀之言隨他悄然而去。

「前輩，小子有一事，」朱雀轉瞬把咸鳥引到無人處，故意神秘兮兮地激惱咸鳥道，「卻又不敢不告訴前輩。」

「什麼事？」咸鳥詢問道，「這麼囉嗦！」

「小子告訴前輩，」朱雀故激咸鳥焦急道，「怕前輩生氣。」

「是好事我當然不生氣，是壞事我不生氣還不行？」咸鳥焦急道，「快說，是好事還是壞事？」

「這件事嗎，要說是好事也是壞事，」朱雀故意慨歎一聲道，「要說是壞事也是好事，前輩該怎麼辦呢？」

「快說，」咸鳥見朱雀與他玩起了繞口令，焦急的他氣惱得猛地揪住朱雀的頭髮道，「小子快告訴我啥事！」

「我說！但小子不知當說不當說，」朱雀眼見說動咸鳥襲殺句芒的時機來到，這才故作驚怕唯諾道，「小子是要前輩前去襲殺句芒那惡！」

「嗯？」咸鳥驚得猛地鬆開了抓住朱雀頭髮的手，愣怔半天方才說道，「什麼？這是什麼事？」

「前輩，不知道你想過沒有？」刁鑽的朱雀立即詭詐地盡推自己之罪於句芒身上，以激咸鳥去殺句芒道，「先前大河中的冰凌那麼厚實，為啥我們都突然掉進了水中？」

「噢，」咸鳥又被驚愣道，「那為什麼？」

「那正是句芒先施惡於我等，」朱雀繼續栽贓道，「末了又施播春之術化解寒冰救了我們。」

「噢，」咸鳥更是不解道，「此子這樣作為究竟要做什麼？」

「為的是讓我等感恩於他，進而贏得宓妃之愛。」朱雀詭詐至極道。

「竟然如此！」朱雀的這些話語對於咸鳥都是全新的見解，其心雖然狡惡卻也沒有這樣去想過。為此聽罷朱雀此言頓然大驚失色，心中邊想口中邊喃喃自語道，「真是這樣嗎？」

「不僅這樣，其目的現已變成了現實！正因為他達到了目的，」朱雀繼續推波助瀾道，「奪去了前輩之愛，小子才叫前輩去誅殺他，了結前怨新仇！」

「這是真的嗎？」咸鳥聽到這裡，仿佛心中驟明，驚詫盡消，怒火陡騰萬丈急叫道，「你說！」

「是真的。事實否認不得！」朱雀眼見咸鳥中了自己奸計，為了進一步推波助瀾點燃其怒火，拉起咸鳥即向句芒二人在處潛去道，「走，小子引領前輩看個究竟去！」

「不殺此惡，」刁鑽的朱雀想用事實再激咸鳥，使他立即出手襲殺句芒。遂引領咸鳥潛到句芒二人處，果見他二人如同朱雀所言正在暢敘情愛。咸鳥頓時氣得頭轟一下炸了，許久方才清醒過來咬牙切齒道，「怎解我心頭之恨？」

「不，」咸鳥說著即欲躍身上前襲殺句芒，朱雀見之一陣心喜，看到自己一箭雙雕的如意盤算，頃刻就要大功告成。不料就在朱雀心喜之時，欲去誅殺句芒的咸鳥卻陡地停下了，清醒過來自語道，「不可這樣造次！」

「前輩不去除掉那惡，」朱雀正喜的心驟然涼下來，不解咸鳥之意又慫恿道，「不就眼睜睜失去心愛的妹妹嗎？」

「先前我只是求愛不成，」咸鳥無奈道，「殺掉句芒，就斷去我以後的求愛之路了。」

「前輩顧慮若此，」朱雀心中即罵咸鳥狡惡，竟像自己一樣害怕殺了句芒成為宓妃的仇敵，弄個永遠求愛不得的下場。但他惡罵中害怕咸鳥逼他前去誅殺句芒，那樣自己的一箭雙雕之計不僅成為泡影，並且自己也要真的永世難求宓妃之愛了。於是他不敢稍怠，急又慫恿激惱咸鳥道，「我們只有回去休歇了。」

「不，」咸鳥聽到朱雀話中含刺甚為不是滋味，大眼一瞪怒叫道，「我不會讓他們快活下去的！」

「前輩有辦法了？」朱雀聽出了咸鳥心有所想，詢問道，「需要小子盡力嗎？」

「也沒有什麼法子，」咸鳥這時確已胸有成竹。剛才他醒悟自己前去誅殺句芒會斷去向宓妃求愛之路時，心中也曾想到讓朱雀替自己前去殺死句芒，但他隨即又想到朱雀與句芒無怨無仇不會前去，無奈便想到只有前去告知伏羲爹娘，讓父母前來割斷宓妃與句芒之愛，讓宓妃將愛賜給自己。所以他回答朱雀此問道，「只有前去告知爹娘了。」

「好，此乃上策。」朱雀眼珠連滾數滾思謀一番，方才贊同道。他把咸鳥此計對自己有害還是有利進行了權衡，看到咸鳥既已決計不去誅殺句芒，也不要自己前去誅殺句芒，而去向伏羲爺爺奶奶狀告句芒，對自己當然是好事。那樣借助伏羲爺爺奶奶之手殺掉或者趕開句芒，告狀的咸鳥也同樣會因此斷去向宓妃求愛之路，自己同樣可以收到一箭雙雕坐收漁利之妙。

為此他不僅開口贊同，並且為咸鳥出謀道：「前輩前去狀告句芒，盡可以把句芒在我們過河途中先是施惡我等，後又施善蠱惑收買我們之心……」

「好你個朱雀，真有你的！」咸鳥正愁狀告句芒沒有惡跡為由難以得勝，聽到朱雀言說至此，立即高興得一拍大腿打斷其言道，「就說句芒是一個身懷異能的妖物，目的就是掠走宓妃，結果真把宓妃掠走了！」

「對。前輩就說自己無力除掉妖物救回妹妹，故而返來求救於爹娘。」狡惡的朱雀繼續其想道，「前輩這樣講說，就不愁俺那人祖爺爺奶奶聽後即來，來後即誅句芒了。」

「就這麼辦。」然而咸鳥剛言至此，卻又陡地犯起難來道，「此去余氏族人居地路途遙遠，來去需要二十餘日，小子隨我前去歸來，句芒與宓妃豈不已經好事成就了！」

「前輩說得對。」朱雀「嘿嘿」一笑輕鬆道，「但是前輩難道未聞傳言，伏羲爺爺已經除罷惡怪尋了過來，距離句氏族人居地僅有一日路程了。」

「啊！」犯難的咸鳥不敢相信道，「小子所言為真？」

「真的。」朱雀肯定道，「句氏族人中有人遇到南方前來捕獵之人，聽他們說的。」

「這太好了！」咸鳥這時焦愁盡釋，高興地催促朱雀道，「走，隨我一起告狀去。」

咸鳥二人離開句氏族人居地返向來路，剛過半日，便在途中遇上了奔尋過來的伏羲。伏羲製成琴瑟在伏羲妹墳前彈奏一日，知道再彈下去也傾訴不盡心中的哀思。加之想到身負頒行皮聘婚娶之制，與結網捕食之法責任巨大，逃去的雷神仍需自己前去剿滅。遂起身告別余氏族人，一路急奔追尋咸鳥兄妹而來，恰好在此途中遇上了咸鳥二人。

咸鳥見到父親噓寒問暖，詢問為何不見母親？伏羲即對他講說了其母伏羲妹慘死在雷神手中的經過。咸鳥聽了不禁捶胸頓足大放悲

聲，好是一陣痛哭，末了由於心中有事，方才止住哭聲。隨後即依與朱雀預謀，向伏羲訴說了句芒的一切，添枝加葉地把句芒描繪成了一個十惡不赦，面目可怖的邪惡魔怪。

「天哪，我伏羲的命為什麼這樣苦啊！」伏羲這時仍在為伏羲妹之死悲痛不已，聞聽女兒宓妃又為妖魔掠去心魄，頓如霹雷擊頂、大驚失色地說著，急領咸鳥眾人向前奔去道，「走，快快營救宓妃去！」

伏羲引領眾人奔走疾急，不過半日便越過大河翻過河北小山，來到了句氏族人居地近處。宓妃與句芒這時正在為找尋不見咸鳥與朱雀焦愁，突聞咸鳥與朱雀簇擁著父親伏羲從南山歸來，心中大喜即向南山迎來。他們剛出居地不遠，即與疾奔過來的伏羲眾人碰了個迎面。

伏羲這時聽信咸鳥之言，心懷氣惱討妖救女而來，只待句芒來到就要出手誅之。咸鳥與朱雀眼見伏羲氣惱情狀，心知借助其手除去句芒有望，都在旁邊依仗伏羲之威，怒待句芒到來即隨伏羲出手誅之。就在這時宓妃與句芒迎了過來，眼見情況有異，齊驚得「啊呀」一聲，怔在了那裡。

「爺爺，別看句芒一身皎輝潔光，就以為是個好人。」伏羲剛才眼見笑盈盈迎上前來的宓妃，不像被妖魔蠱惑，心受煎熬的樣子，心中已是一詫。這時又見走在宓妃身後的句芒，身上閃射著皎輝潔光，面容端莊敦柔，氣質彬彬有禮，充滿勃勃生機，氣度不凡是個好人，沒有一絲妖魔之氣，心中更是大為奇異。朱雀在旁看到伏羲心思有變，急忙說道，「先前我們見時也是這個模樣，但他轉眼就成惡魔！」

「爹爹，那妖魔這時的模樣不是真身，真身的妖魔樣嚇煞人啊！」咸鳥心知朱雀之意，立即接言對伏羲道，「爹爹也別看小妹不像是被蠱惑，那是心被惑迷而為之！」

「是的，爺爺，」朱雀這時催逼道，「對待惡魔可是心慈手軟不

得呀！」

「妖魔，先吃爺爺一杖，」伏羲的心被咸鳥二惡說動，否定了眼見的一切。對於咸鳥他絲毫沒有不相信的道理，於是對句芒生出了更大的氣惱，怒叫一聲隨著躍身出杖，「嗖」地便向句芒打了過去道，「叫你現出形來！」

句芒作為伏羲爺的未婚女婿首次迎見岳丈，這時心中已經怯勁十分。又見不知為何岳丈見他即生惱怒，並將自己罵為妖魔出杖打來，弄得他實在摸不著了頭腦。進要挨打退又不成，無奈只有「扑通」跪倒在地，迎候挨打。

「爹爹！」宓妃也不知道父親為何見面不言一語出手就打，只是看到父親的手杖就要打到句芒身上心疼不忍，禁不住一聲高叫躍身上前，在句芒身前擋住了伏羲打下的手杖。正打的伏羲眼見手中之杖就要打向宓妃，急忙收杖，但由於用力狠猛陡然收斂不住，「啪」地已打在了宓妃身上。

宓妃被打，隨杖倒地，好在伏羲剛才用力收杖，還是減去那杖打下的力量，方使得宓妃未受重傷。因此宓妃倒地害怕伏羲收杖再打句芒，不敢怠慢即起身出手抓住了伏羲的手杖。伏羲心中一怔，脫口道：「這是怎麼回事？」

「爹爹，」宓妃急叫道，「這裡什麼事也沒有。」

「什麼？」伏羲更奇道，「沒事！」

「爺爺，別聽她的，」朱雀眼見咸鳥惡計又要敗北，心中一急忘記了宓妃就在跟前，又向伏羲火上澆油道，「她上了妖魔的當了！」

「什麼事情也沒有！難道你真的沒被句芒妖魔掠去心魄？句芒真的不是妖魔？」朱雀的話語這次沒有再對伏羲生出作用，因為半日來他與咸鳥給伏羲灌輸的滿腦子句芒就是妖魔的話語，完全與伏羲見到

的句芒兩個模樣。伏羲不相信他們，清醒過來詢問宓妃道，「難道女兒真的身子自由？沒上句芒的當嗎？」

「沒有，沒有，」宓妃從剛才朱雀的話語中，已經聽出了事情的根底，但這時只顧率先回答父親道，「這全都是沒有影兒的事情！」

「那你哥哥還有朱雀，」伏羲仍是不解道，「為什麼都說出了大事？」

「事情果真是這樣，我道究竟為何呢！」宓妃這時弄清了事情的根底，氣惱得身子抖索起來道，「爹爹，是女兒愛上了句芒，句芒也愛上了女兒。他二人由妒生恨，因而欲借爹爹之手除去句芒。」

「噢！」伏羲心中驟明道，「原來是這樣！」

「爹爹，若說真有妖魔，妖魔不是句芒而是朱雀。」宓妃前時與句芒議及途中怪事，心中已明朱雀之惡。這時陳述道，「是他，在河上施惡欲要害死哥哥眾人，以借機逼迫女兒嫁給他……」

「噢！」伏羲勃然大怒，打斷宓妃之言道，「有這種事？」

「是的，是句芒救了我等眾人，打破了他的如意盤算。」宓妃繼續道，「朱雀心中氣惱，同時他又看到女兒與句芒在一處，便攛掇也向女兒求愛不得的咸鳥哥哥，一起前去欺騙了父親。」

「原來如此，」伏羲更惱十分道，「這太可惡了！」

「女兒正為突然找不見他們焦愁，」宓妃接著道，「想不到他們狀告句芒去了，他們全是妖孽！」

「妖孽！你們欺騙我，欲要借我之手誅除句芒，太可惡了！」伏羲這時明白了一切，惱得怒罵著「嗖」地揮起青龍手杖，便向咸鳥二人打了過去道，「我要你們何用，打死你們得了！」

「爺爺饒命，」朱雀聞罵自知理虧，嚇得跪倒在了伏羲腳下。眼見伏羲揮杖打來，連忙叩頭求饒道，「小的再也不敢了！」

「爹爹饒命！」咸鳥也是如此，立即叩頭求饒道，「兒子從此改了！」

「岳丈，請收杖莫打願改之人！」伏羲當然不饒，眼見其手杖就要打到朱雀二惡身上，句芒突然躍身擋在了他們身前，開口替他二惡討饒道，「留給他們一次改過的機會吧！」

「好吧，看在句芒的面上，這次就饒恕了你倆。」伏羲這才止住手杖，怒言道，「下次如果再犯，就莫怪我手中的青龍手杖不留情面了！」

「謝爹爹！」咸鳥見之急言道，「謝句芒。」

「謝爺爺！」朱雀隨之道，「謝句芒。」

「滾起來吧！」伏羲一聲厲喝，沒看他二惡一眼也沒有，便在句芒與宓妃的攙扶下，徑往句氏族人居地行去。

二二、咸鳥出逃

　　咸鳥與朱雀跟隨伏羲眾人來到句氏族人居地，表面上裝出唯唯諾諾痛改前非的樣子，心裡卻都對句芒更惱萬分，下定了必欲殺之的決心。特別是他們看到句芒不僅從他們手中奪走了宓妃，並且受到了伏羲的青睞和器重。

　　相形之下，他倆既被宓妃拋棄又被伏羲唾棄，表面上還要違心地裝出痛改前非的樣子，實在是狼狽十分。處此窘境他們心思不停，都在思謀著誅殺句芒報雪前仇今恨之策。

　　先前，朱雀雖對作為情敵的咸鳥心中氣惱，視其在立即誅殺之列，並且在大河上施惡未能將其殺死，此後又欲施計誅除不成。咸鳥先前雖然不知朱雀之惡，但其惡剛才盡被宓妃揭穿，所以對朱雀的邪惡作為既驚又惱，心生必殺此惡不可之恨。

　　但是這時，他倆則成了一根藤上結出的兩個苦瓜，同病相憐的一對難兄難弟。境況的驟變，使他倆的個人仇恨被共同的仇恨取代，所以前怨盡釋，躲在暗處悄悄計議起了誅除句芒的惡謀。

　　「這般境況，實在太令人不可忍受了！前輩這樣裝出改過的樣子，實在太窩囊了！」刁鑽的朱雀忍抑不住，率先過來慫恿咸鳥道「揚眉吐氣吧，讓小子拼死助前輩立即前去殺死句芒！」

「不。先前沒有那樣去做，」咸鳥即言否定道，「今日父親在此豈敢那樣妄為？」

朱雀這樣慫恿咸鳥，當然有他心想好了的惡謀。他想慫恿處此窘境的咸鳥前去殺死句芒，其仍可收到一箭雙雕之利。即不僅宓妃會仇恨咸鳥，伏羲也不會饒恕咸鳥，那樣咸鳥就非被處死不可，句芒與咸鳥皆死宓妃就是自己的了。

退一步去想，只要咸鳥動手雖未把句芒殺死，僅只是傷著了句芒，宓妃惱恨起來伏羲怪罪下來，也有可能將咸鳥誅除。咸鳥若被誅殺，餘下句芒雖然仍需自己對付，那就容易多了。為此，其率先行動施起了惡計。

狡惡的咸鳥當然也不是任憑朱雀隨意撥轉的傻子，他不僅狡惡多端心機也詭譎十分。他也思謀過了，處此窘境他當然恨不得立刻就除掉句芒，但他知道那是絕對不可為的莽撞錯誤之舉。

先前他不去親手誅殺句芒，而去向父親告狀以借其手除去句芒，為的便是自己不被宓妃仇恨，除掉句芒之後即求宓妃之愛，不然殺掉句芒又有何用？自己誅殺了句芒，不僅宓妃不容，爹爹也定然不讓，他父女共誅自己就沒有活路了。所以他心中雖然氣惱，恨不得立刻除掉句芒，還是否定了親去誅殺句芒之想，思謀起了別的去除句芒之策。

「噢！」朱雀聽了咸鳥之言，不禁心中一怔道，「如果伏羲爺爺永不離開，前輩不就只有永遠處此境地了嗎？」

「不，需要謀得一個萬全之策，」咸鳥這才說道，「既要殺死句芒，又不留你我所為痕跡，方可行事。」

「這，實在太難了。」朱雀心中雖然暗罵咸鳥狡點，但他見其惡計可逞，犯難接言道，「到哪兒才能找到這樣的惡計呢？」

「咱們做的是件難事，便要使用難尋的計謀。」咸鳥胸有成竹，

毫不退讓道，「難尋的計謀正因為難尋方才絕妙，使用絕妙的計謀辦這難辦之事，方能辦得不留痕跡。」

「前輩，你不要這樣與小子耍繞口令了好不好？」朱雀這時已知咸鳥根底，直言揭穿道，「你不就是自己不去誅殺，又要殺死句芒嗎？」

「小子真知前輩心思。」咸鳥這才直言道，「快快與我思謀良法。」

朱雀遂不再言，依照咸鳥之說與其一道思謀起了誅除句芒的惡計。朱雀當然不願意充當咸鳥的狗頭軍師，他這樣去做為的還是自己。他不借助咸鳥去殺句芒，不僅更難實現殺死句芒的目標，更重要的是他實現了這一目標，也承擔不起此罪。

而且他如果不把咸鳥牽入其中，不僅殺死句芒之後還要再殺咸鳥，弄不好自己殺死句芒罹罪身死，恰為咸鳥求得宓妃之愛廓清道路。使咸鳥成為漁利之徒，這當然是使不得的。為此他既要按照咸鳥所說，思謀出咸鳥所求的惡計，又要通過施此惡計達到自己欲求的目的。

這樣，欲得剛才咸鳥欲求的惡計，更是難上加難了。然而朱雀為了奪得宓妃之愛，再難也不怕也要去做，與咸鳥一起苦苦地思謀起來。

半個時辰在苦思中緩慢過去，他們雖然心機詭譎卻也沒有能夠思出惡謀，因為那惡謀實在太難求了。然而這邊他們苦思不得惡計，那邊卻見句芒與宓妃和伏羲更加親近，誅殺句芒的時間在他二惡看來片刻也耽擱不得了。

為此他們想不出惡計心中焦急，苦思惡謀更加賣力。又是半個時辰在苦思中過去，朱雀突然綻開因苦思而擰緊的眉頭，向咸鳥笑了一笑道，「前輩，小子思得一謀，不知可行否？」

「小子賣什麼關子，」咸鳥仍正苦思不得惡謀，聽了即言道，「快

講與我聽。」

「小子聞聽，在距此不遠的西方，有一個有巢氏族人。」朱雀遂道，「他們與其他氏族之人全不一樣……」

「你這是什麼詭計，少搗亂。」咸鳥聽到朱雀言辭不著邊際，即不耐煩打斷道，「快快思謀惡計！」

「前輩，小子計在其中，」朱雀即言道，「你聽我說完。」

「噢，」咸鳥這才稍靜道，「計在其中？小子說吧。」

「先前，那有巢氏老族母看到禽獸多而族人少，游居地上常被禽獸傷害，便領眾族人到樹上結巢避之。」朱雀繼續道，「從那時起，他們族人晝到地上捕食采果，暮則棲於樹上巢中，故其自謂為有巢氏。」

「還有這樣的氏族，」咸鳥奇異道，「凡人的生活真是五花八門。」

「有巢氏族人雖與其他氏族之人僅有這點區別，但卻由此得到了巨大的好處。」朱雀道，「首先他們果然避去了許多禽獸傷害，其次也避去了諸多寒潮之苦，大大減少了疾病。」

「這樣以來他們不僅族人發展迅猛，而且體質也優於其他氏族之人，對吧？」咸鳥聞言重又不耐煩道，「去你的吧，小子！如今不是囉嗦這些繁瑣事情的時候，給我囉嗦這事做什麼鳥什子！」

「前輩，小子向你講說這些，」朱雀則不慍不怒道，「正是為了講說小子謀得的惡計呀！」

「遠水不解近渴，說這居住在西方的有巢氏族人，」咸鳥更不耐煩道，「與我倆誅除句芒有什麼相干？」

「是的，表面聽來是與我們誅除句芒毫無干係，但正因為毫無干係我們讓他們發生干係，」朱雀接著詭詐道，「才能使我們的誅殺句芒之舉，依照前輩之意做的不留痕跡呀！」

「這麼說來，小子已經奇計在胸？」咸鳥突然眼睛一亮道，「快講，那計怎樣？」

「有巢氏族人數量和品質都優於其他氏族之人，其氏族人口幾近萬數，而且驍勇善鬥之人甚眾，」朱雀則不慌不忙侃侃道，「同時其居地距離這裡又不甚遙遠……」

「那又能怎樣？」咸鳥焦急道。

「我們要把誅殺句芒做得不留痕跡，」朱雀神秘道，「必須把句芒、宓妃和伏羲爺爺三個引散開來……」

「好，小子此招可用，」狡惡的咸鳥頓然心明道，「然後再趁亂殺之！」

「對。據此小子思謀，我倆必須設法說動有巢氏族人前來攻殺句氏族人，造成混亂，」朱雀進一步講說惡計道，「把伏羲爺父女三個引散開來，我們趁機殺掉句芒，方可保得不留痕跡。」

「好，小子實在是妙計。」咸鳥聽到這裡，立刻叫絕道，「若不如此，則無他途可行矣！」

「只是小子擔心，我們難以說動有巢氏族人之心，」朱雀卻又犯難道，「難為我們所用。」

「這個小子不必擔心，」咸鳥胸有成竹道，「言說不動我們就示之以威，威懾脅迫他們為我們所用。」

「但如今我倆動一下身都不能，」朱雀這時依舊犯難，不禁歎起氣來道，「又有誰個能夠替代我倆，前去說動並威懾有巢氏族人呢？」

「是呀，計謀雖好卻實施不得，等於無計！」咸鳥也頓時皺起眉頭陷入無奈道，「再說句芒那小子與我父親妹妹越走越近，我們怎能容許他多活時日！這該怎麼辦呢？」

「前輩，小子想起來了，」無奈對於咸鳥二惡並不可怕，他們刁

鑽狡譎的頭腦中，有的是對付無奈的詭譎點子。他們一陣思謀，朱雀便又率先想出了惡謀道，「小子在與句氏族人居地相鄰的孫氏族人之中，有相識之人。」

「這有什麼用處？」焦急的咸鳥一時不解朱雀之意，重又不耐煩道，「淨是廢話。」

「不，前輩。小子設法前去說動他們，前來向伏羲爺告急。」朱雀鷹眼一轉詭秘道，「就說西方有巢氏族人攻掠其氏族……」

「噢，」咸鳥驟然心明道，「小子是說，我們借機行事！」

「對。小子設想，伏羲爺聞報氣惱必欲前去，」朱雀繼續詭祕道，「我二人則趁機求下前去平亂的任務。」

「那可能嗎？」

「我們就說是要戴罪立功，」朱雀更加詭秘道，「豈不正好可以借機脫身，然後前去威逼有巢氏族人了嗎？」

「好，此謀已經細密，」咸鳥這才聽出朱雀的惡謀萬無一失，即贊同道，「時不我待，小子立刻前赴孫氏族人居地去吧。」

「可是這裡……」朱雀頓又犯愁道。

「這裡由我應著，」咸鳥堅定道，「但要記住，小子此去仍應做得鬼神不知。」

「請前輩儘管放心，」朱雀這才答應一聲，即向外邊草木中隱身而去道，「小子去了。」

「真是比鬼還精！」望著悄然隱去的朱雀，咸鳥不禁自語道，「鬼頭精！」

朱雀潛出句氏族人居地奔去疾急，加之路程不遠，很快便來到了孫氏族人之中。尋見熟人言說妥當，又神不知鬼不覺地迅疾返回到了句氏族人居地。咸鳥見之喜得臉上直樂，口中連聲贊道：「鬼頭精，

真有你的！」

「人祖爺爺，」轉眼到了次日天亮，咸鳥二惡心藏詭詐一早便來到伏羲跟前等候消息，唯恐一語漏聽惡計難逞。他們剛到片刻，即見朱雀言妥那位孫氏族人果如昨晚所言，準時前來裝出氣喘吁吁的樣子，奔到伏羲面前急叫道，「我們孫氏族人快被有巢氏族人滅了！」

「啊，有這等事？」伏羲一驚道，「快講。」

「那有巢氏族人自恃人多勢眾身體強健，逐個吞併附近氏族。俺孫氏族人抵擋不住，」來人假作喘一口氣道，「聽說爺爺正在這裡，老族母特派小子前來稟報，乞爺爺立即前去救助！」

「有巢氏族人，這哪裡像我伏羲的後代！」伏羲勃然大怒，即欲前去道，「看爺爺教訓他們去！」

「爹爹不必親去，讓孩兒前去教訓有巢氏族人一番，」咸鳥眼見預謀時機來到，忙上前道，「戴罪立功也就算了，乞爹爹見允！」

「咸鳥前輩說得好，爺爺不需親去。」朱雀也不怠慢道，「讓小子跟隨咸鳥前輩前去，戴罪立功，教訓有巢氏族人，乞爺爺見允！」

「也好，但不可妄開殺戒，」伏羲想不到咸鳥兩個心藏惡計，當即應允道，「只可教服眾人！」

「是。」咸鳥兩個心喜，齊應一聲即隨孫氏族人向西奔去。一路上，他二惡既喜惡謀初成，又想早施惡謀除去句芒，因而奔走如飛不到半晌，已經來到了有巢氏族人居地近處。

咸鳥舉目看到，有巢氏族人居地果如朱雀所言，與其他氏族居地大為不同。其居地在一片茂林之中，林中的一棵棵大樹上，密密麻麻地結築著眾多的人巢。人巢有大有小，有繁有簡，有新有舊，有高有低，千姿百態，巢巢奇異。咸鳥心中奇異，腳下已經來到了上結人巢的茂林之中，有巢氏族人居地。

有巢氏老族母見他二人來到，親自出迎，見到咸鳥渾身鳥毛頭生鳥尾與常人有異，心中已覺奇異。坐下詢問方知咸鳥是人祖爺伏羲之子，前來有要事求助。老族母不敢怠慢，忙一邊躬身伏拜咸鳥前輩，一邊詢問咸鳥前來何事，表示她族人定當照辦。

「句氏族人近段以來妄自尊大，連續施惡攻殺周圍氏族之人。」咸鳥見老族母對其馴順，遂依計對其說道，「被攻氏族連連稟報於我，我與朱雀數次前去說服，但他族人對我不恭硬是不改，依舊攻掠周圍其他氏族。」

「噢，」有巢氏老族母將信將疑，沉吟道，「有這等事？」

「是的，為懲句氏族人以儆效尤，我們聞聽你族人驍勇強悍，」咸鳥繼續道，「特來求助派人前去，助我二人攻剿句氏族人。望你族人受命不辭！」

有巢氏老族母聽到這裡，不禁心中懷疑更深。一是她族人距離句氏族人居地並不遙遠，句氏族人若施此惡，自己早該有所聽聞。可是時至今日除了聽聞咸鳥這樣說，自己為什麼沒有從他處聽到一點風聲？因此她覺得這不可能，咸鳥說的與事實不符。

二是她覺得句氏族人如果真是那樣施惡，作為人祖之子的咸鳥一定有辦法制伏他們，不必奔走至此搬她族人相助。所以她更覺得事藏蹊蹺，甚至懷疑自己沒有見過咸鳥，難說咸鳥不是妖魔，根本不是伏羲之子。心疑至此，老族母立即推諉道：「前輩，我族人雖然驍勇強悍，卻從來不是好勇鬥狠之輩，從不凌辱弱小氏族！」

「噢，」咸鳥見其一番言辭未能說動有巢氏老族母，不禁心中一怔道，「此言何意？」

「此意是說我們天下凡人，都是伏羲爺爺的子孫後代，同出一源同屬一家，只有互愛的本分，絕無相殘的道理！」老族母即言道，「所

以我教導族人只把驍勇用於捕獵禽獸，防患惡人欺辱我們。」

「你們做得很對。」咸鳥見老族母言之有理，無奈肯定道。

「所以前輩命我族人前去攻剿句氏族人，」老族母即又接言道，「我族人雖是前輩之命，也斷然不敢服從。」

「你！」咸鳥勃然大怒，決計立即出手除去這個不遵其命的老族母，以懾服有巢氏族人之心。但當他真要動手時，卻突然覺得斷然不可那樣。因為這老族母作為氏族首領，定然在族人中德高望重，如果殺了她說不定會引起族人激變。

到那時，自己與朱雀就成了他們的死敵，再也沒有說動他們的時機了。於是他不敢妄動殺害老族母，心中又一思謀，來了個斷樹懾服老族母之心的惡招。

「你瞧！」咸鳥先怒視老族母一眼，說著即起身來到面前的一棵四把粗樹木跟前，掄起右掌「颯」地便把樹身攔腰砍成了兩段，上面的巨大樹冠，「嘩啦啦」掉落下來。

「難道你這伏羲爺的兒子，竟要嚇服我這朽老婆子，」老族母見之先是一驚，但她畢竟是位經過風浪的老婦，知道咸鳥的用意，依舊不為其折服篤定道，「非要我族人前去攻殺自己的兄弟姐妹不成嗎？」

朱雀這時聽出老族母話中有話，仍未被咸鳥懾服，遂不再等待施動法術，立即使地面上生出了數倍的寒冷。驟然間只見大地被凍得「咯叭叭」龜裂數條裂縫，人們被凍得發抖，樹木被凍得枝條「咯叭叭」斷落下來。

老族母陡地怕了，她還從來沒有見到過眼前這樣的場景，不知道面前的朱雀是神是魔，施用何術造成了這般奇寒。但她仍不願意就此服順，所以心中雖怕表面卻仍作鎮定自若狀，不卑不亢不露絲毫怯勁服順之態。

朱雀大怒，又「呼」地吹出一口氣去，便見一股似攜萬鈞巨力的寒風，呼嘯著向凍得「叭叭」作響的樹木猛颭過去。被凍樹木脆酥已極，突遇此風耐受不住，在前者隨風立刻「劈叭叭」斷倒下來，連同上邊結建的人巢。

老族母這次不得不做出讓步了，她看到繼續硬抗下去，就會給族人帶來家毀人亡之災！為此她不再硬抗，決計暫先應下咸鳥之言保下族人，以俟日後再作定奪。遂開口答應下來道：「二位前輩息怒，老婦遵命便是！」

「常言識時務者為俊傑嘛！」咸鳥得意地「嘿嘿」笑道，「老族母既然應了，就要按我如下吩咐行事！」

「前輩儘管吩咐，」老族母違心馴順道，「老婦照辦不誤。」

「好！首先你要帶領強悍族人於今夜三更時分，準時趕到句氏族人居地。」咸鳥隨即講說惡計道，「其次是三更時分人分兩隊，一隊從北面一隊從南面，同時攻殺句氏族人。」

「聽到了嗎？」朱雀在旁喝問道。

「聽到了，」老族母忙言道，「老婦認真聽著呢。」

「那好，屆時不論遇到哪種情況何種人物，不得我二人之命，都不得停止攻殺。」咸鳥繼續道，「我二人立即返回句氏族人居地，以為內應。」

「記住了嗎？」朱雀再次喝問老族母道。

「記住了。」老族母這時雖然心疑更重，但她還是忙應道，「全記住了。」

「記住，如果做的有一字走樣，」咸鳥這時邊領朱雀離去，邊甩過來一語道，「我叫你有巢氏族人一個不留！」

望著咸鳥二惡越去越遠，老族母懸著的心方才放了下來。但她心

放下了卻不能平靜下來，咸鳥二惡交待的事情需要去做，如果找不到不做的方法，她就非領族人去做不可，不然眾族人的劫難是免不掉的啊！因此她放下來的心又在這有限的時間裡，不平靜地思謀起了不去攻殺句氏族人之法。

然而她思啊想呀，雖然年過半百的她在生活中翻過眾多的山涉過眾多的河，可這次實在把她難住了。轉瞬，按照計劃她引領眾族人，三更前趕到句氏族人居地的時間已經來到。她雖然不想，更不願意引領眾族人前去，卻無法不去。

她怕不領族人前去，咸鳥二惡返回滅了他們族人，剛才她已經領教到了他們的厲害！無奈她只有硬著頭皮引領強悍族人出發，一路向句氏族人居地行來。當然閱歷深廣的她也有自己的想法，她想到了句氏族人居地再見機行事，決不能真的造成兩個氏族人之間的互相殺伐，並設法免去自己族人的劫難。

前半夜在奔波中迅疾過去，有巢氏老族母引領族人在三更前，依照咸鳥之命準時來到了句氏族人居地近處。但是眼見三更來到，老族母仍是不得解厄之法。無奈她只有把族人分成兩隊，一隊從南一隊從北，一齊向句氏族人發起了攻擊。

這是一個冷月高懸的夜晚，一輪銀盤似的上弦月，把雪覆的大地輝耀得亮如白晝。句氏族人做夢也沒有想到，有巢氏族人會來夜攻他們。何況有伏羲爺在他們族人之中，因而誰也沒有防備，都在酣睡。

不過他們沒有防備也罷，因為攻來的有巢氏族人全都遵從老族母之命，只作吶喊不作進攻。所以酣睡中的句氏族人雖被殺聲驚醒，卻不見月光下有人殺上前來。

值此境地，驚醒過來的句氏族人心中大奇，伏羲與宓妃眾人也甚異之，咸鳥二惡心中卻是大為焦急。他二惡心急有巢氏族人不殺上前

來，引不散伏羲三個造不成混亂，他二惡就無法下手誅除句芒。

但他二惡雖急，有巢氏族人不殺上前來他們也急不出辦法。只有心中暗罵定是那老族母詭詐，故施此術破壞他二人的惡計。因而他二惡對有巢氏老族母大惱，深悔當初沒有將其除去壞了此等大事。

有巢氏老族母命令眾族人只喊不殺，為的是以此試探咸鳥二惡，是否真在句氏族人之中作為內應。如果他二惡聞喊立刻大殺起來作為內應，她當然不敢再命族人只喊不殺，不然他二惡就會不容她族人。

這時她族人喊殺已久，不僅不見句氏族人中生亂，也不見咸鳥二惡前來懲處他們，其心中不禁大疑起了咸鳥二惡耍的究竟是何招術，他們這時究竟在不在句氏族人之中，下步她族人應該怎樣行動。

這時，伏羲詫異許久仍不見來人殺上前來，遂命人高喊詢問他們是何氏族人，為什麼前來？然而儘管他們喊問再三，來人只是狂喊不殺也不應答。

伏羲於是更奇其中究竟。來人如果真為搶掠，是絕對不會只喊不殺的。如果不是搶掠而來，他們來此喊殺又做什麼呢？是要威懾自己嗎？這不可能。他們知道自己不會害怕他們，威嚇不住自己。可是，他們來此做什麼呢？伏羲實在納罕不解。

伏羲當然又想到或許是逃去的雷神，慫恿某個氏族之人前來攻伐自己。受控氏族之人不願攻伐自己，故而只喊不殺。想到這裡伏羲頓生破解之法，迎上前去向來人大叫道：「伏羲爺爺在此，你等來此要做什麼？快對爺爺講來！」

伏羲的喊聲驟然止住了來人的吶喊，他們全都無聲地靜止在了那裡。伏羲由此察知了其中的蹊蹺，看到了眾來人或許為雷神操縱想法的正確。於是為破操縱者的惡計，他進一步走到眾來人面前道：「我就是你們的伏羲爺爺，你們認認吧！」

「人祖爺爺在此，我有巢氏族人可找到救星了！」伏羲恰好來到有巢氏老族母面前，其借助明亮的月光認出了伏羲頭上的兩隻牛角，立即「嗚」地哭叫起來道，「不然，我們就要滅族於今夜了！」

老族母剛才思謀，咸鳥二惡所以沒有行動，或許是句氏族人之中，住有能夠挾持他二惡之人。他二惡正是借其有巢氏族人之手誅除此人，方使得他二惡施此惡計，這時卻又欲行邪惡不得。但實在想不到，會是伏羲爺爺在這裡。

為此老族母初聞伏羲之言大出意料不敢相信，唯恐上了咸鳥二惡的當。末了看到真是伏羲爺爺在此，急難時她怎能不百感交集，如子見母痛哭失聲。

「孩兒莫哭，有難爺爺幫你解除。」伏羲從有巢氏老族母的話語中，聽出其族人遇有急難，急忙安慰詢問道，「你要快對爺爺說清是何急難，是雷神施惡你族人了嗎？」

「不，不是。」老族母止住哭聲，驚怕道，「後人不敢講說。」

「有爺爺在此，」伏羲淡淡一笑道，「但講無妨。」

「爺爺，我族人沒有什麼事情，一切均好，」老族母正欲講說實情，突見咸鳥二惡從人群中鑽上前來，站在了伏羲身後，正在虎視耽耽地怒視著她，嚇得她急忙改口道，「只是我族人日後難安啊！」

「是他兩個給了你族人驚嚇嗎？」伏羲這時已從老族母的言談舉止中，察知了事情可能出在咸鳥二惡身上，遂將他二惡叫到前面，然後詢問老族母道。

「啊！」老族母見之更怕，驚叫一聲更是不敢言聲了。

「講，」伏羲從老族母的驚怕中察知了癥結所在，立刻轉對咸鳥二惡道，「你二惡又行下了何等邪惡？」

咸鳥自知他二惡所做瞞不過爹爹，自己早說可以減輕些罪過，立

315

即把他倆的惡行說了個清楚。伏羲聽了大怒道：「為了誅除句芒，你二惡竟然這樣不惜枉費心機，不怕讓眾人飽受攻伐之苦，不憐惜我的眾多後人在攻伐中喪命，你倆孽子天理人情何在？」

「爹爹，孩兒錯了！」咸鳥自知罪孽深重，不敢怠慢急忙央求道，「孩兒再也不敢了！」

「我留你這孽子還有何用？」伏羲怒氣不消，口中喝叫著已經「嗖」地出杖打向咸鳥道，「我打死你！」

「啊！」伏羲之杖重重地打在了咸鳥的屁股上，咸鳥一聲疼叫倒身地上皮開肉綻。朱雀眼疾手快，倏然上前搶起咸鳥便跑，他怕伏羲再打咸鳥喪命，接下來就是自己斷命了。伏羲勃然大怒，急命人前去追殺。眾人追趕一陣沒有追上，竟讓他二惡趁著夜幕的掩護逃之夭夭。

有巢氏老族母對咸鳥二惡逃去心中驚怕，即邀伏羲爺隨她前去她族人居地以防不測。伏羲聞聽有理，即留宓妃在句氏族人中推行其所頒諸法，等任務完成後再與句芒一同前去尋他，隨後便與有巢氏族人一起向其居地行去。

轉眼行至天明，趕到有巢氏族人居地近處。伏羲舉目看到其居地果然與其他氏族大不相同，只是慘遭朱雀之害有些地方一派狼藉。為此心中既喜又憂，腳下加快步伐奔向前去細看根底。

伏羲來到有巢氏族人居地，察看了眾多的大巢小巢。見到巢巢安全舒適，既可防獸又可防冷避濕，不禁連贊有巢氏族人創造之妙，並決計後日在推行自己所頒諸法之外，再廣頒結巢安居之法。

此後伏羲小住下來，向有巢氏族人傳罷自己所頒諸法，恰好宓妃與句芒兩個一起來到。伏羲遂安慰有巢氏族人一番，然後引領宓妃眾人一道，尋找咸鳥二惡並推行所頒諸法而去。

二三、伏羲敗績

朱雀搶起受傷的咸鳥，一口氣徑向西北方向逃去。一路上，朱雀背負重傷的咸鳥連續奔逃雖然疲累至極，卻也不敢歇息一刻，懈怠一時，唯恐伏羲眾人追趕上來被擒獲。

所以他二惡逃啊逃，也不知道翻過去了多少座山，跨過去了多少道澗，涉過去了多少條河，逃奔了幾多路程，過去了幾多日夜，仍舊奔逃不止。

朱雀本欲殺死咸鳥，值此咸鳥身傷眼看就要被伏羲打死之時，卻一反常態不看著咸鳥被打死，搶起咸鳥不辭勞苦地奔逃起來，並不是朱雀一時糊塗的莽撞之舉，則是他刁鑽心思再次飛速急轉的結果。

作為情敵，咸鳥雖然早在朱雀的誅殺之列，並且其也真的曾經施計把咸鳥殺了個半死。但是自從半途中突然出現了句芒，句芒作為咸鳥與朱雀的共同情敵，則把他二惡的利害關係緊緊地連在了一起。

開始朱雀認為自己先殺句芒與咸鳥哪個都可，反正殺一個少一個與自己爭搶宓妃的情敵，為自己廓清一步求得宓妃之愛的道路，剩下一個自己就好對付了。但他看到句芒不僅被宓妃愛戀，同時被伏羲器重，咸鳥死後不僅自己殺死句芒更加不易，而且咸鳥被殺之後即使自己能夠殺死句芒，也已與不殺句芒無異。

因為不殺句芒自己得不到宓妃之愛，殺死句芒自己則又斷了向宓妃求愛的道路。所以他要想殺掉句芒與咸鳥兩個情敵，又得到宓妃之愛，就必須先借咸鳥之手誅殺句芒。然後自己再誅殺咸鳥不僅出手有名，並且能夠討得宓妃的歡心，為自己求得宓妃之愛鋪平道路。

正是基於此想，他先前看到咸鳥突被伏羲打成重傷，再等伏羲既有可能打死咸鳥，又有可能隨後打死自己，遂不敢怠慢急忙搶起受傷的咸鳥便跑。其實朱雀搶救咸鳥不死是假，以圖將來再借咸鳥之手誅殺句芒，為其鋪平向宓妃求愛的道路是真。

朱雀心懷此想救起咸鳥奔啊逃呀，雖然先前他險些被追來的宓妃眾人擒住，歷經險惡方才逃出命來。而且一路之上奔波不止，不敢歇息片刻疲累至極，但他毫無怨言。他不僅不講自己歷經的險惡，不講自己的疲累，不講自己對咸鳥的救助之恩，不擺自己捨生忘死的表現，相反卻對重傷的咸鳥百般照料，千般安慰。

「是你朱雀救了我咸鳥的命，你朱雀便是我咸鳥的再生爹娘！」朱雀的舉動多次感動咸鳥之心，使其不禁心動淚流，伏在朱雀背上起誓道，「今後你朱雀叫我死，我咸鳥不敢活。你朱雀叫我活，我咸鳥絕對不敢死！」

「前輩不可這樣講說。小子救助前輩是分內之事！」身負咸鳥的朱雀聽了此言，心中高興得暗叫自己做對了。雖然自己歷經險惡困苦，咸鳥日後如果真能像其剛才所言，自己就做得太值得了。因而這時他身子雖然疲累也不覺得疲累了，背負咸鳥為了躲避伏羲眾人的追趕，走險山沿絕處逃奔得更疾了，心口不一地安慰咸鳥道：「前輩言重了，不能這樣講說，不能這樣講說！」

「大丈夫之言落地生根，不容更改！」咸鳥不知朱雀所想，心中只想著患時見知己難中識人心，用眼前的事實權衡刁鑽的朱雀，便錯

誤地把朱雀視為知己。聽剛才朱雀違心之言，連聲起誓道，「讓以後的事實，去證實我咸鳥的誓言吧！」

「前輩不必再言，小子與前輩的命運，以後算是拴在一起了！」朱雀心中這時更喜，但卻隱而不露道，「前輩好小子就好，前輩不好小子就沒有福分可享了！」

「唉，只是我們兩殺句芒不成，反落得險些丟掉性命，逃難至此的可悲下場，太令人傷悲了！」咸鳥一路心情沉痛，這時不禁慨歎道，「日日見不到宓妃，活得太枯燥無味了！」

「是呀，我們落此下場，實在意料不到。」朱雀接言道，「如今只顧逃命往偏僻處奔走，也實在是太枯燥乏味了！」

「小子，下步我們該往何處去？」咸鳥這時顧慮道，「一味這樣奔逃，哪裡才是落腳之地，何時才能再殺句芒啊？」

「前輩莫急，俗言沒有被尿憋死的活人，此處不留爺自有留爺處。」朱雀隨又安慰道，「我們定會找到安全的落腳之地，會有機會殺掉句芒小子的！」

「可是時不我待，」咸鳥心中想著宓妃，擔心宓妃被句芒佔有，卻又不好明言。為此不禁重又慨歎道，「不然，擒住的鴨子就要飛去了！」

時間在咸鳥二惡的無奈中轉眼過去數日，朱雀背負咸鳥再往前奔天日漸昏漸暗起來。朱雀心想這可能是逃到了極為偏僻遙遠的地方，再往前逃就要到達大地的邊沿了，遂對咸鳥道，「前輩，咱們就在這裡停下來吧！」

「不，不可在此停下。」身負重傷這時仍未痊癒的咸鳥，身挨一杖方知伏羲手中青龍手杖的厲害，實在是被打驚打怕了，聞聽朱雀此言不同意道，「莫讓我爹他們追趕上來！」

「再走，」朱雀隨即道，「恐怕就要到那天涯地角了。」

「對，就到天涯地角去，到大地邊沿的無人之處去。」咸鳥毫不退讓道，「到那裡我們委屈一時，等我養好身子，再殺回來方好揚眉吐氣！」

「可是，」朱雀卻又犯難道，「誰知道那裡是什麼樣子？」

「我知道恩人一路辛苦，如果恩人背不動我了，」咸鳥仍不妥協道，「現在我身子將愈，恩人就放我下地行走吧。」

「不，不是小子背不動前輩，」朱雀即轉堅定道，「剛才是小子隨便說說，既然前輩不應，我們就繼續前行。」

朱雀說著繼續背負咸鳥向前行進，轉眼又已是兩日過去。這時朱雀看到天日昏暗得白日正午猶如黃昏，正午的太陽如同當空的暗月失去了萬里光焰。前方遠山看不見，近處大山皆成暗影。四處陰風颯颯，冰雪遍覆大地，寒冷凜人肺腑。

朱雀二惡身處此境甚為奇異，以為真的就要到達天涯地角了。但是他們只是聽說過天有涯地有沿，卻誰也沒有真正去過天涯地角。這時他們以為到達了，朱雀立即開口道：「前輩，我們就停在這裡吧。」

「不，既然咱們已經來到天涯地角，」咸鳥又不贊同道，「就一直走到天涯地角，看個究竟豈不更好？」

「好吧，前輩，那就繼續向前。」朱雀聽咸鳥言說有理，便又向前行進起來。轉眼行進又過一日，暗如黃昏的白天竟然變成了黑夜，不見了白天黑夜之分。天空黑暗如漆，既不見太陽也不見皓月。好在地上厚厚的冰雪閃射出刺眼的白光，方使得他二惡可以看到近處景物，得以繼續踏黑向前行進，只是依舊遲遲不見來到天涯地角跟前。

「前輩，咱們就在這裡吧。」朱雀背負咸鳥這次真的不願意向前行進了，開口道，「看來，那天涯地角還遠著哩！」

「好吧。」咸鳥眼見朱雀實在不想走了，加之他背負自己奔走如此眾多時日也實在不易，便答應下來道，「咱們就尋找一個避風之處，住在這裡吧。」

朱雀聽了心喜，即在近處尋找起了避風居地。他們這時在處正是一個東、西兩山夾峙的風口，冷風從北面谷口颼進谷來吹在他二惡身上，寒冷刺骨，不是居處。

朱雀於是背負咸鳥向南走出谷口，然後順著西面的大山南腳向西行進，以繞到山南尋找避風之處。朱雀一陣奔走繞到山南，從山北颼來的淒厲冷風被大山擋住，身上頓覺暖和了許多。朱雀心中歡喜，便欲放下咸鳥在此處留居下來。

「啊呀！」就在這時，伏在朱雀背上的咸鳥，卻突然驚詫得叫出聲來道，「瞧，那裡怎麼紅亮一片？」

朱雀背負咸鳥行進中只顧在黑暗中低頭看路，沒有向遠處張望的時機。這時突聞咸鳥此言，忙停下，舉目向咸鳥言說方向看去，果見在遙遠的前方，正如咸鳥所言紅亮一片道：「那裡就是地角，還是距離地角還遠？」

那紅亮細看不知源自何處，因為其下部被群山遮擋，只是從群山峰巔後面往上耀起一片紅亮，映得漆黑的天空生出了一片亮光。朱雀大為奇異，不禁自語道：「是那裡住有妖魔，還是另有一個世界？」

「走，咱們到那裡瞧瞧去。」正在驚奇的咸鳥這時又來勁頭道，「不瞧怎知究竟！」

「不，不可！」朱雀大驚制止道，「若是妖魔，咱倆就走不脫了。」

「瞧你說的，」咸鳥則不驚怕道，「是妖魔豈不更好？」

「是妖魔有什麼好？」朱雀一時不解道，「前輩不想活了呀？」

「我說是妖魔更好，是我們恰好可以借助其力除去句芒！」咸鳥

「嘎嘎」一陣詐笑道，「是另一個世界也更好，如果我父親追來，咱倆正好可以避之。」

「前輩言之有理。」朱雀這才贊同道。

「再說，看那光亮的樣子像太陽一樣，那兒一定比這裡暖和！」咸鳥繼續催促道，「走，咱們瞧瞧去。」

「好，走。」朱雀於是重又背負起咸鳥，向光亮處奔去。奔向光亮處像奔向遠山一樣，看著甚近趨之遙遠。朱雀腳下奔啊奔呀，轉出一道山谷又一道山谷，一口氣繞過大大小小十餘座山峰，方才看到那光亮之源來自前方一片熊熊燃燒的大火。

那大火熊熊燃燒不止，在黑暗中映出一片光亮，映紅了高高的半天。在大火的火光照耀下，還可看到在大火近旁，仿佛有不少凡人聚集在那裡，或在歇息，或在跳躍，或在奔忙。

朱雀二惡看視一陣心中更奇，不知道在這遙遠的天涯地角黑暗寒冷之中，哪來眾多凡人竟然在此生活，並且活躍在不熄的大火近旁。他們是與凡人一樣的人還是妖魔？抑或神靈？他們真的與凡人生活在一個世界上，還是生活在另外一個世界裡？他二惡這樣前去是吉還是凶？奇疑擔心至此，朱雀不禁停下腳步，與咸鳥全都望著那不熄的大火，怔在了那裡。

「何來妖孽，竟敢在此探頭窺伺！」就在這時一陣屬喝，在這黑暗陰冷得連那燭天大火也映照不遠的僻遠之地上，令人毛骨悚然地陡地響了起來道，「弟兄們，上！擒住他們，交給大神訊問！」

隨著屬喝，十餘位強壯凡人從黑暗中突然躍出，「颯」地便將驚怔的朱雀二惡圍在了正中，出手齊向他倆殺了上來。朱雀率先驚醒也不相讓，放下咸鳥即向殺來凡人迎了上去。殺來凡人不是對手，一個個碰住朱雀不死即傷。未死者驚得大叫道：「快走，妖孽功夫高強！」

「嘯嘯嘯……」正在這時，一陣聲如厲鬼夜嚎的怪笑之聲突然在黑暗中響起，震怔了朱雀二惡與欲逃凡人。朱雀二惡一驚尚未明白何來這等怪笑之聲，正怕他二惡果真撞到了逃脫不掉的魔怪手上，卻聽黑暗中笑聲驟止，傳來一個邪惡的聲音道，「小子們別怕，妖孽由本神收拾！」

「大神是誰？」咸鳥這時驚定，急言詢問道。

「本神不隱貫耳之名，」黑暗中陡又傳出一陣「嘯嘯」怪笑，隨著那邪惡的聲音傲然道，「本神就是遭貶凡界十年，與伏羲為敵的雷神。」

「啊！」咸鳥二惡聞聽此言，真個是頓然驚得魂魄飛到了九霄雲外，不禁口中叫出聲來！他二惡之所以驚怕，是因為在此之前咸鳥從伏羲爹娘那裡，朱雀從朱氏族人口中，都詳盡地聽說過雷神的邪惡，知道其是凡界與凡人的死敵。心中早已播上了雷神可怕的種子，只要一提到雷神二字，就驟然心神抽搐驚怕難止。

為此他二惡在此逃亡途中，乍然來到這黑暗偏遠之地，驀聞邪惡的雷神就站在他們面前，怎能禁住心中不驚？同時，他二惡又都知道雷神被伏羲趕進了東海，其在奔逃中鑽開了黃河，這時怎麼出現在了這裡？

所以驚怕之中，他二惡又懷疑這個自稱雷神的傢伙，是不是個冒牌貨，或者是生活在這裡的另外一個，比那雷神更加邪惡的家伙。他二惡由於這樣不知根底，加上言稱雷神的家伙在黑暗中只言不現身形，為此他二惡更加懷疑、驚怕。不禁心中一驚，全都撿起了地上的石塊，拉開了防身打鬥的架式。

「打，你二惡敵不過本神的一個指頭，」雷神見之，又是「嘯嘯」一陣怪笑道，「本神管叫你二惡有來無回……」

「嗖」地一聲，朱雀聽到雷神說到這裡，由於驚怕至極神經繃得過緊，以為雷神就要出手置他二惡於死地，急把手中的石塊循聲擲向了黑暗中的雷神。雷神見之倏然現身到了他二惡面前，伸手接住朱雀擲來的石塊舉在手上道：「我以眼還眼以牙還牙……」

神經也已緊張至極的咸鳥，陡見雷神邪惡至極的形象心中更驚，又聽雷神此言以為其真要出手砸死朱雀，也急把手中的石塊猛地砸向了雷神。就這樣，一場惡戰在雷神與咸鳥二惡之間交鬥起來。

這位自稱雷神的傢伙，真的就是被伏羲打敗的邪惡雷神。他所以這時現身此處是因為其被伏羲打敗逃到東海之後，發現大海中的海水竟也都像龍潭之水一樣，盡被伏羲吹燒得沸燙使他容身不得。

至此，他方才知道伏羲手中兩件法寶的厲害。不僅其存身水中會被伏羲煮死，存身地面一般地方如果被伏羲發現，其若駕起昔日藉以奔去的龍駕鳳擁之車，追趕並用青龍手杖擊打自己，自己也無活命的可能。為此東海他不敢存身，陸上的江河湖澤山川大地他也存身不得，氣惱得他即欲揮動雷槌電鞭施惡凡界，以報身處此境之仇！

但他又想到，那樣若被伏羲追殺，自己仍是難有活命之機。無奈只有忍氣吞聲奔向西北邊陲，尋找杳無人跡的荒僻之地以企存身。想不到竟然來到了眾燧人在這黑暗世界中建立的燧人國裡。

雷神來到燧人國中方才知道，燧人也是伏羲兄妹所生那個肉團中生出的凡人。只是他們奔下昆侖山後，一口氣徑往西北方向奔來，在這裡建起了燧人國，方才叫做燧人。

他們所以叫做燧人，是他們奔到這裡要生活下去，只有借助於火取暖照明驅趕陰冷黑暗。開始時他們等待尋找天降的雷火，等來雷火後一年四季不分晝夜地派人廝守，不停地往火中添加薪柴以免熄滅，供眾燧人取暖和照明使用。

　　但是天降的雷火十分稀少，等待尋得全都不易。並且廝守的火種遇上狂風大雨，也難免不被吹澆熄滅。所以眾燧人開始時仍是經常斷火，陷入陰冷和黑暗中難以生活下去。

　　為了解去此難，他們的老族母引領眾族人四處尋找生火的法子。不知道尋找了多少個年頭，這天尋到了一片到處閃耀著美麗火光的大樹林中。老族母與眾族人開始以為，樹林中閃耀燃燒的火光仍是天降雷火。但在他們欲采那火做火種時，卻驚奇地發現樹林中的美麗火光，與雷火大不相同。雷火既有火光又有火焰，此火卻僅有火光沒有火焰。

　　眾燧人大為驚奇，遂仔細端詳這與雷火不同的火光究為何物，來自何處。經過探索他們驚異地發現，這片閃耀著美麗火光的樹林原來並不真是樹林，而是一棵占地萬頃，根幹枝葉盤曲起來的巨大燧木。

　　在這棵燧木樹上，活動著一些長著長腳爪、黑脊背、白肚皮，形狀像鶚一樣的大鳥，飛來飛去尋吃樹上的蟲子。它們尋到蟲子後，即像啄木鳥一樣用尖嘴向樹上一啄，樹上被啄處便會閃射出燦爛的火光。

　　聰明的燧人心中大喜，因為他們頭腦中頓受啟發，領悟到了取火的方法。於是他們從燧木樹上攀下一些樹枝，用樹枝互相鑽燧。很快互鑽的燧木樹枝，也像被鳥啄了一樣生出了明亮的火光。但只是鑽出之火仍與雷火不同，有光無焰不能當作取暖照明之火使用。

　　無奈中燧人心想，既然燧木二枝相鑽可以生出有光無焰的火來，那麼改用普通樹枝互相鑽燧，就一定可以鑽燧出像有光有焰的雷火一樣的火來。如果真能那樣，他們就可以隨時取火使用，而不必等待尋找雷火。也不必終年到頭廝守火種，更不用害怕火種的熄滅。

　　至此眾燧人立即試驗，他們取來別的樹枝互相鑽啊鑽呀。當他們用更大的氣力鑽木之後，普通樹枝終於先冒煙後生火，接著像雷火火

種一樣騰騰燃燒起來。眾燧人找到了鑽木取火的方法，破解了他們在此陰暗寒冷地方生存的最大難題，遂自稱燧人氏，並稱其所居之地為燧人國。燧人氏，意思就是取火者也。

雷神先前初到西北邊陲僻黑之地，也像咸鳥二惡剛才一樣愁苦這裡陰暗寒冷，隨後突然見到燧人國處一片火光映紅了半天。於是他立即來到火光近處看視，見到在這片火光源處，生活著一個人口逾數萬的燧人氏族。

雷神心中正愁來到這裡，無人敬奉斷了香火供品，絕了向凡人施惡之樂，生活在火源處的眾燧人恰好給他解去此憂。隨之，他心喜中來到眾燧人中，施威懾服了氏族老族母，把眾燧人挾制在了自己手中。

就這樣，邪惡的雷神又成了這幽僻之地實際上的燧人國君，肆意妄為起來。他不僅隨意殘殺男人，而且肆意姦淫女人，鬧得昔日過著安然幸福生活的燧人氏族人，由此陷入了巨大的驚怕和既不敢怒也不敢言的深重苦難之境。

雷神當起實際上的燧人國君之後，轉眼過去數十餘日，剛才正在供堆前享用眾燧人敬奉他的豐盛供品，突聞東南方向山坳裡傳來了打鬥之聲。東南方向哨卡是雷神最為戒備的地方，他擔心伏羲引領眾人尋殺自己，必從那裡來到。為此不僅在那裡安排了人數最多的哨卡，並且做出了最為嚴厲的規定。

所以剛才突聞那裡打鬥聲響心中驟驚，急忙躍身借著黑暗掩護來到打鬥聲起處看視。但他來到近處不敢驟現身形，害怕是伏羲引領眾人殺來，那樣他就又要逃避了。

雷神躲在黑暗中看到，近處並無伏羲眾人，只有一個正在打向眾燧人的身形佝僂如柴的小個頭凡人，另有一個等在旁邊的頭生鳥尾身覆鳥毛的人形怪物。不禁心中一喜計上心頭，「嘯嘯」一陣怪笑驚止

了正在打鬥的朱雀和欲逃的燧人。

　　雷神所以心喜，是他找尋自己數敗於伏羲的原因，發現都是因為身邊沒有貼心的與伏羲勢不兩立的幹將，作替身先去抵擋伏羲一陣，使自己失去迴旋餘地造成的。為此來到燧人國中之後，一直為找尋不到這樣的幹將愁苦。這時突見前來的這兩個東西不像凡人，正鬥者雖然身形佝僂如柴卻身手不凡，十餘凡人竟然不是對手。那頭生鳥尾身覆鳥毛的人形怪物，不出手坐鎮一定身手更強！

　　為此，他認定二位來者似與伏羲沒有瓜葛，是自己正要找尋的送上門來的兩位合格幹將。遂決計收伏二者為其所用，先是一笑驚止了打鬥。不料一報大名驚得二來者未解其意，竟然出石向其砸了過來。

　　「打，你們不是對手！」雷神不知二位來者為何一聞其名便向自己打來，為施其計不顧這些先是「嘯嘯」一笑，隨著出手先是擋開咸鳥砸來的石塊。接著看到不勝他倆不可，遂上前與咸鳥兩個一陣交鬥，把他倆按倒在地上道，「本神此來並無與二位打鬥之意……」

　　「啊！」咸鳥遭敗率先驚定，耳聽雷神此言心覺事有轉機，急言詢問以作澄清道，「大神講說什麼？」

　　「講說本神是來迎候二位，來到燧人國中，」雷神為施其計接言道，「讓二位與本神共用燧人國人之樂……」

　　「什麼？」咸鳥不敢相信自己的耳朵，接著驚問道，「你讓我們與你共用快樂？」

　　「是的。現在共用快樂，」雷神繼續其言道，「將來與本神一起共鬥伏羲，同返東方光明大地。」

　　「噢！」咸鳥這才相信自己的耳朵，真正驚定下來道，「原來是這樣。」

　　「但不知二位為什麼不識本神好意，不待本神言說，」雷神接著

詢問道，「即出手打向本神，這是為何？」

「我們不知大神美意，剛才冒犯了大神，」朱雀二惡剛才因為害怕被雷神誅殺與之交鬥，這時既被雷神所敗又見雷神不殺他們，相反則與他們講說起了雙方共結同心，驚定的朱雀頓然喜出望外。但其狡惡的心中卻仍藏戒備，隨之試探道，「求大神饒恕我倆之罪！」

「剛才本神一再講說，打，管叫你二惡有來無回。本神若是以眼還眼以牙還牙，管叫你二惡當即身死。」雷神聽到二來者已經知罪心服，但為了自己將來使用方便，這時遂又借機進一步懾服二者之心，陡轉口氣重敲道，「可你兩個不容本神講說出手就打，怎樣？這都不打了吧！」

「小人錯了，」咸鳥二惡這時不敢講說別的，又聞雷神誠意不殺他們，咸鳥高興中失去戒備求饒道，「求大神恕罪！」

「什麼？」雷神一直以為咸鳥二惡不是凡人定為妖魔，因而與伏羲沒有瓜葛。這時聽了咸鳥之言察覺其似凡人，驚怕他們為伏羲派遣不禁一愣，隨著急言詢問道，「你們也是凡人？」

「我們，」心懷戒備的朱雀大驚，他一直害怕雷神知道他倆的根底遭其誅殺，這時為了不露根底急言搪塞道，「不，我們……」

「你們什麼？」雷神勃然大怒道，「快說你們是何方凡人？為什麼到了這裡？是否為伏羲派遣？不然，本神這就打殺你們！」

「我們……」朱雀仍欲出言搪塞，咸鳥這時卻已看到不向雷神講說清楚已經不行，那樣只能被誅殺。如果說清根由或許能為雷神所用，他三惡便可結為同心合力打敗伏羲。於是他立即接過話頭，實言向雷神講說了自己是伏羲之子及他二惡至此的一切。末了又對雷神懇切道：「我二人千里迢迢前來這裡，就是為了投奔大神，與大神共同完成誅殺伏羲大業，乞大神不棄！」

　　「起來吧，快起來，本神豈能加罪於你倆。你二人此來實乃天意也！」雷神聽完也不懷疑他二惡有詐，因為神功高強的他豈會怕他二惡有詐，即使有詐他二惡又豈能奈何於他？由此他三惡臭味相投，一見即已達成默契。雷神於是「嘯嘯」一陣放懷暢笑，隨著催促倒在地上的咸鳥兩個快快站起道，「你們兩個如果不是與本神同為伏羲不共天日的仇敵，豈能恰在這時聚會一起？天意如此，看來我三個必敗伏羲無疑哩！」

　　「大神，既然天助我二人前來投奔於你，」咸鳥說完正在擔心事情有變，聽到這裡心甚驚喜，急忙翻身站起。但隨著卻想到他二惡逃出已經數十餘日，句芒與宓妃定然日漸親密，自己在此多耽擱一日，嬌美的宓妃就有可能真的成為句芒的人。所以他急不可待要即去誅除句芒，嘴上卻違心地說道，「那麼大神就莫負天意，即助我二人去除伏羲吧！」

　　「去除伏羲為我三個共雪仇恨，乃本神之願，豈有辜負天意之理？」雷神立即接言道，「但你二位既來之則安之，歇歇身子再去不遲。」

　　「不，我們不累。」朱雀這時心懷與咸鳥同樣的焦急，說是誅除伏羲實欲誅除句芒，以保其心愛的宓妃不被句芒據有，隨之道：「大神就領我們即去誅除伏羲吧。」

　　雷神對咸鳥兩個誅除伏羲急切至此大為不解，狡惡的他心思急轉，陡地猜到他二惡定然是計。即他二惡是身負伏羲之命，欲要這樣誘引自己前去受誅。不然作為伏羲之子的咸鳥豈敢來找自己，至於其說的與伏羲之爭，則完全是瞎編的詐騙鬼話。

　　但他猜定至此並不驚怕，因為他已有了誅殺伏羲的絕計，只是苦於無法將伏羲引來受誅犯愁。這樣自己恰好可借咸鳥二惡，來他個將

計就計，既可誅殺伏羲又可驗看他二惡真假，實現一箭雙雕。

「既如此，本神早已謀得誅除伏羲之計。」他順水推舟，直言道，「只是施用此計，需把伏羲引誘過來。至於怎樣才能把伏羲引誘過來，本神還沒有謀得妙招。」

「大神快講何計？」咸鳥兩個不知雷神是在使計，信以為真，更來精神忙問道，「我們好共商引誘伏羲之法。」

雷神為施惡計，遂向他二惡講說一切。其欲把伏羲引入一條山谷，之前則讓眾燧人埋伏在谷旁兩邊山上，等待伏羲入谷之後，即令眾燧人鑽木取火，拋火入谷焚而燒之，必可把伏羲燒死。

「大神妙計！」咸鳥心無他想，只是焦急誅除句芒，立即開口贊叫道，「屆時先讓朱雀小子施用吹風生寒之術，將伏羲凍個僵死再燒，更可保證燒死伏羲萬無一失。」

「這個不行，句芒的播春之術可破小子之功。」朱雀狡惡至極，他只想誅殺句芒一個情敵，不願再去多殺一個凡人。他要為自己將來贏得宓妃之愛留下後路，又怎能再去誅殺伏羲呢？為此即言自己不行，實則欲借雷神之手達其目的道，「不如大神播雲興雨，引誘伏羲來尋！」

「這也不行。」雷神不知咸鳥二惡心藏狡惡，實言否定道，「伏羲的煙鍋法寶既可燒沸四海之水，便可燒乾本神所布陰雲，使雨傾瀉不成。」

「那就這樣。我三個引領部分燧人前去東方，殺掉其他氏族之人，被殺掉氏族之人必去稟報伏羲。」咸鳥這時心機陡轉想出了惡謀，他不能再等，必須儘快誅殺句芒。所以不顧一切道，「等到伏羲前來討伐我們，我三個與之交鬥時佯裝敗逃，不就可以把他引入谷中受計了嗎？」

　　雷神聽到這裡雖然擔心咸鳥有詐，自己前去或許會中伏羲之計，但又覺得咸鳥此說可行，同時舍此也無他法，無奈只有決計依計行事。同時雷神這時雖然擔心咸鳥有詐，卻也不怕其詐。依此行事既可引來伏羲，又可驗明咸鳥兩個真假。為此他三惡便立即依計，一陣行起惡來。

　　事態果依咸鳥預料發展，很快便引來了討惡的伏羲眾人。雷神見之知道咸鳥二惡投奔自己不假，心中大喜即命眾燧人埋伏停當。他三惡則尋門引誘伏羲眾人，前來受計而去。

　　「孽神，你不思改過行善凡界，今又與咸鳥和朱雀兩小兒合謀逞惡於凡間，不殺你等凡界怎能太平？」伏羲正愁無處誅殺邪惡的雷神與咸鳥和朱雀兩個，這時聞報咸鳥與朱雀竟然投靠雷神，與雷神合謀一起向自己殺來，心中大惱迎上前去怒罵著，即出杖打向他三惡道，「看杖！」

　　「人祖不必這樣動怒。你把我等逼進了天涯地角仍不罷手，小雞死前尚且撲棱翅膀，難道我等就會無聲而亡嗎？你太不近人情了！」雷神三惡有詐而來，眼見伏羲動氣心喜至極，因為只有其氣惱才會追趕他們。所以雷神眼見伏羲氣惱得出杖打來，則不慍不惱「嘯嘯」笑說著，即引領咸鳥與朱雀兩個一齊上前，並率先出手迎向了打來的伏羲道，「既如此，我等就只有與你一決生死了！」

　　伏羲更不相讓，即與他三惡鬥在了一處。雷神三惡全都知道伏羲手中青龍手杖的厲害，本來不敢與其交手，這時為施惡計只有硬著頭皮與其打鬥。伏羲手中青龍手杖著實厲害，他三惡抵擋不住正在驚怕，那邊句芒與宓妃又引領眾人殺了過來。雷神三惡不敢怠慢，急忙棄戰向設伏山谷敗去。

　　伏羲眾人不知雷神三惡是計，見其敗逃隨後緊追，心想再追就

把他們追到了天涯地角，他三惡無處敗逃必被誅殺。因而只顧向前窮追，卻不知道已經中了他三惡之計。就這樣雷神三惡在前邊逃啊逃，伏羲眾人在後邊追啊追，追過一座山又一座山。天越追越暗，地越追越黑，轉眼間已經追進了雷神設伏的山谷。

就在這時，伏羲眾人看到了兩邊山頭火光陡生，把黑暗中的山頭照耀得一片光明。隨著一陣殺聲響起，燃著烈焰的樹木便從兩邊山頭上拋落下來，落在了谷中伏羲眾人周圍。著火樹木不僅自己熊熊燃燒，並且點燃了谷中草樹，使得谷中頃刻間即成了一片火海，伏羲眾人陷身在了谷底火海之中。

伏羲眾人過去只見過雷火，但因為對雷火的狂烈望而生畏，還從來沒有直接使用過火。這時對火畏怕的他們，陷身在了仿佛從天而降的火海之中，驚怕中立即被燒得眼難睜氣難出有腿難逃。為此他們心中大驚狂呼亂叫，慌亂得東撞西突欲圖避開。但這時谷中到處是火，他們誰也躲避不開。眨眼已有數名男女驚叫著，倒身火海斃去了性命。

「伏羲小兒，你今日還想活嗎？」就在這時，又從左邊山頭上傳來一陣雷神的「嘯嘯」怪笑，隨著聽其得意萬分道，「本神對你講說，此谷就是你的葬身之地！」

伏羲正為突不出火海焦急，聽了此言更加氣急。他氣惱雷神得意過早自己還沒有身死，心急自己與眾人中了雷神惡計出谷不得。氣急中他不甘心在谷中就死，急又引領眾人前後奔突更疾。

俗言善惡到頭終有報。就在雷神剛才得意地喊叫伏羲時，被其挾持著正在山頭向谷中拋火的眾燧人聽了，方知他們拋火去燒的則是自己的伏羲爺爺，遂對雷神更惱萬分。決計暗救他們期盼的伏羲爺爺出此火海誅除惡神，救他們族人出苦海。

他們先前已經聽說過雷神的邪惡，知道他是凡人的死敵，對其

已是仇恨萬分。近日更是親身領受了雷神的邪惡，心中更對其仇恨萬分，必欲殺之而不可！同時，他們又都知道伏羲作為人祖是凡人的救星，因而早就期盼著伏羲爺爺前來誅除雷神，使他們重新過上先前的幸福日子，但卻一直苦於不見伏羲爺爺來到。

前時他們受到雷神脅迫埋伏山上火攻入谷之人，都不知道被雷神三惡騙入谷中之人有伏羲，因為害怕雷神施惡方才無奈向谷中拋焰火。這時他們驟聞雷神喊叫谷底被燒眾人中有伏羲，心中知道他們期盼已久的伏羲爺爺終於來到，遂心思改變幫助伏羲脫險前來攻殺雷神。

眾燧人不再盡力往谷底拋火，而僅將手中之火拋到了半山腰間，由此使得谷底火焰迅速減弱下來。伏羲引領眾人趁勢一陣奔突，即從來路谷口突出了谷底火海。隨著搶上左邊山頭，殺向了正在行惡的雷神三惡。

二四、教民庖犧

　　火攻中不僅眾燧人心思這樣生變，咸鳥二惡的心思也不得不生出了同樣的變化。因為他二惡跟隨雷神上山之後，眼見谷底大火將把伏羲與句芒燒死，心想他二惡的仇敵將被除去正在高興。卻見到宓妃也正在火海之中跟隨伏羲前奔後突，繼續下去也必被大火燒死，心中的高興便隨之被掃滅淨盡。

　　因為他二惡立即想到，他們與伏羲鬧至今日的一切恩怨，都是為了得到嬌美的宓妃為妻。如今宓妃將被燒死在火海之中，火海就要使他二惡費盡心機欲要得到的尤物化為泡影了！同時他們也害怕此火燒死了伏羲，宓妃必然認定此火為他二惡與雷神所布，從今往後不能寬恕他們。他們雖可借助此火除去情敵句芒，仍是得不到嬌美的宓妃！

　　為此他二惡目睹谷底狂烈的大火，既疼在心中也怕在了心中。他們不能再讓出乎他們預料失去自己控制的大火再燒，雖然他們的仇者在大火之中，但他們的希望也在大火之中，他們要希望不滅便顧不得去報仇恨了。隨著他二惡心思的如此改變，在雷神眼前他二惡當面不敢，遂在暗中開始勸說眾燧人不要再朝谷底扔火，要救谷底眾人。

　　眾燧人剛才心思已經改變，這時又有咸鳥二惡暗中助力隨後改變更大，谷中之火為迅速減弱，使得伏羲眾人一陣突出火海殺上山頂而

來。邪惡的雷神深悔自己無防，剛才喊出「伏羲」二字壞了惡計。遂對中途生變的眾燧人大為氣惱，揮起雷捶一連擊斃數名擲火不力者。

但無奈眾燧人都不奮力擲火，他也不能全都擊斃，只能看著伏羲眾人突出火海殺上山來。雷神知道他三個硬鬥不是伏羲的對手，所以眼見伏羲引領眾人殺上山來不敢怠慢，急領生出反己之心的眾燧人逃去。他決計回去之後從重懲治他們，使他們今後不敢再壞其計，然後再設惡計殺死伏羲。

伏羲引領眾人殺上山頭，雷神已領眾燧人逃去。伏羲也不命人追趕，停在山頂尋找起了雷神眾人遺下的火種。伏羲大為奇疑，自己剛才引領眾人入谷時，夾峙山谷的兩邊山頭之上一片黑暗，不見有絲毫火光閃耀的蹤跡。但等到他們進入谷中，兩邊山頭上卻突然燃起了火焰，山上眾人隨著把火焰拋入了谷中，山頭上突然生出的火焰來自哪裡呢？

截至這時，伏羲雖然先前見到過昆侖山下火山上熊熊燃燒的大火，並和眾凡人一樣知道雷火，他們卻誰也沒有接近並使用過火，更不知道人工生火的方法。因此依照其想，雷神引領眾人火攻他們，一定是在山上藏有火種，山頭眾人向谷中拋擲的薪火都是火種引燃。但他又想，山頂如果先前藏有火種，就應該溢出光亮，為什麼山上早先不見一絲光亮溢出呢？

為此他引領眾人搶上山頭見到雷神引領眾人逃去，便不追趕，而在山上找尋起了火種痕跡。然而儘管他引領眾人尋找再三，不僅不見山頭上遺有火種痕跡，並且點滴火種藏處也沒有尋見。人去火去，一片茫然。

伏羲心中更為奇異，知道這樣雷神所領眾人有隨時生火異能，也就可能隨時火攻自己。據此他不敢引領眾人再追雷神眾人，唯恐再中

其火攻惡計。而領眾人暫在山頭休歇下來，細作計議再定下步誅除雷神三惡之策。

伏羲眾人計議許久，由於久議不得雷神眾人驟生火焰的根底，一直計議不出誅除雷神三惡之策。後來伏羲細細回想火場情景，心中豁然一亮想到，火場情景以雷神喊叫自己為界，前後可以分為兩個階段。

前段山上所扔之火盡入谷底，他們眾人衝突不出。後段皆到山腰，救了自己眾人性命。由此他看到擲火眾人心向自己而惡雷神，奇計終於生出道：「如果我們能夠尋到雷神脅迫眾人，他們一定會告訴我們焰火的來處。」

「前輩所言極是！我們探清火源之後，」聰明的句芒這時也已思慮成熟，立即接言道，「反施火攻之法，心不防備的雷神三惡定可誅除。」

「只是怎樣才能尋到雷神脅迫的眾人，」伏羲犯難道，「又由誰去探得那眾人能夠生火的秘密呢？」

「小子願往！」句芒挺身而出道，「禍患既由小子引出，就讓小子前去吧！」

「爹爹。」宓妃眼見伏羲猶豫，即又站出來道，「女兒願與句芒一道前往！」

「前輩儘管放心，」句芒即又補充道，「小子定然不負前輩之望！」

「不，」伏羲猶豫再三，末了還是否定道，「你二人前去不得。」

「對，宓妃前輩兩個前去太顯眼，爺爺就讓我夫妻去吧。」葉興與葉紅這時搶到機會，一齊站出來道，「我夫妻定然拼死完成這一重任！」

「好。雷神狡惡，你夫妻此去凶多吉少，險惡萬端。」伏羲見之大喜道，「你夫妻可要多加小心呀！」

「請爺爺放心。」葉興夫妻說著，即向雷神眾人逃去方向尋去。剛剛尋出半個時辰，便像咸鳥二惡先前一樣，奇異地看到前方黑暗中閃現出一片光亮，映紅了半天卻不見火光來源。

葉興夫妻大為驚奇，急忙繞過前方攔擋視線的數座山峰近前看視，方才看到亮光源自前方一片熊熊的大火。火光朝向他們一面，聚有不少凡人站在那裡一動不動，就仿佛被釘在了那裡似的。

葉興夫妻想到，那火旁站立眾人說不定就是雷神脅迫的擲火眾人，雷神三惡說不定就在其中。於是他夫妻既然尋到了雷神眾人，又怕被邪惡的雷神三惡發現，遂急忙隱身僻處向前潛行。以尋見雷神所引眾人，查清火焰來處。

「伏羲是我雷神不共戴天的仇敵，剛才轉眼便可把他燒死谷中，可是你們卻在關鍵時刻變心，不把火焰擲入谷底而扔在半山腰間，結果救了伏羲性命……」葉興夫妻隱身潛行，越行距離火源旁眾人越近，借著火光果然看見身形碩大的雷神，正站在火源旁靜立的眾凡人前面，可怕地咆哮著訓斥面前的眾凡人。他夫妻眼見距離火源旁眾人已近，再往前行火光明亮，怕被雷神三惡發現，急尋一個背光處潛下了身子。

「你等燧人助我仇敵，與本神異心，本神留下你等何用！瞧，這就是異心者的下場！」雷神口中咆哮著，手中雷棰已向面前數名燧人後心接連打去，被打燧人隨著斃命紛紛發出尖厲的慘叫。那叫聲似屬鬼夜嚎，在黑暗中飄蕩，聽來懾魂動魄，神鬼心驚！

「啊！」葉興驚怕萬分不敢出聲，葉紅身為女流壓抑不住，隨著慘叫不禁叫出聲來。

「誰！」葉紅的叫聲引來一聲喝問，隨著便傳來了一陣疾急奔跑過來的腳步聲。這腳步聲正是雷神恐怕伏羲追來，派出在此警戒巡邏

的一支燧人小分隊。小分隊中的燧人當然也都對雷神仇恨至極，特別是看到邪惡的雷神正在殘殺他們的族人。但無奈他們的生命盡在雷神手中，都不敢前去反對。

為此他們心中都在企盼著，已經來到近處的伏羲爺爺快些追來，拯救自己受害的族人。企盼中突聞一聲女子驚叫，心中既怕伏羲眾人襲來殺了他們，又怕不查清出聲之人雷神怪罪下來擔當不起，遂詢問著奔了過來。

驚怕至極的葉興剛才突聞葉紅失聲，立即用手捂住了葉紅的嘴巴。隨著陡聞黑暗中有人喝問著奔來，他夫妻驚怕中首先做好了撲殺來人的準備。同時也希望與來人說明他夫妻是受伏羲爺爺派遣，身負前來探詢他們隨時生火的奧秘，藉以反攻雷神營救他們眾人的重任，以贏得他們的幫助。

「你二人躲在這裡太危險了，」巡邏燧人眨眼來到葉興夫婦面前，看到只有他們夫妻兩個不見另有他人，不是伏羲爺爺引領眾人追殺過來，方才放下心來。並錯把他們認為是逃避到這裡的燧人道，「若讓雷神知道還不誅殺你們？」

「諸位大哥有所不知，」葉興見來人不是惡者，遂消去驚怕，決計探詢真情道，「我夫妻並非你們族人……」

「啊！」巡邏燧人不禁一驚，隨著領頭隊長警覺地急問道，「你們非我族人，來自何處？」

「我夫妻是受伏羲爺爺派遣到此，」葉興接著實言道，「只為探清你們隨時生出火來的奧秘，以助伏羲爺爺誅除雷神。」

「伏羲爺爺果真拯救我們族人來了！」一燧人期盼伏羲爺爺來到急切，聽了大為心喜道，「你們告訴伏羲爺爺，只要他打到我們燧人國中，我們燧人都會全力助他剿滅雷神！」

「你們回去告訴伏羲爺爺，」領頭隊長更是期盼伏羲爺爺到來，這時急忙撿起兩根樹枝互鑽以作示範，眨眼已經鑽出火苗道，「焰火來自二木相鑽，鑽木即可生出火來。」

「你們不在此處好生巡邏，為何咕咕嚷嚷鑽木生火？」就在領頭隊長剛剛鑽出火來火光一閃時，卻聽一個聲音從旁驟然響起道，「生出事來，小心你們的小命！」

巡邏燧人聞聲大驚，因為他們扭頭看到言者則是邪惡的朱雀。朱雀害怕伏羲引領眾人追來，在火堆旁放心不下，遂到伏羲可能追來的方向察看，看到火苗聞聽人聲立即來到了這裡。

巡邏燧人驚怕葉興夫婦被朱雀發現必遭慘害，那樣就斷去了向伏羲爺爺傳信之人。於是他們為使葉興夫妻不被朱雀發現，決計讓他夫妻混入自己巡邏燧人隊伍，避過朱雀眼目之後再返回。

無奈葉興夫妻已從剛才的話音中聽出來者正是朱雀，他們為此不敢混入，知道那樣必被相識的朱雀認出慘遭殺身之禍。便口中不敢言說，齊往後面黑暗處躲避，以免被朱雀看到。

巡邏燧人不知葉興夫婦與朱雀熟識，心想是他夫妻害怕朱雀，便向他夫妻跟前靠近，以讓他夫妻自然混入他們隊伍之中。但不料他們越是靠近，葉興夫妻越是後退躲避，遂弄得沒有看見葉興夫妻的朱雀心中生起疑來。

「你等在此不好好巡邏，竟敢搗鬼！」心生疑竇的朱雀立刻上前看視根底，巡邏燧人見之護住葉興夫妻不讓朱雀看視。朱雀勃然大怒，口中罵著出手便向巡邏燧人打來。巡邏燧人為了保護葉興夫妻也不相讓，立即迎往朱雀出手打了起來。與此同時，他們急向葉興夫妻喊叫道：「你二人快跑！」

葉興夫妻這時也不怠慢，急忙躍身拔腿即向遠處奔跑。正鬥的

朱雀這才看到奔跑開去的葉興夫妻，他心知他夫妻定為伏羲派遣，刺探他三惡的情形而來。同時他也心想抓住他夫妻，問明伏羲眾人的動向，以與雷神再設惡計誅除伏羲與句芒。為此朱雀眼見葉興夫妻跑開已遠，其又被巡邏燧人纏住不放，焦急中遂下狠手打殺纏住他交鬥的巡邏燧人，隨後急向奔跑開去的葉興夫妻追趕過去。

葉興眼見朱雀追來，知道他夫妻一起奔走難以全都脫身，急讓葉紅先走自己躲身暗處等待攔阻朱雀。葉興剛剛躲好，朱雀已經追到，葉興即不怠慢，從黑暗中倏地揮起一根臂粗木棍打向了朱雀。朱雀心有防備，驟聞風響也不怠慢，急忙躍身躲過來棍，隨著出手打向了葉興。

葉興隨之相迎，二人鬥在了一處。不過朱雀手中打著心中卻在打鼓，害怕葉興夫妻到此伏羲眾人一定距此不遠，或者伏羲眾人就在近處。朱雀心中這樣一怕動作一慢，葉興的木棍已「噗」地打上了其後背。

「啊呀！」乾瘦的朱雀受此一棍疼叫一聲，隨著不敢怠慢拼足全力向葉興打了過來，唯恐自己再被傷害。朱雀拼力，葉興抵擋不住，交手剛過三個回合，葉興便被朱雀一拳打倒在地。

「伏羲爺爺，朱雀惡孽在此，您快來誅除此惡！」葉興倒地害怕朱雀再去追趕葉紅，心機一動急忙喊叫道。朱雀聞聽葉興此喊，更以為伏羲眾人就在近處，便更加不敢去追葉紅。但他心中氣惱難抑，即出手打死葉興，急返身向火堆旁稟報雷神，議定下步惡謀而去。

葉紅在葉興死時並沒有跑出多遠，葉興的喊聲和死前發出的絕叫，她都聽在了耳中。她當然有心返回去救丈夫，那是她的生命所繫。但是為了伏羲爺爺的誅除雷神大業，她不能那樣去做。

她知道自己返回去救葉興，再被朱雀打死事小，不能把探知的燧

人生火奧秘，報知伏羲爺爺，使伏羲爺爺眾人再中了雷神火攻惡計事
情就大了。為此她既不敢返回去救葉興，也不敢怠慢害怕朱雀追來。
遂不管腳下是高是低是石是水，只顧一口氣拼命向伏羲眾人在處急奔。

　　一路上她實在累極了，但她擔心朱雀追來斷去性命誤了大事，所
以死命向前奔跑沒有歇息片刻。由於奔跑過急，跑到伏羲面前便「撲
通」摔倒在地，口中僅說出「鑽木……」二字，即一口氣緩不過來斷
絕了呼吸。

　　伏羲眾人對葉紅之死一陣悲痛，隨著葬過葉紅計議起了其死前僅
僅留下的「鑽木」二字。葉紅歸來別的不言，為什麼僅說「鑽木」二
字？這「鑽木」二字有什麼含義？伏羲眾人議論半天全都不得其解「我
派葉紅夫妻前去，主要是探尋雷神脅迫眾人手擲火焰的來源奧秘，」
末了還是伏羲率先明白過來，彎腰撿起兩根樹枝一邊互相鑽燧，一邊
道，「看來這火焰必與鑽木有關，說不定火焰就來自二木相鑽，讓我
們試試。」

　　伏羲隨後試著鑽啊鑽呀，句芒眾人也隨後都學著伏羲的樣子鑽啊
鑽呀，鑽磨一陣，果然看到互鑽二木先是不時地冒出火星，接著真的
生出了火焰。

　　伏羲高興了，句芒眾人隨著歡騰跳躍起來。這不僅使他們破解了
雷神脅迫眾人手擲火焰的來源奧秘，也使他們像燧人一樣第一次掌握
了人工取火之法！於是他們也不停歇，接著計議起了以火攻火誅除雷
神三惡之法。

　　「前輩，想那雷神三惡先前用火攻我，此刻必仍以為我等不知道
鑽木取火之法。」句芒率先開口道，「我等現在既已掌握此法，就乾
脆對他三惡也施火攻，必獲全勝。」

　　「孩兒所言甚是，但雷神三惡狡譎無比，」伏羲犯難道，「怎樣

才能誘引他三惡前來受我火攻之計？」

「要引雷神三惡爹爹不可前去，眾人前去也不成，」宓妃這時接言道，「女兒與句芒前去定可成功。」

伏羲覺得宓妃言說有理，遂決計引領眾人前去雷神三惡近處，設伏引誘雷神三惡受死。伏羲於是引領眾人下山向前追尋雷神，轉眼追出半晌來到距離葉興死處相隔一座小山的地方，遂如葉興夫妻先前一樣，看見前方黑暗中騰起了映紅半天的火光。

伏羲大為奇異立即派人前去探視，探子轉瞬來報導，雷神三惡正在前方火源處活動。伏羲聞知心喜，即讓眾人後退兩山之地，埋伏在了一條山谷兩旁的山頭之上，並遣宓妃兩個前去誘引雷神三惡前來受死。

「孽神三惡，你等施惡人祖與凡人，罪不容赦！」宓妃與句芒轉瞬來到大火近旁，看到雷神三惡正在交頭計議，遂出手打上前去道，「快快過來受死！」

「胎毛未褪的娃兒來的正好，」雷神見之一陣「嘯嘯」怪笑，隨著迎上前來道，「本神叫你二人死無葬身之地！」

句芒兩個也不怠慢，即與雷神鬥在了一處。他二人當然不是雷神的對手，剛鬥兩個回合便已敗下陣來齊向來路奔去。雷神不知句芒二人施計，即領咸鳥二惡眾人隨後追殺過來。

轉眼追出一道山谷正往前一道山谷追進，刁惡的雷神心機一轉陡生惡計，即令跟隨部分燧人埋伏在走過山谷兩旁山頭，以伺時機誘引伏羲眾人入谷再受火攻。設好此計，雷神三惡引領眾人追趕更疾，不覺間已經追進了伏羲設伏的山谷。

伏羲眾人在谷旁山頭等待已久，這時眼見雷神三惡中計急忙鑽木取火，隨著將手中鑽出火焰扔進了谷底。眨眼谷底烈焰騰起，把雷神

三惡及其引領眾燧人陷在了火海之中。伏羲站在山頭目睹此景，高聲大叫道：「孽神，你三惡今日就葬身此谷吧！」

雷神大驚，他實在想像不到伏羲眾人也有隨時隨地生火之能，竟然火攻起了自己！無奈中他想播布雲雨澆滅大火，又知道此法伏羲可破，只有引領咸鳥二惡左沖右突，以期逃出火海。但無奈烈焰騰騰火勢狠猛，他們硬是奔突不出。雷神急了，對咸鳥二惡道：「快，你二人快拿突出火海之法！」

「別無他法，小子只有吹氣為風之能。」朱雀這時忙應道，「將火海吹出一個缺口，我們突出谷去。」

「就這麼辦！」雷神急忙催促道，「快。」

朱雀立即「颯」地向谷口吹出一口氣去，那氣隨著化作一股颶風，「嗖」地將谷中烈焰吹到兩旁閃出一條路來。雷神三惡不敢怠慢，急忙引領眾燧人順著無火之路遁出谷去。

伏羲見之大惱，急忙引領眾人下山隨後緊追。雷神見之不僅不驚反而心喜，因為這樣恰好可把伏羲眾人引入其已設下埋伏的山谷，讓他們身陷谷底火海受死。為此他三惡在前奔逃更疾，唯恐伏羲眾人不追。

伏羲奪勝，雷神三惡果然心中無防，同時也想不到雷神竟會狡惡至此，不料隨後一陣緊追，不覺間已經引領眾人追進了雷神設伏的山谷。這時，埋伏在谷旁山頭的眾燧人，急向谷中擲起火來。

但他們不是把火擲向伏羲眾人，他們不能用火再去攻殺他們期盼已久的救星伏羲爺爺，而是擲向了在前逃進谷中的雷神三惡，轉瞬已把他三惡陷進了火海之中。雷神大驚，急又催促朱雀吹氣化風吹出一條路來，他三惡急匆匆順路逃出火海，不敢在燧人國停留，奔往別處逃命而去。

　　伏羲來到趕走了雷神三惡，眾燧人得到解救，歡騰半日不息。歡騰之後伏羲眾人先是看視了奇異的燧木，伏羲不禁盛讚造化之功，啟發燧人獲得了生火之能。隨後眾燧人取來大批果食和禽獸，與伏羲眾人一齊圍在火旁取暖飽食。他們把禽肉獸肉放在火上燒熟，按照他們的吃法讓伏羲眾人吃食。

　　伏羲眾人第一次吃到燒熟的禽獸肉，覺得比先前自己生吃香美無比。這時燧人又取來了魚，伏羲見之想到既然燒熟的禽獸肉食之香美十分，燒熟的魚兒也定然食之香美可口。於是他撿起一條滾在自己身旁的魚兒，扔進面前的火中燒了起來。

　　烈焰騰騰，魚兒翻滾，一會兒便被燒得溢出了誘人垂涎的香味。伏羲取出品嘗，剛吃一口那熟魚的鮮香之味，便使他不禁連聲讚叫起來道：「太香美了，太可口了。我要教會天下凡人，全都這樣熟食。」

　　伏羲言猶未了，手碰到的一件硬物卻引起了他的注意。那是魚背上原先裹上的一點稀泥，經過火燒變成的堅泥。細心的伏羲心中奇異，遂停住吃魚看視那硬物，剛看一眼便高興萬分起來。

　　他看到原先包裹魚體的稀泥，經過火燒竟然變成了如同石頭般堅硬的硬物。這硬物雖然只是薄薄的碎片，聰明的伏羲卻從其上看到，它說不定會對凡人大有用途。他想剛才被燒之魚身上，只是偶然滾上了稀泥便燒成了這個樣子，如果刻意去把稀泥裹滿魚身燒成這個樣子，一定可以用來盛水盛物。

　　伏羲於是掂起一條魚來到水邊裹滿黃泥，隨後拋入火中猛燒起來。他燒啊燒，直燒得包裹魚身的黃泥全部變得火紅，方才把魚從火中取了出來，奇跡便真如其想出現在了眼前。比先前火燒時間延長的裹魚黃泥，變成了更加堅硬的硬物，不用力打擊已不能將其碎開。

伏羲隨即把裹泥的魚兒用力摔到地上，那被燒的裹魚黃泥方才被摔開來。伏羲立即拿起一塊裹在魚頭上方中間，有窪坑的燒硬黃泥到水中驗試，被燒黃泥不僅不破不軟依舊堅硬，並且可以舀起水來。

驗試過堅硬燒泥的作用，伏羲心喜中接著又想，燒泥既然可以用來盛水，用它做成盛水的器物就好了。於是他伏身水邊，用泥捏成一個今日罐子模樣的泥物，捧來放進火中燒了起來。伏羲燒啊燒呀，直到把這個泥物燒紅燒透，方才從火中取了出來。隨後盛水驗試，結果不管過去多長時間，其堅硬度都依舊沒有改變。

伏羲心中更加歡喜，聰明的他隨即又把燒成的泥罐盛滿了水，然後用石塊從下邊支撐起來，並從下面用火燒起了泥罐。罐中的水迅疾被燒得沸騰起來，冒出了蒸騰的水汽，泥罐卻依舊完好無損。

伏羲於是把魚肉放進罐中燒煮，魚肉在水中被煮熟了，吃起來比火燒的又香又軟。他品嘗一口不捨得吃，即讓眾人都來品嘗。眾人品嘗後都說煮肉香美可口，泥罐奇異萬分，詢問伏羲泥罐應叫什麼名字。

「叫它燒泥不大好聽，既然它的肚子裡能夠容水盛物，咱們就叫它陶吧！」伏羲思慮片刻道，「這燒泥製成的器物，我們就叫它陶器！」

陶器就這樣誕生了，圍來眾人隨著散開，紛紛學著伏羲爺爺的樣子燒製起了陶器。很快，他們就各自燒製出了不同形狀的屬於自己的陶器，然後又學著伏羲爺的樣子裝水煮食，美美地品食起了自己用水煮熟的食物。

伏羲由此見到火不僅可以用來攻殺雷神三惡，而且對凡人實在用處巨大，便決計四處傳播鑽木取火之法。見到陶器大有用處，便決計四處傳播製陶之法。見到熟食可以免去肉之腥臊強健人的腹胃，進而免除人體疾病，強壯人的體格，便決計四處傳播熟食之法。

於是伏羲在燧人國中住過數日，傳過先前所頒諸法之後，即離開燧人居地四處傳播諸法，並尋誅雷神三惡而去。伏羲此後四處傳法，使火燃遍了天下，陶器行遍了天下，熟食之法傳遍了天下。天下凡人為此又稱伏羲為庖犧，言說伏羲即是庖犧之意。

二五、宓妃言情

　　雷神三惡敗離燧人國後無處藏身，心中更對伏羲氣惱萬分，因而皆用身懷異能施惡所到之處遇到的凡人，報雪伏羲打敗他們之恨。遭害凡人抵禦不住他三惡所施邪惡，紛紛前來稟報伏羲，乞他前去除惡。

　　伏羲引領眾人離開燧人國後一邊播布所頒諸法，一邊為了尋除雷神三惡。但是這時雷神三惡已被伏羲打敗數次，他們對伏羲聞聲疾躲，不敢與之再戰，唯恐丟了性命。

　　這樣伏羲眾人與雷神三惡一個尋誅一個躲避，伏羲眾人當然就一直尋誅他三惡不得。伏羲正在為此焦急，隨著又傳來了他三惡數次施惡於凡人的急報，更是氣得他急火難消。

　　「爺爺，」這日，伏羲正在為尋誅不到雷神三惡焦愁，突然又見一個凡人跑來稟報道，「大事不好了！」

　　「何事不好？」已經撐緊眉頭的伏羲聞聽此報，眉頭頓又撐起了疙瘩，急問道，「快向爺爺講來。」

　　來人立即講說雷神三惡已在太行山地面行惡十數日，他們忽而興風播雨，忽而布寒降雪，弄得太行山地面水積盈尺，樹木凍斷，眾凡人耐受不住這樣的災變，已經死傷過半。但那雷神三惡仍是行惡不止，眾凡人就要死傷淨盡了。為此眾人特遣小子前來稟報爺爺，乞爺

爺快去太行山地面除惡救俺凡人。

「好，爺爺這就前去太行山地面，誅除雷神三惡營救你們。你給爺爺帶路！」伏羲心中既惱又喜，惱的是雷神三惡邪惡至極非殺不可，喜的是自己引領眾人離開燧人國已歷數月，不僅未尋到他三惡蹤影，並且連著落也尋找不到。今日他三惡終於有了消息，自己就可以引領眾人前去誅除了。為此他就要引領眾人上路，卻又心中一動，突然否定道，「不，不可再領眾人浩浩蕩蕩前去！」

伏羲想到，此前他也曾數次聞報雷神三惡正在行惡，帶領眾人前去誅除，卻都因他三惡望風而逃誅殺落空。這次如果不把浩浩蕩蕩前去之法改為隱蔽突襲之法，雖然知道他三惡在處也勢必前去撲空。所以他當機立斷止住眾人，僅讓報信人引領其與句芒、宓妃三個，徑赴太行山地面道，「你們都在此處等待，爺爺三人前去夠了。」

雷神三惡這次在太行山地面固定施惡並非無意之舉，他們覺得長期望風逃避伏羲也不是辦法，那樣不僅除不去伏羲，相反說不定哪日還會被伏羲誅滅。因此上策只能是主動出擊誅殺伏羲，方可使他三惡不死，在凡間平安生活下去。於是他三惡反復計議，欲設惡計誅除伏羲眾人。

恰在這時他們逃進了太行山地面，來到了一道長達數里的一線谷地。此谷不僅狹長數里，並且夾谷兩山陡峭如削，險惡高峻。谷中最為奇險處是在谷的出口，那裡上方夾峙兩山齊往谷中傾倒，人站谷底向上仰望只見一線天日；兩山陡如斧削，險惡無比。

他三惡穿行此谷，齊叫這裡是伏殺伏羲眾人的一方絕地，遂議定在此太行山地面廣施邪惡，以激怒伏羲帶領眾人前來，將其眾人引入谷中予以伏殺。隨後他三惡便依計行事，雷神興雲播雨，朱雀吹風生寒。太行山地面頓被鬧得風雨大作，酷寒迭至，天翻地覆。眾凡人陷

入了苦難深淵。

他三惡心喜這樣鬧騰下去伏羲必來，並且會帶領更多的凡人前來誅討。因而其到來的隊伍一定浩浩蕩蕩，場面熱鬧壯觀。於是他三惡便靜心等待下來，只等那隊伍和那場面的出現。

不料伏羲這次恰好沒有帶領眾人隊伍浩蕩前來，僅讓報信人引領他與句芒、宓妃三人，專揀險處走只擇僻處行，隱身匿跡躲躲閃閃，不數日已經來到雷神三惡在處山下。隨著借助山上樹林的掩護，悄無聲息地向山上襲來。

雷神三惡這時行惡已過二十多個日夜，鬧得太行山地面面貌大改。他們覺得伏羲應該引領眾人來到了，所以全都站在山頭急切地翹望著遠方，期盼著伏羲引領隊伍浩蕩前來，他們好下惡手。

他三惡只顧這樣專心凝目翹望一個方向，冷不防伏羲四人已經襲到他們背後，見他三惡渾然不覺齊不怠慢，各出杖棍「颯」地向他三惡分別打來。雷神三惡驟聞身後風響心中一驚，齊「颯」地躍身向前丈餘躲過身後打來棍杖，隨著急轉身見是伏羲四人殺到，不敢出手對戰齊向山下逃去。

伏羲四人尋到雷神三惡不易，齊向山下窮追。雷神三惡奔逃中目睹此景，心中實在是既驚又喜。驚的是伏羲四人追上與之交鬥，他三惡必敗。喜的是他們終於引來了伏羲並且僅有四人，這樣他們誅殺伏羲三個就省手腳了。為此驚怕使他們奔逃不止，心喜使他們邊逃邊議怎樣針對眼前突變，施用議好惡計。

雷神三惡在奔逃中議啊議，末了議定在將至一線谷口時，他們奔逃減慢讓伏羲四人追近上來，由朱雀乘他四人只顧追趕心無防備驟布酷寒，將他四人凍得稍一愣怔，他三惡趁機返身突出殺手誅殺伏羲四人。此計貴在突然，能夠成功最好，不能成功也會激得伏羲四人追趕

更急，引他四人入谷受死。

　　如果非得入谷再殺伏羲四人不可，在逃入谷中最險處前，他三惡再與伏羲四人交鬥一陣，咸鳥二惡率先佯敗逃出谷口奔上谷旁兩山，備下巨石等待下砸入谷伏羲四人。雷神則攔住伏羲四人交鬥，為咸鳥二惡上山準備石塊爭取時間，末了再引伏羲四人進入山谷險處受死。

　　議定至此雷神三惡奔逃不止，引領伏羲四人一路向一線谷奔來。伏羲四人不知雷神三惡是在施計，仍以為他三惡為保活命方才逃去，便在其後窮追不止。伏羲四人轉眼追出一個時辰，不覺間已經追到了一線谷入口近處。雷神三噁心懷惡計，漸漸放慢了奔逃腳步，使得伏羲四人越追距離他們越近起來。

　　「快，朱雀。快施法術！」轉眼雷神眼見伏羲四人追趕已近，急令朱雀道。朱雀也不怠慢，猛地扭頭「呼」地吹出一口氣去施動生寒法術，使得追在身後近處的伏羲四人驟覺嚴寒難耐起來。

　　「朱雀生寒，」宓妃受過朱雀此害立即察知，急要句芒施法播布陽和，大叫道，「哥哥快破！」

　　「不須句芒動手，爹爹叫他朱雀見鬼去也！」伏羲這時一笑說著，已將身藏煙鍋遞到嘴上，呼呼朝煙鍋中吹起氣來。伏羲剛剛吹出兩口氣去，不僅他們身邊的寒冷消逝了去，隨著天上的陰雲正下的淫雨也消逝了去，接著就連地上積漫的雨水也蒸騰了去。伏羲這才停止吹燒，繼續追殺雷神三惡。

　　雷神三惡這時眼見朱雀生寒惡計誅殺伏羲四人不得，只是激怒伏羲四人追殺他們進谷的目的可以達到，他三惡便也不再回頭去殺伏羲四人，一陣徑向一線谷中奔去。伏羲四人不知雷神三惡施計，仍是以為他們怕死逃遁隨後緊追，轉瞬已經追進谷中數里之遙。

　　「伏羲小兒，欺侮本神過甚了吧？」伏羲四人眼看就要追上正逃

的雷神三惡，卻見他三惡驟然止步返身攔在了他四人面前。隨著雷神高聲咆哮道，「來來來，本神與你決一死戰！」

「孽神，要受死嗎？」雷神三惡如此叫戰，是他們眼見已到施計之處。伏羲不知其惡勃然大怒，迎上前去出杖道，「看杖！」

雷神也不相讓，即出雷棰電鞭迎向了伏羲。咸鳥二惡也不怠慢，隨著雷神分別出手打向了句芒三個。雙方交起手來好是打鬥一陣，直鬥得狹谷中陰風颯颯，沙石橫飛。雷神三惡打鬥是假，不鬥他們無法分開，不鬥他們害怕不能把伏羲四人引入谷中險處受死。為此他們打鬥一陣目的實現，雷神一遞眼色咸鳥二惡立刻佯敗逃去。

「孬種！敢跑！」雷神實在狡惡異常，為了迷惑伏羲四人讓咸鳥二惡逃得合理，這時竟然棄下正鬥的伏羲，口中罵著轉身追向逃去的咸鳥二惡道，「看本神打死你們！」

「孽神，要逃嗎？」伏羲這時仍然不知雷神是計，以為雷神追撻咸鳥二惡是假，逃跑保命是真，於是口中罵著，引領宓妃三個向前追去道，「追！」

「伏羲小兒，你以為本神會怕你嗎！只有你的子孫才是孬種，逃命而去！」雷神眨眼已經追上咸鳥二惡，三惡真的出手交鬥起來。但他隨即見到伏羲追來，即又棄下咸鳥二惡，轉身迎鬥起了伏羲四人道，「來來來，本神就叫你們葬身此地！」

伏羲四人大怒，與雷神鬥在了一處。咸鳥二惡則趁此機，急忙逃竄施計而去。雷神與伏羲四人拼力打鬥一陣，心中算計咸鳥二惡已該登上谷旁山頂做好準備，遂佯裝不敵越戰越是抵擋不住，漸漸向咸鳥二惡逃路敗退而去。伏羲四人依舊不知雷神三惡施計，眼見雷神不敵欲逃，向前猛追，欲要一舉追上將其誅除。

伏羲四人此舉恰為雷神三惡所乘，雷神眼見自己轉眼已將伏羲四

人引進設伏之地，自己眨眼就要奔出谷口，不禁回頭「嘯嘯」一陣怪笑道：「伏羲小兒，本神告訴你，這裡就是你的死地！」

「啊呀！」隨著雷神的話音，為伏羲三人引路之人一聲驚叫，已被山頂滾下的一塊巨石砸中頭頂，倏然倒地斷去了性命。伏羲三人一驚急忙舉目向山頂看去，只見谷旁兩山傾立，僅現一線天空，方知他們身置絕地。又見從那一線天空一旁山頂，「颯颯颯」滾落下來了急如驟雨般的巨石，頓知中了雷神三惡詭計。

隨之他三人不敢怠慢，急躲開飛石迅猛向前奔去。多虧在山頂滾石的咸鳥二惡行動中心懷他想，方使得如雨般下砸的巨石沒有砸上伏羲三人頭頂。他三人一陣猛衝已經突出山谷。

原來咸鳥二惡奔上山頂之後心中分別想到，他二惡絕對不能推石砸死伏羲、宓妃與句芒三人中的任何一個。砸死了宓妃，他二惡活著就失去了意義。

他二惡當然也不能砸死伏羲與句芒，砸死了他二人宓妃就會永世仇恨於他二惡，永世斷掉他二惡的求愛之路，那樣也同樣失去了他二惡活著的意義。再者如果砸死了他們三人中的任何一個，都將斷去他二惡將來離開雷神，認罪服罰回歸伏羲的道路。為此他二惡雖惡，狡惡的他們也不能不把將來的退路想好。

他二惡如此一心為將來的退路思想便改變了主意，為了暫且不得罪雷神依計將巨石推到谷中，只砸死了他二惡不認識的引路者一人，卻不往伏羲三人在處推滾巨石，只把巨石推向了他們身後。由於這樣，方使得伏羲三人順利地突出了谷口。

伏羲三人突出險谷心中更惱，眼見先一步出谷的雷神正從一旁山坡上向山頂攀登，遂緊隨其後也向山頂攀去。雷神剛剛攀到山半腰間，眼見伏羲三人平安出谷追上山來，知道他三惡的詭計又遭慘敗。

心知他三惡下步誅除伏羲三人沒有惡謀，無奈只有急忙攀上山頂，引領咸鳥二惡一陣逃奔的沒有了蹤影。

「如此數戰無功，今日又險些遭到雷神三惡殘害，」伏羲引領句芒兩個登上山頂見到雷神三惡逃去，不禁心中生愁慨歎道，「這樣，什麼時候才能除去雷神三惡呀？」

連日來，宓妃眼見難誅雷神三惡爹爹生愁，便在心中一直思謀著除惡之策。先前她沒有思慮成熟，加之爹爹有計可用她沒有說，這時眼見爹爹焦愁倍增心疼不忍，遂對爹爹道：「女兒已經有了即誅雷神三惡之策。」

「噢！女兒有何妙計？」伏羲心中驟喜道，「快快講給爹爹。」

「女兒心想，前時我們之所以數戰雷神三惡無功，」宓妃即言道，「都是因為沒有能夠把他三惡分離開來。」

「是的。」伏羲點頭讚許道，「女兒再講。」

「如果設法把他三惡分離開來，」宓妃繼續道，「單個攻而誅之，必獲全勝。」

「那麼，」伏羲卻又犯愁道，「怎樣才能把他三惡分開？」

「只有女兒率先向咸鳥騙言情愛，」宓妃胸有成竹道，「把咸鳥首先引開借機誅之……」

「對，」伏羲即言讚同道，「然後再誅雷神二惡，就容易多了！」

「爹爹既然同意，」宓妃當機立斷道，「我們這就開始行動。」

「且慢。」伏羲急言阻止道，「此計雖好，但是要行此計女兒凶多吉少，太危險了！」

「爹爹，為了誅除雷神三惡永保凡界太平，不能顧及那麼多了。」宓妃侃侃說道，「再說，我們尋見雷神三惡實在不易，眼下他三惡逃去不遠，我們必須立即行計。」

「女兒正與為父所想不謀而合。」宓妃之言雖合伏羲心意，但他仍是放心不下繼續詢問道，「只是這計怎麼施行，還需女兒講說明白。」

「女兒思謀，雷神三惡須臾不敢分離開來，」宓妃隨著講說道，「女兒要對咸鳥言情別無時機，必須借助雙方交手之時方可行事。」

「要借交手時機必須讓雷神三惡與我們交鬥，」句芒這時插言道，「可我們三人齊去，他三惡不敢交鬥見之即逃怎麼辦呢？」

「爹爹，因此女兒心想，只有女兒與句芒二人前去，」宓妃立即接言道，「雷神三惡方肯交手。」

「那怎麼行？」伏羲不贊同道，「你二人敵不過他三惡呀！」

「爹爹，女兒並沒有說您不去呀！」宓妃補充道，「您去，但要先在暗中保護我們……」

「對，前輩，這樣我二人前去，」句芒驟然心明道，「由小子獨鬥雷神，宓妃把咸鳥引開就可以與其假言情愛了。」

「是的。屆時父親見句芒抵擋不住，可以上陣助戰嘛！」宓妃接其言道，「女兒那時已將咸鳥引開，可以繼續言說呀！」

「女兒說得雖對，」伏羲這時放下心來，但卻仍不贊同道，「可那咸鳥怎會相信你呢？」

「女兒自有辦法。」

「你有何法？」

「女兒就說以殺死句芒為證，咸鳥還能不相信嗎？」

「可你說殺死句芒而不殺死句芒，他怎會相信？」伏羲仍存疑慮道，「他要你當場殺死句芒呢？」

「女兒還有辦法，」宓妃接言道，「女兒就說切不可當場殺死句芒。」

「為什麼？」

「女兒說，一是如果當場殺死句芒，我二人之愛就呈露在了朱雀

與雷神面前，」宓妃解說道，「那樣他二惡就會不容我二人，我二人與之交鬥不過就有喪命之險。」

「二呢？」伏羲又問。

「二是那樣一來，咸鳥就喪失了在雷神二惡身邊窺伺誅殺他二惡的時機，斷去了向爹爹證實自己從惡是假，除惡是真的道路，難以真正得到女兒之愛了。」

「三是屆時前輩已在鬥場露面，就說前輩器重小子，」句芒重又插言道，「當著前輩的面誅殺小子就會斷去前輩寬容之機，為此小子當場不可誅殺。」

「正是。」宓妃肯定道。

「女兒兜的圈子太大了吧，女兒既已把咸鳥引開，」伏羲這時心中又生疑問道，「我們為什麼不設法將其率先除掉，除去一惡少一惡呢？」

「爹爹，女兒以為我們當場不能誅除咸鳥，」宓妃講說其想道，「因為當場我們一是不可能誅除咸鳥，女兒自己誅殺不掉咸鳥。爹爹或者句芒來助，雷神二惡必然趕來。那樣雙方交鬥起來我們必然仍是無功。」

「是的。二是如果真的除掉了咸鳥，雷神二惡看見必然逃跑得更快，」伏羲重又心明道，「那樣，我們除他二惡就更難了。」

「所以女兒心想鬥場上我僅約於咸鳥，讓他屆時悄然離開雷神二惡，」宓妃繼續講說其計道，「到指定地點親手殺死句芒。」

「女兒想法雖好，但是萬一咸鳥離不開雷神二惡，」伏羲思慮深遠道，「女兒此計不就落空了嗎？」

「爹爹所想雖是，但是女兒知道咸鳥的癡情，」宓妃立即接言道，「他絕對不會像爹爹所想，不去不惜一切代價離開雷神二惡，依約獨

自前去受計的！」

「那麼這個不說，如果他三惡識破女兒之計，來個將計就計三惡共鬥女兒兩個，」伏羲仍是充滿擔心道，「父親身在遠處營救不及，女兒兩個不就身陷險境了嗎？」

「若依父親此說，他三惡就會一齊隱於約定地點，」宓妃隨之分析道，「這樣爹爹就只有跟隨我們一起前去為好，計就施用不成了……」

「計是要行，」伏羲仍是放心不下道，「但是我們要多想想，才能保證萬無一失獲得全勝！」

「爹爹不要再說了，俗語甘蔗沒有兩頭甜，事情沒有面面圓，」宓妃隨之堅定道，「爹爹要相信女兒所想，女兒相信對咸鳥之計就是被雷神二惡識破，咸鳥為了自己的癡情，也是不會向他二惡交底的。為此爹爹儘管放心便是了。」

「那麼好吧，」伏羲覺得宓妃言之有理，末了拿定主意道，「就依女兒此說。」

「爹爹，」宓妃立即高興道，「您同意女兒之計了？」

「是的。」伏羲決定即行此計道，「就依女兒之計行事，女兒兩個出發吧！」

「爹爹，女兒就與句芒先行一步了！」宓妃說著即與句芒一道向伏羲深施一禮，遂向雷神三惡逃路追去。伏羲送別宓妃兩個，心知他們此去危險不敢怠慢，隨即拉開距離跟隨他們兩個追尋雷神三惡而去。此後他們追呀追呀，追尋兩日不見雷神三惡的蹤影。三日過去，到了第四日中午，方在今日河南孟津地段黃河岸邊，追見了正逃的雷神三惡。

「好，伏羲小兒沒來，」雷神三惡正逃突見句芒與宓妃兩個追來，擔心他二人身後必然跟有伏羲，為此心中大驚，奔逃的腳步更快。然

而奔逃一陣回頭看視，仍是只見句芒兩個隨後疾追，不見伏羲的蹤影。邪惡的雷神方才驚怕頓消，仇恨陡騰道，「我等正好借此時機，誅殺句芒兩個！」

「對，大神。我們正好借此時機殺死他們！」咸鳥二惡口中同聲對雷神應著，腳下卻誰也不願率先行動。因為他二惡誰也不願殺死宓妃，誰也不敢去殺死句芒啊！殺死了宓妃不僅斷去了他們愛的目標，並且也使他們遭此下場變得毫無意義。而誰殺死了句芒，也就等於斷去了對宓妃的求愛之路。

所以他二惡都是只說不動，期盼雷神快快上前出手打殺句芒，他二惡再行互殺以求宓妃之愛。同時他二惡這時也仍是各懷心計，期望著對方前去殺死句芒，自己再出手殺死對方，以求宓妃之愛。最終則再與宓妃共鬥雷神，回歸伏羲身邊。

「快，再等就錯過良機了！」雷神見他二惡遲疑，口中不滿地催促著，率先上前殺向了句芒。咸鳥二惡見之，為伺機生下各自心中的鬼胎，便也隨後殺向了句芒兩個。正追的句芒與宓妃眼見雷神三惡中計，句芒便率先上前迎住雷神和朱雀兩個廝殺，而把咸鳥讓給宓妃攔擋。

咸鳥當然不願與宓妃交手，他怎能與宓妃交手呢？交手就已不好，何況若有不慎傷了宓妃呢？為此他不想迎鬥宓妃而讓朱雀前來迎鬥，但是宓妃硬是纏住他交鬥不放，並且邊打邊走，一會兒已把他引到了遠處。

朱雀當然也不願意與句芒交鬥，他怎能當著宓妃的面幫助雷神去鬥句芒呢？但他更不願意去鬥宓妃，無奈他只有在句芒身邊周旋。但是隨著宓妃打鬥中把咸鳥越引越遠，他心中不僅生出了醋意，而且更怕在這宓妃看視不清之時，雷神猛然出手打殺了句芒，那樣就斷去了

自己向宓妃求愛之路了！然而宓妃與咸鳥這時離去已遠，他實在是走也不成不走也不成，陷入了進退兩難的無奈境地，從而為宓妃對咸鳥假言情愛空出了時間。

「哥哥，當初妹妹見到句芒，」宓妃打鬥中眼見已將咸鳥引去較遠，急忙抓住時機邊鬥邊言道，「見其相貌端莊，心地純厚……」

「噢！」咸鳥與宓妃交手是假，無奈出手只是為了蒙蔽雷神二惡。交鬥中突聞宓妃此言，心中一詫，不等宓妃說完忙問道，「小妹是說，句芒是個相貌與心地不一的家伙？」

「是的。妹妹愛上了他，」宓妃為施其計，邊打邊說道，「方才知道他是個感情騙子！」

「噢！今天是太陽從西邊出來了嗎？」交鬥中咸鳥聽了宓妃此言，既喜更疑當然不會相信，不禁開口揶揄道，「爹爹故意不來，小妹前來講說這些，是要計殺哥哥吧？」

「不，哥哥。如果爹爹前來，你三個見著即逃，」宓妃立即接言道，「那樣我兄妹哪有言說時機。故而今日小妹帶句芒前來，為的便是借機將心中之想說與哥哥，請哥哥幫助小妹定奪！」

「說得好啊，也有道理，不像是來計殺哥哥。」狡惡的咸鳥雖然癡情于宓妃，並通過宓妃講說其對句芒的反悔看到，自己下步向妹妹求愛或許有門，但卻仍是不敢相信宓妃，隨之玩笑般地詢問道，「那麼妹妹打算怎麼辦呢？」

「哥哥，妹妹實在忍受不住了！句芒為了騙取小妹的愛情，先前裝出姣好的樣子，可是時間一長餡就全露出來了。」宓妃邊打邊為施計假言道，「妹妹的愛情算是白拋了，妹妹對不起哥哥你……」

「對不起哥哥有什麼用？」咸鳥心中仍是不敢相信宓妃之言，所以口中不以為然道，「妹妹打算怎麼辦？」

「我要殺死這個感情騙子，哥哥要助小妹一臂之力！」宓妃這時仿佛更對句芒充滿了氣憤激切之情，而對咸鳥情真意切道，「小妹已經真心實意地把愛情從今往後獻給哥哥了！」

「啊！」咸鳥這時不禁驚奇地叫出聲來。他做夢也沒有想到，事情竟會急轉直下突然變成這個樣子，為此他頓然難以決斷起來。是呀，他既不敢相信這突生的疾變，又不願意否定這突生的疾變。這疾變正是他連日來夢寐以求的呀！

所以他一邊迎鬥著面前的宓妃，一邊心中疾急地思量著，久久不發一語。思量到末了，狡黠的他仍是既不願意否定，又不敢相信宓妃此變道：「那好！小妹如果真有此意，就請小妹在此當場殺死句芒。」

「小妹不能，」宓妃交鬥中細心觀察咸鳥心思之變，這時見其心疑立即接言道，「小妹不是句芒的對手！」

「小妹有難，」咸鳥一笑試探道，「哥當助之！」

然而這時，伏羲恰從一旁趕來，上前幫助句芒鬥起了雷神二惡。宓妃見之，即把先前所想不可當場誅殺句芒的原因，向咸鳥講說了一遍，然後道：「我兄妹只有除去句芒再除去雷神二惡，方可贏得爹爹對哥哥的信任，末了哥哥才能回到爹爹身邊，與妹妹過上真正幸福的生活！」

「妹妹說的也是！」咸鳥聽到宓妃言之有理，便也只好贊同，不好再說讓其當場誅殺句芒。然而正在他心疑難消，無話可說正在思謀時，突見雷神二惡鬥不過伏羲兩個，落荒而逃奔向了冰封的黃河南岸。咸鳥不敢再怠，心中一驚急言道，「妹妹，這樣我兄妹言說雖好，但是從此分離不成泡影了嗎？」

「不，我知道哥哥不相信小妹，可我要讓哥哥親手殺死句芒。」宓妃目睹此境知道咸鳥不願再等。因為再等他一怕雷神生疑，二怕伏

義殺來自己遭敗。於是抓住此機為了堅定其心急言道，「一解哥哥心頭之恨，二來證明小妹對哥哥的一片摯愛誠心！」

「那怎麼辦？」癡情的咸鳥這時當然不願離去，因為他越想越覺得宓妃所言真的成分多於假的成分，欲要再說弄清根底，但又不去不行急言道，「小妹快說。」

「哥哥記住，明日早上，哥哥獨自前去躲在上游南岸那座山中，」宓妃為施其計急向南岸巡視一番，看到南岸上游有一座山，即據地形依計約於咸鳥道，「屆時妹妹引領句芒前去，哥哥可以突出殺之！」

「哥哥遵行不誤。」咸鳥聽到宓妃約定自己親手殺死句芒，方才相信宓妃所言為真。但卻心中疑慮不消，重言懇切道，「但望小妹此言不虛！」

「哥哥快去，」宓妃這時眼見伏羲二人已經向他兩個在處殺來，急言催促道，「爹爹他們殺過來了！」

「謝小妹，我們明日見！」咸鳥口中說著眼睛盯視著嬌美的宓妃，無奈但又戀戀不捨地撒腿，急向雷神二惡逃去方向奔去。

二六、句芒亡身

　　眼見雷神三惡逃過冰封的黃河去了，伏羲三人也不追趕，他們就地歇息計議起了明日的施計細節，以期一舉誅除雷神三惡。雷神三惡逃過河去不見伏羲三人追趕，方才放心地在河南岸邊停歇下來。

　　經過這場惡戰，他三惡逃奔途中各自心思飛轉，回想惡戰前後場景，實在弄得心情這時大為不一起來。咸鳥的心情尤為獨特，他心中既充滿了驚喜，又充滿了對雷神二惡的萬分戒備。

　　在剛才的鬥場之上，開始咸鳥對宓妃之言實在不敢相信，當然也不願意否定。先前他苦求情愛遭到宓妃嚴拒的場景，全都歷歷在目，並為此發展到了今天與生父和胞妹互為仇敵，多次交手以決生死的境地。然而宓妃今天卻在鬥場之上突言其變，欲殺昔日摯愛的句芒移情於自己，他雖然求之不得可又怎敢相信！

　　他當然猜疑宓妃此言是計，是父親設下的誅除他二惡的惡計。但是後來經過宓妃數番摯言，直到宓妃與他定下讓他親手誅殺句芒的密計，方使癡情的他相信宓妃真的恨上了先前摯愛的句芒，移情給了自己，宓妃對自己是真情不是施計。

　　同時他也想到，宓妃恨上句芒就只有愛上自己。朱雀雖然渴求小妹之愛，其醜陋的生相別說小妹，就連自己這樣的男人也厭惡十分，

小妹怎會對他生出愛情？想到這裡，狡惡的咸鳥便被宓妃施情於他所蒙蔽，完全相信了宓妃的移情，及其末了說的讓他親手誅殺句芒的密計。

相信之後，咸鳥心中當然充滿了無限的驚喜之情，又充滿了對雷神二惡的萬分戒備之意。他不惜父子兄妹相拼殺，夢寐以求得到的好事，終於在歷經險惡之後，乍然降臨到了自己身上。他的願望實現了，苦求的愛情由泡影變成了眼前的真實。他嬌美絕倫的宓妃小妹，就要成為他的嬌妻了呀！想到這美好的一切，咸鳥的心醉了，癡了，怎能不心中既驚又喜呢？

與此同時，他也知道刁鑽的朱雀也在摯愛著宓妃，並為此與他父親和句芒惡鬥不息。以至於與自己一樣，置身在了父親的仇敵雷神的營壘之中。所以宓妃移情給自己的事情，是萬萬不可讓他知道的。知道了他一定會與雷神攜起手來，共同誅殺自己。

因為朱雀摯愛宓妃便一定會與自己爭奪宓妃，雷神則以殺死伏羲父女為目標，他二惡一定不會讓自己再回到伏羲身邊與他們為敵，這樣雷神便會幫助朱雀誅除自己。如果到那時，自己就會活命不保，哪裡還能得到宓妃之愛？為此他警惕萬分地戒備著雷神二惡。

咸鳥不僅這樣戒備著雷神二惡，還為下步實現宓妃之計即誅除雷神二惡，以換取父親對自己的諒解戒備著他們。他想宓妃說得對，自己誅殺句芒歸來，恰好可借雷神二惡仍視自己為同心之機，與父親裡應外合突然誅殺他二惡，贏得父親的諒解，享有宓妃的愛情。

所以他嚴守宓妃言說秘密忍抑心中驚喜，嚴密戒備雷神二惡察知自己生有蛛絲之變，壞掉了自己的好事。這樣他三惡休歇下來之後，咸鳥心中便暗自思謀起了明日早上，自己用何藉口離開雷神二惡，前去行計而不被他二惡知道之法。

　　朱雀這時的心情與咸鳥大不一樣。他在敗逃中回想這次惡鬥的前後場景，越想越覺得事情蹊蹺似有反常，說不定內中藏有難解的奧秘。他想到，過去伏羲追他三惡總是三人一齊行動，唯恐句芒兩個與其分開為他三惡所乘。這次如果不是其中藏有奧秘，為什麼是讓句芒兩個先來，鬥到中途伏羲才到？

　　再說，為什麼宓妃一到就與咸鳥交鬥，並把他引到遠處兩個邊鬥邊說？宓妃對咸鳥都是說了些什麼？是言舊還是談新？是真言還是施計？另外，在逃歸路上咸鳥為什麼明明心喜而不露？這時又心有愁思而不說？這一切不都蹊蹺萬分嗎？

　　難道這其中真有奧秘，或者咸鳥與他二惡共鬥伏羲本來就是假做，故意來到雷神身邊伺機將其誅除？或者宓妃剛才與咸鳥言舊，勸其回心轉意助他三人？或者宓妃剛才對咸鳥言情，計騙於其藉以誅除他三惡？

　　朱雀就這樣越逃心中想的越多，雖然後來他對所想大多作了否定，僅覺得宓妃言情計騙咸鳥，借之誅他三惡否定不得。這首先是他也摯愛著宓妃，剛才眼見宓妃與咸鳥言說心生嫉妒，擔心宓妃真的向咸鳥言起情來，那樣自己就為她與伏羲敵對空費了周折。所以他對宓妃向咸鳥言情，放心不下也否定不得。

　　其次是他心想，伏羲三人雖然可以誅除他三惡，但是連日來他三惡先是聞風而逃，伏羲三人根本尋不到蹤影，後來他們又兩番計鬥都無功勞。伏羲因此也可能在這無計可施之時，讓宓妃言情施計誅除他三惡，為此他又對這種可能否定不得。

　　朱雀這樣否定不得心中便越想越多。他想到宓妃如果真的移情給了咸鳥，自己欲求的宓妃之愛就將化為泡影，再與伏羲這樣為敵就變得毫無價值。而且宓妃如果真的移情給了咸鳥，咸鳥也就成了他和雷

神身邊最危險的敵人，自己與雷神隨時都有可能喪命於咸鳥手中。如果真是這樣，自己不僅求愛不得反會丟掉性命。

如果宓妃是借情施計，咸鳥癡情上當，他三惡便就臨近死期了。所以不論情況屬於哪一種，朱雀都不能坐而無憂，無動於衷了。他要探詢清楚，要在死前弄清根底，防患於未然，戒備于萬一，保護自己不死。

想到這裡朱雀不敢怠慢，便想起了弄清根底的方法。他思來想去，只有一法，就是自己設法詢問咸鳥，因為這時除了咸鳥沒有別個可問。轉瞬他三惡停下奔逃休歇下來，朱雀遂靠向咸鳥身邊開始了問詢。

雷神的心情這時又是一種狀態。雷神因為邪惡所以十分狡黠，他剛才看到只有句芒與宓妃兩個追來已是心中生疑，但又想到伏羲可能就跟在他們兩個後邊近處。隨後奔逃一陣仍然不見伏羲追來只有句芒二人，他不願錯失良機率先殺向了句芒兩個，咸鳥二惡卻跟進不力流露出了遲疑。

交鬥中他又奇異地看到，句芒一人硬是攔住他二惡交鬥不放，朱雀對其躲躲閃閃不賣力。宓妃則急趁此機，把交鬥也不賣力的咸鳥引向了遠處，並且邊鬥邊與其言說不止。

末了又突然殺來了伏羲，與句芒一起攔定他二惡交鬥，不讓他二惡靠向宓妃與咸鳥交鬥之處。這不是故意給宓妃與咸鳥爭取時間，讓他兩個好生言說機密，又是要做什麼。雷神於是心中更疑起來。

心疑之中雷神唯恐中計，同時也知道自己鬥不過伏羲怕被傷害，遂不敢再戰，向黃河岸邊逃來。雷神敗逃既是真的敗逃，也是為了不給宓妃與咸鳥留下再談的時間。同時還是為了給伏羲三人一個措手不及，觀看他們究竟要做什麼。或許咸鳥會被宓妃說轉，重新回到其身

邊與自己為敵。

然而他二惡剛逃，咸鳥便也隨著逃了過來。一路上雷神雖對咸鳥心有疑竇，但由於等待咸鳥對他講說，便沒有詢問。可是隨後咸鳥不僅一路無言，休歇下來仍是隻字不提，雷神心中對他不禁懷疑更甚。

懷疑中雷神本想詢問咸鳥，但話到嘴邊卻又咽了回去。他想既然咸鳥不願意講說，自己問也等於白問。特別是他仔細察看咸鳥的舉動，見他真的像朱雀所見一樣，心有驚喜抑而不露，苦作思索不言一語，便更知其心中有事不願意告訴自己。

察知至此，雷神頓然驚怕自己立即就會再中伏羲之計，所以身在歇息卻也不敢大意。好在咸鳥二惡都受不住自己三拳兩腳，方使他敢於坐下身子歇息靜思。然而雷神想到這裡心中也惱，他惱咸鳥有事躲避自己，為此恨不得立刻威逼咸鳥吐露真言。但他又怕自己心疑不實咸鳥無話可說，弄得咸鳥與朱雀兩個同心人對自己心寒意冷，反使自己再受孤寂。

無奈之中，他看著朱雀與咸鳥擠在一起竊言不止，心中疑雲隨之更濃，倍生戒備之意。可他也不害怕，他要看看他二惡究竟要做什麼。如果他二惡敢對自己施惡，他就立刻把他二惡除去。

在此之前，刁鑽的朱雀擠到咸鳥身邊便開始詢問。朱雀心想，在宓妃向咸鳥言情這個前提自己推定之後，宓妃向咸鳥言情是計也好真愛也罷，自己都要按照宓妃是計詢問咸鳥。宓妃施計是計，真愛咸鳥不僅也仍然是計，而且對他和雷神來說，還是比她施計更毒十分的計謀。

為此他要對咸鳥講說，把宓妃哪怕是真愛於他的真情也要說成是計，對其曉以利害，視宓妃施計是計真愛也是計。讓他與自己和雷神一起，去對付施計也好真愛也罷的宓妃。破掉宓妃之計也破掉宓妃之

愛，使宓妃施計失敗施愛不得，讓其仇恨咸鳥，自己伺機奪得其愛。

　　想到這裡掂量再三，朱雀從咸鳥盡力壓抑心中驚喜和苦思之情上，察知其已經相信了宓妃對其之愛。然而他知道咸鳥深知，與伏羲為敵的雷神和他，是絕對不會答應他與宓妃言愛的。因而說出來只能適得其反，甚至壞掉此事性命不保。所以他對心中驚喜和愁思之情，壓而不露不言一語。

　　同時看得出他還為此事，對雷神和他充滿了戒備之心。但無奈世界上沒有不透風的牆，何況咸鳥的臉就是一張透風的牆，又在他刁鑽狡惡的朱雀和雷神面前展露著呢！為此朱雀透過咸鳥臉上綻露的蛛絲馬跡，就這樣掂量准了咸鳥的心思。隨著對症下藥，想起了打開其緘默之口的方法。

　　朱雀很快想出了三套問清咸鳥根底的方略，首先他準備採取親近之法，以開玩笑的方式詐出咸鳥的真情。朱雀認為，這一方法如果能夠達到目的，最為輕易也最為理想。其次是對咸鳥曉以利害，講清宓妃絕對不會這樣驟然移情於他。如果中了宓妃之計，他三惡就將死在須臾。活命尚且不保，哪裡還能得到愛情，到那時就將一切都成泡影。末了一法，就只有他和雷神一起，共同動手逼迫咸鳥講說真情了。

　　想到這裡朱雀不敢怠慢，他知道往後多拖延一刻，他三惡就有中計身死的可能。同時他也知道，詢知這樣的真情以兩人悄言為佳，如果在雷神面前大聲詢問，咸鳥就更加難說真情。於是他立刻來到咸鳥身邊故作親近，依法悄聲詢問起了咸鳥道：「前輩，小子見你臉上溢滿喜愁交加之情，像是有了心事吧？」

　　「小子，玩笑也不是這麼個開法！」心中正在喜愁交加的咸鳥，驟聞這時他最不願意聽到的朱雀之言，實在是頓如萬鈞重錘猛地砸上了他最敏感的神經，震得他陡然一陣愣怔。但他震驚之餘不敢怠慢，

立即靈機轉動以反詰之語反擊朱雀道，「當心自己醋意太重，以小人之心度錯了君子之腹！」

「前輩，不論你承認不承認鬥場上宓妃曾經言愛於你，」朱雀雖然沒有問出一個屁來，但刁惡的他卻已從咸鳥的話語中察覺到了馬腳。即咸鳥震驚中的「當心自己醋意太重」一語，實際上已把他推到了為愛爭風吃醋的位置。爭誰的風吃誰的醋，還不是自己與咸鳥爭吃宓妃之愛的風和醋！這樣咸鳥露出了馬腳，朱雀便立即單刀直入道，「但那都是事實，因為小子全都聽在了耳中！」

「一派胡言！既然小子全聽到了，」聞聽朱雀此番椎心之問，剛才已被震驚的咸鳥這時又如同驟遭電擊一般，驀地一驚大怒道，「何必再來問我！你就對我說個清楚吧。」

「前輩不必性急動怒，因為眼下還沒有必要驚動雷神。」朱雀這時已經肯定鬥場上發生過宓妃對咸鳥言愛之舉，心中不禁充滿了醋意，更加堅定了向咸鳥講說宓妃施愛之計的急切之情。以使咸鳥斷去對宓妃之愛，不使自己摯愛的宓妃為咸鳥據有。為此他先是故作輕鬆地淡淡一笑，隨著避開宓妃鬥場言愛之事，悄言對咸鳥講說起了如果宓妃真有言愛之舉，咸鳥若信中了宓妃之計，他三惡就將死在須臾的利害關係，以讓咸鳥驚醒道，「只是前輩要小子講說，小子就講說了！」

「胡說，這更是一派胡言！這樣說你二惡將來身死，不論怎樣都怪我咸鳥了！」朱雀之言更是擊中了咸鳥的疼處，從震驚中清醒過來的咸鳥深為後悔剛才的失言，遂氣惱地對朱雀悄聲糾正自己剛才的失言道，「宓妃沒有對前輩言情，前輩也沒有宓妃之計可中！小子就放心地活吧，沒有必要這樣怕死。」

「前輩，如果你不解小子美意，繼續一意孤行隱而不言，」咸鳥

為保自己的美夢不再化為泡影採取的回避之策，更使妒火中燒的朱雀忍受不住。加之害怕時間再拖，其與雷神凶多吉少，不僅失掉宓妃之愛同時活命難保。遂改變親近之態，耍起硬來道，「妄圖把小子與雷神置入死地，就甭怪小子不仗義了！」

「小子，」咸鳥眼見朱雀進入對自己不說不饒的境地，心中更為氣惱道，「你實在是可惡的小人！」

「前輩，事實俱在，」朱雀依舊態度強硬不減道，「事關生死，罵人頂個屁用！」

「好吧，既然小子甘做小人，前輩豈能饒恕于你！」咸鳥看到事情至此已無退步，無奈只有決計先打殺看來已經知情的朱雀，然後再伺機誅除雷神換得父親諒解，以最終贏得宓妃之愛。遂口中罵著，「嗖」地出拳打向刁鑽的朱雀道，「前輩這就叫你嘗嘗啥叫厲害！」

「大神，小子明明聽到宓妃在鬥場上對咸鳥言說情愛，」朱雀不等咸鳥之拳打到，已經倏然躍身到了正在察看戒備他二惡舉動的雷神面前，高聲喊叫道，「可他就是不肯對我倆講說！」

「咸鳥，朱雀所言也是本神所想。」剛才，雷神正對他二惡竊竊密語疑心重重，戒備地審視著他二惡要做什麼。這時突見咸鳥出拳朱雀喊叫著躲到了自己面前，心中驟然明白了朱雀與自己心思相同。於是即不怠慢，接著朱雀之言道，「你不要癡情中了宓妃之計……」

「大神，咸鳥中了宓妃之計而不悟，我倆就要隨他陷入死地了！」朱雀這時急又插言道，「我倆不能讓他繼續執迷不悟，打也要讓他講出真情！」

「咸鳥，到身置死地時悔就晚了，」雷神又接著勸說道，「你就把宓妃所言講說出來，我們三個共做定奪吧！」

　　咸鳥剛才欲除朱雀被其躲過，這時朱雀又把自己回避之事全都說給了雷神。弄得雷神也像朱雀一樣，逼迫自己講說真情。處此境地，咸鳥實在進退兩難起來。講說實情，是他最不願意做的事情。先前，他苦求宓妃之愛遭到嚴拒，後來為此鬧得與生父、胞妹互為仇敵，落身在了生父的仇敵雷神營壘之中，這一切都是為了求得宓妃的愛情呀！

　　現在宓妃把愛情獻給了自己，言定明日早晌讓自己前去親手殺死句芒，證明她對自己愛的真誠。自己已得宓妃之愛，這時又怎能將歷經周折方才得到的東西予以出賣，求取與雷神二惡的共存呢？為此，咸鳥決計矢口否認有這種事情發生，瞞過雷神二惡既保住自己得到的宓妃之愛，又與他二惡得以共存。如果不能，他也決計不去出賣宓妃之愛。

　　然而想到這時他也看到，雷神二惡仿佛都已知道宓妃對他言愛的根底，自己不講實情已經不行，他二惡說不定真會對他動武進行逼問，到那時自己怎麼辦呢？打，自己不是對手。逃，逃脫不了。不講，到時候不就只剩下死路一條了嗎？再說，自己執意不說真情，他二惡把自己看管起來，明日早晌自己又怎去按約誅除句芒，親眼看看宓妃之愛最終是真是假呢？

　　想到這裡癡情的咸鳥雖然為難萬分，但他末了還是決計自己寧可去死，也不可失去宓妃之愛。於是他對雷神矢口否認道：「大神要我講說什麼？宓妃當時只是罵我無心無肝，無恩無義。上背叛生父，下與胞妹為敵，助大神作惡。哪裡有什麼癡情宓妃，中其奸計之事可言？」

　　「好哇！本神看你小子真是不遭惡打不開口了！」性急的雷神眼見咸鳥心想一陣還是不說實情，胸中怒火陡騰再也忍抑不住，即出手

打向了咸鳥。欲以威逼其講說真情道，「這小子不講把我倆引入死地，就不如我倆先除掉小子，然後再除伏羲三個了。小子，接招吧！」

咸鳥這時也不怠慢，即出手迎向了雷神。咸鳥本來就不是雷神的對手，何況這時旁邊又有朱雀打了上來。咸鳥招架不住，不出三個回合已被雷神出槌重重地打倒在地。雷神隨著舉起雷槌，就要打向倒地的咸鳥頭頂厲喝道：「說還是不說？不說，本神這就了結你的小命！」

身處此境，咸鳥頓然百感交集。說，他不願意；不說，就要死在眼前。他再次心思急轉，想到眼前就去赴死，也是不能得到宓妃之愛。還不如先來個將計就計，把真情講說出來保得一條活命，這樣雖會一時失去宓妃之愛，後日卻可以再伺時機求取其愛。

再說自己等到明日才能殺死句芒，天知道到時候情況是否有變，宓妃之愛是否為真。如果其愛情為假，自己眼前去死，又是多麼不值得呀！想到這裡咸鳥終於心思改變，當即答應雷神道：「大神饒命，小子願講一切！」

「快講，如有一字言假，」雷神這才止住雷槌道，「本神絕不饒恕小子！」

「不敢，小子不敢！」咸鳥應著，即把宓妃對他講說的一切，全都說給了雷神二惡。

「小子還想前去打殺句芒呢，就不想想你一人能否鬥過伏羲三個？」雷神聽完咸鳥講說，即言訓斥其癡情中計的可怕結果道，「小子還不是剛一露面，就死在他三個人手中！」

「大神指教甚是，」咸鳥早已想到如果中計的這一可怕結局，順著這一思路推理咸鳥隨之道，「小子太癡迷於情了。」

「他們為什麼要設此計，為的正是利用小子癡迷於情的弱點！除

去小子，就會斷去本神一臂，然後再誅除我與朱雀兩個！」雷神繼續推斷事情的結局道，「小子只顧癡迷於情，就不想想這正是伏羲三個多時來誅除我三個不得，施用的分散誅除我三個之謀嗎！」

「是的，是的。」咸鳥繼續順著雷神的思路思考，贊同道，「大神見地正確。」

「所以，明日早晌小子絕對不可前去誅除句芒，」雷神隨之斷言道，「我們要快快設定破其計謀之策。」

「大神，」朱雀立即接言道，「小子已經思有一謀。」

「噢，小子快講，」雷神頓然轉喜道，「是什麼計謀？」

「我們來他個將計就計，借機誅殺句芒三個。」朱雀把想好的惡謀講說了一遍。剛才，朱雀聽了咸鳥講說，雖然越聽越覺得宓妃言愛是計，越笑咸鳥癡情萬分，卻也更加嫉恨咸鳥。他嫉恨咸鳥畢竟聽到了宓妃的這番情話，自己則連這番施計的情話也沒能聽到！

為此聽到末了，咸鳥講說宓妃約他明日早晌，前去上游山中伏殺句芒，遂心機急轉決計說動雷神，來他個將計就計。即到明日早晌宓妃約定咸鳥前去伏殺句芒時，他三惡提前趁著夜幕掩護一齊出動。雷神前去黃河北岸潛伏下來，等著對付必然等在那裡的伏羲。其則與咸鳥一同前去上游山中潛伏，等到宓妃二人來到，其與在前引路的宓妃交手，而讓咸鳥前去誅殺句芒。

朱雀雖把惡謀設計得這般冠冕堂皇，骨子裡卻包藏著自己的邪惡禍心。他想在咸鳥奔上河冰迎鬥句芒時，自己施法突破河冰把他二人陷入冰河淹死，徹底除去情敵，並借此機向過河而來的宓妃逼求情愛。想到這裡朱雀心喜若狂，於是聽到雷神之言立刻講說了自己的惡謀。

「妙計！」雷神覺得朱雀之計周密可行，決計明日依計而行。但

他話音剛落，突又心生疑竇道，「小子惡計雖妙，如果伏羲率先涉過河來躲在上游山中，本神去了北岸不在近處，小子兩個不就抵擋不住沒了活命嗎？」

「事情不會那樣。」朱雀即言否定道，「如果那樣宓妃就不叫計謀了。」

「此話怎講？」雷神不解，詢問道，「小子正事別打誑語！」

「大神儘管前往北岸，伏羲絕對不會前來南岸隱伏山中，其必定在北岸等待南岸的情況。」朱雀當然否定雷神之言，他怎能讓雷神留在南岸，那樣他就向宓妃求愛不成了。於是他接著雷神的詢問又言道，「等到預想的宓妃兩個得手殺死咸鳥，大神與小子出現，他才會立即前來參戰，欲圖再誅殺大神與小子兩個。」

「小子言說有理，」雷神這才贊同道，「明日我們就依計而行吧。」

「大神這樣正好。」朱雀聽了心喜，為了實現其邪惡目的又對雷神奉承道，「伏羲在北岸大神攔之，若是不在北岸……」

「小子所言甚是。本神潛往北岸，伏羲小兒如果來了南岸，本神恰好可乘此機誅殺宓妃兩個。」雷神這才最終贊同道，「若其留在北岸，本神則把他引往遠處，給你們兩個誅殺宓妃兩個爭取時間。」

「那好，大神明個就等著聽候佳音，」朱雀心喜其目的將要實現，盡力奉迎雷神道，「誅除伏羲三個吧！」

「起來，起來。」轉眼到了翌日黎明前最黑暗的時分，雷神急叫咸鳥二惡起來行計，他則依計就要告別咸鳥二惡，趁黑暗潛往北岸等待攔鬥伏羲。但在他欲去未去之時，心機突然一轉把朱雀拉到一邊悄言道，「小子記住，不是本神心疑，而是咸鳥極不可靠。」

「小子知道。小子早就想到了這裡。」朱雀聽到雷神此囑與自己的擔心一樣，即言道，「這裡留下小子一個，一旦咸鳥與宓妃兩個見

面合謀，小子就沒有活命了。」

「若是那樣，小子心裡是怎麼想的？」雷神即問道，「打算怎麼對付這種情況？」

「小子打算，等到咸鳥奔到冰上，前去迎殺前來的宓妃兩個時，不等他們接手，」朱雀即依自己先前所想，悄言道，「小子施破冰之法，把他三個一起封入冰下。」

「對，就這麼辦！」雷神立即贊叫道，「等到宓妃與句芒兩個淹死，小子再救出咸鳥。」

「小子謹遵大神之囑！」朱雀口中這樣應著，心中卻在想著自己施法淹死咸鳥與句芒兩個，留下宓妃自己好去求取愛情。但他也不敢否定雷神之言，他不敢暴露自己的邪惡心機，怕遭到雷神的否定而實施不得。他想，反正一會兒雷神就去北岸不在自己跟前，自己怎樣行事就任憑自己了。為此他口中說道，「大神儘管放心前去，這裡就看小子的了！」

雷神這才告別朱雀兩個，趁著夜幕的掩護迅疾跨過黃河冰面，隱身到了北岸宓妃約定前去南岸近處。咸鳥二惡則一起潛向西方山中，等待宓妃引領句芒涉過河來，咸鳥突出誅殺句芒，朱雀攔殺宓妃使其不能幫助句芒。

他二惡伏下身子剛過片刻，果然眼前一亮看到宓妃如同咸鳥所言，按約引領句芒出現在了黃河北岸。踏上河面寒冰，向他二惡隱伏處行來。面對眼前場景，咸鳥二惡的心思又陡地大為不一起來。

咸鳥看到宓妃之行果如其言，覺得其對自己的愛不假。於是他心思連轉數轉，決計依照先前所想也來他個將計就計，即先除句芒，再與宓妃聯手除去無防的朱雀。然後即到北岸與父親一起殺死雷神，儘快贏得父親的諒解和宓妃之愛。

　　特別是他想到雷神臨別之前，背著自己與朱雀的那番悄言，定是為著防範自己，遂更加堅定了他依照自己之想行動的決心。他知道自己如果不依此想行計，不僅從此會失去宓妃之愛，再也難以回到父親身邊。並且也會被雷神二惡永遠猜疑，隨時都有喪命之險。

　　為此他一邊小心地防範著身邊的朱雀，以防遭其與雷神一起設定的對付自己的暗算。一邊亟盼句芒快些來到，自己好以最快的速度把他殺死。然後再以迅雷不及掩耳之勢，返身殺死邪惡的朱雀，徹底除去這一禍患。咸鳥因而這時等得格外焦急，期盼心想的一切儘早變為現實，只嫌宓妃兩個過河走得太慢。

　　朱雀眼見宓妃按約來赴，心中實在是生出了說不上來的滋味。其心頭當然首先湧上了宓妃真的移情給了咸鳥之恨，既恨宓妃真的移情給了咸鳥，恨咸鳥得到了宓妃的愛情。也恨句芒已經得到過宓妃的愛情，所以恨不得立刻把他們全都殺死。

　　同時其心中又充滿了高興，既高興宓妃如果真的是為移情給咸鳥而來，自己與雷神設下的將計就計之策，也定叫她移情咸鳥不成而把愛情賜給自己。也高興宓妃如果是為行計前來，他也布下了破她妙計之策，定叫她施計不成反中自己惡謀。

　　就在咸鳥二惡心作異想之時，對雷神三惡已破其計毫無察知的宓妃與句芒兩個，已經拉開距離來到了河南岸邊。昨日伏羲三人不追雷神三惡，在黃河北岸休歇下來細議今日施計細節，宓妃首先把自己與咸鳥之約講說一遍，轉對伏羲道：「女兒與句芒一起前去南岸，上岸前女兒在前與句芒拉開距離……」

　　「宓妃此計甚好。這樣等到咸鳥中計撲來誅殺小子，」句芒這時接言道，「宓妃返過身來與小子夾攻咸鳥，必將其誅殺無異矣！」

　　「句芒所言極是。」宓妃隨即贊同道，「屆時爹爹只管隱身黃河

北岸，靜觀南岸動靜。等到女兒兩個殺掉咸鳥，爹爹即去南岸與女兒兩個一起東去，趁雷神與朱雀不備突然將他們誅殺！」

「女兒想法雖好，」伏羲這時仍是不敢放心道，「為父還是擔心咸鳥萬一離不開雷神二惡，為父身在北岸女兒兩個就有生命之險了！」

「依照爹爹此說，」宓妃即不同意道，「爹爹還是先去南岸山中隱伏為好！」

「可是這樣女兒兩個身在北岸，萬一被雷神三惡所乘，」伏羲仍是充滿擔心道，「女兒兩個不是同樣會陷險境嗎？」

「爹爹，用計不能不冒一點風險，」宓妃不耐煩道，「也不能想得太多太細，那樣疑慮太重就什麼計謀也使用不成了！」

「那麼好吧！」伏羲這才同意下來。隨後一夜休歇無話，次日早晌即依昨日之議行起計來。

這時宓妃來到南岸岸邊，躍身登上河岸向前繼續行進，故意把仍在冰上行走的句芒落下好遠。宓妃這樣是要咸鳥依照自己之計前去誅殺句芒，其則立即返身從背後襲殺咸鳥。由此造成對咸鳥前後夾擊之勢，使咸鳥受誅身死。

但不料宓妃計謀雖妙，卻恰好遂了朱雀之願反中了其惡計。就在她上岸剛剛跑出一箭之地時，伏身的咸鳥恨不得早殺句芒再返身殺死朱雀，已「嗖」地躍身沖上河冰，攔住句芒廝殺起來。

「啊呀！」宓妃看見急轉身就要去助句芒，突覺背後被人抓住驚得一聲喊叫，又見咸鳥兩個腳下的河冰「嘩喳」一聲脆響崩裂開來，「撲通」已將正鬥的咸鳥兩個沒入了水中。

不等落水的咸鳥兩個翻上水面，水面又陡地結牢了寒冰，把他二人封死在了冰下水中。這一切都發生的驟然無比，使得身懷司春之能的句芒突陷水中，也來不及施法播布陽和化冰脫身，即與咸鳥一道在

這驟然中口嗆冰水，斃去了性命。

　　咸鳥死後，朱雀雖然未得宓妃之愛卻與別的女子遺有後人。據說他生乘釐，乘釐生後照，後照成了昆侖山南巴國人的始祖。句芒死後重又飛升回了天界，登上了司春和生命之神的神座，等待人皇伏羲飛升到來輔佐於他。

二七、宓妃溺水

朱雀剛才等在岸邊眼見事情進展皆遂其願，宓妃奔上岸來咸鳥躍身冰上鬥起了句芒，實在高興萬分。於是他不論宓妃移情咸鳥是真是假，都決計不再等待，立即施法誅殺咸鳥和句芒兩個情敵，使自己徹底佔有面前的宓妃。

但在他欲施法術驟破堅冰時，卻見宓妃移情咸鳥果然是計。宓妃眼見咸鳥躍身冰上去鬥句芒，即返身就要去助句芒誅殺咸鳥。朱雀於是不怠慢，先躍身上前，從背後倏然出手抓住剛剛轉過身去的宓妃，急趁咸鳥與句芒只顧打鬥心無防備之機，陡施法術破碎寒冰淹死了防備不及的咸鳥兩個。

宓妃轉過身去突然被抓心中大驚，雖然不知身後被誰抓住，卻已察知其計已被雷神三惡所破，不是朱雀便是雷神從背後抓住了自己。如果被雷神知道父親身在北岸，自己就死定了。

吃驚中她想到還是父親當時想得周密，既擔心南岸出事也擔心北岸出事，但卻全被自己否定方才鑄成了今時大錯。不然依照父親之說，父親先來南岸隱伏於此山之中，不就萬無一失了嗎？然而事已至此返回重做不得，於是她急欲扭頭看視背後情況再做定奪。

可她頭尚未扭，卻見隨著「唭嚓」聲響，河冰驟裂咸鳥兩個倏然

落入了水中。宓妃這時更知自己與句芒反中了雷神三惡毒計，斷定破河冰者必是邪惡的朱雀。不禁隨著冰破之聲宓妃口中「啊呀」一聲驚叫，驟然忘記背後被抓，怔在了那裡。

「可愛的宓妃姑娘，你的妙計已被我的毒計所破。」就在這時，朱雀的一陣「嘎嘎」怪笑之聲從宓妃背後傳來，其又狡黠道，「現在你已成為我的掌中之物，並且再也不會有人前來把你救去，難道你還不答應賜我愛情嗎？」

「朱雀小子，你邪惡至極！你壞了我的妙計，置我與句芒於死地，又來逼取愛情！」宓妃陡從驚怔中清醒，知道施惡者果然是邪惡的朱雀，並見其又借自己罹難之時像先前一樣逼求情愛，不禁怒火陡騰道。

同時她也據此猜到雷神可能不在近處，不然朱雀是不敢這樣逼求愛情的。可她不管雷神在不在這裡，都必須迅疾脫身打殺身後的朱雀，只有這樣自己下步才能立於主動。即使雷神在此也能保住自己不死，同時迅疾設法營救句芒。

於是她即不怠慢隨著口中喝叫，已猛地出手扒掉朱雀抓其後背的惡手，與此同時一個急轉身，「颯」地出手向其打了過去道，「你這是賴蛤蟆想吃天鵝肉，妄想！接招！」

「姑娘莫打！」朱雀雖有防備，卻未料到宓妃動作如此迅疾，驟然反應不及抓拿宓妃之手已被扒掉。心中一怔又見宓妃打來，遂閃身躲過宓妃來拳，色眯眯地一雙鷹眼死盯著宓妃俊美的臉龐，急叫道，「小子若不這樣，怎有時機求得姑娘之愛？」

「小子做夢去吧。」宓妃仍不相讓厲叫道，「看招！」

「姑娘體諒小子一片苦心，就把愛情賜給小子吧。」朱雀仍是色眯眯地盯視著宓妃，只躲不打道，「小子真心摯愛著姑娘啊！」

「小子可惡至極，世人皆欲得而誅之，」宓妃氣惱更甚心中更急，出招更疾道，「我非殺你不可！」

「那麼，小子無奈就只有出手了。」朱雀眼見說不下宓妃，宓妃出手越打越疾，自己不去接手打無境時，無奈說著只有出手與宓妃打在了一起。

若論打鬥之功，宓妃比朱雀確實稍遜一籌。但由於朱雀心懷邪惡不願一招制勝宓妃，害怕那樣傷著了宓妃的自尊，影響自己求愛。並且也不願意下狠手去打自己疼愛都疼愛不夠的宓妃，所以他對宓妃的進攻只攔不打，只躲不進。

宓妃既惱朱雀破其妙計又恨其施此邪惡，使得句芒落水生死不明。她雖然知道句芒能夠播布陽和，破掉朱雀的法術保得自己不死。可她仍然十分掛心句芒落水之後怎樣，是否誅除了咸鳥那惡。

為此她恨不得一招即置面前的朱雀於死地，自己去救助落水的句芒誅殺落水的咸鳥。於是她招招出惡鬥狠，打得朱雀東躲西閃，躲閃的時機遠多於出招的時機。

轉眼她二人交手一陣，看著宓妃心都迷醉的朱雀這時陡地清醒過來，想到時間不可這樣往後拖延，稍作拖延前去北岸攔阻伏羲的雷神都有可能返了回來。到了那時，雷神必然誅殺宓妃，使自己欲求之愛化為泡影。

若要保得宓妃不被雷神誅殺，自己就只有與雷神翻臉攜帶宓妃出逃。但是那樣雷神發起怒來，天知道自己是否能夠保得活命！為此他不敢再怠，要搶在雷神返來之前說動宓妃賜其情愛，並立即與其一道前去北岸幫助伏羲誅殺雷神。

邪惡的他知道，只有這樣才能講說自己投靠雷神是假，為的是協助前輩誅除雷神與咸鳥二惡，真正求得伏羲的諒解，謀得自己與宓妃

的正常生活。於是他眼見宓妃出手不停、身已乏力、破綻迭出，遂瞅准一個破綻倏然出手，把宓妃打倒在地。

「姑娘不可再鬥，拖延時間。」宓妃倒地後急躍身站起欲要再鬥，朱雀見之急言攔阻道，「那樣雷神返來，姑娘就脫身不得了！」

「孽神現在哪裡？」正欲再鬥的宓妃頓被朱雀點醒，急問道。剛才她擔心雷神躲在近處，自己殺不死朱雀死在須臾。這時從朱雀的話語中聽出了雷神不在近處心中稍寬。但她要弄清雷神的去處，下步好作定奪道，「沒在近處嗎？」

「姑娘別怕，孽神去了北岸。」狡惡的朱雀這時為達目的不再使用直言逼愛之招，他知道那樣宓妃不僅會拖延時間，雷神追來，自己苦苦追求的宓妃之愛就將無從談起。所以他決計改用迂迴求愛之招，焦急地催促宓妃道：「走，我們快快一起前去北岸，幫助伏羲爺爺誅除雷神！」

「小子休得再耍花招，我知道你狗改不了吃屎！」宓妃即從朱雀的話語中知道，險惡的雷神真的出其所料，前往北岸攔阻父親去了。心中雖然更加後悔當初不聽父親之言，既壞了誅殺雷神三惡的大事，又使自己與句芒陷身在了險惡之境。但她心雖後悔，卻也不再害怕自己殺不死朱雀就會身死。隨之更惱出手打向朱雀道：「我今天非誅殺你不可！」

「姑娘，眼下實在不是鬥狠的時候！」朱雀害怕雷神返回壞其好事，更加不敢往後拖延時間，於是不去迎鬥，更加焦急地催促道，「趁雷神現在還相信小子，咱們快去乘其不備，幫助伏羲爺爺將其除掉！」

宓妃這時雖知朱雀不會立馬改惡從善，邪惡的他這樣一反常態，明擺著是包藏逼求自己之愛的邪惡禍心，但她卻也不能否定其話語中有不少真的成分。比如她不可以在此拖延時間，雷神返回，她性命難

保，就是真言。至於朱雀與她一起前去誅殺雷神，就既有真的成分也有假的成分了。

說真是他為了求得自己之愛，必須這樣去做妄圖贏得自己與父親的諒解。說假就是其要徹底與雷神站在一起，仍施惡計誅殺自己了。但他是假也無所謂，因為自己與他一起前去，到了鬥場就是他站在雷神一邊，他二惡也不是她父女的對手。

為此宓妃心思急轉，既然不可以拖延時間，那樣不僅邪惡的雷神真會返了回來。同時落水的句芒這時也生死不明，如果有難正需自己急救。為此她立即停手決計不再與朱雀交鬥，以期先去弄清句芒的下落再作決斷道：「好吧，小子。我當然急於隨你一起前去北岸助我父親誅殺孽神，但我有一個條件……」

「什麼條件？」朱雀心中陡地一沉，惟恐心愛的宓妃要求過高自己實現不了，在此耽擱時間雷神返回壞其好事，急問道：「姑娘快講。」

「我要先看看句芒與咸鳥的下落，再做定奪！」

「這個，姑娘就不用看了，」朱雀心中陡一輕鬆，答道：「他們已被小子施法破冰，全淹死在冰河之中了。」

「你，」宓妃驀地一驚，但她不相信句芒會死，隨著大怒道：「害死了句芒？」

「是的。」朱雀害死句芒誅除情敵心中高興，毫不隱瞞輕鬆道，「小子誅殺了咸鳥那惡，搭上一個句芒也是值得呀！」

「不，句芒不會死！」宓妃不相信朱雀之言，怒斥道，「他有破你邪術之法，你騙我。」

「小子不騙你，姑娘。小子破冰驟然，句芒與咸鳥兩個只顧交鬥，心中無防全都落入了水中。」朱雀急於實現邪惡目的，決計斷去宓妃心中句芒未死的想法，為爭取時間再作實言肯定道，「小子隨即

又施生寒法術，將他倆封死在了冰下水中。句芒施法破冰不得，真的淹死在了水中。」

「不，我不相信！」宓妃仍不相信句芒會死，以為朱雀是在施計騙她，要借咸鳥之手誅殺句芒。但她也覺得事情難料，因為句芒落水至今如果沒有死去，也該播布陽和破冰自救了，自己在河邊早該感受到春天的氣息了，可是她卻至今沒有感覺到。

為此她在責怪句芒為什麼不早播陽和救助自己之時，也感到句芒如果沒死也定然是在危難之中，急需自己前去救助。於是她決計仍要前去見句芒，如果急需救助自己正好救助於他。若其無事正在尋找自己，自己恰好可以與其聯手共誅朱雀。

而如果句芒正在與咸鳥交鬥，自己又正好可以幫助句芒誅殺咸鳥，然後再共誅朱雀。末了再尋父親共誅雷神，以盡除天下之惡。為此她對朱雀道：「我必須見到句芒！」

「姑娘這樣拖延時間，會喪失誅除雷神時機的！」朱雀無奈急切道：「同時雷神返了回來，你我合力也鬥不過那惡，姑娘就有生命之險了！」

「我不怕，我必須見到句芒。」宓妃心有所想，堅定不移道，「不然，我怎麼有心與你前去共誅雷神，又怎麼去向父親交代？」

「可是姑娘這樣讓小子喪失誅除雷神之機，小子就無法向你父女坦白真心，」朱雀無奈慨歎道，「贏得姑娘與小子日後的正常生活了。」

「小子不必擔心，小子前去就是對我坦白真心，」宓妃隨之釋言道：「父親那邊由我去說。」

「那麼請問，」邪惡的朱雀這時再也忍不住心中的邪惡，色眯眯地追問道：「姑娘願意賜給小子情愛嗎？」

「見了句芒再說。」宓妃側面回答道。

「可那句芒與咸鳥都已死了，你見不到了。」朱雀猴急得逼問道：「姑娘不把愛情賜給小子，又賜給誰人呀？」

「見了句芒再說！」宓妃回答的仍是那句話語，不過加重了語氣道。

「好吧，我只有陪同姑娘前去了。」朱雀知道拗不過摯愛句芒的宓妃，答應下來。他在無奈中答應得這麼朗利，是他心中清楚句芒與咸鳥，都被自己封在冰下水中，此刻時過已久他二人必已身死。那樣宓妃見到身死的句芒之後，就只有把愛情賜給自己了。

並且退一步講，他二人如果尚未身死，自己不釋嚴冰宓妃尋見也是救助不得。只能眼睜睜地看著他兩個死去，同樣也只有把愛情賜給自己。同時他還把宓妃剛才的回答往有利於自己的方面理解，覺得其言中包含有只要看到句芒身死，她就會把愛情賜給自己之意。

為此他朗利地答應下來，並在答應之後即與宓妃一起，沿冰順河向下游尋找起了句芒。他想讓宓妃透過晶亮的冰層，尋到冰下水中死去的句芒與咸鳥。

「句芒，你在哪裡？」宓妃心中焦急，邊喊邊跑。轉眼沿冰向下游尋出十數里之遙，卻不見堅冰下有句芒與咸鳥的蹤跡。他們都到哪兒去了呢？

宓妃看到堅冰之下河水湍急，遂想到他二人被封冰下時間已久，一定是被沖到了更遠的下游，所以自己找尋不到。於是她心中更急，急對拉開一箭距離緊跟在後邊的朱雀喊叫道：「朱雀小子，快把河冰破開。」

「姑娘，別費氣力了。」朱雀重複道，「他們都已經死了，快把愛情賜給小子吧！」

「小子加害句芒，該遭天誅地滅！」宓妃聽了更惱，邊罵朱雀邊

向下游奔尋更疾。轉眼又是奔出數里，突見咸鳥已死，身子在冰下僵直地隨水東去。宓妃心中一凜，實在是既喜又驚有說不出來的滋味。她心喜咸鳥已死凡界終除一害，心驚咸鳥既死句芒定然難逃劫難。心驚至此，她更加焦急，忙向下游尋找句芒奔跑更疾。

「句芒，句芒，你停下我救你！」又是一陣奔跑過去，宓妃終於透過晶亮的河冰，找到了像咸鳥一樣僵直在水中的句芒，看見他也像死去的咸鳥一樣隨水毫無動靜地向東流去。

宓妃大驚，叫著奔跑到句芒身子在處冰上，欲要一腳踏開堅冰救出句芒。但她剛到句芒在處冰上，句芒已在冰下水中向東流去。一連這樣數次，宓妃不僅踏不破封河的堅冰，也留不住句芒隨水東去的身子。

身置此境，宓妃心急如焚，遂一邊在冰上追攆著冰下隨水東去的句芒，一邊急叫道，「朱雀小子，快快化冰，把河冰全都化開！」

「他們都已淹死，化冰也救不成了。」落下一箭距離的朱雀看到咸鳥二人都已身死，喜難自抑開口道，「姑娘就死了那份心，快賜愛情給小子吧！」

「讓我死那份心，還是小子自己先死了那份心吧！」宓妃怒叫著只顧向前追攆冰下的句芒，惟恐自己找尋不見。為此她便無法對落在後邊的朱雀發作，只有又急又惱地依舊沿冰順河向前追去。

雷神先前告別咸鳥二惡，依照朱雀惡計來到黃河北岸伏下身子，等待伏羲三個前來行計不到一個時辰，便見伏羲三人果如朱雀所料，向河邊行奔來。

目睹此景，雷神真個是又驚又喜。驚的是伏羲三人如果發現自己一個伏身在此，一起殺來就將壞掉朱雀惡計。喜的是他三人果然中了其計，句芒與宓妃須臾就只有逃命的分兒，伏羲也活不長久了。

　　伏身的雷神驚喜之中，已見宓妃與句芒兩個果真告別伏羲，徑直奔下河岸沿冰向對岸行去。目送宓妃兩個過河而去的伏羲，則立即隱身岸邊窺視起了河上的動靜。

　　雷神伏身僻處看得清楚，只是他暫時不敢弄出些微響動，惟恐驚動了伏羲剛剛分手的三人，使離去不遠的宓妃兩個返回身來攻殺自己。為此他屏心斂氣地看啊看呀，只等宓妃二人到達南岸岸邊，咸鳥躍身冰上誅殺句芒，他則立即上前纏鬥伏羲。

　　伏羲三人不知宓妃之計已被雷神三惡所破，更不知道他三惡已經設下了將計就計之策，因而都等待奇計實現誅除三惡，各自分頭小心行起計來。不料他們依計而行恰被雷神三惡所乘，造成了出乎意料的敗局。

　　伏身北岸的伏羲突見朱雀出現從背後抓住宓妃，已知宓妃之計為雷神三惡所破。又見句芒現咸鳥陷陷冰河之中，更知情勢危急不敢怠慢，惟恐雷神隱身南岸宓妃近處接著躍出身來，宓妃與句芒兩個的處境就會更加危險。為此他急忙躍身就要奔赴南岸，去救宓妃與落水的句芒。

　　「伏羲小兒，你三人已中了我等之計，你就過來送死吧！」不料未等伏羲邁步，邪惡的雷神已經吼叫著攔殺過來。伏身北岸的雷神當然看到了南岸發生的一切，那雖然與他臨行前密授朱雀之計不符。因為他這時仍然不知朱雀也摯愛著宓妃，句芒與咸鳥都是朱雀的情敵。所以他不解朱雀為什麼不依其密計行事，不等宓妃返到冰上再行破冰，卻伸手從背後抓住了宓妃，並且與其交起手來。

　　心雖不解他也沒有再去多想，因為朱雀畢竟已將句芒封入了冰河，破掉了伏羲三人之計。隨之他見伏羲躍身站起欲要殺赴南岸，他便沒有再去多想，依計躍起身來吼叫著，攔殺向了欲去的伏羲。

「孽神，今時我叫你有來無回！」伏羲聞聲見到雷神躍身殺來，更清楚他三人反中了雷神三惡之計。但慶倖雷神也有失誤，不在南岸來了北岸，這樣宓妃兩個的危險就減少了大半。可他仍是氣惱不消地吼叫著，即出青龍手杖打向了殺來的雷神。

伏羲出杖疾急，他知道雷神雖然不在南岸，但是與朱雀交鬥的宓妃和落入冰河中的句芒，都急需自己前去救助。為此他想迅疾打殺雷神，前赴對岸營救急難中的宓妃和句芒。

雷神這時則不急不忙，其前來的本意就不是與伏羲決鬥，而是纏住伏羲不讓他前去南岸進行救助，以給朱雀二惡爭取時間誅除宓妃和句芒。雷神當然也不願意前來纏鬥伏羲，無奈朱雀遠不是伏羲的對手纏其不住，加上他又身懷生收寒冷之術惡計需其實施，因而只有自己前來擔當此任。

雷神心懷此想，又見朱雀已經得手，雖然留下宓妃未封冰河之下不是盡如其意，可他還是決計纏住伏羲給朱雀爭取時間，讓他除去宓妃與句芒兩個或加上咸鳥。只要朱雀能將宓妃除去，痛失愛女的伏羲就會心緒大亂，到那時將其誅除的時機就會到來了。

所以他不與伏羲認真交手，只是躲躲閃閃拖住伏羲。伏羲被纏脫身不得，又見南岸宓妃與朱雀交鬥處於劣勢，句芒落水之後被朱雀再施邪術，封身冰下一直沒有嶄露蹤影。心急他們處境險惡亟須救助，心如火燒出手更疾。

伏羲與雷神就這樣一緊一慢交起手來，鬥場上只見伏羲出手疾急，招招使狠。雷神本來就不敢與伏羲交鬥，這時更是能躲就躲，能退就退，眨眼已把氣急的伏羲向河岸處越引越遠。伏羲開始並未意識到雷神退避，是故意把他纏住並且引離河岸。心中只是想著雷神本來就是自己手下敗神，抵擋不住自己怕被打死。所以隨後疾追猛打，欲

圖借此時機將其誅殺。

不料伏羲疾追猛打恰好遂了雷神心願，雷神看在眼裡喜在心頭，隨著躲逃得更快更疾。雷神心中正怕伏羲察知自己躲逃是計，眼見對岸宓妃與句芒情勢危急丟下自己去鬥朱雀，自己打鬥不過攔阻不住伏羲。

這樣把伏羲越引越遠，恰好可以既將其纏住又使他看不到河上情景，避免他去救助中計的宓妃與句芒。並且自己這樣多纏伏羲一段時間，朱雀二惡除去宓妃兩個，還可以依計前來，與其共誅自己抵擋不住的伏羲。

「孽神，你用心實在險惡！」伏羲只顧氣惱欲除邪惡的雷神，不覺間已被其越來越遠地引離了河岸。伏羲這才察知雷神一味躲逃的險惡用意，勃然大怒吼叫著，丟下正鬥的雷神，就要返向河邊去救宓妃兩個道，「我且饒恕於你，等我除去朱雀，再誅孽神不遲！」

「要走！」雷神當然不讓，隨著「嘯嘯」一陣怪笑，甩鞭出棰疾猛地打向欲去的伏羲道，「你走不脫！」

「不除去你這孽神，看來就救不出我女兒兩個！」伏羲知道雷神又在使計，開始對其打來之招採用躲避之策，只是向河岸邊返回。無奈一陣躲避過後雷神硬是不讓，伏羲心中陡又火起，改變返回之策，返身大叫著出招打向正在疾鬥的雷神道：「既如此，我就先殺了你這孽神！」

雷神當然也不怠慢，又變換策略改進為退，纏住伏羲以將其引向更遠的地方。伏羲疾打一陣不見情況有變，這邊仍是誅殺不了雷神，身後不見宓妃兩個奪勝來助自己。心知宓妃兩個仍是情勢危難急需自己救助，遂又決計不再去鬥雷神，而欲返身去救宓妃兩個。雷神見之又是一陣疾鬥，打得欲去的伏羲怒火又起，返身再鬥起了雷神。

這樣反復再三，時間轉眼已經過去多時。伏羲仍是這邊誅滅不了雷神，身後不見句芒兩個來到。心中焦急再也不敢多鬥，急返身奔向岸邊救助宓妃兩個而來。

　　雷神這時也不再糾纏，他看到自己纏鬥伏羲時間已久，朱雀二惡應該除去了宓妃兩個，伏羲歸去宓妃兩個已死也是救助不得。於是他不僅不再與伏羲糾纏，並且跟隨其後一起奔向了岸邊。以看究竟見機或助朱雀二惡誅除未死的宓妃兩個，或與已經奪勝的朱雀二惡一道共誅伏羲。

　　伏羲與雷神就這樣心懷異想，一陣急奔來到南岸剛才咸鳥與句芒落水之處，他們尋遍了河中岸上，卻沒有見到朱雀二惡和宓妃兩個的蹤影。伏羲為此大為焦急，天下眾凡人雖然都是他的後代子孫，但那都是相隔數代的後代子孫，與自己不好溝通難以親近。所以他惟視女兒宓妃為自己最親近的親人，找不見宓妃他焦急至極！

　　更何況宓妃無論從生相到氣質，又都是伏羲妹的翻版！因而宓妃既是他的心兒所繫，又是他的寄託所在。這時宓妃與句芒反中雷神三惡惡計之後，都到哪兒去了呢？他們是正在追擊敗逃的朱雀二惡，還是被他二惡所害已經身死？

　　伏羲心中這時疼了，急了。往好處想他們可能鬥向了下游，於是他便一邊疾急地沿著河岸向下游奔尋，一邊大聲喊叫道：「宓妃——句芒——」

　　這時，宓妃正在十數里外的黃河下游冰上，疾急地奔跑著追撞冰下淹死的句芒，怒叫身後的朱雀化開堅冰。奔尋過來的伏羲與其距離遙遠，他那銅鐘般洪亮的喊聲雖然連連響徹在黃河冰上，宓妃卻不能聽到。伏羲如此向東尋出十里之遙，仍是尋找不見宓妃兩個，心中更加焦急，轉身就要返回來尋找。

「伏羲小兒，宓妃兩個全被朱雀施法封死在堅冰之下了。」雷神見之心喜，他雖然也像伏羲一樣不知宓妃兩個生死，卻心機一轉為了氣惱焦急的伏羲，「嘯嘯」一陣怪笑道，「本神告訴你小兒，別費氣力尋找了，他們都已經死去了。」

「啊！」伏羲聽聞驟然一驚，怔住了。但他很快清醒過來，雖然不願意相信雷神之言，卻也不敢不相信雷神之言。為此決計立即施用法寶化開堅冰，急救萬一正在冰下身受急難的宓妃和句芒。

於是他立即從腰間取出煙鍋法寶，把煙鍋挨在河邊冰上，隨著吹起氣來。伏羲剛向煙鍋中一口氣吹去，便聽封河的堅冰「喀嚓嚓」驟然崩裂開來。兩口氣吹去，破碎之冰已經融成了河水。伏羲見之收起法寶，巡看一陣仍是不見宓妃與句芒兩個從上游來，急忙又向東方下游奔跑著尋找了過去。

伏羲如此聽信雷神之言，使用法寶驟釋堅冰欲救宓妃兩個脫險，心意雖好但卻恰好害死了自己欲救的女兒宓妃。宓妃當時正在遠處冰上追撞冰下東去的句芒，河冰驟然化開恰好使她陡然落入了水中。而且不僅宓妃是這樣，跟隨宓妃之後正在遠處的朱雀，也心中無防倏然落入了水中。

朱雀倏然落水心中大驚，但他驚怕的不是自己落水怎樣，而是驚怕宓妃落水喪去性命，自己就無法得到苦求的愛情了。於是他不怠慢，急向下游疾游去救宓妃。但他向下游一陣追出十里之遙，心知早該追上宓妃了，卻依舊不見宓妃的蹤影。

焦急的朱雀所以追尋不見宓妃，是落水的宓妃立即被在水下窺視已久的水神河伯，名為馮夷者搶掠了去。宓妃被淹身死成了洛水女神，並做了馮夷的妻子。前文述及三國時代大文學家曹植所作《洛神賦》，便是追述的這段往事。

伏羲心急尋見宓妃與句芒，一口氣向東尋出數十里之遙，終於在河岸邊找到了咸鳥的屍體。看見咸鳥身死伏羲心中更驚，想到咸鳥已被淹死，宓妃兩個也就很難逃過此難，因而向東奔尋更加疾急。

伏羲就這樣向東奔走又是一陣，果然見到前面水中正有一人向岸邊游來。伏羲大喜以為那人不是宓妃便是句芒，遂喊叫著，腳下更疾地奔向那人道：「宓妃——句芒——」

然而伏羲奔到近處一看，剛剛游上岸來的那人不僅不是宓妃兩個，卻是追尋宓妃不見心力盡泄，無奈游上岸來的朱雀。伏羲心想朱雀剛從水中爬上岸來，定知宓妃兩個去處，便對其不作誅殺急問道：「宓妃與句芒呢？」

「句芒早淹死了，」朱雀這時則像傻了一般，木呆呆地也不防備伏羲誅殺于他，聞問即答道。

「啊！」伏羲大驚道，「你說句芒早被淹死了？」

「是的。」朱雀肯定道。

「那宓妃呢？」伏羲焦急道。

「剛才河冰驟釋時，」朱雀回答道，「宓妃陡地落入了水中……」

「啊！」伏羲大驚失色道，「她現在哪兒？」

「落水之後就驟然不見了。我尋出十里之遙也沒有尋見，」朱雀實言講說道，「天知道她在哪兒。」

「你是說我害死了女兒宓妃！」伏羲聽得呆了，他聽出朱雀所說宓妃落水的時間，恰與自己施用法寶化開堅冰的時間吻合。為此他追悔莫及地聽得呆了！末了突然轉怒揮起青龍手杖，「颯」地打向面前木然呆坐在水邊的朱雀，口中吼叫道，「不，是你害死了宓妃，我打死你！」

「砰」地一聲，伏羲就要打到朱雀身上的青龍手杖，卻被雷神倏

然伸到的雷槌擋住，「颯」地撞出了一片耀眼的火花。到這時雷神一直跟隨在伏羲身後，只是自知不是對手所以沒有再打伏羲。伏羲只顧尋找宓妃兩個，便也無心去鬥一直跟隨其後的雷神，雷神才一直跟到了這裡。

剛才，雷神眼見絕望的伏羲出杖突然打向了朱雀，木然的朱雀無動於衷眼看就要受杖身死。雷神不敢怠慢，急忙出槌攔住了伏羲打去之杖，救下了朱雀一命。

朱雀遇救陡然驚醒，急忙躍身撿來一根木棍，「颯」地揮起打向了伏羲。伏羲正處絕望境地心中大惱，急出杖迎向了打來的朱雀。雷神見之也不怠慢，在旁出槌與朱雀共鬥伏羲。伏羲更不相讓，一陣出手大打，先是「叭」地打斷了朱雀手中之棍，又「颯」地掃掉了雷神身上的兩片龍鱗。

雷神與朱雀陡地一驚，急忙跳出圈子不敢再戰。但是雷神也不示弱，遂心機一轉決計暫離鬥場，以再伺時機用計除去伏羲。於是他出手拉起朱雀，邊走邊甩過一串笑語道：「伏羲小兒，你就在此尋找你那死去的女兒吧！嘯嘯嘯……」

「孽神，不除掉你這惡，我死不瞑目！」伏羲更惱十分屬叫道。但他眼見雷神二惡逃去，便也不去追趕。他幻想雷神二惡所言不實，即又向東沿河尋找起了宓妃與句芒兩個。

他想，宓妃與句芒可能是被河水沖到了下游更加遙遠的地方。但他沒有想到，宓妃已被河伯搶去他找尋不到。句芒則在其化開河冰時，屍身化解飛升去了天界，他也是找尋不到的。

二八、妙悟八卦

　　伏羲沿河向東轉眼奔出十里之遙，覺得宓妃兩個如果沒死應該尋找到了，死了也應該尋見屍體了，但卻依然沒有找見他們的點滴蹤影。於是他相信剛才朱雀與雷神的話了，說不定宓妃兩個真的死了。為此他的心徹底碎了。

　　然而剛過一陣，他仍是不信宓妃兩個真的會死，心中泛出了這樣一線希望。或許是路程太長河面太寬，自己找尋過急把宓妃兩個拋在了後面。也或許是卷著漩渦的河水，在自己尋找時恰好把他二人漩入水底自己未能找見，現在又泛上了找過的水面。希望閃現至此，伏羲又口中狂喊著，腳下疾急地沿著來路奔尋起來道：「宓妃──句芒──」

　　「宓妃，我的女兒，她死了！拋下我這父親！句芒，我的孩子，他死了！拋下我這父親！」然而伏羲一口氣奔到剛才出事的地方，仍是沒有尋見宓妃兩個的蹤跡。於是其心中最終泛起的這線希望又徹底破滅了，精神便也隨著徹底崩潰了。只見他先是驟然癡呆了般地「呵呵」笑言一陣，隨著頓如瘋狂了般地叫喊起來道，「宓妃，我的女兒，你不能死啊！句芒，我的孩子，你不能死呀！」

　　伏羲口中喊著，腳下又疾急地沿河向東奔尋過去。他這樣真的是癡了瘋了，只見他先是向東疾奔，隨後又返身向西奔來。此後來回奔

尋不停地往往復復，廢寢忘食，連日不止。

他當然驟癡驟瘋廢寢忘食，宓妃是他疼愛至深的唯一女兒，如今卻與句芒一起驟然死去了呀！並且依照朱雀所言，宓妃還是他剛才施用法寶釋冰營救時，親手害死的啊！同時宓妃死前他沒有見上一面，死後自己又尋不見了屍體呀！

好在人的身體生理承受能力是有極限的，伏羲思念宓妃變癡變瘋廢寢忘食數日過後，這天終於感到身子疲累口渴冒火。他來到水邊俯身欲要飲用河水，平穩如鏡的水面上，陡然清晰地映現出了一個與他對面的人影。

伏羲過去見到過這情景，知道是如鏡的水面映出的是自己的身影。因為他生相與常人不同，頭上凸起兩支短粗的牛角。可是這時他看到的水中與自己對面的人影，卻是牛角雖在，頭上皓首白髮，臉面憔悴枯槁，不是自己的形影。

「水中何來這位陌生老者！」伏羲一驚停住飲水說著，卻見水中老者隨其舉動嘴口張合，與他做出了相同的動作。伏羲隨之豁然心明，不禁大驚開口道，「呀，原來這水中是我伏羲的身影！怎麼驟然之間，變得這般老態龍鍾？」

「這樣老耄已至，邪惡未除，天下不寧，凡人怎得太平呀？」伏羲於是急挽長髮看視，竟見不知何時自己的長髮已經變得雪白，水中人影真是自己的形影。為此他心氣陡泄，不禁一屁股坐在水邊喃喃著，重又忘記了口渴，忘記了疲累，陷入了深深的苦痛和沉思之中。

他想宓妃與句芒的死，想自己的老。想宓妃與句芒死了就不會復活，尋也沒有用了，痛也沒有用了。想自己老了就不會再年輕了，痛也沒有用了，想也沒有用了。

想到這裡他的心緒反倒平靜下來，接著想到人生原來就是這樣，

處在由生到死由小到老的變易之中。那麼人為什麼會變？為什麼不能永遠年輕？永遠只生不死？但隨即他看到，這不可能。

因為凡界有邪惡的雷神之流在揚惡欺善，以強凌弱，為此宓妃與句芒被他們害死，自己給他們氣老了。但他也看到，正因為自己揚善懲惡，方使得雷神之流不敢肆意妄為，給凡人減去了不少災禍。

同時他又看到，人之所以會變，也不僅僅是因為雷神之流施惡招致，還有天氣的冷暖，不測的風霜雨雪，難防的病殘傷害，都在促成著人的變易。即由小變老，由生到死。當然人也在與這些促其生變的自然條件進行著鬥爭，他們用火驅嚴寒，築巢防雨雪，熟食防疾病，如此等等，難以盡數。

睿智的伏羲在平靜中思啊想呀，越思越加深邃，越想越加繁多。其思緒就像面前奔湧的黃河一瀉千里，其頭腦就像無垠的天地包容一切。一個人與偌大的宇宙相比雖然渺小得不屑一提，但思想的天地卻像偌大的宇宙一樣無比廣闊。伏羲就這樣從宓妃與句芒的死自己的老想開去，想到了宇宙間林林總總的大千一切。

他想天就是天，為什麼也會發生變化？比如天上為什麼會生出不同形態的太陽和星月？太陽又為什麼會大也會小，會明也會暗，會熱也會冷，會升也會落？月亮為什麼會圓也會缺，會升也會落，會顯也會隱？星斗為什麼夜晚燦亮如銀燈，千盞萬盞數不盡，白天竟然一顆尋不著？

高天為什麼也會變得色彩千百樣，有時藍有時灰有時黑有時紅，有時高有時低？上面為什麼還會生烏雲，下雨雪，閃電鞭滾驚雷呢？他想地就是地，為什麼上面有山也有澤，有川也有谷，有寒冷也有炎熱，有花開也有花謝？更不要說其上面還有鳥獸蟲魚，凡人男女老幼，更是林林總總變不勝說呢？它們為什麼這樣？

它們為什麼變易？它們從哪兒來的這些千差萬別？從哪裡來的這些千姿百態？它們生了，從哪裡生？它們死了，又歸回哪裡去了呢？

伏羲越思越覺得奧秘，越想越感到不解。他想回答這奧秘這不解，以給死去的女兒找到歸宿，也為將死的自己找到去處。他想起了傳說，傳說渾沌大神演鴻蒙，身死後化為渾沌。天地從渾沌中生，萬物從渾沌中萌，渾沌是萬物之源，渾沌是萬物之始。後來的女媧娘娘正是用渾沌生出的泥土造出了凡人，凡人死後就應該重新歸回到由渾沌生出的泥土……

「伏羲爺爺！」伏羲想到這兒思緒正旺，心中也覺得透亮了許多。卻聽一陣疾急的叫聲從上游遠處傳來，驟然打斷了其正在黃河般奔湧的思緒，使他預感到一定是又出了什麼災難事情。不禁一驚慨歎道：「真是一波未平一波又起，凡間永遠難以太平啊！」

「伏羲爺爺，你叫後生好找呀！」伏羲慨歎之聲剛落，已見喊叫之人奔到了身邊，對他急言道，「爺爺，大事不好，上游河中又出怪物了！」

「又出了什麼怪物？快對爺爺講來。」伏羲忙問道，「又是邪惡的雷神在那作怪吧？」

「那怪物可怕人了，後生沒敢看視清楚。」來人講說道，「只是見它頭似龍身如馬，但又似龍非龍似馬非馬，不知其為何物。」

「噢，」伏羲插問道，「怪物還有什麼特徵？」

「它身上生滿長長的鬃毛，鬃毛在其周身卷生出許多個美妙的旋渦。」來人繼續講說道，「怪物厲害得很呀，它行走水面身子不沉，鬧得河上風起濤湧。」

「它害人嗎？」伏羲又問道。

「害人。眾人害怕怪物出現凡人又要毀滅，就組織強人前去鬥殺

它，」來人答言道，「可那怪物把前去之人，全都囫圇吞進了肚子裡。」

「太可惡了！」伏羲憤怒道。

「我們眾人無奈，便四處尋找爺爺前去除怪。」來人急言道，「想不到後生在此尋到了爺爺，爺爺就快去吧！」

「好，爺爺猜想這又是雷神惡孽在變換花樣施惡，爺爺正要前去誅除此惡為宓妃與句芒報仇。」伏羲勃然大怒，站起身子即隨來人一起，向上游尋誅怪物而去道，「不料想他又在此近處施起惡來。好，快領爺爺前去！」

伏羲跟隨來人奔走半晌來到怪物出沒河段，被怪物嚇得躲藏起來的眾人看到他來到，方才消去驚怕歡叫著跑了出來，圍向他訴說怪物的邪惡。伏羲聽罷心中更惱，即到水邊等待出沒無常的怪物出來以誅除之。

結果他剛到水邊，便聽上游水面傳來「颯颯颯」一陣聲響。伏羲心覺奇異即舉目循聲望去，只見眾人所言怪物足履水面，挾著聲響徑向自己面前風馳電掣般行來。

他看得清楚，那怪物如眾人所言生得龍頭馬身，似龍非龍似馬非馬，不是邪惡的雷神。然而此怪也有不似剛才眾人言說之處，即它履水前來只有聲響，不見風起波湧。看視至此伏羲心中正奇，怪物已經到了面前。

圍在伏羲身後的眾人眼見此怪來得迅疾，唯恐伏羲爺爺一招抵擋不住，怪物撲來吞食自己，紛紛向後避向了遠處。伏羲站在原地寸步不移，只是不知此怪是何怪物，聽信眾人之言視其為惡列在誅除之列。這時見其來到面前也不怠慢，即揮青龍手杖打了過去。

但是那怪在伏羲的手杖尚未揮起時，卻在伏羲面前龍首一揚，張口吐出了先前囫圇吞進腹中眾人。被吞眾人一個個輕鬆地從其口中走

出，生龍活虎皆如先前。伏羲大奇，忙止住正揮的青龍手杖，端看起了怪物要做什麼。

怪物轉瞬把吞下數十人吐出完畢，隨即溫順地向伏羲俯首施下一禮，其身上鬃毛卻陡地放出了耀眼的輝光。那輝光耀眼奪目，耀得伏羲雙目皆眩忘記了心奇怪物，急集聚心思循光看向了怪物身上的奇異鬃毛。怪物渾身鬃毛不僅如同錦繡，佈滿了奇異美麗的圖案花紋，並且花紋間卷生出的不少毛旋，放射出了耀眼的美麗輝光。

伏羲急忙仔細看視怪物身上的圖案花紋，見那花紋有的像蔚藍的天宇，有的像無垠的大地，有的像巍巍高山，有的像滔滔江河，有的像熊熊烈焰，有的像呼嘯狂風，有的像汲汲沼澤，有的像耀眼的雷電。竟然是天地間萬有的一切形象，都能夠在這兒尋找出來。

他又仔細看視綴滿怪物身上花紋中的毛旋，發現它們有的放射輝光，有的不放射輝光，二者相對排列井然有序。如果把放射輝光的毛旋看作白點，不放射輝光的毛旋看作黑點，伏羲看到在它們左右對稱排列的序列中，雙方搭配皆差五數。

怪物上身一個毛旋放射輝光六個毛旋不放射輝光，用數表示即為一白六黑。這樣上身為一白六黑，下身則為七白二黑，左身九白四黑，右身三白八黑，中間五白十黑。

看到這裡伏羲感到奧妙極了，他奇怪這排列有序的黑白毛旋，生在彙聚天地萬象的錦繡怪物身上，難道是它們昭示著萬象精蘊？奧妙怪物故作邪惡引來自己，特將此象溫順地昭示給自己，難道是讓自己解開這萬象精蘊之所在？也就是解開自己來前，正在百思不得其解的奧秘之所在嗎？

奧妙奇疑之中，伏羲急忙脫下穿在上身的獸皮，反攤地上比照怪物身上毛旋的排列秩序，擇用黑白石塊作筆細細描畫下來。睿智的

伏羲知道，他雖然一時不能解開怪物身示的奧妙，可他要記下這一奧秘，等待自己細作思考將其破解。為此他畫好後依舊放心不下，遂仔細地將所畫黑白斑點圖與怪身對照復核一遍，見其正確無誤，嘴角方才溢出一絲滿足的笑意。

怪物站在伏羲面前一直一動未動，這時方才邁步動身奔走起來。但它沒有立即離去，而是繞著伏羲在其周圍一連奔走三圈。完了方才如同使命完成般輕鬆昂首長嘯一聲，隨著「嗖」地騰空飛向了蒼茫的天穹。

伏羲奇異萬分，聰明的他想了又想，覺得怪物離去前奔繞自己三圈，可能是讓自己三思，解開其身示奧秘。為此他對自己畫在獸皮上的黑白斑點更加珍視，唯恐磨掉了上面的斑點，又取火進行了燒烙，隨後陷入了深思。

深思之中，伏羲把似有來歷來去蹊蹺的怪物，依其龍頭馬身的形狀稱其為龍馬，將其所示之圖稱做河圖。伏羲面對河圖思啊想呀，思來想去直到天黑仍是不得其解，無奈只有把獸皮穿在身上繼續思索。

此後伏羲不論走到哪裡，只要一有空閒就把河圖攤開進行思索，欲圖破解其中蘊藏的奧秘。聰明的伏羲通過苦思冥想，這日突然想到，既然生在彙聚天地萬象龍馬身上的有序斑點，仿佛昭示著天地萬象精蘊，那麼它們就或許各自代表著天地間不同的物象。不同的物象又或許就像這斑點一樣排列有序，進而它們或許就被穿上了這有序的排列。按照這序列發生著變易，即有生就有死。

或許再通過這序列，就可以找到生從哪裡生，死歸哪裡去。或許天地間林林總總的千萬種物象，都像人從渾沌的泥土出生，死又重歸於泥土一樣，生自萬物之一源的渾沌，後經變易死又重歸於渾沌的源泉中去。

　　如果真是這樣，河圖圖像就昭示出了天地間的奧秘，蘊含著人們對這奧秘的不解。想到這裡，伏羲覺得心裡亮了，眼睛明了，頭腦中對河圖圖像豁然解頤開來。

　　然而河圖如果真是這樣，那麼它們中的每個斑點又代表哪種物象呢？伏羲這時知道，只有首先確定這一點，才能俯察出天地間萬物的生死變易，為此他又陷入苦思冥想之中。

　　在思想中，伏羲的思緒攀險峰，越深澗，涉沼澤，渡江河，穿林莽，迎風雨，察雷電，實在是達到了仰則觀象於天，俯則觀法於地的境界。與此同時旁觀鳥獸之文與地之宜，近取諸身遠取諸物，以通神明之德以類萬物之情。伏羲就這樣思啊想呀，他雖然越思越想對河圖圖像越加明晰，但卻仍是深解不開其中的精蘊。

　　這時，伏羲已經迷上了玄秘精深的神奇河圖，何況在河圖出水之前，他也在思考著像河圖昭示的奧秘一樣的奧秘，正為百思不得其解而苦惱！恰在那時龍馬向他昭示了玄秘神奇的河圖，那不是天助他去解開那奧秘又是什麼呢？

　　為此他雖然百思不得河圖之解卻仍進行著探索，這天在探索中來到了洛河河畔。伏羲俯看洛水，見其清流緩緩，細浪翩翩，水勢婉轉，其聲如咽。呈現出柔弱之態，恰與黃河的洶湧咆哮之勢相反。不禁為之心動慨歎道：「世上物象，差別竟然如此巨大，實在令人難以預見！」

　　伏羲話音剛落，突見面前水中「颯」地一道白光射出，白龜老神的後代小白龜上岸而來。伏羲大喜道：「小白龜，您白龜家族世世代代真是我伏羲的恩神啊！我早已察知只要我伏羲有難，您老少白龜就會前來救助。今天我遇到了不解河圖之難，您又在此出現，定是為我解此河圖而來。那好，我把河圖攤開，您就解給我聽吧！」

　　然而，這次小白龜卻與往常相反，他不僅沒有言說，並且聞聲立即連頭也縮進了肚子裡，趴在伏羲面前一動不動起來。伏羲大為驚異，連忙俯身把縮頭不動的小白龜托到手上，仔細端詳。伏羲一陣端詳過去心中豁然明亮，高興得大叫起來道：「小白龜，您口雖不言，卻用身子為我解難來了啊！」

　　剛才伏羲看到小白龜身上竟然也像龍馬身上一樣，佈滿了錦繡神奇的圖案花紋。其圖案花紋既展示著天地間的千萬種物象，並且圓中呈方，方中有圓，方圓相間，有藏無極囊無限之妙。

　　不僅這樣，其圖案花紋還明白地昭示著不獨生成分也，而且奇偶亦分的世間機理，恰與他正在百思不得其解的河圖所示不獨生成合也，而且奇偶亦合的世間機理相契合。這契合恰像告訴伏羲，萬物始生於分，萬物死歸於合。龍馬僅昭示合，小白龜則昭示分，合分分合相契合，方才真正揭示了世上萬物從生到死的變易機理。

　　伏羲這時恍然大悟，他立即把小白龜之象與龍馬之象相對應，既稱龍馬之象為河圖，便稱小白龜之象為洛書。並立即用洛書去解河圖，反用河圖來觀察洛書。進而他看到了天地間物象分合之妙，察知了天地間千萬種物象分合的機理。

　　用通俗的話說，就是他察知了世上萬物由分生成，由合歸一。合久必分，分久必合。分分合合，合合分分。從而昭示出了千姿百態的多彩世界的奧秘。為此他高興得大叫著，立即脫下身穿的獸皮，在河圖一旁用火烙下了洛書圖像。

　　洛書圖像與河圖圖像不同，它中間五塊，周圍八塊，週邊二十四塊，龜腹十二塊。伏羲烙好圖像恐怕有誤，即與白龜之身核對，見其無誤方才把小白龜放在地上。小白龜落地見到伏羲已把洛書繪下，便也像龍馬先前那樣奔走一陣環繞伏羲三圈，隨後「颯」地現出一道白

光，沒身進了洛水之中。

看著小白龜留下洛書環繞自己三圈而去，伏羲心中更加明白了龍馬和小白龜都不是無緣前來，也都不是無故環繞自己三圈之後方才離去。它們這樣做都是要自己三思即多思多想，去解開它們昭示圖像中蘊含的巨大奧秘，由此可見那圖像蘊含的奧秘是多麼的珍貴！

為此小白龜既然去了，他便立即接著剛才的思路，把河圖洛書繼續互相對照。並把它們與天地萬象的對應聯繫，深思苦想開去，以把那奧秘破解開來。

伏羲此後思啊想呀，透過河圖洛書共同昭示的合久必分，分久必合世間機理，終於漸漸揭示開了茫茫宇宙大千的奧秘。他明白了天地間千萬種物象雖然林林總總紛繁多變，它們卻都是出自渾沌一源，是合於渾沌之源中合久必分的結果。它們分久之後必又要合，從而再合入十萬八千年天地一次渾沌的渾沌之源中去。

這樣往往復復，復復往往，合合分分，分分合合，永無止境，永不停息。同時每一次從合到分再從分到合，都恰好轉了一個圓圈。所以河圖昭示的秩序呈圓形，龍馬環繞自己轉圓圈。洛書不僅昭示的秩序也是圓形，而且小白龜當時還故意把頭縮進肚子裡，用身子特意昭示了圓形的彌足珍重；同時小白龜還像龍馬一樣環繞自己轉圓圈，昭示了圓形的重要。

原來偌大宇宙世界中林林總總的千萬種物象，都是像人一樣生時從生處生，死時歸生處去。即生於渾沌之一源，死歸渾沌之一源。一是萬物之源，一是對立之源，一而化萬，一統萬物，萬物又統而化為一源。因而一就是無極，一就是無限。一囊括天，一囊括地，一囊括天地間的萬有，一生無極，一生無限。

河圖洛書昭示的合分分合機理，就這樣使伏羲找到了解開天地間

萬有機理奧秘的鑰匙，隨著他又用這鑰匙打開了天地間萬有機理奧秘的大門。即從一而化萬、萬而化一中，看到了一為什麼會化出萬有、萬有為什麼會重化為一。那就是對立生分化，交泰生大千。對立滅而交泰畢，萬有就會重化為一源。

於是他尋找起了天地間的對立：天與地、上與下、風與雷、山與澤、水與火、陰與陽、大與小、虛與實、左與右、前與後，如此等等，成千累萬。他要找到那種可以使一化萬的巨大對立力量，也要找到那種使萬重化為一的真源。

他找到了，這力量這真源就是對立的陰陽。陰陽對立一而化萬，陰陽交泰一而生萬。陰陽統一萬而化一，萬物同歸於渾沌一源。渾沌是一源，渾沌生陰陽，陰陽交泰生萬物，萬物分久合一源。

伏羲洞明至此，心中徹底亮了。他理解了天地萬物的變易機理，解開了宇宙的奧秘。但是理解了解開了並不是就完事了，身為人祖的伏羲高興中驀地想到了自己的老暮，想到了自己的生而必死，想到了自己生於一就將重歸於一。如果自己不日死去了，自己解開的奧秘，理解的宇宙萬有變易機理沒有他人知曉，就要重新陷入奧秘和不解之中！

為此高興中他等待不住，要把自己的理解表現出來，留存下來傳給後人。讓後人像自己一樣洞明天地萬有的變易機理，知曉天地萬物存在的奧秘。他又思謀起了表達留存之法，他思啊想呀，重又陷入了苦苦的思索之中。

他想起來了，最好的表達留存之法，就是用圖像表示自己的思想所得。最好的圖像就是仿照河圖洛書之形，繪出宇宙萬有變易的機理。於是他又仔細研摩河圖洛書之象，把自己從於河圖洛書中的思想所得，仿照河圖洛書畫了出來。

他想河圖洛書都示以圓圈，即預示天地萬物合分分合走一圓圈。並且他看到的現實也確實是這樣，據此他便首先圖畫了一個圓圈。圓圈畫定之後，他想宇宙萬物生於渾沌一源，一源是無極，無極也可謂太極。太極生萬有，萬有歸太極。便隨著又把作為萬有真源和歸宿的太極，畫定在了圓圈中央的位置上。

太極要化為萬有需要其中生出對立的力量，這力量他認為就是對立的陰陽。於是他將太極一分為二，一邊作陰，一邊作陽。他說這叫做太極生兩儀，兩儀即陰陽。陰陽交泰生四相，他在太極的週邊畫上了四相。四相交泰生八卦，又把八卦圍繞四相畫在了圓圈的最週邊。

畫到這裡，伏羲高興極了。因為他看到其所畫圖像，恰好與小白龜所示洛書圖像相吻合，即龜蓋中央五塊周圍恰好八塊。他覺得這吻合絕對不是偶然的巧合，而是證明自己果真領悟到了河圖洛書昭示的宇宙萬有精蘊，是對自己理解準確無誤的最好驗證。

但是高興之餘他又想到，要使自己的思想所得通過此圖傳留給後人，還必須把它變成人們一看皆知的東西。怎樣去作此變呢？伏羲重又陷入了沉思。

聰明的他很快又想出了辦法，他想到陰陽在宇宙間可以用地天代表，在人間可以用女男代表。男人和女人的生殖器為每個人所認識，所以用男人的生殖器代表陽，用女人的生殖代表陰，無異是對其圖中陰陽的最好標識。於是他仿照男人的生殖器畫了個━，代表陽；仿照女人的生殖器畫個 ━━，代表陰。

就這樣，伏羲創立了陰陽符號，開創了圖畫八卦標識的新時代。並且通過這標識第一次把天、地、人統一在了一起，即把天地萬物統一在了一起。創立了流傳至今，影響深遠的我國古代天人合一思想。

因為━既可以代表男人，也可以代表天；━━ 既可以代表女人，也

可以代表地。如此等等，便可以依次類推直至無窮。也正是從這裡開始，我國古代朴素辯證唯物論思想，也得以初步萌生。

此後，伏羲用這兩個陰陽符號仿照陰陽交泰互生，連續推演圖畫。一連畫過多日，終於在一個朝霞滿天的早晨，畫出了能夠代表天地萬物，可以留示後人的先天八卦圖像。

該圖像中心有一個叫做太極圖的圓，圓中有兩條黑白相間頭尾相抱，靜中含動動中含靜的游魚，表示陰陽交合孕生萬物。黑白分明的黑魚和白魚便是兩儀，即陰陽的代表。兩儀交泰衍生太陽、少陽、太陰和少陰四象，四象被畫在太極圖周圍的位置上。四象交泰衍生出八卦，八卦依照方位排列在四象之外的位置上。

伏羲把他創立的陰陽識別字號━和 ╴╴ 叫做爻，每個八卦卦象都用爻來表示，三爻為一卦。根據推演，伏羲把三爻三連的☰乾卦象，畫在了八卦圖像上方的位置上，代表天。把三爻三斷的☷坤卦象，畫在了圖像下方的位置上，代表地。把上連中斷下連的☲離卦象，畫在了圖像左方的位置上，代表火。把上斷中連下斷的☵坎卦象，畫在了圖像右方位置上，代表水。

把一斷兩連的☱兌卦象，畫在了圖像左上方的位置上，代表澤。把兩斷一連的☳震卦象，畫在了圖像左下方的位置上，代表雷。把兩連下斷的☴巽卦象，畫在了圖像右上方的位置上，代表風。把一連兩斷的☶艮卦象，畫在了圖像右下方的位置上，代表山。

伏羲推演出的上述代表天地間物象的八個八卦卦象，實在出奇的絕妙。因為用兩個陰陽符號交互組合成三爻為一個的八卦卦象，恰好只能畫出八個卦象來，形成了一個嚴密完整的數學系統。因為只畫出七個卦象就有一個未畫，要畫九個卦象則圖畫不出。

不僅這樣，如果再把八個八卦卦象相互配合再行重疊，又可以重

疊為六十四卦，三百八十四爻。由此由八卦推而廣之，就不僅可以囊括天地間的萬事萬物，而且能夠包藏天地間萬事萬物的變易機理，蘊含天地間林林總總的大千奧秘。因而人們稱伏羲的先天八卦圖，有藏無極之絕，囊無限之妙！

就這樣，身為人祖的伏羲不僅再造了凡人我中華民族，而且用八卦圖像我中華民族思想文化的絕高起點，點燃了我中華民族思想文化的最早淵源之燈。為此，人們不僅尊他為人祖，並且尊他為我們中華民族的人文始祖。

隨後，他又對先天八卦圖像仔細研摩，創立了由「艮卦」起始，表示「山之出雲，連綿不絕」的「連山易」。後來他所以把研究心得命名為「易」，說的就是其思想所得為森羅萬象的宇宙萬物變易之理，從而將其對八卦的研究推上了一個新的峰巔。

伏羲之後，黃帝繼續研究八卦，創立了以「坤卦」為首，象徵「萬物莫不歸藏其中」的「歸藏易」，使伏羲創立的八卦義理跨上了一個新的臺階。再後來到了周朝時的周文王，其未稱帝時被商紂王囚禁於羑里，文王因而演八卦，他在伏羲八卦易理的基礎上，又創立了以「乾坤二卦」牽頭，象徵「天地人間，天人之際」，揭示天地萬物對立統一關係的「周易」。

伏羲和黃帝所創連山易和歸藏易，今天早已失傳沒有了遺留。只有周易後經孔子傳述被定名為「易經」，被人們尊為「群經之首」一直流傳到今天。今人所見易經，都是周易之孑遺。

伏羲的先天八卦圖不僅開創了中華民族思想文化的先河，並且還是中華民族漢字的最早淵藪。在伏羲之前的時代，我們的祖先處在結繩記事的原始階段。當時的結繩記事符號是象形的，代表男人的符號，應該是不打結的象徵男性生殖器的▌。代表女人的符號，則是象徵

女性生殖器的打結的🜔。所以當時伏羲用象徵男女生殖器的結繩記事符號所畫八卦圖，代表天的乾卦象就或許是三畫▮▮，代表地的坤卦象就或許是三畫🜔🜔🜔，代表水的坎卦象就或許是🜔▮🜔，代表火的離卦象就或許是▮🜔▮。

後來伏羲通過研摩或許又把女性符號🜔畫成了〈，為此坤卦象就變成了〈〈〈，坎卦水就變成了〈▮〈，離卦火就變成了▮〈▮。你看，坎卦〈▮〈多像今日的「水」字，離卦▮〈▮又多像今日的「火」字。因而古書《易經》記載說，☰即為古天字，☷即為古地字，☴即為古風字，☳即為古雷字，其下都依次類推為古漢字。

正因為這樣，我國古代第一部專講漢字的古書許慎的《說文解字》，便先從伏羲八卦圖像這一漢字之祖說起，然後才逐步講到後來黃帝的史官倉頡創造漢字。因而我們說，伏羲的先天八卦圖像，還是中華民族所用漢字，不容置疑的最早淵藪。

伏羲的先天八卦圖像，不僅就這樣成了漢字始祖，成了人們代替結繩記事的工具。而且到了17世紀，人們運用現代科學技術研製現代電子電腦時，其又為現代科學技術的結晶，電子電腦提供了語言基礎。現代電子電腦使用的語言，是與我們常用的十進位計數法不同的二進位標記。二進位標記，則是德國著名數學家萊布尼茲，受到伏羲八卦符號的啟發創立的。

萊布尼茲有一位名叫鮑威特的朋友，他是德國耶穌會的傳教士。為了傳教，他曾於1679年~1702年，即清朝康熙年間來到中國。鮑威特在中國研究了八卦圖像，最先發現了圖中的陰爻▬ ▬相當於數學中的0，陽爻▬▬相當於數學中的1。1698年他把這一發現告訴了萊布尼茲，後來又送給萊布尼茲兩張伏羲的八卦圖像。

萊布尼茲深受啟發，在此基礎上研究創立了二進位標記。于1703

年寫成論文，以《談二進位算術》為題，發表在德國《皇家科學論文集》上，並把它首次應用到了自己改進的電腦中。正是在萊布尼茲研究的基礎上，二進位標記成了今日電子電腦的通用語言。伏羲的先天八卦圖像，也就這樣為現代電子電腦提供了語言基礎。

　　創生於蒙昧時代的伏羲先天八卦圖，不僅在遠古時代開創了我們中華民族思想文化的先河，而且在現代科學技術探索中，重又開出了絢爛的新花結出了豐碩的成果，風靡了整個今日人類世界，這是多麼玄妙神奇啊！

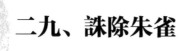

二九、誅除朱雀

　　伏羲經過艱難困苦的探索，妙悟出了河圖洛書之理，圖畫出了先天八卦圖像之後，痛自己之老哀女兒之死的悲涼淒苦心情，盡被醒悟通達的敞亮心情代替，重又鼓起了奮進的風帆，邁開了尋誅雷神二惡以平凡界，教化萬民以通理法的步伐。他帶上珍貴的河圖洛書和先天八卦圖像，離開妙悟八卦的洛水河畔，一路向雷神二惡逃去的東南方向尋去。

　　伏羲的心情之所以改變，是他通曉天地萬物變易機理，圖畫八卦圖像的結果。他通曉了這奧秘的機理，即一生萬物，萬物合而為一，便明白了天地間萬事萬物都在沿著從一到一的路徑，在變易中走自己的圓圈。走過一個圓圈又一個圓圈，即從一到一再從一到一，周而復始往復無窮，方使得天地萬物連綿不絕延續不止。

　　由此他看到自己的老，正是自己在從一到一這個圓圈中變易的必然。女兒宓妃的死則是從一歸回到了一，即走完了一個圓圈。自己老了，但仍在前一個從一到一的圓圈中行進，通過變易到死才能歸回到一裡，走完這個圓圈的路程。宓妃與句芒死了，他們都已經歸回到了一裡，重新開始了下一個從一到一圓圈的行程。

　　心明至此，伏羲便進一步看到了老並沒有什麼值得悲涼的，因為

它將使自己重歸於一，臨近下一圈從一到一的開始。死則更沒有什麼值得淒苦的，因為死標誌著下一個從一到一的圓圈已經起始。生命不滅，周而復始地在一個個圓圈中延續，每一個圓圈的開始都是一次生命的新生。死了再新生，這有什麼不好呢？為此，伏羲的心情通達起來，敞亮起來。

伏羲的心情變了，天地間的萬事萬物也都隨著其心情之變發生了變易。走在去往東南方向的路上，伏羲眼中見到的千姿百態形狀迥異的千百種物事，便都不再你是你它是它，各自生而異象你我互為孤立，而是它們全都穿成了一個大鏈條。這個鏈條是一個從一到一的大圓圈，其上套滿了各種物事各自從一到一的小圓圈。由此伏羲眼中見到的物象便都變成了圓圈，即大大小小的圓圈。也就是說天地間是由一個大圓圈套小圓圈，圓圈互套構成的圓圈的世界。

看到這裡伏羲大為心喜，因為這正符合龍馬昭示的作為萬物精蘊的河圖的圓圈，符合龍馬臨別前繞自己三圈所轉的圓圈；也符合小白龜昭示的萬物變易機理的洛書的圓圈，符合小白龜用身子昭示的圓圈，符合小白龜臨別前繞自己三圈所轉的圓圈；更符合從一到一來自河圖洛書的八卦變易機理的圓圈。圓圈，圓圈，圓圈，天地間就這樣充滿了圓圈，伏羲眼中看到的是圓圈，心中也充滿了圓圈。

「人由生到死是一個圓圈，叫做人的一生。太陽從升到落是一個圓圈，叫做時間的一個晝夜。月亮從圓到缺是一個圓圈，叫做時間的一個月。」伏羲隨後在所到之處用八卦義理教化子孫後代，教他們自己心中領悟的圓圈變易思想，教他們用圓圈理論記憶天地萬物，教他們心明天地萬物變易之理。他對子孫後代說，「天氣從暖到寒是一個圓圈，叫做時間的一年。你們記住了這些圓圈，就記住了這些物事」。

眾子孫後代們聽了伏羲這些教誨，全都記住了這些圓圈，便記

住了這些物事。伏羲心中雖然高興但他並不滿足，他還想通過這些圓圈，教會子孫後代把一年區分開來，記憶下來。並且把年復一年的年份也區別開來，記憶下來。

為了找到這樣的區分記憶圓圈，他又揣摩起了身攜的河圖洛書和先天八卦圖像，並很快從洛書中找到了這樣的圓圈。他看到洛書圖像中央為五塊，即中間一塊，四周四塊。這五塊恰在八卦圖形中心的太極位置上，也就是處在太極生出的陰陽位置上，所以它們必然是陰陽交泰的具體體現物。

那麼，這些具體體現物是什麼呢？伏羲想起先前女媧娘娘摶土造人時，首先要用土，其次要用水，其次要用光即火，再其次要用藤即木，然後才能結成果即金。想到這裡伏羲心中豁然洞明，把金、木、水、火、土五種物質，作為陰陽交泰五行相克、孕生萬物的具體體現物，與洛書圖像中央五塊相對應，畫在了八卦圖像中心的位置上。

即中央為土，東方為木，西方為金，南方為火，北方為水。依照這一圖形，金、木、水、火恰好圍繞中央土轉了一個圓圈，形成了一個以土為中心的五行運轉圖像。由此，創立了我國著名的陰陽五行說。

有了五行運轉的圓圈，伏羲便用它把一年區分成了便於記憶的不同四季。即根據五行分別象徵四季不同天象的情況，把一年區分成了春、夏、秋、冬四個季節。春天草木茂綠，他把東木定為青色，象徵春天。夏天赤日流火，他把南火定為紅色，象徵夏天。秋日金果綴枝，他把西金定為白色，象徵秋天。冬日天冷地暗，他把北水定為黑色，象徵冬日。

就這樣，春夏秋冬四季在一年中轉過一個圓圈，第二年再從頭開始另一個圓圈。使人們不僅區分記憶下來了一年四季，同時也使人們對東、西、南、北四個方向有了更明晰的認識，因為它們全都有了具

體象徵物。

伏羲從洛書圖像中找到了區分一年四季的圓圈，便對洛書圖像週邊二十四塊方塊預示什麼開始了探索。他把洛書中央的五行運轉圓圈與週邊的二十四塊方塊進行對應，發現一年四季每季恰好對應六塊。每季為三個月，每月恰好對應兩塊。

伏羲心中很快明白，這是洛書預示的每個月中有兩個節氣，一年十二個月恰好有二十四個節氣，這樣二十四個方塊恰好又在一年中轉了一個圓圈。於是伏羲根據每月的氣候不同，依次為二十四個節氣命出了春分、夏至之類的名字，進一步找到了區分記憶每個月份的圓圈。

但到這時，伏羲仍然沒有找到區分記憶不同年份的圓圈。於是他想到，那圓圈可能在洛書中未曾用過的小白龜腹部所示十二個方塊上，隨後便進行了揣摩。揣摩中他把那十二方塊總稱為地支，並給每個方塊依次命名為子、丑、寅、卯、辰、巳、午、未、申、酉、戌、亥。

但是僅用十二地支區分年份，顯然紀年的圓圈太小。怎麼辦呢？伏羲又把洛書圖像中心小白龜龜蓋昭示的金、木、水、火四面八方，依次命名為甲乙、丙丁、庚辛、壬癸，並把中央土命名為戊己，總稱為天干。

接著他把每個天干與每個地支兩兩對應相互配合，結果就構成了如甲子、乙丑、丙寅年等六十年一個花甲子的圓圈。這樣，伏羲便又創立了天干地支紀年法。這一紀年法不僅是中華民族創立最早的紀年法，並且用它還可以紀月、紀時、紀辰。六十一個花甲子圓圈周而復始，天下無別的年、月、時、辰，便可以被區分記憶下來了。

隨後，伏羲把這些記時方法教給子孫後代，他們不僅很快學會並且使用在了生活之中。伏羲見之更加高興，但是他在行進途中，卻也

碰到了不少高興不起來的事情。比如，他多次碰到了智者欺辱愚者，勇者欺辱懦者，強者欺辱弱者，眾者施暴寡者的事情。

這些事情的出現，嚴重地造成了當地的動亂，給眾人造成了不安。伏羲對這些骨肉相殘的事情十分生氣，開始用講說親情的辦法勸誡人們說：「你們都是爺爺我的子孫後代，便都是骨肉親人。因而你們只有親人相幫之理，絕無相互欺辱之由！」

然而，伏羲講說時他們懼怕其威不敢再去亂行，伏羲一去他們便又我行我素起來。伏羲剛行不遠又聞弱者受到欺凌，心中大惱卻也不好出手打殺自己的後代子孫，無奈中想到使用八卦變易之理，勸誡逞強之人定可奏效。遂返回勸誡眾強人說：「你們只顧強時欺辱弱者，就不怕你們變成弱者的時候，也被別人欺辱嗎？」

「我們不怕。」幾名強者傲然道，「我們強者永遠都是強者！」

「不！按照爺爺的八卦變易之理，天地間萬事萬物都在變易中走完自己的圓圈。」伏羲否定道，「因此天地間的萬事萬物都將由生走向死，每個事物開始都會由小變為大，由弱變為強，但隨後又都會由強變為弱，由生變為死。」

「爺爺，」幾名強者這時聽明白了伏羲之意，驟然一驚詢問道，「你是說我們將來也會變為弱者？」

「是的。凡界所有的人天天都在變易之中，」伏羲繼續講說道，「你們強者很快就有可能變為弱者，他們弱者很快也有可能變為強者。」

「爺爺是說，」幾名強者這時更驚道「到那時他們也會欺辱我們？」

「是的。今天你們強時欺負他們，」伏羲肯定道，「那麼，明天他們變強就會報復你們，欺負你們！這樣強弱互欺，就將永無竟時。」

「噢，爺爺說得是。」眾強者這才心中盡明，嘆服道，「那我們該怎麼辦？」

「因此我們要改變這種強弱互欺的陋習，代之以智者教誨愚者，勇者保護懦者，強者愛護弱者，眾者扶助寡者。」伏羲語重心長道，「只有形成了這樣的風氣，你們才能各自互不欺凌，永遠過上幸福平安的日子。」

「謝爺爺教誨，我們再也不去欺辱弱者了！」眾強人聞聽伏羲言說有理，異口同聲發起誓道。伏羲大喜，隨後他又把八卦變易之理作為治亂之策，走到哪裡宣講到哪裡，有力地促進了其期盼的良好社會風氣而形成。

「小子們別怕，」這日伏羲來到居氏族人中頒播諸法，恰逢這個龐大氏族的老族母選派一批族人，到遠方去開闢新的生活，減輕由於氏族人多對居地生活需求的壓力。然而伏羲看到，選派族人擔心前去天高地遠，迷失了方向返回不得都不願意前去。於是他開口說，「爺爺送你們去。」

「爺爺相送，」選派族人齊聲歡叫道，「這太好了！」

「東方屬木，草木上長，太陽升起。西方屬金，金烏墜地，太陽落下。」然而伏羲說罷並沒有真的動身去送他們，而是在他們的歡叫聲中依照八卦圖像講說道，「南方屬火，赤日炎炎，大地火熱。北方屬水，水積天涼，地聚冰雪。」

「小子們放心地去吧，」選派族人見伏羲爺只說不動全都不解，愣怔好久也不知道伏羲爺話中之意，還是老族母率先明白過來道，「伏羲爺爺已經告訴你們何謂東、西、南、北了！」

眾族人這才恍然大悟，知道了伏羲爺剛才是用形象的言語，告訴了他們先前自己不知道的確定方向的東、西、南、北。選派族人放下心來，立即告別眾族人牢記伏羲爺指出的方向，愉快地向遠方開闢新的生活而去。

　　然而，伏羲一路雖然這樣頒播諸法教化萬民，卻並沒有忘記尋誅雷神二惡平定凡界的大事。這日，他看到自己已經來到了宛丘古地之上，卻仍是不見雷神二惡的蹤影。不聞他二惡的訊息，禁不住心中生出了萬分的焦急。

　　雷神二惡逃到哪裡去了？自己何時才能尋到並除掉他二惡呢？自從他二惡害死宓妃與句芒逃遁去後，至今已是數月時間過去，自己再也沒有見到他二惡的蹤影。再這樣繼續下去，其老邁的身體是否能夠等到將他二惡誅除之日？

　　如果自己等不到那時死去，天下就將無人能夠除掉他二惡。他二惡又可以為所欲為，使自己的子孫後代重蹈災難，凡界就將永遠難以平安了。他二惡這樣隱而不露蹤跡，是不是也是想到了這裡，等到自己死後再去肆意橫施邪惡呢？

　　想到這裡，伏羲心中急出火來。為此他來到宛丘難以平靜，腳下來來去去在丘上踱步不止，心中則又苦苦地思謀起了尋誅雷神二惡之法。一時間他雖然想出了不少方法，末了卻都被自己否定了。

　　用什麼方法才能儘快尋到雷神二惡，並一舉將他二惡除去呢？驀地，久思不得良法的伏羲心頭亮了，他想到還是要用神奇無限的八卦圖像。因為，龍馬和小白龜向他昭示河圖洛書之時，正是雷神二惡害死宓妃兩個自己痛苦至極之時，那是不能僅用巧合解釋的。

　　說不定正是玉皇大帝看到自己急難，特遣龍馬和小白龜現身向自己昭示河圖洛書，送給了自己八卦圖像。以啟自己之蒙開自己之智，讓自己使用八卦圖像誅除雷神二惡平定凡界。如果真是這樣，誅除雷神二惡的妙法，就真的在自己手上的八卦圖像之中了。

　　但是，如果八卦圖像真是上天賜給自己的誅除雷神二惡之法，自己又該怎樣使用八卦圖像，誅除雷神二惡呢？為此伏羲重又陷入了苦

思，但卻百思不得其解。不解中伏羲又想到可能是自己錯了，因為八卦圖像雖然囊無極藏無限，可它畢竟只是一個畫在獸皮上的圖像，用圖像怎麼能誅除雷神二惡呢？

隨後他想到可能是自己數月來被八卦圖像迷上了，時時刻刻想的都是八卦圖像，看的也是八卦圖像，見人處事都從八卦圖像出發，把八卦圖像看得神了，所以剛才又以為誅除雷神二惡之法也在其中。這是自己迷上了它，產生了盲目崇拜情緒所致。而那畫在獸皮上的八卦圖像，是根本誅除不了雷神二惡的。

然而，否定之餘伏羲又想到，如果是玉皇大帝在自己痛苦急難之時，派遣龍馬和小白龜送來了八卦圖像，自己又怎能說八卦圖像不能誅除雷神二惡呢？或許不是八卦圖像不能誅除雷神二惡，而是它玄秘無窮，自己還沒有找到蘊藏在其中的誅除雷神二惡之法。問題不是出在八卦圖像上面，而是出在自己身上。

同時他又想到，八卦圖像既然囊無極藏無限，記載著古今未來的千萬種物事，蘊藏著玄秘的天地間萬事萬物變易機理。它就應該既可以用來上察千古之變，下察未來之事，從中找到尋誅雷神二惡的方法。想到這裡，伏羲驀地又對八卦圖像充滿了信心，只是一時找不出怎樣用它下測未來之法，便也找不出尋誅雷神二惡之法。為此，他又陷入了苦苦的沉思。

痛苦的思索在伏羲頭腦中轉眼延續到了天明將至，一路奔波和長夜焦思造成的身心疲勞，使伏羲不覺間在宛丘之上睡了過去。就在他剛剛睡著之時，驀地看見一位身形模糊面容難見的白髮老者，從天上飄然而下到其面前道：「伏羲，老耄特來教你使用八卦圖像，下測未來之法。」

「啊，是您！我的恩神。」前來老者雖然身形模糊面容難見，伏

415

羲還是從其話語中聽出是白龜老神的聲音。遂舉目細看，果然是白龜老神來到。驚得開口急叫道，「您，白龜老神，您不是身死了嗎？怎麼來到了這裡？」

「老耄是已身死，但靈魂仍在凡間飄蕩。」白龜老神即言道，「邪惡的雷神未除，老耄的靈魂豈能安息？」

「噢！謝恩神前來賜教，」伏羲哪裡還敢怠慢，急忙伏身拜謝道，「小子恭聆教誨！」

「用八卦圖像下測未來之法，」白龜老神不待伏羲說完，已從身上取出一撮小草棍來，托在手中對伏羲道，「叫做『占卜』之術。」

「請問恩神，」伏羲不懂，急問道，「何為『占卜』？」

「占者，觀察也；卜者，決疑也。」白龜老神解釋道，「占卜用的籌碼是五十根蓍草。」

「請問恩神，」伏羲又問道，「為何要用蓍草？」

「蓍草為宛丘獨有，生於靈異之地，」白龜老神回答道，「其莖圓像天，德圓而神，故而用之。」

「謝恩神教誨。」伏羲言謝道，「那麼請問恩神，怎樣用其占卜？」

「占卜之前，須沐浴靜心，祭天祀地。」白龜老神繼續道，「心虔意誠，精神與天地合為一體。」

「小子謹記了，」伏羲誠摯道，「請恩師教誨具體操作之法。」

「占卜開始，先抽出一草藏而不用，以象徵天地未開之前的太極。接著把餘下四十九草隨意分開，握于左、右手中。左手握的象徵天，右手握的象徵地。然後再從右手中抽出一草，夾在左手小指與無名指之間象徵人。」白龜老神於是邊做示範邊對伏羲講說道，「之後，放下右手中的蓍草，用右手數左手中的蓍草。每四根一數，象徵四季；最後餘下四草或四草以下，夾在無名指與中指之間，象徵閏月。之後

再用左手數剛才由右手中放下的蓍草，每四草一數，最後餘下四草或四草以下，夾在中指與食指之間。」

「尊敬的白龜老神，」白龜老神一口氣往下演示講說不止，伏羲唯恐自己心記不牢忘記其中一著，這時打斷白龜老神之言道，「請您慢點演示講說行嗎？」

「這樣，小指中的一草與左、右手數餘之草，合起來必定是九草或者五草。以上是第一變。之後把第一變餘下的九草或五草除去，再用四十草或四十四草同樣分握于左、右手中。由右手中取出一草，夾在左手的小指中。然後四草一數，左、右手餘下的加上小指中的一草，合起來必定是八草或者四草。以上是第二變。」白龜老神對伏羲之言如同未聞，絲毫不停地往下繼續演示講說道，「之後，再把其餘的三十二草或三十六草，同樣分，同樣數，同樣合計餘下之草，必定是八草或者四草。這是第三變。」

「變出什麼來了？」伏羲心中不解道，「白龜老神。」

「經由以上三變，」白龜老神不是回答，而是繼續道，「便得出了處在卦象位置最下方的第一爻。」

「太神奇了！」伏羲恍然大悟贊叫道，「這樣三變得一爻，那麼再經兩次三變，不就可以得出處在卦象位置的第二、第三爻了嗎？」

「小子可教，正是這樣。」白龜老神肯定道，「這樣一個卦象既成，之後再經三三九變得一卦象，將其疊在前一卦卦象之上，即可測知天地萬物未來之變，萬事皆兆。」

伏羲這時心中仍有不明之處，正欲開口詢問，卻見白龜老神舉起手杖向其頭上猛地打來。伏羲一驚夢境頓逝，眼見天色已明。伏羲醒來覺得奇異，不知夢中所見是真是假，白龜老神教誨之法是否靈驗？

於是他決計即作驗試，如果真的靈驗，自己就可以測知尋誅雷神

二惡之法的成敗，早日誅除二惡平定凡界了。為此他依照夢中白龜老神所言，找來蓍草，沐浴靜心，祭天祀地，虔心祈求占卜圍獵吉凶。

之後，伏羲依照夢中白龜老神演示方法，用五十根蓍草推演起來。他先三變蓍草得一陽爻，又三變蓍草得一陽爻，末了再三變蓍草得一陽爻，三爻相疊構成乾卦卦象☰。隨後，伏羲又按夢中白龜老神演示三三九變蓍草，得一乾卦卦象☰。

按照夢中白龜老神囑咐，後出卦象疊於先出卦象之上的順序，他把後出卦象疊在了前出卦象之上，成為卦象☰。這樣兩個乾卦相疊生成的卦象叫什麼名字？預兆這次圍獵是吉是凶？伏羲望著新得卦象思索半天，無法破解。

伏羲不能破解此卦隨後停止破解。因為他看到，如果盡如剛才夢中白龜老神囑咐去做，自己從河圖洛書中悟得的八個八卦圖像，就可以疊生出六十四個新的卦象。這六十四個新的卦象既為占卜之象，就必定各自預兆著未來事物的不同吉凶。至於哪個卦象預兆著吉，哪個卦象預兆著凶，只有通過反復驗試才能破解開來得出結果，給未來使用這些卦象預測占卜者提出依據。

為此他便不再顧及新卦象叫什麼名字，也不再去想新卦象預兆的是吉是凶，決計不論每卦預兆的是凶是吉，自己都要率先一卦卦驗試清楚，為自己以後特別是後人占卜未來提供依據。

於是，伏羲立即付諸行動。他想新卦象既由兩個乾卦卦象相疊而成，隨之便在新卦象下記了一個「乾」字。然後按照出獵前的慣例，舉行祭祀祈求大吉，又把祭祀寫作「元亨」，記在了「乾」字之下。隨後引領眾人出發圍獵，結果捕獲甚豐。

伏羲眾人大喜，回到宛丘呼號跳躍，以示慶賀。伏羲遂又記下了「利貞」二字，表示占得此卦吉利之意。這樣，伏羲便給新卦卦象做

出了註腳：即█，乾：元亨，利貞。█為卦象，乾為卦名，元亨與利貞為卦意。意思是占得此卦，舉行祭祀，行事吉利。

「伏羲爺爺，我們是住在東南方地方的王氏族人。」伏羲剛剛記下驗試的乾卦卦意，心想明天怎樣再去驗證新卦卦底，突見數人來到面前道，「我們氏族老族母亡故……」

「你們老族母亡故，舉薦一位新的老族母不就行了嗎？」伏羲覺得這事容易，沒有放到心上道，「前來尋找爺爺做甚？」

「是的。可是我們族人為爭族母之位發生了內亂，你爭我奪打鬥起來。」來人急講實情道，「故而我們特來迎請爺爺前去定奪！」

「原來是這樣！」伏羲心中既惱又喜，惱的是其後代子孫不該這樣爭權奪位，喜的是自己有了驗試新卦的事由。於是答允道，「爺爺明日即隨你們前去。」

伏羲所以答允的這樣朗利，是因為心中焦急。他看到自己日漸老邁，雷神二惡仍然未除，他要早些驗明六十四卦每卦卦底，以早些使用白龜老神所教八卦占卜之法，尋誅雷神二惡平定凡界。為此次日一早，伏羲即領眾人前去王氏族人居地。

行前伏羲當然依照白龜老神教誨，率先進行了占卜。占卜中他先三三九變蓍草，得三陰爻組成坤卦之象█。隨後再三三九變蓍草，又得一坤卦卦象█。按照夢中白龜老神所示，二卦相疊成卦象█。因為兩卦都是坤卦，伏羲便依前例在卦下記一「坤」字。接著依例舉行祭祀，又在「坤」字下麵記上了「元亨」二字，表示祭祀之意。

記錄完畢，伏羲騎一牝馬，率一行十人前往王氏族人居地。但到黃昏時分，他們卻迷路走錯了方向。伏羲於是引領眾人以落日方向定位，向東北方向行去。然而行進多時覺得應該到了，卻仍是不見王氏族人居地篝火火光。伏羲遂改以月亮升起的方向定位返向西南行進，

終於在月至當空時分來到了王氏族人居地。

王氏族人見是伏羲爺爺來到，齊呼號跳躍表示歡迎，並用篝火燒烤鹿肉盛情款待。伏羲眾人奔走一日身子疲累肚子饑餓，飽食之後歇息下來倍感舒適。第二天天亮，伏羲召集王氏族人聚會，選定德高望重之女為新的氏族老族母。王氏族人內亂平定感謝伏羲，挽留再三伏羲不允，眾族人只有為其餞行。

伏羲回到宛丘將此經歷記於卦下，遂又得到一卦卦底。即䷁、坤：元亨，利牝馬之貞。君子有攸往，先迷後得主，利；西南有朋，東北喪朋。安貞吉。這就是說，䷁為此卦卦象，坤為此卦卦名，元亨及其後文字為此卦卦意。

意思是占得此卦，舉行祭祀，利於占卜者乘母馬遠行。君子遠行，先迷路而後得主人款待，吉利；往西南行走得到朋友，往東北行走失去朋友。占問舉動安否，此卦為吉。

伏羲驗得坤卦卦底心中高興，正在心想翌日怎樣再去驗試新卦，突有北方近處張氏族人來報說，其近鄰曹氏族人掠其族人，殺人十數，並以俘虜為犧牲舉行祭祀。伏羲大惱，急待次日占卜之後討伐曹氏族人。

次日一早，伏羲行前占卜，先三三九變著草，得兩陽爻一陰爻，成兌卦之象☱。又三三九變著草得三陽爻，成乾卦之象☰。兩卦相疊，成卦象䷹。伏羲不知道該叫這卦象什麼名字，便暫且空缺不記。由於心中焦急，忘記祭祀即率眾人向曹氏族人居地行去。

伏羲率領眾人行走半晌來到曹氏族人居地，遠遠地便看見曹氏族人恭列兩行禮迎伏羲。行到近處更見到曹氏族人老族母跪求在地，言稱有罪願受懲罰。伏羲令其歸還所俘張氏族人，賠償張氏族人獵獸三十隻，免受懲罰。

曹氏老族母依令而行，叩謝伏羲再三。伏羲行至凱旋大為心喜，隨即飛馬而行觀看曹氏族人居地附近情勢。伏羲飛馬奔跑驟然眾人跟隨不上，只有他一人單獨騎向前奔去。

伏羲乘馬轉瞬奔出已遠，不料跑經山腳荒草叢時，其馬陡然前蹄豎起，隨著一聲長嘶險些把伏羲掀下馬來。伏羲一驚，看見一隻白額藍睛大虎呼地從馬蹄下竄出，駐足馬前回頭向自己張望。伏羲急欲出杖去打，那虎卻自己掉頭慢慢向草叢中行去。

原來，是伏羲所乘之馬只顧飛奔未見草中臥虎，前蹄陡地踩在了臥虎尾巴之上。臥虎驟驚竄出數丈，回頭看見不遠處眾人趕來，加之腹中也不饑餓，遂未行邪惡自尋靜處而去。伏羲驚慌一場化險為夷，歸回曹氏族人居地祭天祀地。

祭罷天地，伏羲即在占得卦象之下寫一「履」字，並將遇虎之事記於卦下，由此又得一卦卦底。即 ䷉、履：履虎尾，不咥人。亨。䷉為此卦卦象，履為此卦卦名，表示此卦為踩踏虎尾之卦。「履虎尾，不傷人。亨。」為此卦卦辭，意思是雖然踩在了老虎尾巴上，但虎不傷人，歸而祭祀。

伏羲就這樣連日驗試新卦卦底，轉眼二十餘日過去已經驗得十數餘卦。就在這時，西南方向距之百里的康氏族人突然來報，雷神二惡近日在一大湖中出現，施惡于大湖周圍凡人。

對於此報，伏羲實在是既喜又惱又生擔心。其心喜雷神二惡時過數月終於露面，為自己誅除二惡提供了可能。惱的是他二惡仍施邪惡苦害凡人。擔心自己對占卜卦底未能盡數驗明，不知能否據之占得前去成敗。

然而儘管這樣，伏羲還是顧及不得這些，決計立即施用八卦占卜之術，前往誅除雷神二惡。於是他沐浴靜心，三三九變起了蓍草。說

來也真奇巧，伏羲先變著草得一乾卦，又變著草仍得一乾卦。這樣兩卦相疊，即得乾卦占卜之象。

伏羲早已驗知乾卦占卜卦底，知道占得此卦舉行祭祀行事吉利。為此他心喜此行誅除雷神二惡有望，遂在祭祀之後跟隨前來康氏族人，一路奔向西南尋誅雷神二惡而去。

「朱雀孽障，你的死期到矣！」伏羲一行在途數日，這日半晌途經馬氏族人居地，恰見朱雀單獨在此向一女子行惡。伏羲勃然大怒，口中吼叫著揮動青龍手杖，「嗖」地便打向了正在施惡的朱雀。

朱雀料想不到伏羲突然尋到這裡，連日來其跟隨雷神行惡總受限制，今日單獨出來行惡不料恰巧碰上伏羲。見到伏羲出杖打來朱雀知道雷神不在身旁自己必死，心中一驚早已嚇呆成木雞。伏羲的青龍手杖雷神尚且經受不住，朱雀倏然受杖，腦漿迸裂，頓然倒地而死。

伏羲施用八卦占卜之術首戰告捷，除掉了朱雀，不僅心中高興並且看到，其從河圖洛書中悟得的八卦圖像，並不僅僅是一張畫在獸皮上的無力圖像，而實在是一張上可以察知千古，下可以預測未來，近可以洞悉天地萬物變易機理，藏無極囊無限的奇妙圖像。於是，他對八卦圖像隨後倍加珍視，研摩更加用起心來。

三十、伏羲成神

「你們可曾見那雷神來到？」伏羲誅罷朱雀，心想雷神二惡先前過從甚密，這時朱雀在此雷神也一定不會遠去。遂決計趁其尚不知道自己來到，再做突襲將其一舉誅除。於是急問馬氏族人道，「他在哪裡？」

「我等只見朱雀一惡前來，」馬氏族人回答道，「不知孽神現在哪裡？」

「孽神沒來這裡！」伏羲說著，即在康氏族人引領下向其居地尋去道，「走，我們尋他去。」

伏羲知道，這時自己多在馬氏族人居地一刻，雷神就多一刻知道自己來到做好戒備的時機，自己就失去一分突然襲擊誅除他的驟然性。所以他聽聞雷神不在，立即離開馬氏族人居地，急向康氏族人居地尋來。二族人居地相距不遠，伏羲眾人行走不過一個時辰，即來到了康氏族人居地。

然而這時詢問康氏族人，他們說也已兩日未見雷神，雷神可能隱居湖中。伏羲覺得康氏族人說的有理，決計立即施用法寶，驟然煮沸湖水將雷神煮死湖中。不然雷神若再逃去躲避起來，自己尋找不到就更難將其誅除。

心思既定伏羲即又求問著草，占卜吉凶。只見他先行沐浴靜心，祭天祀地，隨後變化起了手中著草。結果先三三九變著草，得一兌卦之象☱。隨後又三三九變著草，得一乾卦之象☰。接著將兩卦重疊，得一履卦之象䷉。

履卦先前已被伏羲驗證，預示此舉要踩在老虎尾巴之上，但是老虎不會傷人。據此伏羲知道自己此舉不僅不能誅除雷神，自己還會受到驚嚇，但不會受到傷害。

占卜結果當然不稱伏羲心意，只是這時他對這一結果已經顧及不得。他想反正卦意預示雷神傷害不了自己，自己要殺雷神個措手不及，就不能等到占卜出預想結果再行此舉。同時他也想到，誰知道自己僅僅驗試一次的卦象結果，是否準確無誤！

先前誅除朱雀著草所示乾卦卦象占卜准了，這次著草所示履卦卦象要是不准呢？那不就誤了自己欲乘雷神無備予以誅除的大事嗎？為此他不能顧及卦象占卜之意等待下去，遂立即取出身藏法寶燒水煙鍋，來到湖邊插入水中隨著吹起氣來。

伏羲面前的大湖方圓有數十里之巨，站在湖的這邊，天清氣朗時方可勉強看到湖的對岸。湖中清水如鏡，無風無浪。清明透亮的湖水反映出藍天白雲，仿佛藍天白雲全都掉進了湖中似的。

大湖的周圍，是一望無際的坦蕩平原。碧藍的大湖便像一塊碩大的子母綠寶石，鑲嵌在了坦蕩無垠的平原之上。使得大平原上仿佛陡然生出了一顆窺視藍天的嫵媚眼睛，對藍天傳送著無限的情，流溢著無盡的意。

「伏羲小子，你不要欺負本神太甚！」伏羲剛向湖中吹出三口氣去，便見邪惡的雷神已經耐受不住湖水的煮燙，「颯」地躍出了湖面，見是伏羲燒熱了湖水，勃然大怒吼叫道，「你現在已經是不容本神在

凡界存身，非要置本神於死地不可了？」

「孽神在凡界到處施惡，」伏羲這時也不相讓喝斥道，「我怎能容你？」

「那好，本神今天就只有與你再拼個你死我活，」怒極的雷神這時又忘記了自己不是伏羲的對手，一手甩鞭一手揮槌向伏羲打來道，「魚死網破了！」

「孽神，今天你的死期到矣！」伏羲正怕雷神不戰而逃再失誅除時機，眼見雷神打來心中大喜，遂出杖「颯」地迎向了打來的雷神。

「啊呀！朱雀小兒，」雷神這時只顧氣惱欲要一招打殺伏羲，所以鞭甩狠猛槌砸惡毒，但無奈其槌「當」地一聲撞上伏羲打來的青龍手杖，頓覺劇痛從手掌「嗖」地傳遍全身，使其全身陡生癱瘓之感。因而嚇得一聲驚叫，邊逃邊喊道，「快來助我！」

「孽神聽著，朱雀那惡再也不會前來助你了！」雷神喊叫朱雀以為朱雀這時正在岸上近處，喊他一是為了助他，二是為了他二惡一起逃跑。伏羲聞聽「哈哈」一笑說著，又「颯」地一杖向正逃的雷神打了過去道，「他已死在我這青龍手杖之下，你也隨他吃我一杖吧！」

雷神聞知朱雀身死，驟然一驚，又見伏羲出杖朝死處向自己打來，急躍身先躲過來杖，隨著為逃活命陡施興雲播雨之能，使大湖之上倏地下起了如瀉的大雨，用雨幕遮蔽了伏羲的眼睛。伏羲只顧怒誅雷神不防其驟施此惡，雙眼被雨幕猛然遮蔽出杖稍慢，雷神急趁此機一路西南奔逃而去。

雷神當然奔逃疾急，他怕逃的不疾伏羲再次一杖打來，自己抵擋不住就有喪命之險。並且也怕伏羲識破是其施法，即用法寶破去其法他就逃脫不得了。

伏羲驟然看視不見雷神心中一怔，頓知惡雨為雷神施惡所為心中

大惱，即用煙鍋法寶向空中一吹，立即燒乾了天上的陰雲止住了正下的惡雨。只是這時雷神逃去已遠，將其擊殺已不可能。

伏義於是知道蓍草占卜結果準確無誤，心中更對使用八卦占卜未來完全信服。於是他決計不放過追殺逃去雷神的時機，隨後窮追以將其擊殺了卻心願。為此他又重演起了蓍草，占問此舉是何結果。

伏義兩次三三九變手中蓍草，結果又得一履卦卦象，占卜結果又不理想。但是伏義仍如先前顧不得占卜結果，即循雷神逃去方向一路追尋過去。伏義此後追啊追呀，邊追邊對八卦圖像揣摩不息。

他想，既然白龜老神教給自己的八卦占卜之術，已被自己用實踐證明靈異可信不容置疑，那麼自己先前苦思不得的用八卦圖像直接擊殺雷神之法，就一定蘊藏在奇妙的八卦圖像之中，只是那是什麼方法自己還沒有悟到。為此他在追殺雷神途中苦思更甚，以期早日尋得此法用其擊殺雷神。

這日，伏義從白龜老神所教占卜時將兩個八卦卦象相重疊，從而由八個八卦卦象形成六十四個占卜卦象中受到啟發，想到自己如果把小白龜所負洛書作為地，把龍馬所負河圖作為天，二者就恰好描繪出了一幅完整的宇宙圖景。

因為自己從河圖洛書中悟得的八卦圖像，整體體現了一個變字，即一切都在變易之中，不變就沒有了八卦圖像。這樣反推過去看，仿佛沒有生命活力的河圖洛書圖像如果重疊起來，一為天一為地也就變易起來充滿了活力，恰與自己從中悟得的充滿變易機理的八卦圖像相吻合。

同時這樣一幅充滿變易機理的宇宙圖景，又恰與真實的宇宙圖景相吻合。即真實的天在不息地變易，真實的地也在不息地變易，生活在天地間的人也在不息地變易。據此，伏義進一步看到了其八卦圖像

包藏天地萬物變易機理的奧秘所在，描畫出了變易的天盤與變易的地盤，以及變易的人盤三者互生變易的宏大圖景。

根據這一圖景，即每個人由於所處地點、時間，與自身狀況的差異，時刻都在發生著變易的機理，伏羲悟得了先前一直苦思不得的直接使用八卦圖像，誅除雷神的奇門遁甲八卦陣法。

伏羲的八卦陣法，是在八卦圖像方位的基礎上，按休、生、傷、杜、景、死、驚、開八門依次排列的陣法。其八門各有特性，即休門主示安息、安適、等候時機。生門主示生存、生長、發展。傷門主示傷殘、損失、敗退。杜門主示杜塞、阻礙、不通不順。景門主示誘惑、假像、虛幻之事。死門主示絕境、大凶。驚門主示震驚、險情、惶惶不寧。開門主示順利、通暢。

這八門與八卦圖像相配合時，其基本排列的「原位」是：休門在坎宮，生門在艮宮，傷門在震宮，杜門在巽宮，景門在離宮，死門在坤宮，驚門在兌宮，開門在乾宮。但這只是一種「基本」排列方式，這排列隨著時間、空間和入陣者的方位變易，就會活動變易起來生出無窮的變化。

伏羲悟得八卦陣法心喜無限，立即進行了兩次驗試。一次他用人依法布下此陣，令能者入之。結果入此陣者只見陣中愁雲漠漠，慘霧濛濛。陣如連城，重重疊疊，都有門戶。不辨東西南北，硬是衝突不出，只有束手受縛。

另一次他用石塊布下此陣，即見陣中陡升如雲殺氣，休、生、傷、杜、景、死、驚、開八門，每日每時變易無窮。令能者入之，看見陣中狂風大作，飛沙走石，遮天蓋地。怪石嵯峨，槎枒似劍；橫沙立土，重疊如山；八門幻變，難辨東西南北，無路可出。

伏羲驗試八卦陣法獲得成功心中更加歡喜，認為這是天遣龍馬和

小白龜前來，給自己送來的八卦圖像中蘊含的又一重大奧秘，即上天賜給自己的誅除雷神之法。這樣有了八卦占卜之法和誅除雷神的八卦陣法，自己誅除雷神就手握勝券了。

但是歡喜之時他也更加焦急，連日來他追尋雷神不見蹤影，八卦陣法雖好不能使用也是將其誅殺不得。為此他隨後向前追尋更急，轉眼已向西南追出了千百餘里，這日追到了綿延於今日鄂、川邊界的巫山山脈之中。

巫山山脈奇峰疊翠，綿延千里。山中峰峻崖陡，谷深澗惡，到處竹木蔽日，多有險惡奇絕之地。伏羲沿著雷神逃遁的道路向前追尋，突然追進了一道兩山夾峙的寬闊河谷。伏羲不進此谷心情還好，走進此谷不禁心中陡然一驚。因為他頓覺谷中陰風颯颯，惡氣森森。

為此他警覺地舉目看視，雖見河谷寬闊不是設伏妙地，卻見河谷兩旁水線印痕清晰，岸線整齊分明。岸線之上竹木整齊茂密，寬闊河谷中被水沖刷得光潔圓滑的大、小鵝卵石排列有序。伏羲於是心中陡生疑問，不禁開口道：「岸邊水線分明，河谷不像乾谷，河水驟然消逝去了哪裡？」

「嘯嘯嘯，」伏羲話音剛落，驀地便聽南岸山頂傳來雷神的一陣怪笑道，「伏羲小兒，你的死期到矣！」

「颯！」伏羲心中一驚，隨著便覺一股巨大的氣浪猛地向其扑來，倏地已把他沖上了半空。伏羲身升半空頭腦一懵，直到雙腳落到河岸之上，才聞谷中傳出洶湧的水聲。隨著急忙舉目看視，見到邪惡的雷神正在向河谷中張口吐水，方才知道是雷神又施惡計飲乾了河水，等到自己追來突吐河水欲把自己淹死水中。

但不料雷神剛才言畢吐水很猛，其吐出之水猛地先期推出一股氣浪，恰把自己推離了河谷險地，落腳到了河岸救了自己一命。心明至

此伏羲也不怠慢，即把燒水煙鍋插入水中鼓氣吹了起來。

「啊呀！」雷神只顧兇狠吐水心中無防，不料其吐出河水連著其腹中儲存之水，伏羲用力一吹不僅燒沸了河水，並且接連燒沸了其腹中之水，立刻煮得其五臟半熟，疼得一聲大叫不僅止住了口中吐水，並且驟然倒身在了山頂。虧得他停止口中吐水快疾，方才逃得一命。不然伏羲吹燒河水不止，其腹中之水通過口中之水與河水相連，非將其五臟煮熟立即身死不可！

「孽神，」伏羲見之更不怠慢，一陣奔到山頂，舉杖猛地打向倒在地上的雷神道，「你的死期到了！」

「啊呀！」伏羲的叫聲陡地驚醒了倒地的雷神，雷神看到緊隨叫聲伏羲的青龍手杖已經打到，知道身傷的自己喪命就在須臾。但他不願就此受死，急忙忍住內臟劇疼拼足全身之力，「嗖」地躍身欲要躲過來杖。

無奈其身力這時盡泄躍去不遠，使得伏羲打來手杖還是「颯」地擦過其身，打掉了其半身龍鱗。雷神內外受創，劇疼難耐，口中一聲大叫疾忙徒步向山下奔去。因為這時其早已喪失了騰雲駕霧之能。

伏羲眼見邪惡的雷神又在將死之時，從自己杖下逃跑，立即隨後窮追。追趕途中，伏羲心想自己再次尋誅雷神的經過，更加堅信八卦占卜之術準確無誤。自己正如占得履卦卦底，有驚無傷，仍是誅除不掉雷神。堅信至此伏羲更想早些使用八卦陣法，將雷神誘入陣中將其擊殺。但是怎樣才能尋得此機？伏羲追趕途中一直在苦苦地觀察尋找著，心中思謀著。

轉眼又是追出數日，這日雷神面前突現一條大江攔住了逃遁去路。此江氣勢宏大，水流湍急。只見它攔腰切斷連綿的巫山山脈，從巫山的峻峰峽谷中穿過，形成了奇險無比的數處江峽。

　　這江便是今日的長江，這峽便是今日著名的三峽，這穿峽的大江像天塹一樣橫亙在了雷神面前。前有浩浩長江擋道，後有強敵伏羲追殺，身又喪失了騰雲駕霧神功，雷神頓陷困境之中。

　　然而對於雷神來說，困境並非絕境。他可以返回身去再鬥伏羲，但他擔心再鬥自己死的成分十占其九，所以不敢再戰決計繼續逃遁。逃遁仍有去處，他既可以沿江西上也可以順江東下，還可以泅過江去向南奔逃，但他知道這樣伏羲仍會窮追自己逃脫不掉。

　　回想自己一路逃到這裡已經逃過二十餘日，伏羲隨後窮追硬是擺脫不掉，這樣再逃下去怎麼會有竟時？沒有竟時日日繼續奔逃，怎敢擔保逃奔路上不被伏羲所乘，使自己逃進喪命死地！想到這裡雷神決計不再這樣奔逃，乾脆沒身江水之中，那樣伏羲就會奈何於他不得，屆時自己再擇時機逃去也就行了。

　　於是雷神急對面前的長江巡視一番，看到在險惡的長江三峽江面，瞿塘峽口江心水中兀立有一塊碩大的巨石。這巨石被後人稱做燕窩石，又稱灩澦灘，其在處正是舊時長江三峽中有名的險灘。

　　燕窩石突兀江心，江中水流湍急，兩邊江岸山勢陡峭，伏羲前去不得，因而石旁江水之中恰是自己的隱身之地。自己留居那裡，伏羲吹燒江水自己就上這塊巨石躲避。不吹燒江水，自己就躲在石旁江水之中。這樣任憑伏羲有眼前這般本事，也定然奈何自己不得。看視至此雷神心喜，遂從岸上倏然躍身沒入了面前的江水之中。

　　伏羲正要上前誅殺被浩浩江水攔阻的雷神，卻見他在自己沒有趕到時倏然沒身江水之中，站在江岸面對江水伏羲實在心中大惱，恨不得即施法寶燒沸江水煮殺雷神。

　　然而就在他欲要再施法寶煮殺雷神，開始求問蓍草時，兀立在洶湧江水中的燕窩石，驀地使他眼前一亮。啟發他想起了自己路上悟

得，並已兩試成功的八卦陣法。看到此石仿佛上天設就，專為自己佈設八卦石陣誅除雷神之地。

因為自己屆時如果燒沸江水，隱身江中的雷神耐受不住，出水不敢與自己交鬥，必然躍上這塊巨石進行躲避。這樣自己如果先在石上布下八卦石陣，雷神不知誤入其中突身不出，自己就可以將其誅除平定凡界了。

心明至此伏羲先期求問蓍草，占卜此舉是否成功。結果伏羲兩次三三九變蓍草，得一坤卦卦象。坤卦卦底伏羲先前已作驗試，即占得此卦，舉行大祭，利於占卜者乘母馬遠行。君子遠行，先迷路後得主人款待，吉利；往西南行走得到朋友，往東北行走失去朋友。占問此卦安否，此卦為吉。

伏羲占得此卦心中高興，因為他從卦象看到此次誅除雷神必能成功。只是他也擔心此舉關係重大，一問蓍草唯恐出卦不准，便又連連兩次變化起了蓍草。結果竟然連連得到兩個坤卦卦象，與第一次所得卦象毫無差異。伏羲大喜過望，遂立即在石上布起陣來。

然而伏羲開始佈陣，卻遇到了無法去到江心巨石之上的困難。江岸陡立如劈，江水奔流湍急，加上水中潛藏有邪惡的雷神，伏羲渡過江水到那巨石之上不得，他便無法在那石上布下誅除雷神的八卦石陣。

怎麼辦呢？無奈中伏羲急思疾想，末了方才想出隔江拋石佈陣之法。即他站身江岸向江心巨石之上投擲石塊，擺佈八卦石陣。伏羲誅除雷神心切想好就做，隨即站身江岸近處，向江心巨石奮力投擲起了石塊。

江心巨石距離江岸遙遠，伏羲奮盡全力方可把石塊拋至其上。這樣其投出的石塊便下落不准，連投數塊都沒有能夠落到預定佈陣的地方。伏羲十分無奈，正愁布不成石陣殺不死雷神，卻見一隻鳳凰悄然

飛落到了江心巨石之上，銜起伏羲所拋石塊放在了伏羲欲放各個位置。

伏羲心中既喜又奇，遂把佈陣所需石塊連連拋向江心巨石，由神奇的鳳凰代他在巨石之上布起了八卦石陣。須臾石陣布成，鳳凰立即飛去，石陣中隨即騰起了如雲的殺氣。伏羲眼見自己急難中突得鳳凰來助，更加堅信使用八卦石陣誅除雷神必成。於是他涉下險惡的江岸來到江邊，取出煙鍋法寶插入水中，吹氣燒起了浩浩江水。

「嘯嘯嘯……」事情果如伏羲預料，其剛剛往江水中吹出三口氣去，隱身江中的雷神便已耐受不住，倏然出水躍身到了江心巨石之上，恰好進入伏羲布下的八卦石陣之中。雷神身入死地渾然不覺，仍以為伏羲前來仍奈何不了自己，隨之一陣怪笑道，「伏羲小兒，只是燒熱江水也是無用，本神看你能奈我何！」

「孽神，那石就是你的死地，」然而就在雷神出水之時，伏羲正吹的煙鍋法寶卻倏然落入江中消逝了蹤影。伏羲大驚，聞聽雷神此言見其已入自己所布八卦石陣之中，方才明白此寶驟逝因為日後已經無用，因而被玉皇大帝收了回去。於是放下心來笑答雷神道，「今日就是你的死期，難道你還渾然不覺嗎？」

「伏羲小兒講說什麼？你說這巨石就是本神的死地，今日就是本神的死期？」雷神這時死期已至卻渾然不知，為此笑對伏羲道，「可是誰能到這巨石之上誅殺本神？難道是你小兒嗎？嘯嘯嘯……」

「孽神，我今日既要誅殺你，就讓你死個明白。」伏羲不讓道，「我告訴孽神，你已入我在石上布下的八卦石陣之中，從今往後就甭想離開巨石一步了！哈哈哈……」

伏羲說著，也禁不住放懷暢笑起來。雷神這才感到心驚急忙向周圍看去，果見周圍四面八方，樹起了怪石嵯峨重疊如山的險惡石陣。雷神看視至此雖然不信伏羲所言為真，卻也不敢怠慢，立即揮動雷槌

電鞭，揮打一陣欲要一試。雷神不打此陣還罷，一打此陣便見陣中殺氣頓起狂風驟作，即刻間沙石飛揚遮天蔽日，巨石周圍的浩浩江水也隨著波湧濤驚，吶喊助陣。

雷神身置此境，心中大驚，知道自己果真中了伏羲之計，更加不敢怠慢，甩鞭揮椎左沖右突欲要立即突出石陣。無奈這時他不想突出石陣還罷，越想突出石陣打得越惡，石陣中殺氣便越加狂烈，門戶也變化越加頻繁，使得他越是突出不得。

雷神揮打轉瞬過去半個時辰，不僅絲毫未見打出石陣之兆，而且已經身疲力竭，無奈氣惱得大叫道：「伏羲小兒，本神出不得此陣就不出這陣了，看你小兒還能再奈本神何？」

伏羲對於雷神此言，一時真是無話可答。雷神雖然突不出石陣，自己去不到巨石之上又怎能將其誅殺！伏羲為此正在焦愁，卻見先前救他的龍駕鳳擁之車，奇跡般地竟然再次倏地出現在了自己身邊。

伏羲心奇的一愣，那車已經載起他離開江岸，向江心巨石之上馳去。雷神見之怕了，知道自己的死期已至，自己必定死於其青龍手杖之下。但他卻不願意束手就死，急又拼出全力欲要打出石陣逃命他去。

「孽神，你的死期不是到了嗎？」伏羲這時已到巨石之上，口中笑說著手中「嗖」地出杖打向了雷神。雷神抵擋不住伏羲的青龍手杖，交手剛過三個回合便被伏羲「噗」一杖打碎腦殼，身死在了巨石之上。

「孽神終被誅除了。」伏羲誅罷雷神心中高興，但在他欲笑未笑時，手中的青龍手杖卻又驀地消逝了去。伏羲一驚方又想到，這是雷神已死凡界已平，青龍手杖留在凡界已經無用，其便像燒水煙鍋一樣被玉皇大帝收了回去。於是他放心地暢懷大笑起來道，「凡界從此太平了！」

隨著伏羲的笑語落音，龍駕鳳擁之車已經把他送上江岸，並隨著

消逝了蹤影。伏羲誅除雷神心願了卻，心中更加高興，遂忍不住思念之情，決計立即北上黃河，把這天下平定的消息告知溺死的女兒宓妃與句芒。決計至此，伏羲立即行動，一路向北奔向宓妃與句芒溺水處而去。

伏羲奔向黃河去了，他布在江心燕窩石上的八卦石陣，由於誅除雷神後一直未除，傳說直到今天每逢日月變換氣候適宜之時，還會升騰起陣陣如雲的殺氣。為此千百年來，船工們每逢經過燕窩石所在的灩澦險灘，無不為之戰慄！

「宓妃——句芒——雷神已被爹爹除去，天下從此太平了！」伏羲隨後向黃河奔啊奔呀，一路上只顧向北奔跑忘記了吃喝休歇，為此他一口氣奔到黃河邊上宓妃與句芒溺水之處，僅僅高興地喊出這樣兩句，便因疲餓交加，猝然身死在了河邊平緩的金沙灘上。

伏羲死去了，他的靈魂卻沒有死。按照他的八卦變易機理，生就是死，死就是生，他的死便是他重新走入了一個新的變易圓圈，開始了下一個圓圈的新的輪回。傳說他死後成神飛升去了天界，成了管理人間事務的人皇，司春和生命之神句芒輔佐著他。

據說到了後來的春秋時代，他看到下界秦國的秦穆公是個賢王，任用賢臣厚愛百姓，曾經拿了五張羊皮，把百里奚從楚國人手裡贖了回來，委以重任。並且赦免了三百個把其逃跑的好馬殺吃了的岐下野人，還命令句芒給秦穆公添加了十九年的壽辰哩！

伏羲死去了，但他再造了凡人，為中華民族創立了恢宏的功業，因而人們懷念他，祭奉他，為他修建了多處陵墓廟宇，保留下來了多處遺跡。他的陵墓，著名的有今日河南省淮陽縣的太昊陵，山東省微山縣的伏羲陵。他的廟宇，著名的有今日甘肅省天水縣的伏羲廟。

他的遺跡，著名的有淮陽的畫卦台、蓍草園、白龜池，天水的卦

臺山，還有河南省孟津縣的負圖寺，等等。其最大的陵墓河南省淮陽
縣太昊陵，占地五百四十畝。陵丘高大，陵前有殿，四周有城，殿宇
巍峨，古柏參天，規模宏大著哩！

一稿於 1991 年 3 月 4 日—5 月 1 日
二稿於 1992 年 5 月 6 日—6 月 9 日
修訂於 2005 年
再修訂於 2015 年 6 月

參考資料集萃

一、伏羲

大跡出雷澤，華胥履之，生伏棲。

——《太平御覽·詩含神霧》

瓠海又左徑雷澤北。其澤藪在大成陽縣故城西北十餘里，昔華胥履大跡處也。

——《水經注·瓠子河》

春皇者，庖犧之別號。所都之國，有華胥之州。神母遊其上，有青虹繞神母，久而方滅。即覺有娠。歷十二年而生庖犧；長頭修目，龜齒龍唇，眉有白毫，須垂委地。

——《拾遺記》卷一

帝女游于華胥之淵，感蛇而孕，十三年生庖犧。

——《路史‧後記一》

太皞庖犧氏，風姓，代燧人氏繼天而王。母曰華胥，履大人跡于雷澤，而生庖犧于成紀，蛇身人首，有聖德。

——《史記‧補三皇本紀》

二、兄妹婚

昔宇宙初開之時，只有女媧兄妹二人在昆侖山，而天下未有人民。議以為夫妻，又自羞恥。兄即與其妹上昆侖山，咒曰：「天若遣我兄妹二人為夫妻，而煙悉合；若不，使煙散。」於煙即合。其妹即來就兄。

——《獨異志》卷下

三、作為

（伏羲）仰則觀象於天，俯則觀法於地；旁觀鳥獸之文，與地物之宜。近取諸身，遠取諸物，始畫八卦，以通神明之德，以類萬物之情。造書契以代結繩之政，於是始制嫁娶，以儷皮為禮。結網罟以教佃漁，故曰宓棲氏。養犧牲以庖廚，故曰庖犧。有龍瑞，以龍紀官，號曰龍師。作三十五弦之瑟，木德王，注春令。

——《史記‧補三皇本紀》

宓犧之前，人民至質朴，臥者居居，坐者于於，群居聚處，知其母不識其父。至宓犧時，人民頗文，知欲詐愚，勇欲恐怯，強者凌弱，眾欲暴寡，故宓犧作八卦以治之。

——《論衡·齊世篇》

（伏羲）作結繩而網罟，以佃以漁，蓋取諸離。

——《周易·繫辭下傳》

上古伏羲時，龍馬負圖出於河，其圖之數，一六居下，二七居上，三八居左，四九居右，五十居中。伏羲則之，以畫八卦。

——《古今圖書集成·職方典》

伏羲得神蓍而定皇策。

——《天中記》卷四十

太昊師蝴蛛而結網。

——《抱朴子·對俗》

伏羲作瑟，伏羲作琴。

——《世本·作篇》

伏羲氏瑟長七尺二寸，上有二十七弦。

——《廣雅·釋樂》

伏羲制以儷皮嫁娶之禮。

——《世本·作篇》

宓羲氏之世，天下多獸，故教民以獵也。

——《太平御覽》卷八三二

伏羲禪于伯牛，鑽木作火。

——《絳史》卷三

四、句芒

東方句芒，鳥身人面，乘兩龍。

——《山海經·海外東經》

東方之極，自碣石東至日出榑木之野，帝太皞神句芒司之。

——《尚書大傳·鴻範》

東方之極，自碣石山，過朝鮮，貫大人之國，東至日出之次，榑木之地，青土樹木之野，太皞、句芒之所司者萬二千里。

——《南甫子·時則篇》

五、宓妃

宓妃，宓羲氏之女，溺死洛水，為神。

——《漢書音義》

439

吾令豐隆乘雲兮，求宓妃之所在。

——《楚辭·離騷》

河洛之神，名曰宓妃……其形也，翩若驚鴻，婉若游龍；榮耀秋菊，華茂春松；仿佛兮若輕雲之蔽月，飄颻兮若流風之回雪。遠而望之，皎若太陽升朝霞；迫而察之，灼若芙蕖出綠波。濃纖得衷，修短合度，肩若削成，腰如約素，延頸秀項，皓質呈露，芳澤無加，鉛華弗御。雲髻峨峨，修眉連娟，丹唇外朗，暗齒內鮮，明眸善睞，靨輔承權，環姿豔逸，儀靜休閒，柔情綽態，媚於語言，奇服曠世，骨象應圖。

——曹植《洛神賦》

六、有巢氏

古者禽獸多而人民少，於是民皆巢居以避之，晝拾橡栗，暮棲木上，故名之曰有巢氏之民。

——《莊子·盜跖》

上古之世，人民少而禽獸眾，人民不勝禽獸蟲害。有聖人作，構木為巢以避群害，而民悅之，使王天下，號之曰有巢氏。

——《韓非子·五蠹》

昔者有巢氏有亂臣，而貴任之以國，假之以權，擅國而主斷。君已而奪之，臣怒（恐）而生變，有巢以亡。

——《周書·史記篇》

七、燧人氏

上古之世……民食果蓏蚌蛤，腥臊惡臭，而傷害腹胃，民多疾病。有聖人作，鑽燧取火以化腥臊，而民悅之，使王天下，號曰燧人氏。

——《韓非子·五蠹》

申彌國去都萬里，有燧明國，不識四時晝夜。其人不死，厭世則生天。有火樹名燧木，屈盤萬識（頃），雲霧出於中間，折枝相鑽則火出矣。後世聖人變腥臊之味，遊日月之外，以食救萬物，乃至南垂。目此樹表有鳥若鴞，以口啄樹，粲然火出。聖人成（感）焉，因取小枝以鑽火，號燧人氏，在庖義之前。則火食起乎茲矣。

——《太平御覽》卷八六九

燧人鑽木而造火。

——《太平御覽》卷八六九

燧人始鑽木取火，炮生為熟，令人無腹疾，有異於禽獸，遂天之意，故為燧人。

——《太平御覽》卷七八

八、天梯建木

有木，青葉紫莖，玄華黃實，名曰建木，百仞無枝。上有九橚，

下有九枸，其實如麻，其葉如芒。

——《山海經‧海內經》

有木，其狀如牛，引之有皮，若纓、黃蛇。其葉如羅，其實如欒，其木若蓲，其名曰建木。

——《山海經‧海內南經》

建木在都廣，眾帝所自上下。

——《淮南子‧地形篇》

九、雷神

雷澤中有雷神，龍身而人頭，鼓其腹。在吳西。

——《山海經‧海外東經》

雷澤有雷神，龍首人頰，鼓其腹則雷。

——《史記‧五帝本紀》

雷澤有神，龍首人頭，鼓其腹而熙。

——《淮南子‧地形篇》

十、附圖

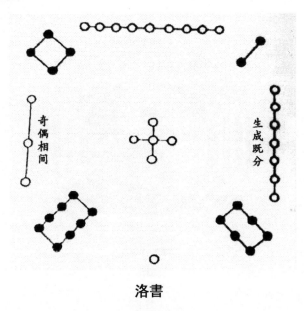

洛書

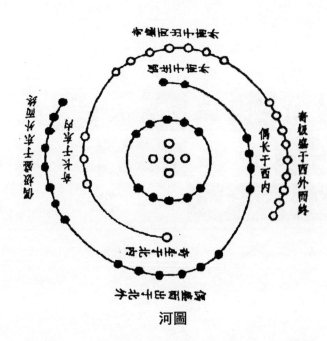

河圖

八卦圖

坤	艮	坎	巽	震	離	兌	乾	八卦
地	山	水	風	雷	火	澤	天	

太陰	少陽	少陰	太陽	四象

陰	陽	兩儀

太　極

八卦示意圖

昌明文庫・悅讀歷史　A0604015

伏羲大傳

作　　者　李亞東
版權策劃　李換芹

發 行 人　林慶彰
總 經 理　梁錦興
總 編 輯　張晏瑞
編 輯 所　萬卷樓圖書（股）公司
排　　版　小漁
封面設計　小漁
印　　刷　百通科技（股）公司

出　　版　昌明文化有限公司
　　　　　桃園市龜山區中原街 32 號
電　　話　(02) 23216565
發　　行　萬卷樓圖書（股）公司
　　　　　臺北市羅斯福路二段 41 號 6 樓之 3
電　　話　(02) 23216565
傳　　真　(02) 23218698
電　　郵　SERVICE@WANJUAN.COM.TW
大陸經銷
廈門外圖臺灣書店有限公司
電郵 JKB188@188.COM

ISBN 978-986-496-569-4（平裝）
2020 年 4 月初版一刷
定價：新臺幣 640 元

如何購買本書：
1. 劃撥購書，請透過以下帳號
　　帳號：15624015
　　戶名：萬卷樓圖書股份有限公司
2. 轉帳購書，請透過以下帳戶
　　合作金庫銀行古亭分行
　　戶名：萬卷樓圖書股份有限公司
　　帳號：0877717092596
3. 網路購書，請透過萬卷樓網站
　　網址 WWW.WANJUAN.COM.TW
　　大量購書，請直接聯繫，將有專人
　　為您服務。(02) 23216565 分機 610

如有缺頁、破損或裝訂錯誤，請寄回
更換

國家圖書館出版品預行編目資料

伏羲大傳/李亞東著 . -- 初版 . -- 桃
園市：昌明文化出版；臺北市：萬卷
樓發行 , 2020.04
面 ；　公分
ISBN 978-986-496-569-4（平裝）
1. 中國神話

282　　　　　　　　　　109004523